丹下健三を語る

初期から一九七〇年代までの軌跡

槇 文彦・神谷宏治：編著

鹿島出版会

丹下健三を語る

初期から一九七〇年代までの軌跡

槇文彦・神谷宏治・編著

鹿島出版会

丹下健三を語る

初期から一九七〇年代までの軌跡

槇文彦・神谷宏治：編著

鹿島出版会

はじめに

前世記の中葉から後半にかけて活躍した我が国の建築家の中で、最も高く評価しうる人は誰かといえば、それは丹下健三先生であろう。

先生は建築のみならず都市計画から国土計画に至るまでの広範な領域を手掛けられた点で比類がなく、作品・計画案のみならず論文・評論の分野でも優れた業績を残された。

これに対し国内および海外で価値の高い賞が数多く贈られており、その点でも抜群である。それに加えて「丹下健三論」も川添登氏や藤森照信氏その他の人々による優れた評論が残されている。先生ご自身も「一本の鉛筆から」というタイトルで自伝を残されている。

このような状況の中で、今回私たちが先生の生誕一〇〇周年を記念して出版しようと企てたのは、主として座談会ないし対話による「丹下健三論」の作成である。出席者の話し合いの中から、今まで記されることのなかった事実や評価が浮かび上がり、新たにそれらが記述されている。

まず国際的な視野で論じた東京大学丹下研究室の特徴と、時代を降るにつれて変貌していく組織の性格と作品との関連を海外の建築家との比較を通して論じた項は、初めての丹下論として興味深い。

次いで、〈広島〉をはじめとして〈香川〉、〈倉敷〉、〈東京カテドラル聖マリア大聖堂〉その他、そして〈国立屋内総合競技場〉に至る作品は、主として担当者の回顧談であるが、その中には初公開の情報が多々含まれている。中でも〈国立屋内総合競技場〉で、主柱の近くで屋根面が空へ向けて急角度にせり上がっていく形を、丹下先生が恣意的に決めたという説が世界中に広まっているのに対し、吊りロープを吊り鉄骨に変えた結果、合理的に生まれた形であると解説した部分は貴重である。

また、先生の次の若い世代諸氏の丹下論は時代の流れを表していて興味深い。聞き語り調書、架空座談会、建築写真に関わる話題、諸芸術とのコラボレーション、バッキーとイサムとタンゲ、往復書簡資料の公開へと続く各項は、先生の建築家としての人生の幅の広さと奥行きの深さを示す貴重な記録でもある。

これらの作業に参加された諸氏と、鹿島出版会で編集を担当された相川幸二氏に厚く御礼申し上げます。

特に貴重な図面や写真その他の資料をご提供くださった丹下都市建築設計の丹下憲孝社長、および内田道子氏には、深甚な感謝の意を捧げる次第です。

二〇一三年五月

槇　文彦

神谷宏治

目次

Ⅱ オーラルヒストリー 丹下健三との仕事

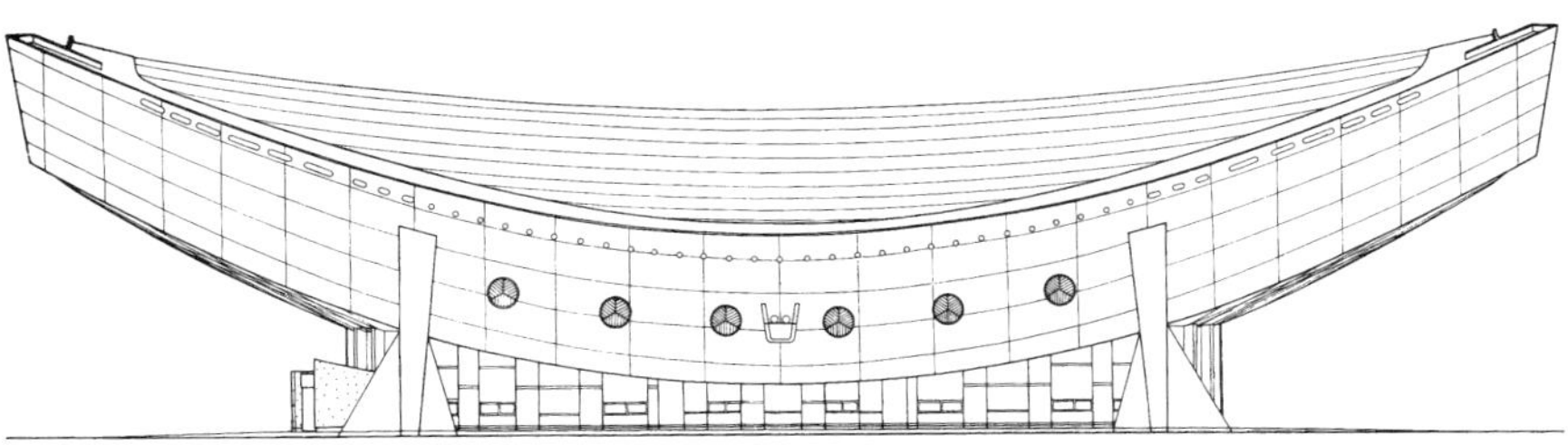

I

丹下健三をめぐる言説

このパートIでは、「世界の建築界の中でどのような存在だったのか」、「傑作はいかに生まれたのか」、「若い世代の建築家が丹下に見るものは」をテーマとした座談会、「丹下の都市」を考察する聞き語り調書、「もし、この三人が顔を合わせたら」という架空座談会を収録。多面的な視点から、巨匠・丹下健三の世界に迫る。

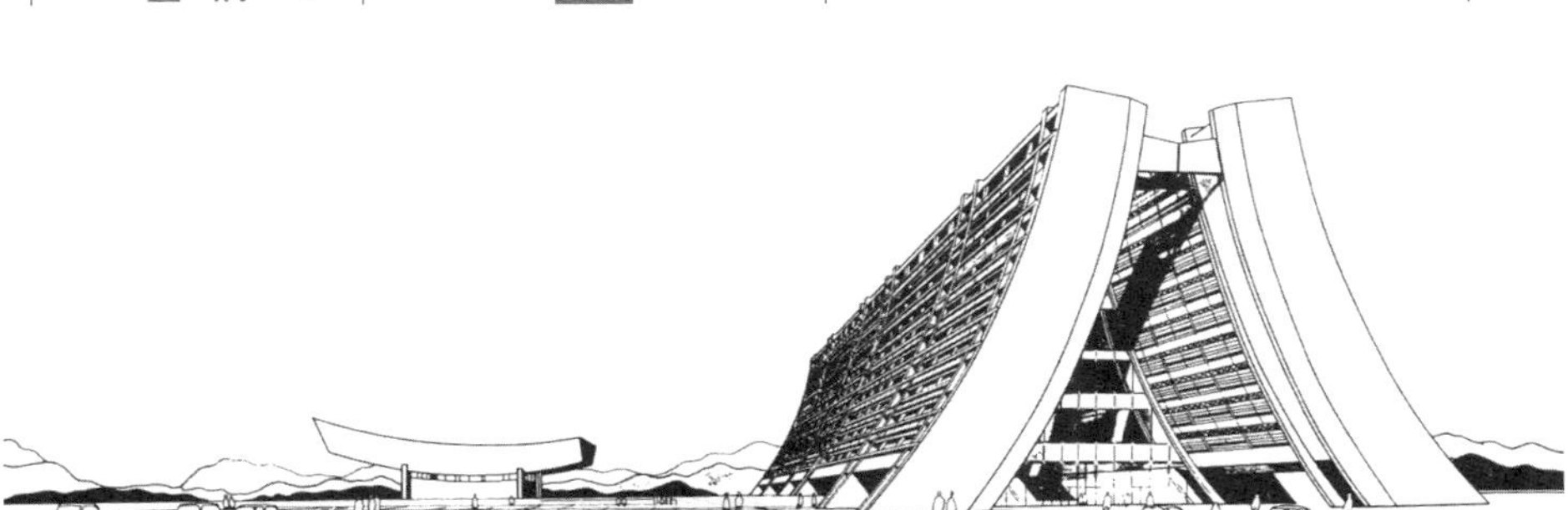

1——世界の中での存在感

デザインのシステムを考えてみると、普通の設計事務所は、野球でいうとプロ集団。いろんな人が来て、集まって、一つのチームをつくる。ところが丹下研は、高校野球だと（笑）。高校野球というのは、組織として上と下がつながって、集団が一体になっている。（中略）プロフェッサー・アーキテクトのアトリエの一つの特徴ですね。そうでないと、家族的な結合はつくっていけなかったでしょうね。——槇文彦

出席者

槇文彦
中村敏男
藤森照信
古市徹雄
豊川斎赫

二〇一二年九月五日／赤坂・KIビル

槇文彦

中村敏男

藤森照信

古市徹雄

豊川斎赫

サーリネンとの関係

槇──きょうは年表［巻末折込み参照］と簡単なメモを用意しました。座談会にあたって、二つの内容を考えています。一つは「二十世紀の建築家像の中の丹下健三」。ここにはフランク・ロイド・ライトから生年順に、一九一三年生まれの丹下さんを挟んで、関係が深いと思われる建築家を並べました。このうち存命なのは、オスカー・ニーマイヤーが一〇四歳（編註：この座談会のあと、二〇一二年一二月五日に死去。享年一〇四歳）、丹下さんのすぐ後に生まれたI.M.ペイが九五歳、それからフライ・オットーが八七歳です。この表を見ながら自由に丹下さんを語っていただきたい。もう一つは、「メディア、特に批評家は丹下をどう見ていたか」。建築家を含め、外国人の視点もあります。最後には、二十世紀のユートピアン・コンセプトというものも考えてみたいと思います。

　最初に、丹下さんの時代になりますと、ほかの国や地域の建築家との交友もありました。丹下さんがこういう人たちのこういう作品を通して影響を受けた、逆に丹下さんが影響を与えた。そうした相互インフルエンスの話から始めようと思います。今ほどメディアは発達していませんでしたが、〈広島〉以降、丹下さんは作品を通じて次第に世界に知られていくようになります。彼自身が海外と接触するのは、一九五一年にCIAM第八回会議に出席したのがおそらく最初で、そのときに〈広島計画〉をもって行かれたようですね。相互インフルエンスについていうと、神谷宏治さんからも聞いた話ですが、丹下さんはエーロ・サーリネンの活動をとても気にしていた。サーリネンは先ほど挙げた建築家の中では一番短命で、五〇歳で亡くなっている。日本の建築界ではよく知られていたアメリカの建築家の一人です。じつはつい最近、穂積信夫さんと会う機会があったのですが、彼はサーリネンのところに勤めていたんですね。その話で面白かったのは、穂積さんが帰国した一九五八年頃、たまたまサーリネン夫妻が来日することになり、ちょうど竣工した丹下さんの〈旧東京都庁舎〉［＊1］を案内したそうです。するとサーリネンは、柱

と梁の建築表現に非常に強い印象を受けたらしい。それが帰国して設計した、〈ディア・カンパニー本社〉［＊2］の基本になったのではないか。これが〈ディア・カンパニー〉の写真です。

藤森——ほとんど、そっくりだなぁ。

槇——これはコールテン鋼の建物なんですよね。サーリネンの片腕の一人にジョン・ディンケルーがいて、彼が事務所のプロジェクトの全部のディテールをチェックしていた。サーリネンはたしか、生きているうちにこれを見られることはなかったんですね。明らかに丹下さんのインフルエンスがある。

それからサーリネンでよく俎上に載るのは、〈イエール大学ホッケー・リンク〉［＊3］。これは丹下さんの〈国立屋内総合競技場〉［＊4］より前で、ほんとにインフルエンスされたのかは分からないですが。豊川さんの本（『群像としての丹下研究室』）に、この建物の設備系は天井からぶら下がっているけど、丹下研の人はインテグレートしてやるんだという話が出てきます。やっぱり見ていたんでしょうね。

［＊1］旧東京都庁舎（設計—丹下健三、一九五七年）

［＊2］ディア・カンパニー本社（設計—エーロ・サーリネン、一九六三年）

藤森―当時は坪井善勝さんが中心になって、吊り構造の事例を世界中から集めて研究しています。当然、これも入っていますね。

中村―よくいわれることはマシュー・ノヴィッキのサーリネンと丹下健三に与えた影響です。

槇―それから、サーリネンの〈ダラス国際空港ターミナル〉はどうですか。

藤森―あれは〈戸塚カントリークラブ〉に、もうむき出しに影響を与えていると思う（笑）。〈旧都庁舎〉と〈ディア・カンパニー〉については、僕も本（『丹下健三』）に書きましたが、丹下さんは「自分はあの作品については、サーリネンに学んだ記憶がない」っていうんです。

槇―そりゃ、ないでしょう。

藤森―「ないけど、君はなんか事情を知っているか」と。丹下さんはいっぱい学んでいたから、本人は不安だったみたい。でも、全然時期も違う。坪井さんがサーリネンの事務所に行ったら、丹下さんの〈香川県庁舎〉の図面が置いてあって、構造の検討をしていた。「おまえがこれをやったのか」と、克明に聞かれたそうです。「どうしてこんな、垂木みたいに細いコンクリートがやれるんだ」と。それは坪井さんが書いてます。それから、神谷さんか磯崎さんから聞いたんですが、「アメリカの雑誌を開くのが怖かった」と。「自分たちが、今、最先端だと思って検討していることを、サーリネンがやっているかもしれない」。

槇―まったく、数学者の心理ですね。

藤森―そうそう。

古市―あの〈ホッケー・リンク〉は、一九八〇年代に丹下さんと四―五名のスタッフで見に行きました。丹下さん自ら、「あれも見ましょう」ということで。

槇―見て安心したわけね。

古市―そう思いますね。スタッフが「〈代々木〉のほうがはるかにいいですね」といったのですが、それは暗に「影響されていますね」という意味に取れますので、一緒にいたわれわれは一瞬緊張しました。そしたら、「当

［＊3］イェール大学ホッケー・リンク（設計―エーロ・サーリネン、一九五八年）

［＊5］ジェファーソン・メモリアル（ゲートウェイ・アーチ、設計―エーロ・サーリネン、一九六六年）

然です」といった顔をして笑っていました（笑）。確信をもてたのでしょう。でもやはり気になっていたのでしょうね、実際見に行ったわけですから。

藤森―丹下さんがサーリネンを意識した最初は、実現するのは遅いけど、〈ジェファーソン・メモリアル〉［＊5］のコンペですね。〈広島平和記念会館〉［＊6］のアーチを設計したときに、「これを〈ジェファーソン・メモリアル〉のコンペ案と一緒にされるのが、私としてはつらい」ということを書いておられますから。ずいぶんいわれたみたいですね、サーリネンのコンペ案だろうって。ただ丹下さんとしては、自分の案は、ル・コルビュジエの〈ソビエトパレス〉［＊7］から直接きているわけで、サーリネンも同格だということです。

中村―私はこういう記事を読んだことがあります。サーリネンが日本に来て、丹下さんといろいろ話をして帰国した後、〈ディア・カンパニー〉の図面を見て、「これ、全部、なし。やり直し」といったそうですよ。

槇―それは、あり得る話ですね。

藤森―穂積さんのお話だと、〈ディア・カンパニー〉は最初、コンクリートで検討していたんですが、本社にもあまり受けがよくなかった。行き詰まっていたんですね。そこでサーリネンは、これは農機具の、トラクターの会社なんだからと考えて、むき出しの鉄で設計して喜ばれた。だけどその美学をどうしていいか、分からなかった可能性があるんですよ。それで〈旧都庁舎〉を見て、これだと思った。〈旧都庁舎〉の鉄をベランダに使った水平垂直の美学を見て、ピンときたんじゃないですか。

豊川―サーリネンの〈TWAターミナル〉という、曲面でできた空港がありますね。これは稲塚二郎さんから

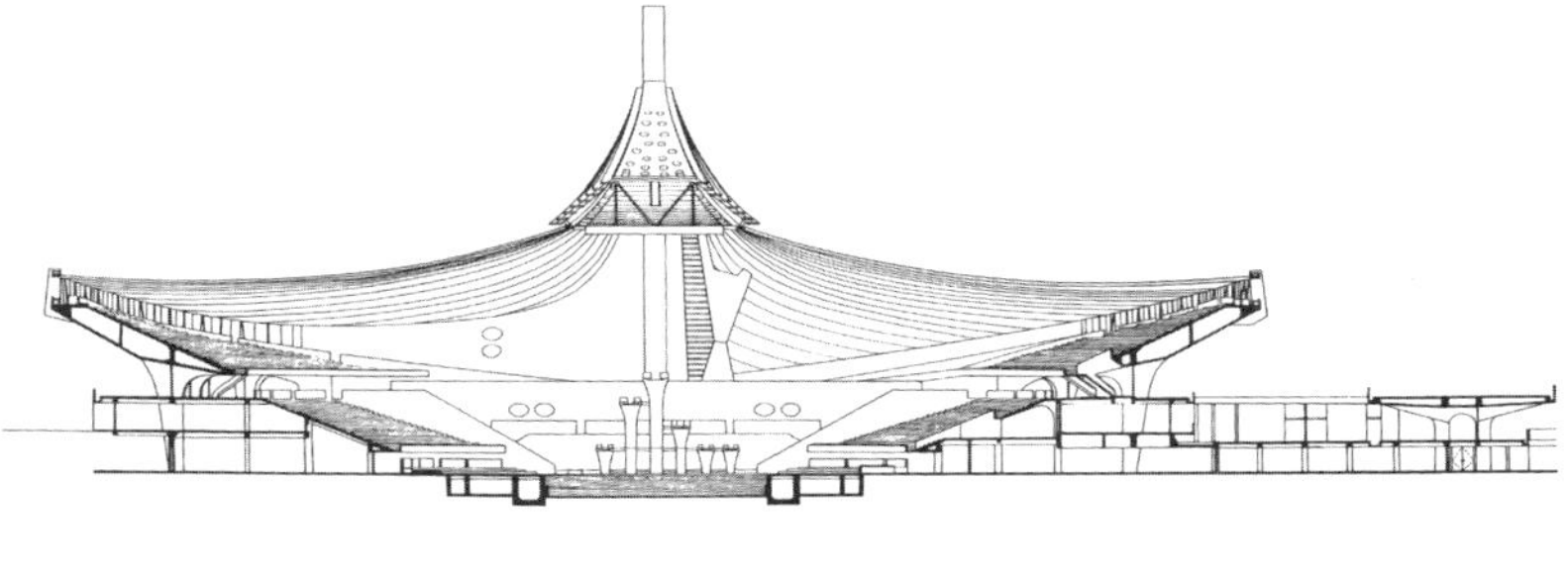

［＊4］国立屋内総合競技場（設計―丹下健三、一九六四年）、断面図

お聞きしたのですが、〈代々木〉の頃、丹下さんが〈TWA〉の現場に行って、写真を撮ってこれられた。帰ってきて上映会をやったそうですが、悪いアングルをたくさん撮ってきて、「こういうディテールはやめよう」と。要するに、ダメなところもちゃんと吸収するという、非常に学習意欲の高いスタンスを取られていたそうです。

槇—こういうものは、今はコンピュータ上の3Dフォームとかで数秒でできるけど、当時、これだけのものをつくるのは、やっぱりすごかったと思う。サーリネンはかなり大きな模型を、それこそ首とか体ごと入って見られるようなものをつくっていたようですね。〈代々木〉は、どのくらいの大きさの模型をつくったんですか。

豊川—三〇分の一の模型が生産技術研究所で撮影されていますよね。

藤森—構造実験用の模型がありますね。

槇—ある時期の丹下さんは、一作ごとに新しいテーマを見つけて、それに挑戦するという感じだった。サーリネンにもそういう傾向はありましたね。なんか、写真を見るのが怖ろしいというのは分かる（笑）。似たところがあるんですよね。

藤森—ル・コルビュジエは〈ソビエトパレス〉の案で構造表現主義を出しますが、純粋な構造表現主義はできなかった。ロンシャン的な、コンクリートの彫刻みたいな形でしかできない。構造表現主義の夢を、サーリネンと丹下さんの二人が競り合っていたのじゃないか。もっというと、〈ソビエトパレス〉の夢、「アーチと吊り」ですよね。アーチで圧縮力を受け、吊りで引っ張るという、いわば、ヨーロッパのアーチと近代の吊り。そう思ったのは、丹下さんからお話を聞くと、〈代々木〉の観客席を「アーチ」と表現するんです。あれは土台でしょうけど。

槇—僕は、〈ジェファーソン・メモリアル〉がサーリネンの最高傑作じゃないか思う。たんなるアーチじゃなくて、中に電車が走ってますから、エンジニアリング的にも大変だったでしょう。実際、最初のコンペが一九四八年で、できたのが一九六五—六六年ですから、二十年近くかかっている。一時ストップしていたから、工事に二十年かかったわけじゃないんですが。

［＊6］p.258参照

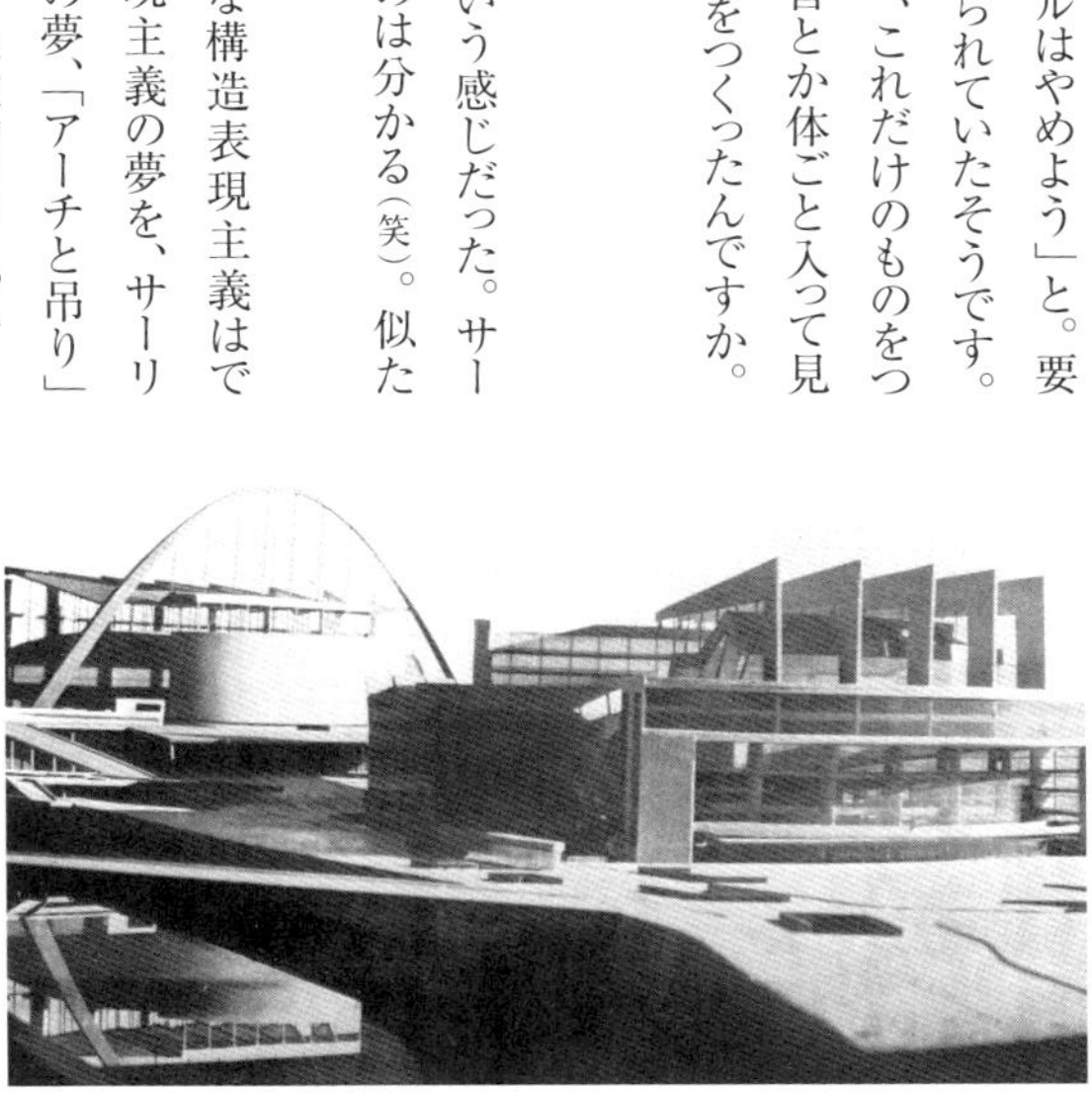

［＊7］ソビエトパレス（設計—ル・コルビュジエ、一九三一年）

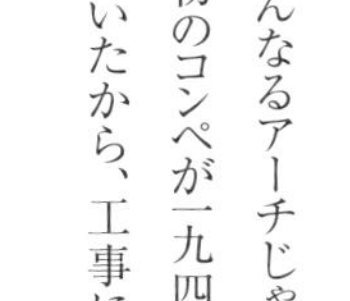

藤森――これは世界的に衝撃だったらしいですね。

槇――このコンペは、エリエル・サーリネンとエーロ・サーリネン、親子が別々に提出して、息子のほうが通った。でも親はすごく喜んだと（笑）。分かるような気がするけど。

柱と梁による表現

槇――それから、丹下さんの斫《はつ》り仕上げに影響された人もいますね。

藤森――ポール・ルドルフが〈イェール大学芸術建築学部棟〉で、縦斫りをやってます。僕らは学生時代に衝撃を受けますが。これは、ルドルフが来日したときに、〈広島〉が見たいというので、神谷さんが連れて行った。それで丹下事務所の道明栄次さんが、どういう骨材を入れてどうやって斫れと、全部、克明に教えたそうです。それで、アメリカに帰ってこれができた。イェールの人たちにそのことをいったら、びっくりしていた。みんな、ルドルフの発明だと思っているんですね。

槇――完成したのは一九六四年です。僕はハーバードでちょうど教えていて、そのとき、ルドルフに招待されました。建築家として彼のピークの時代じゃないかと思いますね。これは一種のブルータリズムで、この後、カーンの〈リチャーズ・メディカル・センター〉などにも通じるところがある。丹下さんの作品でも、こういう「骨建築」みたいなものは一貫してありますよね。

豊川――〈山梨文化会館〉でもコンクリートの斫りとPCaを組み合わせていて、カーンの雰囲気、テクスチャーに似てますよね。

中村――〈スコピエ計画〉はカーンの〈フィラデルフィア計画〉に影響されたといわれていますが。

藤森――僕が意外に思ったのは、カーンとの関係です。カーンの最初の有名作は〈イェール大学アートギャラリー〉ですが、内部のコンクリート打放しは、明らかに意識が柱だけなんですよね。ところが、後の〈イェール大学英国美術研究センター〉では、外壁の柱梁をはっきりと出す。あれは丹下さんの影響だろうと思い

ます。というのは、打放しコンクリートの柱梁を表現に使うのは、丹下さん以前には誰もやっていない。ヨーロッパの人は、柱は知っていても梁は知らない。ル・コルビュジエのドミノを見てください。あれは謎の建築で、梁がない。ヨーロッパの人が考える構造はここが限界で、梁が見えない。〈バウハウス校舎〉にしても、柱はすごくいいけど、梁は、もうちょっとマジメにやれという（笑）。要するに、梁と柱が表へ出て美しいという状態を彼らは見たことがないけれど、日本人は日常的に見ている。

槇──木造建築だから。

藤森──そうです。ただ丹下さん以前に、吉田鉄郎さんが〈大阪中央郵便局〉でそれを試します。ところが吉田さんは、梁を現物の太さで出したから、梁が圧倒的に大きくて鈍重になった。また、打放しでなくタイルを貼ったので、工場や倉庫に見えてしまう。丹下さんはその失敗をよく知っていた。

もう一つ、丹下さんには有名な戦前の、〈大東亜建設記念造営計画〉［＊8］のコンペがありますね。あの図面を見て昔話を聞いたとき、建物の角のところを「ここは今でも直したい」というんです。そこは梁が四角くて柱が円いんですが、これはおかしいと。当時もおかしいと思ったけど、モダニズムではコンクリートの柱は円くつくるものとされていたから、柱を四角くすることは思いつかなかった。そこを直したいといわれて、びっくりしました。

槇──執念ですね。

古市──そういうことは、事務所でもしょっちゅういわれてました。〈代々木〉のオリンピックプールも、内側のトップライトがちょっとずれていて、あれがどうしても気に入らないと。

豊川──そうですね、屋根面と天井面とでは、当然、ジオメトリーが違いますから、どう切ってもずれてきます。丹下さんは「それが気にくわない」とおっしゃった。長島正充さんが、「しょうがないですよ、これは。納得してください」といわれたそうです。

古市──二十年経っても、いい続けていたんです。

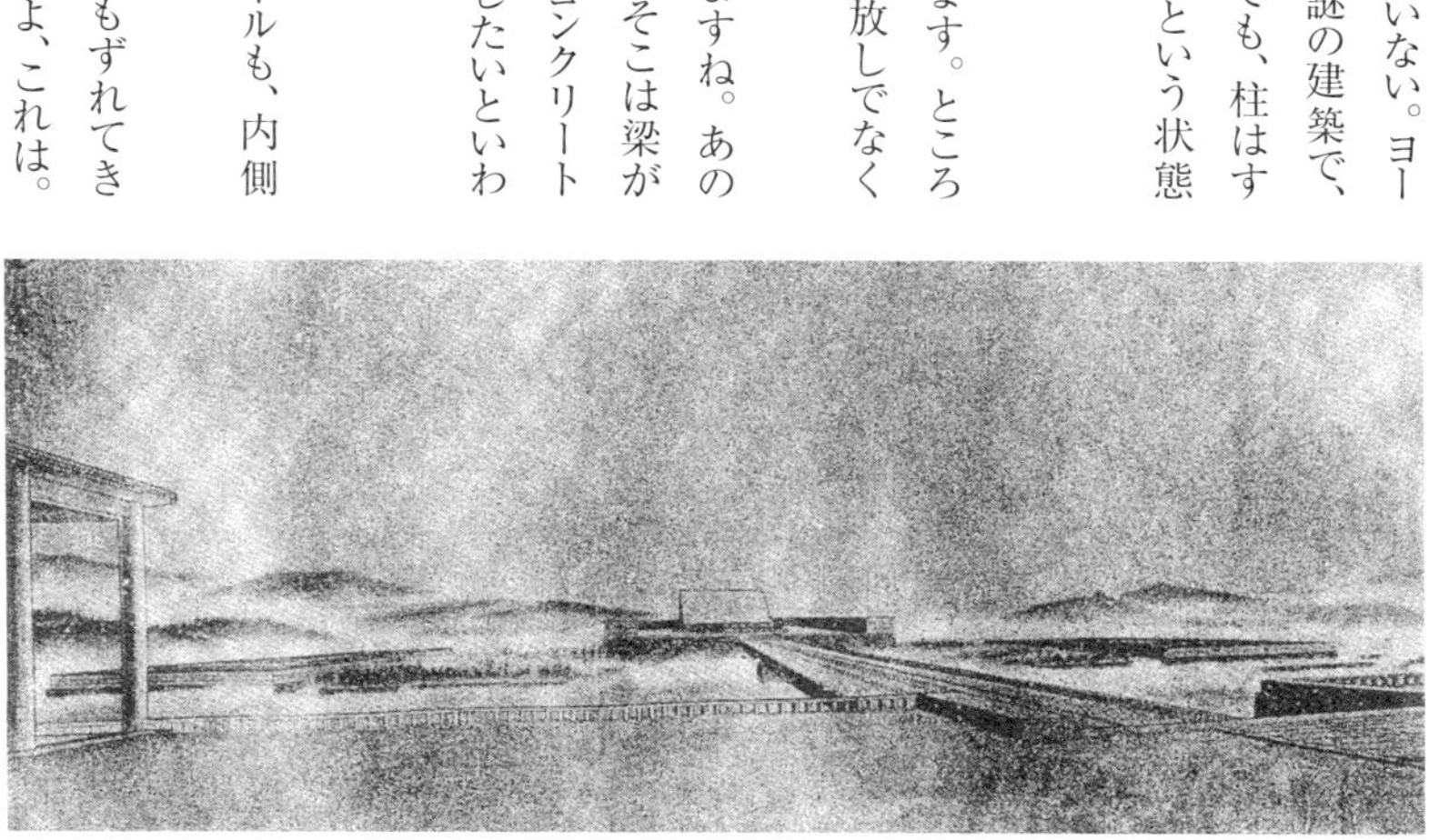

［＊8］大東亜建設記念造営計画（設計─丹下健三、一九四二年）。本殿（右ページ）と、国民広場から本殿を望む（左ページ）

槇―でも、そのこだわりというのは、巨匠になる一つの条件でしょうね。「ああ、そうですか」と引っ込まない。

ル・コルビュジエとニーマイヤー

古市―僕は、丹下さんはオスカー・ニーマイヤーを意識していたと思いますね。〈広島平和記念会館〉のファサードは、偶然かもしれませんが、ルーバーの扱いがリオデジャネイロの〈教育保健省庁舎〉の建物に非常によく似ています。このファサードの三階あたりから上を切ると、〈広島〉になるのです。師とする建築家が同じですから、当然といえば当然です。この写真は、丹下さんがサンパウロの国際会議に招待されたときにリオに行き、ニーマイヤーのリオの自邸を訪れたときの写真[＊9]です。〈ナイジェリアの新首都〉を設計している頃で、〈ブラジリア〉を参考にしたいというので、いろいろと質問をしました。ニーマイヤーがフランスに二十年くらい亡命していて、それから帰ってきた一九八五年です。

[＊9]ニーマイヤー自邸にて。左から二人目に丹下、三人目にニーマイヤー。左端は古市(一九八五年)

また古い話ですが、丹下さんが戦後、アーバンデザインを進める際、思想の根底に一貫して流れていたのはアテネ憲章で、バイブルにしていたのではないかと思います。

槇―アテネの後にCIAMがそれを受け継いだんですが、最後のデロスの会議(一九六三年)で、チームXの反乱によりCIAMはなくなるわけですね。そのとき丹下さんが、「やっぱりこういうものは、ちゃんとあったほうがいいんじゃないか」といわれたという記録があります。その話は一致するんですね。

古市―これは丹下事務所の施主などに配布する作品集です。ここに自叙伝があるんですが、「アテネ憲章が自分の考えの一つのモデルで、その中でも〈チャンディガール〉と〈ブラジリア〉が実例としては一番いい例だ」と断言しています。

藤森―丹下さんにインタビューしたとき、丹下さんから「これは使っちゃいけない」といわれたエピソードがあるんです。それは、ブラジルに行ったとき、ニーマイヤーがいうに、ル・コルビュジエが「自分の次は丹下だ」といったという話なんですね。ラテンの人は、人を喜ばせることは平気でいうから、当てにならないと。古市さんは聞いた?

古市―記憶にないです。たしかに、そういう話ってすぐ出てきますよね（笑）。ルシオ・コスタは私たちがニーマイヤー邸を訪ねたとき、そこに来る予定だったのですが、当日キャンセルになりました。「ニーマイヤーとはケンカして仲が悪い」と、一緒に行った現地の建築家協会長がいっていました。丹下さんは「建築家にはよくあるよ」と笑っていました。

槇―僕はコスタが亡くなる前、一九九六年に、リオで彼の最後のインタビューをやったんですが、そのとき二人が仲が悪いことはリオでは通説になっていました。結局、〈ブラジリア〉はニーマイヤーがやったことになっていて、コスタの名前は出てこないんですよ。しかし、三権広場や中心地区などニーマイヤーの設計は非常に有名ですが、ちょっとはずれに住居地区があって、その設計はコスタです。それはとてもいい。20mくらいの高さのハウジングなんだけど、あそこでは樹が20mくらいまで育つ。日本で、10mくらいの高さのアパートと、10mくらいの樹とがバランスが取れるように、ランドスケープ自身のスケールが大きくて合っている。リオには彼の有名なアパートがあるんですが、「それと似ていますね」といったら、すごくうれしそうな顔をしていました。

古市―僕がよく覚えているのは、丹下さんとニーマイヤーがポストモダンの議論をしていたことです。当時、ポストモダンの全盛時代でしたが、お互いに徹底的に批判していました。「あれは間違いだ」と。その頃で

すね、「ポストモダンに出口はない」といわれていたのは。ル・コルビュジエから連なる正統な建築、オーソドックスな建築でなければ、と盛んにいわれてました。

槇――海外が見た丹下健三というのは、一九五〇年代初期、グロピウスが来たり、MoMAをやったときには、日本の建築、トラディショナルな建築の中から、丹下というのが新しい解釈をして、日本建築を生んだと。当時のヒーローの一人として、評価しています。その一方で、さっきから出ているように、丹下健三はかつて前川國男に師事し、その前川や同時代の坂倉準三の師匠はル・コルビュジエ。だから丹下はやはりル・コルビュジエの影響を非常に受けていた、という論説が多い。それについては、丹下さんは必ずしも肯定的に受け止めていなかった。たとえば、伝統というのはどこか弱いところがあるが、それを克服していくモダニズム、あるいは日本の丹下建築を考えていたと思います。ル・コルビュジエを尊敬はしていたでしょうが、影響を受けたということを、「はい、そうです」といったはずはないですね。

中村――一九五一年、英国のホデスドンで行われたCIAM第八回会議に出席された丹下さんの、〈広島計画〉に付けられた一文は、今なお感銘に値します。広島の原爆投下を人類史上最悪の事実だと規定し、広島平和計画が市民の住居の再生と並行して進められるべきだと述べています。そこには悲壮感さえあります。前川さんや坂倉さんの影に隠れてはいますが。

古市――丹下さんは一九五一年にCIAMでパリに行ったとき、工事中の〈マルセイユのユニテ・ダビタシオン〉を見学されていますよね。そして「これほど素晴らしい建築はない」と書いている。研究室の学生にも「あれはいいよ」といわれていたことを稲塚さんから聞きました。

藤森――吉阪隆正さんが現場を案内していますね、留学中だったから。

槇――そういう関係があったんですね。でも〈ユニテ〉の影響をいろんな意味で受けたのは、前川さんの〈晴海高層アパート〉でしょう。

藤森――丹下さんは〈ユニテ〉を見た後、帰国して柱が変わるんですよね。〈広島平和記念会館〉はコンペの図面ではもっと細い柱だったのが、ドカーンと太くなる。

槇—日本の建築界では、〈チャンディガール〉はインパクトがあったんですよ。コンクリートであり、ブルータリズムであり、新しいエクスプレッション。当時の丹下さんの、〈倉敷市庁舎〉とか〈旧草月会館〉[＊10]とかを見ていると、やはりその影響があるんでしょうね。

藤森—ありますね。とくに〈倉敷〉は、議場に〈ロンシャン〉の垂れたような天井が突然出てくる。(p.76参照)

古市—〈倉敷〉では黄金分割が徹底されていますね。自著で、「ル・コルビュジエのモデュロールには不連続点があるが、自分がつくったものは完璧だ」と書かれています。実際に仕事を進めているとき、ル・コルビュジエをよく参考にされていました。

槇—そのとき、おいくつくらいだった?

古市—七〇歳くらいですか。あの八巻セットの作品集をだいたい覚えていました。作品集の「第何巻の、あの建物」といわれ、われわれがページを開くと確かにそこにある。

藤森—おおっ、そうですか。学生時代は、ル・コルビュジエの作品集をいつも脇に抱えて歩いていたと、同級生たちがいってますからね。

槇—やっぱり、しょっちゅう見てたんだ。あれしか、なかったんだから(笑)。

古市—当時、スタッフも、ル・コルビュジエから引用すれば、先生からはだいたい否定されないということを冗談半分でいってました。ときどき、同世代以下の建築家を引用すると「僕はいいとは思いません」といわれることがありました。〈ナイジェリア新首都計画〉をやっていたときは、三権(国会議事堂・大統領府・最高裁判所)の配置に関しては主に〈チャンディガール〉を参考にしていました。それに〈ブラジリア〉の三権広場。壁にズーッと、図面を貼っておきました。距離、ボリューム、外部空間などです。

槇—ああ、そう。

古市—それで、セイム・スケール(同一縮尺)で確認しながら進めていくんですね。機能的な配置は異なるの

[＊10]旧草月会館(設計—丹下健三、一九五八年)

ですが、配置デザインはよく似ているんです。

槇――それは、彼自身のためか、あなたたちのためか、両方あったんでしょうか。

古市――丹下さん自身が参考にされたと思います。〈ブラジリア〉もご自分で見られていますから、特にスケール感を気にされていたと思います。

ブルータリズムからユートピアン・コンセプトへ

古市――話は変わりますが、三権や宮殿などのアプローチなどを考えているときに、面白い表現をされるんですね。ちょっと、変な話で恐縮ですけどね、「チンコロが縮み上がるような空間じゃないとダメなのだ」と笑いながら冗談っぽく、いわれたことがあります。本音だったのでしょうが。威厳やシンボル性を強調するようなアプローチを設計するときに、「人々を圧倒する迫力のある空間構成をつくらなければならない」という意味ですが。

槇――そういうの、書いていいの、今度。

藤森――大丈夫でしょ、故人ですから。

槇――ちゃんと、（古市・言）とカッコして入れておけば大丈夫。

古市――その表現は何度か聞きました。〈ダマスカス国民宮殿〉の正面アプローチを考えているときも、「なんですかこれは、女々しいですね……」とかよくいわれました。また、〈ナイジェリア国会議事堂〉をスタディしているとき、シュペーアの本を皆で見ていました。そこに丹下さんが現れ、〈ベルリン計画〉の正面に配置された国会議事堂のページを開き、くわしく説明してくれました。しかし本人は絶対、それを知っているとはいわないんですね。

藤森――自分でシュペーアの本をもっていらしたの？

古市――いや、事務所で買ったんです。でも、シュペーアを肯定するということはしないんですね。ただ、本を前にしてグッと見てしまう。

豊川―さっきお話の出た、〈倉敷市庁舎〉の、ボテッとした重たい表現については、西原清之さんがご担当でした。ちょうど丹下さんがMITに行かれるときに基本設計で、「もっと柱を太くしろ」といい残された。その太さは西原さんも疑問だったし、坪井さんには「おまえ、こんなに太くしていいと思っているのか」と（笑）、怒られたそうです。丹下さんとしては、どうしても重い表現にチャレンジしてみたかった。それがアメリカから帰ってきたら、もう一切、〈倉敷〉のことに触れなくなり、〈東京計画1960〉のような、違うものに転換していた。ですから、あの時代の丹下さんは、表現的に非常に揺れていらしたと思います。

古市―〈倉敷〉と〈旧草月〉というのは、時期的にどうなんでしょうか。

豊川―一緒です。

藤森―うん、軽快な柱と梁ではなくて、壁による重い表現時代。

古市―縄文ですよね。

槇―あれ以降も、ああいう表現は丹下アトリエからは消えたわけですかね。

豊川―藤森さんの表現をお借りすれば、「壁の時代」は終わったと。

古市―あれは岡本太郎さんの影響が強いんじゃないですかね。

槇―ただ、一九六〇年以降、丹下さんの作品を見てくると、アーバンデザインのスケールになると、「骨格建築」のようなものをずっと続けられたように感じます。どうなんでしょうか。

中村―私はもっぱら本で読んで、丹下作品を理解しているわけだけれども、向こうの人の目からすると、丹下さんは、ファンクショナリズムから出発して、それから構造主義に移ったという理解です。だから、最初は機能主義であると。その後、丹下さんが「Form, Structure and Symbol」というタイトルの論文を書いたと書いてあるんですね。

豊川―〈代々木〉のあとあたりに、「象徴」というのを書いていますね。

中村―向こうの人は、丹下さんといったらとにかく、ブルータリズムなんですね。それは、レイナー・バンハムの本（『The New Brutalism：Ethic or Aesthetic?』）で、丹下さんは第一に取り上げられる例なんです。そういうふうに見ている。

槇―初期の丹下さんは、グロピウスなどが柱梁を評価して、やがてブルータリズムという見方をしていくわけですよね。

中村―そうです。

槇―そのときに〈東京計画1960〉［＊11］は、向こうの人たちにかなりショッキングだったらしい。今の構造主義がそのまま、ユートピアン・コンセプトとして提示されていると。

中村―そう、これがいい例ですね。

槇―セン・クアンという人の本（『Kenzo Tange：Architecture for the World』Yukio Lippit著、Seng Kuan編集、Lars Muller Publishers）が今度出るのですが、ここでは、結局、丹下さんの最初の海外プロジェクトは〈ボローニア〉だとしています。当時、非常に権力のある大司教が〈東京カテドラル〉を見て、「これだ」というので丹下さんを呼び、最初はボローニアの〈フィエラ地区センター基本計画〉を依頼する。だけど、話がだんだん都市計画的な広がりをもって、最後は違うものが建ちますけど。そのすぐ後に、〈スコピエ都心部再建計画〉があるんです。面白いのは、スコピエの震災後、ギリシアのドクシアディスが全体のマスタープランをやったそうですね。それで、その中のある地区を国際コンペにしましたが、丹下さんも打合せに彼の事務所を訪れている……。

古市―丹下さんのやり方というのは、いつも話がどんどん広がって、自分でユートピアをつくっていくんですね。ですから、敷地外まで提案しちゃう。施主も困るんですが。

槇―丹下さんは〈東京計画1960〉を提案したときには、やはり「計画された社会」、Planned Society、Planned Cityを信じておられたんでしょうか。というのは、ピーター・ブレイクという批評家で建築もやっ

［＊11］p.163参照

た人が、非常に面白い話を彼の本（『No Place Like Utopia』Peter Blake）に書いているんです。ミースとコンラッド・ワックスマンとバックミンスター・フラーの三人を取り上げて、彼らに共通してあったのは、まず一つは、今この世の中はさまざまな問題、混乱に満ちているから、何かしなきゃいけないという認識。それから、しかし、技術信奉者であると。そして、それに対して限りなく、オプティミストだと。それからもう一つは、一切、芸術という言葉を使わなかったと。で、どうですか、それと丹下さんは。

藤森──じつに、よく重なってますね。丹下さんは、コンペに出すときに、設計主旨の中で絶対、「美しい」とかに触れないんですよね。

槇──ああ、やっぱりね。

藤森──ええ、とにかく、むしろ社会的なことに上手に触れるんですよね。〈東京計画1960〉もあんなに美しいのに、絶対美しいといわない。

古市──でも最初は、「美しきもののみ、機能的である」といったんですよ。

藤森──そうそう。有名な丹下さんの箴言があるんです。ただ、勝ってきたコンペを見るとね、たとえば〈東京都新庁舎〉のときも、記念碑性が大事だとはいうけど、美しいとかそういうことには触れない。

槇──嫌いだったよね、そういう言葉。

古市──そうですね。というか、そちらのほうに走ってしまうと、本質から逸れちゃう。

藤森──それともう一つ、美しいということは主観的な話になっちゃうんですよ。私は美しく感じないといわれちゃうと、それまででしょ（笑）。そこはすごく避けたかったんじゃないですかね。美しさにあれだけ敏感だから。美しいかどうかは、微妙な違いでしょ。

槇──ミースも同じですよ。じつに美しいじゃないですか、〈バルセロナパビリオン〉にしても。だけど、一切そういうことをいわない。「この混乱した時代にあるのは、理性だけだ」と、彼はインタビューでいい切っている。だけど美しいものをつくっているけどね（笑）。

古市――それともう一つ、自分は国家を背負っているという意識がいつもありましたよね。

槇――たとえば、磯崎さんはいろんな評論を書くときに、国家というのが出てきますよね。だけどあれは、日本の建築家の中では多くなかった。

高校野球のように

中村――丹下さんが亡くなったときに、磯崎さんは今おっしゃったように、「丹下さんは絶えず国家に奉仕しようとしていた」と新聞記事に書いた。でも同時に磯崎さんは、〈東京都新庁舎〉については、「伝丹下健三」にしたいと書きました。ところで槇さんは、一九八七年に丹下さんがプリツカー賞を受賞したときの審査員の一人なんです。そのとき、槇さんが書いた英語の文章がここにあるんですよ。

槇――ほんと?

中村――そこに、〈新都庁舎〉について、「この丹下健三の建物ができたら素晴らしい」と書いてあります。

槇――ちょっと見せて(笑)。

中村――それで、私の経験によれば、必ず審査員同士が議論しているわけです。余談ですけど、私が審査員のときは、私は槇さんを推薦して、エイダ・ルイーズ・ハクスタブルはクリスチャン・ド・ポルツァンパルクを推薦した。そこで議論するわけですね。だから槇さんもほかの審査員に対して、丹下さんのここがいいと、プリツカー賞を与える理由を説明しているはずなんです。それは書いてないわけ(笑)。

槇――僕はそのときに、丹下さんをぜひプリツカー賞にと思ったので、いいも悪いもひっくるめて、と思う。〈新都庁舎〉のことはあんまり覚えてない。僕はもし取り上げるとすれば、やっぱり〈代々木〉や〈広島〉だったと思いますよ。

中村――はい、それはちゃんと文章に入ってますけどね。

槇――ああ、それでよかった(笑)。〈新都庁舎〉はまだできてなかったから、過大評価をしたかもしれない。

いや、だいたい僕がいったのは、本音だと思いますよ。

古市―先ほどの国家の話で、国家のビジョンというのがありますよね。中近東とかアジア、アフリカなどの新興国の国家的な仕事では、そういうものを建築家が語ることが大事になることがあります。丹下さんは建国に燃える新興国の国家リーダーと、国家ビジョンの話ができたので、大きな信頼を得た。ナイジェリアの大統領と、国づくりや国の将来の話をしていました。

槇―丹下さんは、丹下研のときからすでに、都市の骨格を全日本というスケールで必ず考えておられたし、人口の移動とか、情報産業など新しい産業にも非常に興味をもっておられた。それは豊川さんの本にも詳しく書いてあります。この間、八束はじめさんのレポートを見ていて思ったんですが、デザインのシステムを考えてみると、普通の設計事務所は、野球でいうとプロ集団。いろんな人が来て、集まって、一つのチームをつくる。ところが丹下研は、高校野球だと(笑)。高校野球というのは、組織として上と下がつながって、集団が一体になっている。で、高校野球は三年間だけど、丹下研では十年、十五年と層が厚いわけです。だけど意識の構造としては、先輩と後輩とか、高校なんです。そして重要なことは、高校は高校でも旧制高校と新制高校がある。丹下さんは典型的な旧制高校のタイプです。浅田孝、大谷幸夫、沖種郎、神谷宏治、長島正充くらいまで、全部そうです。ところが黒川紀章のような新人類は新制高校のジェネレーション。磯崎さんはちょうど旧制・新制の変わり目のところだったので、両棲動物といえるかもしれませんね(笑)。

藤森―丹下監督の下(笑)、いろんな選手が……。

槇―それは海外にないですよ。外国だったら、マスターがいて、あなたたちはその通り描けばいいという感じ。丹下さんは、みんなに案を出させて、それを見て、いいものを取るというかたちで。ところが穂積さんに聞くと、サーリネンはまったく同じやり方をしていたらしい。みんなに描かせて、ずっと見て回る。通り過ぎたのは、もうダメ。アッというのがあると、それを取り上げて進めていく。そのへんまでのやり方は非常に似ているんですが、サーリネンはおそらくプロ野球集団。丹下さんのところは高校野球集団という感じがあ

るんですよね。
豊川——レム・コールハースが最近、『プロジェクト・ジャパン』という本を出しましたが、彼が講演会で語ったのは、丹下研究室の親密さというか、家族ぐるみの感じです。
槇——だからね、プロ野球は家族じゃないんですよ。
藤森——そりゃそうだ。プロは翌日、去っちゃうんだからね。
槇——それは丹下さんだけじゃなくて、早稲田の吉阪隆正さんとか、京都の増田友也さんとか、みんなあったと思う。プロフェッサー・アーキテクトのアトリエの一つの特徴ですね。そうでないと、家族的な結合はつくっていけなかったでしょうね。
古市——おっしゃるように、丹下さんはどこまでも「先生」だったと思いますね。というのは、設計の最中に講義を始めるんです。ルネサンスとかゴシックの話、ギリシアの劇場はなぜこうなっているかという話を、講義のように延々とやる。すると仕事がストップしちゃうんです。だから僕は、丹下事務所に入って初めて、歴史に興味をもちました（笑）。
藤森——なんとなく教室という感じになるんだ。
古市——そうですね。やっぱり教育者なんだ、といつも思っていました。「こんなこと、知らないんですか」と怒られるんです。とくにギリシア、ローマ、ルネサンスの話ですね。
藤森——戦中の大学院生時代に一番研究されていたところですよね。
古市——それから、現代の建築家の名前が出てくることもありました。カーンの〈ダッカの国会議事堂〉［＊12］が『a+u』に発表されたとき、興奮してそれをもってきましたね。「こういうのをやんないとダメですよ」って、われわれに発破をかけていました。
豊川——以前に古市さんにうかがったお話ですが、所員のどなたかが丹下事務所を辞めたとき、丹下さんにごあいさつに行ったら、「君は今、何をやってるんだ」と聞かれたと。その方は日本の国会議事堂のスタデ

［＊12］バングラデシュ・ダッカ国会議事堂（設計——ルイス・カーン、一九八三年）

ィをしていたので、「国会議事堂をやってます」といったら、丹下さんは仰天したという話です（笑）。

古市──それは、丹下さんは国会議事堂をやりたかったわけですよね。実際、新しい国会議事堂のスケッチも描いていたんです。

藤森──頼まれもしないのに？

古市──ええ、頼まれもしないのに。自分しかこれをやれるのはいないという自負もあったと思います。

藤森──偉いねぇ。

槇──その、頼まれもしないのにやるっていうのはね、ル・コルビュジエと同じです（笑）。ル・コルビュジエも、いくらでもやったんだ。

古市──東京駅もやっていました。

二十世紀建築のパトロン像

槇──ところで、ここに二十世紀の年表をつくって、各建築家の代表的作品を集めたんですが、面白かったのは、コンペによってできたものは、意外と少ないんですね。たとえば、ウッツォンの〈シドニー・オペラハウス〉。丹下さんは〈広島〉と〈カテドラル〉ですが、〈カテドラル〉はオープンコンペじゃない。あとは、サーリネンの〈ジェファーソン・メモリアル〉くらい。結局、二十世紀に建築のパトロンは誰だったのかというと……。たとえば、ライトの〈ロビー邸〉や〈落水荘〉、ミースの〈ファンズワース邸〉やそれから〈トゥーゲントハット邸〉、ル・コルビュジエの〈サヴォア邸〉、〈ラ・ロッシュ＝ジャンヌレ邸〉、それからアアルトの一連の住宅。全部、施主はブルジョアなんですよね。つまり、かつての王侯貴族の時代から、二十世紀は進取性のあるブルジョワジーがスポンサーになっている。もちろん国とか公共の建物は別ですけど、住宅はみんな、お金持ちの依頼です。こうした進取性のあるブルジョアと才能のある建築家の幸せな出会いは、ほとんどがこの時代でした。そして、第二次世界大戦によってとくにこうした建築文化のあり方はヨーロッパでは根こそぎ破壊されてしまったと

思います。これは最初に見せた二十世紀の年表からもよくうかがわれることです。

藤森—デビューのときは、みんなそうですよね。それから認められて、国のものをやるけど。

槇—そうなんですよ。

藤森—今でも、小さな住宅が傑作として残ってしまうわけですよね。

古市—ガウディもそうですね。

槇—カーンも最初は、〈フィッシャー邸〉などの住宅です。それは一つの共通項ですが、丹下さんの場合、パトロンは誰になるんでしょう。やっぱり岸田日出刀ですか。

藤森—やはり岸田さんでしょう。たとえば戦前、前川事務所時代に担当した〈岸記念体育会館〉は、岸田さんが岸さんと仲がよくて設計を頼まれ、オリンピックに合わせ最初の案を白いモダニズムでつくるんですが、オリンピックが中止になり、会館を実際につくる段になり、丹下担当を前提に前川さんに頼みます。だから発表にあたり、「担当：丹下健三」と記し、事務所内でなんで丹下の名だけ出すんだと問題になっています。前川さんは丹下の案が造形的すぎて気に入らなかったが、岸田さんの「丹下に」という指示だから仕方ない。〈在盤谷日本文化会館〉コンペも、岸田さんは丹下案を一等にし、前川案のプランの上に丹下案の美学を載せるよう、実施設計をする土浦亀城に指示しています。なんで岸田さんはそこまで丹下を買っていたかというと、断念した自分の夢を丹下に託していたからです。岸田さんはオリンピック施設の設計者として内田祥三にいわれベルリンオリンピックに行きますが、シュペーアに会わないばかりか、シュペーアの敵ともいうべきタウトの弟とかのモダニストに会って帰ってくる。おまけに、帰国後、シュペーア批判はするわ、陸軍の聖地の練兵場（後の〈代々木〉のプールの場所）を潰して会場にせよと公言するわで、設計者からハズされる。加えて、森鷗外と同じ「舞姫問題」も起きて、この時期を境に人間が変わり、以後、デザインへの関心を喪い、デザインへの夢を丹下に託すことになった。戦後では、〈広島平和記念会館〉のコンペは岸田さんの孤軍奮闘のガンバリで逆転して丹下が当選する。オリンピックのときは、施設計画をまとめた高山英華さんなんか、前川、坂倉などによる指名コンペを主張しますが、岸田の「丹下に」の主張をくつがえせなかった。だから、丹下のパトロンは岸田日出刀といっていいと思います。

住宅については、丹下さんも〈広島〉より前に、じつはいいものをつくっています。「なんで発表しなかったんですか」って、丹下さんに聞いたら、「私は住宅をやるために建築家になったのではない」と。なるほどと思ったのは、あの有名な〈丹下自邸〉[＊13]も発表してないのね。〈広島平和記念会館〉を『新建築』に発表するときに、編集長の川添登さんが、伝統の問題をはらんでいるから〈丹下自邸〉も一緒にやろうということで。

古市―興味ないですよね、住宅には。

藤森―うん。僕らはあの名作と思っているけど、本人は別に、こういうのは自分のやることではないと。

槇―だけど丹下さん自身は、外国の建築家のデビュー作や出世作が、僕が名前を挙げたような住宅のスケールのものであっても、そこにもいろんな近代建築の課題があったことは知っておられると思うんですよ。

藤森―それは知っているでしょうね。

槇―結局、住宅というのは、施主と一対一でものすごく向き合わなければいけない。そういうことが嫌いだったんですかね。

古市―もう一つは、国家や社会への関心のほうが強かった。

槇―一九七〇年以降、後期は海外の仕事が多くなって、そういうマクロの、スケールの大きいものに向かう。それは誰でもそのほうが面白いかもしれない。だけど初期の段階で、近代建築の成立において、今挙げた住宅がいかに大事だったかは、もちろん知っていた上でですよ。

建築以外に興味がない

藤森―人が暮らす日常生活への関心がまったくなかったんじゃないですか。川添さんから聞いたんだけど、

[＊13] 丹下自邸（設計―丹下健三、一九五三年）

『新建築』で〈丹下自邸〉の撮影にいったら、丹下さんから「いいよ。われわれは一日いないから、適当にやって」といわれたけど、じつは困ったと。テーブルに食器を並べようとしたら、家族分のワンセットしかなかったそうです。生活の日常を感じさせるものは何もない。〈丹下自邸〉のインテリアの写真がありますけど、あれが日常だと。何もないんだって。丹下さんは、別荘をもつこともなかったでしょ。

古市―建築以外に趣味がないです。

藤森―そうそう。たとえばびっくりしたのは、丹下さんはマチスのアトリエを訪ねて会っているんです。昔の記録にありました。でもそのときのことを聞くと、覚えてないって。普通は、あれだけの人に会えばねぇ。それから、事務所にル・コルビュジエの絵が掛けてあったんです。それを聞いても、「僕は絵に興味はない。だけど外国の建築家たちは掛けているから、なんか掛けなくちゃいけない。ル・コルビュジエならいい」と。

古市―生活に興味がない。

藤森―うん、暮らすことに興味がない。

槇―以前、吉村順三さんの〈軽井沢の山荘〉が完成し、僕と家内がうかがったとき、たまたま丹下さんと敏子夫人が一緒でした。そうしたら敏子夫人が、「あなたにはこんな別荘、設計できないわね」っていったのを覚えてますね（笑）。

藤森―敏子さんは後、吉村さんに頼んで山中湖に別荘をつくってますよ。

古市―所員の結婚式で、フルートのうまい所員がいて、それを披露したことがあります。それを聞いた丹下さんが一言、「あんなフルートを吹いているようじゃ、いい建築家にはなれない」って（笑）。だから、趣味をもつことを否定してましたね。建築以外はやるなと。

中村―でもやっぱり、美しいものには関心があったと思います。竹山実君の結婚式のときね、私が司会をしたわけです。で、丹下さんが来られて、たまたまかどうか知りませんけど、ズーッと見たら、きれいな人がいた。

藤森―それだけですよね。

中村―「君、あれ、誰?」

藤森―趣味ですよね。

古市―唯一の趣味です。

藤森―人類最大の趣味をおもちだった。ああ、そういわれたんですか。

中村―そうです。

藤森―何歳くらいのとき?

中村―まだ結婚される前だと思いますけどね。

藤森―美しいものへの関心ですよね、絵とか彫刻ではなくて。生身の、最も美しいものへの関心。

古市―趣味はなかったですね。ただ丹下さんは、読書の量はすごかったです。

藤森―丹下さんに「戦前にどういう本を読んだんですか」と聞いたら、「取り立ててはいえない」というんだ。「たいてい読んだ」って。すごいと思ったのは、ハイデガーが有名な実存主義美学の基になる本を出して、翌年、日本で翻訳されます。それをすぐに読んで、その年の文章でもう引用してますから。

豊川―丹下さんは映画鑑賞がお好きだったようです。お嬢さんとマカロニ・ウェスタンを観に行った、とうかがいました。

藤森―昔、映画監督になろうと思ったというのは、エイゼンシュテインの影響じゃないですか。丹下さんの作品は、撮る位置が完全に分かっているんですよね。「ここから撮れ」というのが。丹下さんの頭の中で、いつも映像的に建築が見えていたという気がしますね。

古市―丹下さんの建築写真を多く撮られた村井修さんについて、「村井君に写真を教えたのは私です」と、笑いながらいわれてました(笑)。

槇―どういうふうに、自分の作品を撮るか、ですね。

古市―〈代々木〉を始め、模型でも初めから自分が考えていたアングルをまず指定するんですね。写真に関してはうるさかったと思います。

藤森―〈広島平和記念会館〉に、お墓越しに撮った工事中の写真［＊14］があるでしょ。名写真ですよね。クレジットはKenzo Tangeと書いてある。あんなの丹下さんしか撮れないですけどね。これは、ライカで撮っている。すでに中学生のときに、お姉さんがライカを買ってくれたといってましたから。当時、ライカをもつなんてとんでもない話で、車一台分とかですよね。

古市―子どもの頃は、天体観測が趣味で天文学者になろうと思ったこともあるそうです。

藤森―画像的にのぞくことが好きだったんじゃないかな。それから写真については、鹿島出版会で作品集を出すとき、ものすごくうるさかったって聞きましたけど。

古市―使いたい写真というのは、頭の中に入っていたようです。ここにレイアウト・スケッチ［＊15］がありますが、字体が違うとか、これを何mmずらせとか、ものすごく細かく指定している。これを五回くらい繰り返すんですよ（笑）。

［＊14］p.277参照

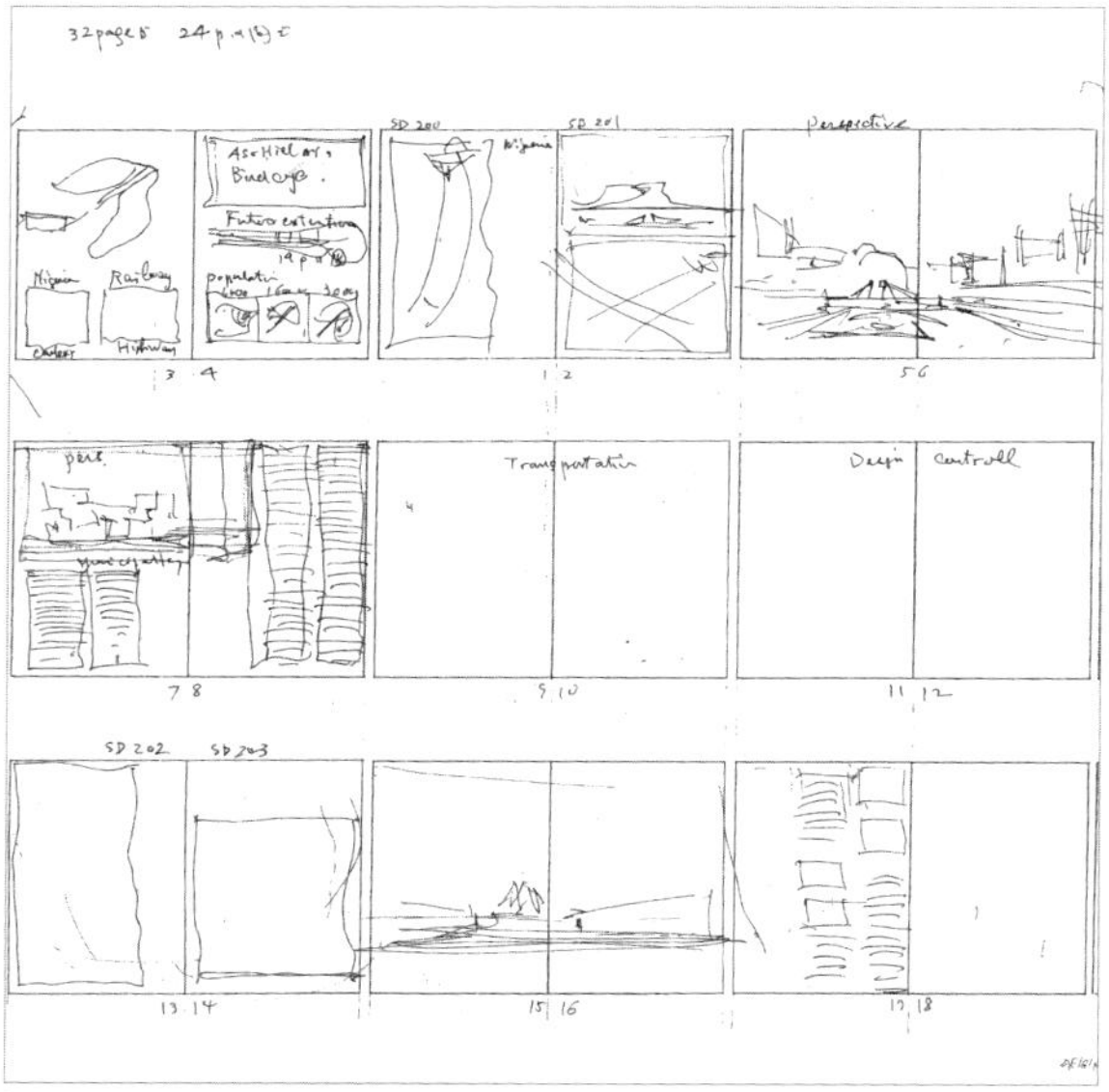

［＊15］丹下による『SD』誌のレイアウト・スケッチ

スケッチはその場かぎり

古市―それにあらゆる細かいところに気がまわる。このメモは、僕がナイジェリアへ行ったときのもので、「マラリアの薬を飲むのを忘れるな」とか、「千ドル入っているから、これを使え」とか書いてある。

槙―これは古市さんのために書いているの?

古市―そうですね。これは当時のファックスやメモですが、海外からこういういろんな指示が出るんです。

槙―こっちは、先生のスケッチ?

古市―ええ、パリの〈イタリア広場〉[*16]です。どこでもスケッチを描かれていました。当時、草月会館に事務所があったんですが、「二階のレストランで食事をしましょう」と丹下さんからいわれると、嫌なんですね。食事中でもこういうスケッチを描きながら、仕事の話なんです。あんまり食事ができない(笑)。

槙―このスケッチ、すごいね。一冊、作品集ができるじゃない。

豊川―でも丹下さんはそういうスケッチをほとんど本に出さないですね。

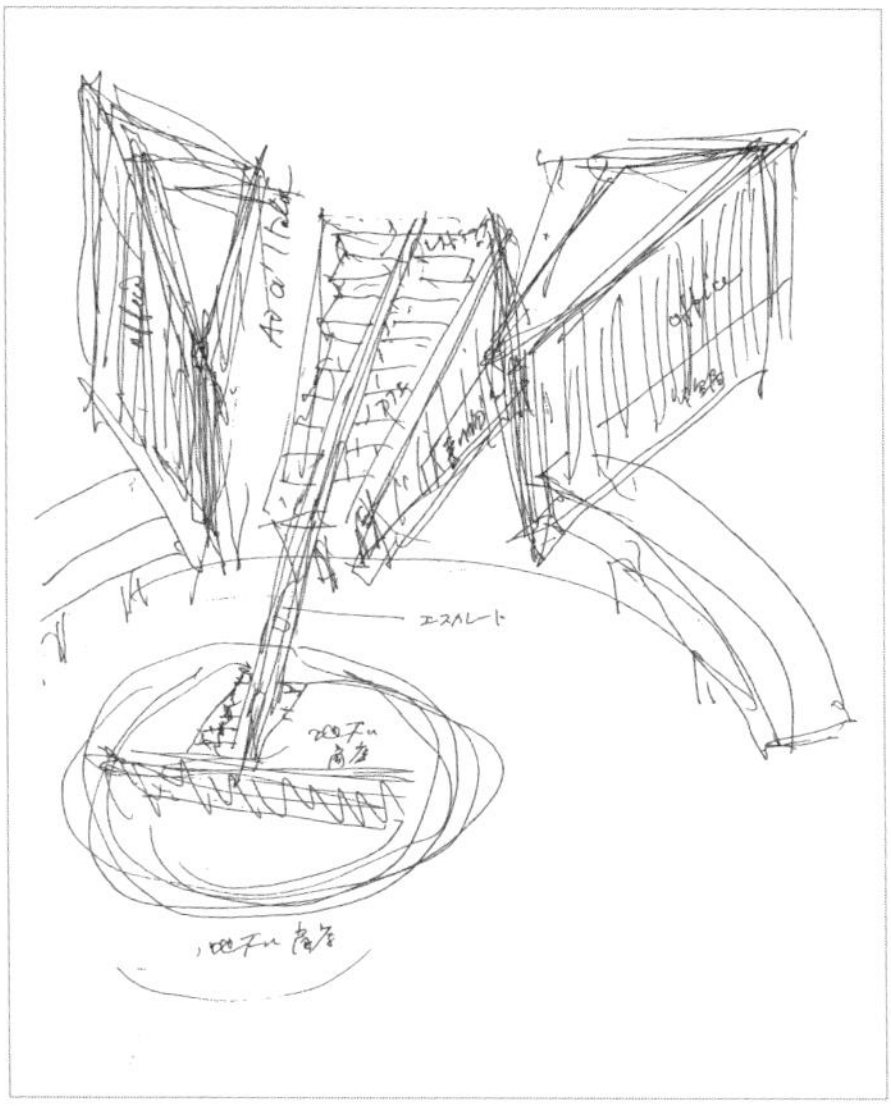

[*16]パリ・イタリア広場(設計―丹下健三、一九九二年)、スケッチ

古市―説明が終わると、気にせず捨てちゃうんですよ。

藤森―古市さんがいなかったら、ほとんど残らなかった。

槙―ル・コルビュジエはまったく違ったらしいね。ヘンリー・コブという建築家から聞いた話なんだけど、〈国連本部ビル〉の設計を当時彼が勤めていたウォーレス・ハリソンの事務所が受け持っていたとき、ある日、ル・コルビュジエが入ってきてスケッチを描き始めた。コブたち若い連中は、彼が帰ったら

あのスケッチを、と皆、身構えて待っていた。飛びかかろうとしたら、自分のポケットにサッと（笑）。だから、丹下さんのそういう無関心さって面白いですね。

古市――仕事に集中しているんですね。とにかくそれまでの考え、思いを、議論しながらどんどん描いていくわけですから。

槇――だから、そんなに大事だと思ってないんですね。

古市――ええ、思ってないです。気がつくと、ゴミ箱に入ってくしゃくしゃになっていて。僕は記録として残そうと、それを拾って、広げて、紙をのして机の中に放り込んでおいた。

藤森――〈新都庁舎〉の図面について、びっくりしたのは、エレベータの面積計算を全部、自分でやってるんですね。理由は、「エレベータの面積計算を、自分以上にできる所員がいるとは思えない」って。

槇――それは丹下研で、僕たちがいろんなオフィスビルの研究などさせられましたから……。

豊川――そうですね、槇さんが卒業論文で最初にやられていましたね。

槇――やはりその蓄積が残っているんですかね。

藤森――だと思います。コアの研究とかをされていた。

豊川――それから、シンガポールで多くの超高層を設計されたので、頭の中にボリューム感覚があったんだと思います。

槇――そういう時代ですよね。というのは、今やエレベータというのは、エレベータ・コンサルタントにしか設計できないんですよ。スピードとか、待ち時間とか、いろんなパラメータから、この建物には、こういう性能のものがこの台数という話になる。まぁ、丹下さんが「俺がやる」といっておられた頃は、もうちょっと単純明快な時代だったのかもしれない。

アーバンデザインの波及力

槇──話が変わりますが、先ほどの年表の中には、二十世紀の傑作といえるものが含まれています。それを眺めていただいて、世界的に見た丹下さんの建築を考えてみたい。まず〈代々木〉は、二十世紀の傑作であると思います。では、〈香川県庁舎〉、〈広島平和記念会館〉、〈東京カテドラル〉とかはいかがですか。

藤森──〈香川〉、〈広島〉の、コンクリート打放しの柱梁は、相当に影響を与えていると思います。要するに、コンクリートというのは美しく打てるというのを見せた。その点、ル・コルビュジエのコンクリートって相当、乱暴ですからね。

槇──ロビン・ボイドというオーストラリアの建築家が、〈シドニー・オペラハウス〉と〈代々木〉とを比較して、〈代々木〉のほうが優れているといっています。なぜならば、〈代々木〉は形体とインテリアとが完全に一致していると。ところが、〈シドニー〉はたしかにその形体にシンボリズム、象徴性はあるんだけど、中はまったく別ものではないかと。オーストラリアの人がそれをいっているというのが、非常に面白い。

古市──〈東京計画1960〉というのは入りませんかねぇ。

藤森──入るけど、実作ではないから。でも影響は……。

古市──丹下さんの歴史を考える上では、意義は大きいですよね。それから、こうした建築家の中で、アーバンデザインをズーッとやってきた人は数少ないと思います。

槇──そうね。

藤森──丹下さん以外にやった人はいないんじゃないかな。

古市──もちろん、ル・コルビュジエはいますけど。

藤森──ニーマイヤーもね、いわばコスタがやったわけだから。

槇──そう思います。そうすると丹下さんの評価というのは、アーバンデザインに関しては、アンビルドだったけど、一九六〇年の〈東京計画〉は、世界的に非常なインパクトを与えたわけですね。アーキグラムの提

案と異なって、〈東京計画1960〉のアーバンデザインは明快な建築言語によって語られている。その言語とは、MITでの〈海上都市計画〉、〈WHO本部計画〉、〈築地計画〉、そして同じ建築言語は〈山梨文化会館〉[＊17]によって実現されています。

古市──建築家がこういう都市的なことをやるのか、というね。

槇──また一九六〇年にあれを発表したときは、非常に批判もされているんですよね。ピーター・スミッソンなどは、まず、千万人都市なんていうのは、都市として大きすぎる、とかね。やっぱり構造主義的なこととか。僕も、ああいうメガストラクチャーは、一番根本のところがやられたら、全部機能しなくなるんじゃないか、という疑問はありました。チームXの人たちには、かなり批判されている。一方で、ユートピアンという、あそこまではっきりと形で出したというのは、相当評価されているわけです。

古市──コールハースの『プロジェクト・ジャパン』でもそうですね。

藤森──コールハースも、これを見てびっくりしたという話です。

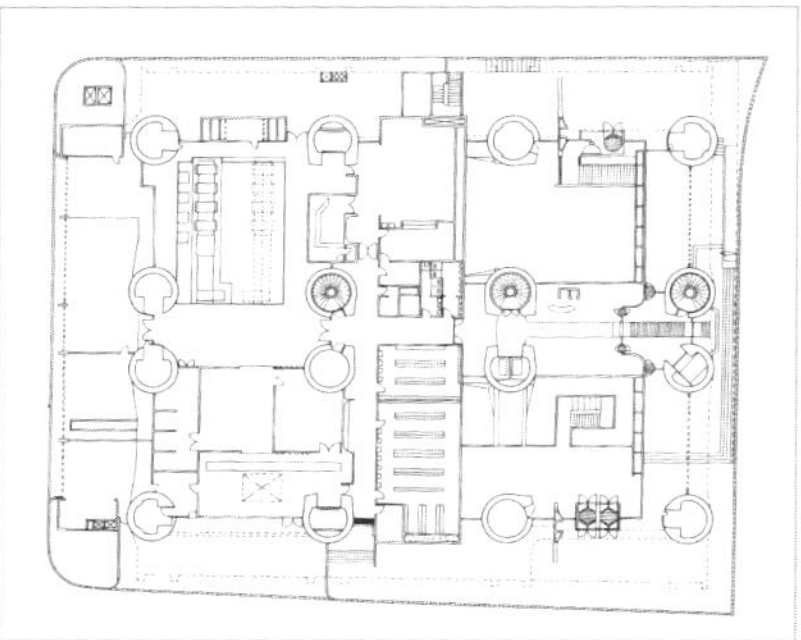

[＊17]山梨文化会館（設計─丹下健三、一九六八年）、外観および平面図

古市――丹下さんの、スパイン〈脊椎〉とか成長を含むアーバンデザインは、メタボリズムにかなり影響を与えたんじゃないですか。

藤森――それはあるでしょうね。

槇――ただ、僕たちは一九六〇年の世界デザイン会議でマニフェストを発表しましたが、丹下さんが〈東京計画〉を出したのはそのすぐ後なんですね。でも当時の時代精神、ツァイトガイストからいうと、やはりメタボリズムは、丹下さんを中心にした何人かの若い建築家たちのムーブメントと、当然解釈していいと思います。

藤森――だって、黒川さんたちも、みんなその下でやったんだもんね。

槇――そうそう。

豊川――しかも丹下さんはチームXに対抗して「チーム東京」をつくりたかったというお話もありましたね。

槇――うん、あれは結局、成立しなかったけどね。そのときには、磯崎さん、大谷さんたちと、みんなを入れてという話で。ちょうど大谷さんが〈麹町計画〉をやった後ですね。

中近東へ移行した重心

古市――もう一つ、大阪万博［＊18］のような、いわゆるメガストラクチャーがありますね。ああいうメガスケールのものは、中近東からかなりオファーがありました。

槇――なぜ丹下さんだけが、あれだけ大きなプロジェクトを、開発途上国から依頼されたかというと、一つには、ああいう途上国は、かってどこかの植民地だったということが大部分ですね。つまり、かって支配国であった西洋とつながっているから、そういうところには頼みたくない。

藤森――宗教上の理由もありますよね。イスラム国は、十字軍を出した西洋は嫌だから。

槇――そうですね。日本は非常にニュートラル。西洋にもロシアにも属さないから、というのは、多くの人が

［＊18］p.264参照

みんないってますね。

古市――イタリアの〈ボローニア計画〉のきっかけもそうらしいです。もちろん、東京オリンピックの〈代々木体育館〉がすごいと評判を呼んだわけですが、同時に、当時のイタリアは共産主義とローマ・カトリックが権力闘争をしていた時代ですよね。そうすると、しがらみのないアジアの建築家だと（笑）。

中村――そのへん、丹下さんをどこの雑誌で掲載しているか、年代順に調べてみてみたんです。そうすると一九五〇年代は、フランス、イタリア、イギリスとあるわけです。だんだん時代が近くなってくると、今おっしゃったように、中近東とかの雑誌が、丹下さんを取り上げるんですね。

槇――ああ、なるほど。

中村――丹下さんに対する世界の関心が、だんだんとそういうふうに移っていったのが分かります。来日する海外の建築家で丹下作品に興味をもつ人が次第に減ってきました。最初は〈代々木〉の競技場を見たいという人が圧倒的に多かった。ノーマン・フォスターもそうでした。〈代々木〉を見て、表参道の〈ハナエ・モリビル〉を見たとき、彼はひと言、「スキン・ディープ」。チャールズ・ムーアとアルド・ロッシはまったくの無関心でした。〈赤坂プリンスホテル〉に泊まっていたアーサー・エリクソンもサンティアゴ・カラトラヴァもそれが丹下作品だとは気づいていませんでした。

藤森――中近東に行ったときのことを、磯崎さんが「亡命だ」といったんですよ。僕は丹下さんの評伝を書きましたが、丹下さんは自分について書かれた文章を直そうとしない。でも、ただ二カ所だけ「直してくれ」といわれました。その一つが、この「亡命」という言葉なんです。「もう少しうまいいい方をしてほしい」と。

槇――それは相当、こたえたんでしょうね。

藤森――ええ、それで「亡命」はやめましたけどね。たしかに亡命状態に近くて、日本の仕事はほとんどやってなかった。

槇――それがまた不思議ですよね。世界の建築家を見ても、晩年がその国から評価されなかったというのは、ほかにいるんでしょうか。たしかにル・コルビュジエは、パリには住宅以外は例の〈スイス学生会館〉と〈救世軍本部〉しかなかったけど、ミースはベルリンに〈国立美術館〉を建てたし、アアルトも最後まで多くの仕事がありましたし、ニーマイヤーはもちろん（笑）。丹下さんだけが、なぜ日本で仕事がなくなったのか。どうも、日本人というものが、丹下さんをヒーローとして扱わなかったんじゃないかと思う。黒澤明はヒーローだったのにね。

藤森――ええ、扱わなかったです。万博以降、ほとんどない……。

槇――だけど、不思議じゃないですか。外国の仕事が忙しくて、ということですか。

藤森――いや、そうじゃないと思いますね。あれば一生懸命やったと思いますよ。〈新都庁舎〉までの間が、すごくあいてますからね。〈赤坂プリンスホテル〉とかはあるけど。

古市――本人はやりたいという気持ちが強かったと思います。さっきの、国会議事堂とか東京駅も。

槇――丹下事務所は、最高裁判所のコンペにも真剣に参加している。やりたかったんでしょうね。

豊川――一つ考えられるのは、岸田日出刀さんが亡くなられて、大きな仕事の流れが途絶えた。岸田さんは万博設計中に、京都大学の西山夘三さんと丹下さんが、京都で打合せをしているときに亡くなる。一緒にいた磯崎さんがおっしゃるには、あの会議がご破算になったから、京大から東大に流れがきたと。その日は、丹下さんはすぐに東京へ戻ったんですね。万博以降、国内の仕事が減ったのは、岸田さんがまだご存命であれば、ある程度……。

槇――だけど、あれだけの建築家が、岸田さん一人の存在によってというのは、寂しい話じゃない？　たとえば香川県知事の金子正則さんとか、ああいう方がもっとたくさんいてもよかったと思うんだけど。

豊川――たとえば一九七三年頃、兵庫県の〈北摂ニュータウンの集合住宅〉は、万博の影響で知事から仕事がきたとうかがっています。それから、渋いところでは松江市からの仕事（松江都市圏総合開発計画）がきて

います。しかし、東京ではリベラルな美濃部亮吉さんが知事になって、浅田孝さんとの関係が強まっていました。時代の潮流と丹下さんがすれ違った感があります。

槇―丹下さんが世界的な建築家になるにつれ、「こんな仕事は、丹下さんには畏れ多くてお願いできない」というようなメンタリティが、日本にはあるのかなぁ。そうでもないと思うんだけどな。

古市―もう一つは、日本の、建築に対する認識や理解が低い。極端にいってしまえば、基本的に文化度が低い。建築家というものが、それほど評価されてないというのも……。

槇―うん、だけど黒川紀章くらいになると、自分でガンガン宣伝するから、仕事がくる。ところが丹下さんは、そういうところは控えめで……。

藤森―それはできない。

槇―東大教授にはできない、とか。そういう何かがあったんですかねぇ。

藤森―それと、もともと日本の国家が、そういう記念碑をつくる時代ではなくなりますよね。

槇―ああ、一九七〇年以降ね。

藤森―オリンピックと万博で、戦前のリカバーをしちゃうわけですから、やっぱり国の国家的記念碑を求める要請はなくなった。もう一つは、それに代わるものとして、民間のパトロンがいたわけです。村野藤吾さんなどは、それだけでやっていたわけだから。

豊川―丹下さんは日本では、プリンスホテルの堤義明さんだけですね。

槇―それから、日本はやはり政治家が替わりすぎる。官僚も含めて。そういうところのパブリックのボスのような人が、丹下さんをナショナルヒーローとしていくというカルチャーがなかったんでしょうね。

都市計画と建築を両立させた組織

藤森―丹下さんが去った後、国の施設は、日建設計とかの組織事務所、民間の大手がやっていくようになる。

槇—今もそうよ（笑）。

藤森—一度、ヘリコプターで東京を回ったときに、びっくりしたのは、空からは日建と丹下さんしか見えない。変わった形のやつは丹下さんで、普通のでかいビルは日建。

槇—でも、一九七〇—八〇年代、丹下さんが海外でやっていたとき、日建みたいな組織は別として、建築家、アーキテクトで、設計している建物の総面積数がもっとも多いのは、丹下だといわれたことがあります。だって、ナイジェリアで何十万平米とか、それを全部足せば何百万平米で。

藤森—古市さんがやっていた仕事だ（笑）。

古市—海外に出ることで、設計事務所としての収入は増えたんでしょうが、規模も大きくなり出るほうも大きくなる。

槇—やっぱり大規模なものをやっていると、東京の小さな、五〇〇平米とか一五〇〇平米くらいの建物は……。

古市—事務所の運営上、難しくなると思います。

槇—興味がなくなっちゃうんですか。

古市—本人はすごく興味があったと思います。一九七七—八六年頃、パリに事務所がありましたけど、パリで食事をするときは非常にフランクなんですよね。東京で食事をすると、イライライラしている。パリで食事中に、チラッといっていたのは、「四—五人のスタッフで、小さいものをやるのがいいんだ」と。僕は、「やりましょう、先生」といったんです。でも、「うーん、まぁできない」と。最後は、四—五人のスタッフで小さい建築をつくりたいという気持ちも、あったみたいですね。

藤森—高校野球だ。

槇—やっぱりね、高校野球の精神ですよ。

古市—甲子園でもう一度、ですね。

槇—丹下さんは東大の定年が……。

豊川—一九七三年です。

槇—もちろん、高校野球のメンバーは何人かURTECに移るわけだけど、結局、かっての精神的つながりみたいなものはだんだんなくなっていった。

古市—昔のOBと会うことも楽しみにされていました。一九八〇年代に一度、草月会館の二階でOB会をやりました。槇さんも、磯崎さんや黒川さんも、ほぼ全員来たんですよ。丹下さんは、うれしそうにしていて。やっぱり、生粋の建築家なんですね。後日、「どうしても大きいものだと、自分の目が届かないところがある」といわれた。かつての丹下研究室のように、研究的なことも一緒にやっていくのが大事、そう思われたのではないですか。

槇—そうですね。この二十世紀を見ても、丹下研のように、一方で国土計画や都市計画をやり、もう一方で建築をやるという組織はほとんどない。今それをやっているのは、レム・コールハースだけですよ。OMAで建築をつくり、AMOがリサーチをする。丹下さんの本(『プロジェクト・ジャパン』)を書くにあたって、意識していたかどうかは分からないけど、今、世界的にみて、リサーチ・インスティテュートと建築とを両方もっているのは彼の事務所だけ。だけど丹下研の場合、丹下さんが東京大学教授の間は、シンクタンクとして国がいろんなものを発注してくれるけど、URTECになると日本の組織はそれをしてくれない。いろんな問題が絡んでいると思います。

藤森—たしかに丹下さんは、戦後すぐの若い頃、経済企画庁の前身、経済安定本部との関係ってすごく深いですよね。戦前も大学院の頃、企画院の仕事につながっていた。企画院は経済安定本部へとつながります。

槇—そう、下河辺淳さんとのリンクですね。『プロジェクト・ジャパン』のレム・コールハースも、ちゃんと下河辺さんをインタビューしている。だから、こうしたやり方に対して、相当に関心をもっていると思いますね。

古市――あと少し話が逸れますけど、丹下さんはいろんなアーチストとのコラボレーションをすごく大事にしていました。イサム・ノグチさんとか、岡本太郎さんとか。

藤森――あと、猪熊弦一郎さん。

古市――岡本太郎さんの影響は、かなり大きいと思うんです。先ほどの〈倉敷〉とか、〈旧草月会館〉ですね。それで岡本さんは、丹下さんに対して、はっきりものをいうんです。何度か会話を聞きましたけど、「ダメなんだよ」みたいないい方をされる。一九八〇年代にも事務所へ来られて、僕はタクシーで岡本さんを送っていったこともありました。タクシーの中でも、おなじみのああいう感じ（頭上で手を振り回して）です（笑）。「おまえには、できないだろ」とか、「建築も爆発だぁ」っていうんですよ。

槇――それはまた、丹下さんにとって楽しいんでしょうね、そういわれるというのは。

古市――楽しい。おそらく、自分にないものが、すごくあるんですよね。あの頃、岡本さんは、「縄文は大衆的、民衆的であり、弥生は貴族的である」と語っておられた。丹下さんが、「自分は民衆的な建築をやる、縄文的なものをやる」と書いているのは、岡本さんが、「おまえのやつは貴族的じゃないか」という批判をしたからだと思うんです。芸術家の影響としては、イサム・ノグチさんもそうですね。

貴重な図面の保存へ向けて

槇――それから僕は、丹下さんのスケッチや図面を、パブリックなものにしたい。ル・コルビュジエ・ファンデーションと同じようにね。

古市――僕もそう思います。僕が保存したものも、自分が死んじゃったらどうしようと。

藤森――ほんとにね。僕らが元気なうちになんとかしないと。

古市――ええ、中には貴重なものもあるんですよ。

藤森――全部貴重ですよ。だって、丹下さんがじつはとんでもなく克明に図面を見ているというのは、原図

を見れば分かる。あそこまで見てるとは、みんな思ってないでしょう。全部を見ているわけじゃないけど、興味のある仕事についてはね。

槇―それでいいんですよ。

藤森―博物館って、モノを管理するためのところなので、やっぱり専門家がいる。博物館で保存できるといいんだけど。

槇―結局、今、丹下事務所にある貴重な図面……、古いトレーシングペーパーとかに事務所で描いたものを、日本の、たとえば東大が、キチッと保存する仕組みをもっていないんですよ。ハーバードにはあるわけ。もう何世紀にもわたる集積があって、技術的にもできる。そこで差がついちゃうんですね。日本だって、やろうと思えばできるのに、お金がないとかいう話になってきちゃう。僕が一番懸念しているのは、ハーバードが「いいとこ取り」をすることですよ。もし仮に、「後はいらないよ」っていわれたら、残ったものを誰が引き取るの？

藤森―〈広島〉の図面とか〈代々木〉の図面なんか、涙が出るようなもんだよ。あの曲線を手で描いて、直した後削って、トレペで留めて……。もうほんとに、吐息が出ますよ。これを日本は残せないのかって。よくあんなものを手で描いたと思いますよね。

槇―つい一九八〇年代まではね、たとえばわれわれの〈東京都体育館〉なんて、円形プランでしょ。そうするとコンパスですよ。コンパスの芯、同じところを使ったら孔があいちゃう（笑）。だから、かつての設計は大したものですよね。

藤森―手で描いたものって、見た人を打つ力をもってる。

古市―やっぱり、僕らは両方でしょ。手で描いてきて、それからパソコンになって。今のパソコンでは、一本一本の線のもつ意味を分かっていない場合があるんです。「この線は、なんだ」って聞くと、「えーと、なんでしたっけ」と。僕らの時代は、これが仕上げ線、これが通り芯とか、頭を使いながら描きますよね。それは決定的に違います。だから、パソコンで描くというのは、ちょっと問題がありますね。基本設計くらいまでは鉛筆で描くといいんですよ、本当に。
藤森――将来、展覧会をやるときに、コンピュータで描いた図面なんて、誰も見ないよ。
槇――そう。だから、これからの展覧会は映像だ、という話だけど。まぁ、すべてが変わっていくんですね。

きょうはいろいろと面白いお話を聞けましたが、最後に僕が重要だと考えていることを二つ挙げておきます。一つは、丹下さんは思想性をもった建築家だったということです。一九五〇年代、ヨーロッパはまだ戦後であって、ル・コルビュジエ以外には、注目される建築作品はなかった。巨匠の次のジェネレーションとしては、BBPRのエルネスト・ロジャースがミラノで〈トーレ・ヴェラスカ〉をつくったくらいでしょう。サーリネンの話が出たように、アメリカが建築の中心でした。僕自身も一九五二年からアメリカに行っていたので、チームXの人たちがハーバードにやってくるような状況を肌で感じていました。そんな中で、一九五〇年代から一九六〇年代初めの、一連の丹下さんの作品は際立ってきます。それは、〈広島〉以後、〈代々木〉に至るまで、シェルやサスペンションという近代建築の課題に一つずつ挑戦されたと同時に、そこに独自の思想があったからです。かつてル・コルビュジエやミースが注目されたのと同じ理由ですね。

もう一つは、これも話に出ましたが、東京大学丹下研究室というかたちでの、旧制高校のメンタリティがすごく大きかったということです。大学のアトリエというのは、先輩・後輩でつながっています。丹下さんは一九七〇年に万博をやられ、一九七三年に大学を退官される。そこで、そうした理論的なものに思想の裏付けをもって建築をつくることは、終焉を遂げるのではないか。丹下研究室がなくなって、シンクタンク的な機能がなくなる。そして、先ほどいった旧制高校の人たちがつくり上げた丹下研のスピリットは、順次そういう人たちがいなくなり、亡くなられた人もいて、消えていきます。そのとき、丹下建築の第一楽章は終わりを告げたのだと思います。

2――丹下研究室の黎明期：「広島平和記念公園」「香川県庁舎」「倉敷市庁舎」とその周辺

〈広島〉をやっている頃は、ほとんど、丹下さんと浅田孝さんと大谷さんと、あの頃はむしろ、三人の個人的つきあいみたいな感じだった。それが、〈香川〉をやる頃からだんだん仕事が増えてきて、事務所的な雰囲気になってきた。――西原清之

出席者
神谷宏治
松本哲夫
西原清之
豊川斎赫

二〇一二年七月二〇日／赤坂・KIビル

神谷宏治

松本哲夫

西原清之

豊川斎赫

それぞれの出会い

豊川―きょうは「丹下健三を語る」座談会ということで、かつて〈広島平和記念公園〉[＊1]、〈香川県庁舎〉[＊2]、〈倉敷市庁舎〉[＊3]などで実際に設計や現場にも関わられた皆様に、当時のお話をうかがえればと思います。これまで一般的に知られていないお話もあるかと、ひそかに期待しております。

それではまず、神谷さんには丹下さんの印象的なエピソードをうかがえればと思います。

神谷―私は一九五二年に大学を卒業したわけですが、丹下さんのもとで卒業論文を書いた同級が私を含めて五人おりました。卒業式の晩、丹下さんがその連中を引き連れて、江知勝という有名なお店で晩飯をおごってくださった。その食事の途中、「器用貧乏になるな」とおっしゃった。「自分は不器用なものだと思って、努力しなさい。努力すれば、そのうちに、ものになっていくんだ」と。ということは、丹下さんは「自分は不器用である」と自覚して、一生懸命、努力を重ねてこられたんだなと思いました。

それからゼネコンに就職する三人に対して、「君たちは建築家の設計した図面を見て、どういう理念に

[＊2]香川県庁舎(設計―丹下健三、一九五八年)

[＊3]倉敷市庁舎(設計―丹下健三、一九六〇年)

[＊1]広島平和記念公園・会館(設計―丹下健三、一九五五年)

もとづいてそれが設計されているかをよく読み込んで、しっかりした、いい建築をつくってほしい」ということをおっしゃった。帰りがけに、その三人が「丹下さんは、ああいうけど、ゼネコンにはゼネコンなりの理念があるんだよなぁ」と(笑)。かなり反感をもって、その言葉を受け止めていました。もちろん、その反感は一時的なものでしたが。

もう一つのエピソードは、私が結婚するとき、丹下ご夫妻に仲人をお願いしたのです。先生が仲人としてスピーチをされている中で「建築家はわがままでなければならない。わがままを通さなければいけない。したがって、奥さんはそのわがままを許してあげてほしい」とおっしゃった。ちょうどその「わがままを通せ」といっている間じゅう、丹下さんの足元がブルブル震えているわけです(笑)。後で聞くと、家内の親戚たちはカンカンに怒ったそうですが、私にとっては身に染みる、けっこうなお言葉でしたね。

西原—私は、レーモンド事務所を経て一九五五年に丹下研に入ったのですが、当時、レーモンド直属のデザインルームのスタッフに抜擢されていましたので、レーモンドからは「なぜ丹下のところにいくのか?」とか、いろいろなことを聞かれました。レーモンドにしてみれば、気になる存在だったようでしたね。

その当時の日本では、西欧的な意味でのアーキテクトの設計事務所が少なかったのですが、レーモンドは整備された設計環境を備えていました。それでも、私は〈広島〉のプロジェクトの素晴らしさに魅せられていたので、どういうプロセスで誕生したのか、謎めいていればいるほど、知りたくもなったのです。

レーモンドでは、ドキュメントの管理も徹底していて、豊富な資料の積上げの中から、宝探しをするようにして進めることが多かったので、ある意味ではレーモンドのほうが研究室的なところがありました。それに対して丹下研は、貪欲に何にでもトライする自由な雰囲気があって、可能性に満ちているように見えたんですが、ドキュメントに関してはまったく不備でした。そして、丹下さんだけでなく先輩たちにしても、その貴重な経験を新入生に伝えることが少なかったので、新入生は常に自らの力ですべてを学ばなくてはならないという、過酷な競争にさらされることになり、つねに緊張感が漂っていました。

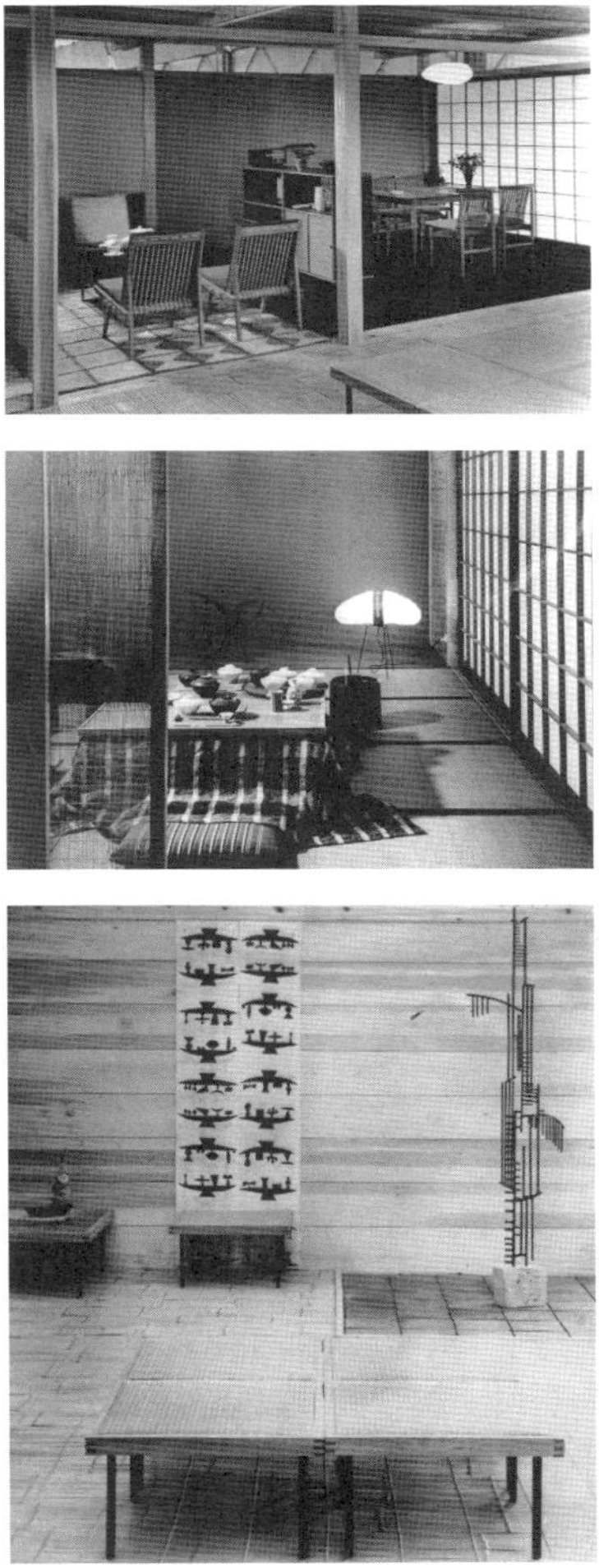

［＊4］スウェーデン国際建築工業デザイン博覧会（通称「H55」）、日本ショールーム（剣持デザイン研究所、一九五五年）

また、研究室のほとんどが実務経験のない大学院生ばかりだったので、見ようによっては設計の実務がきわめていびつな環境で維持されていたようで、経験不足による設計ミスに対する社会的責任も曖昧になっているのが気になってたんです。

それから、私も神谷さん同様、丹下さんにお仲人をお願いしたのですが、私の妻がひとつだけ覚えていることがあって、丹下夫人から「あの方ね、優しそうに見えるけど、鋭いものを真綿で包んだような方ですからね。建築家ってみんなそうなのよ」っていわれたらしいんです（笑）。それがずっと後を引いて、いまだに妻が負けそうになると、この話をもち出すんですよ（笑）。

豊川―松本さんは一九五四年に産業工芸試験所におられて、日本政府の展示物の設計をされました。その頃、丹下さんと初めてお会いになったとうかがいましたが、丹下さんの印象はいかがでしたか。

松本―丹下さんは僕にとって神様みたいな存在だから。そもそも丹下さんと出会った最初の仕事というのは、一九五五年にスウェーデンのヘルシングボリで開催された「スウェーデン国際建築工業デザイン博覧会」（通称「H55」）の日本ショールーム［＊4］で、外務省を通して国際文化振興会からJETRO（海外貿易振興会、現・

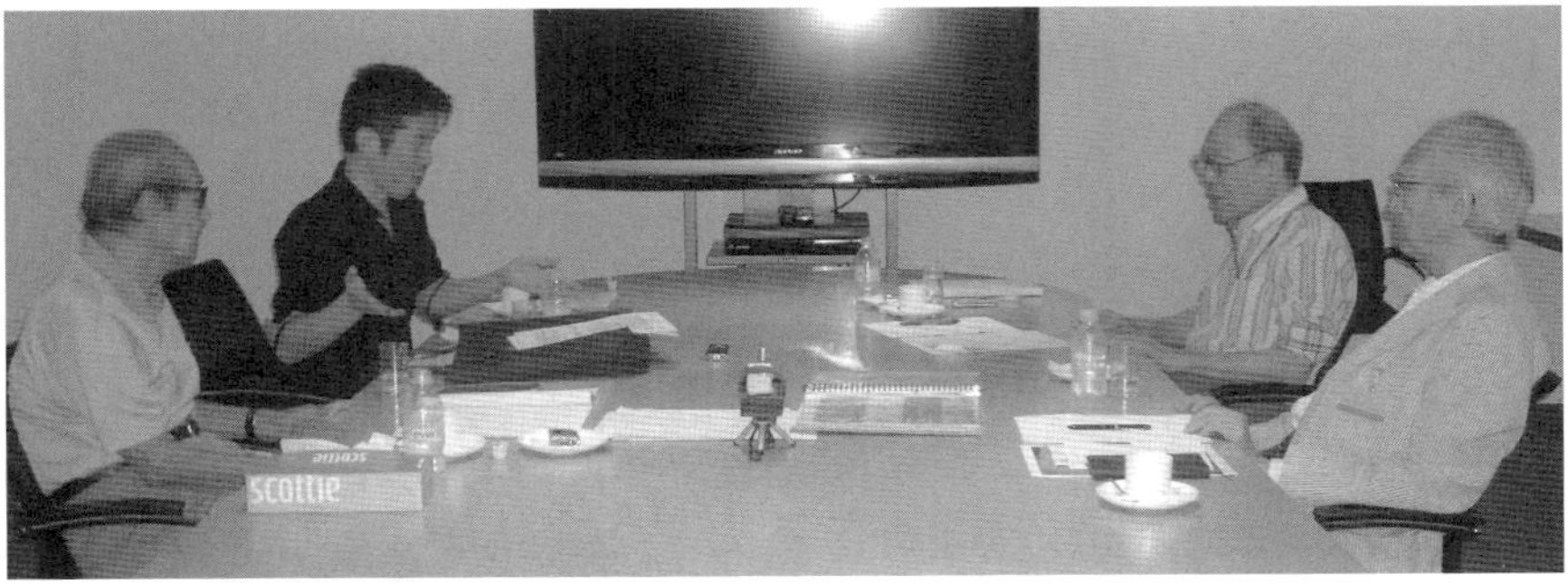

日本貿易振興機構）を回って、剣持勇のところにきた。だけど予算も時間もない。そのときに、どうも剣持は丹下さんにもご相談している。

当時、丹下さんの周辺には、国際デザインコミッティー（現日本デザインコミッティー）の亀倉雄策や吉阪隆正、前川國男、吉村順三、柳宗理もいました。新制作協会［＊5］に建築部ができたのも関係しています。国際デザインコミッティーは、当時、各事務所とか、自宅とか、そういうところにみんな集まったらしい。〈丹下自邸〉でもワイワイやるわけ。だから、剣持は工芸指導所の意匠部長で役人でもあったけど、建築家の先生と関係ができていたんだね。

一九五三年に僕は建築事務所に入りたくてウロウロしていたけれど、どこもとってくれないので、産業工芸試験所にいけっていわれていった。どうも後で気がついてみたら、剣持は建築の出身者を一人、自分のそばに置きたかったらしいんだよ。いわゆる、建築を勉強してインテリアをやろうという人はいないわけ。当時、建築をやっていたから「インテリアなんて俺の仕事じゃない」って思っていた。だけど入ったら、いきなりあてがわれたのが、ワシントン州シアトルでやった海外見本市（ワシントン州国際見本市）の日本政府ブース［＊6］でした。それをノックダウンでつくって、向こうで組み立てるという具合です。一九五四年の秋口に向こうへ送る計画で、産業工芸試験所で一回組み立てたんですよ。

剣持はそれをどうも気に入ったらしくて、僕が「H55」を担当することになった。ところが、「H55」の話を受けたのが一九五四年の暮れに近かった。「明日、夕方四時に丹下さんと会う約束を取ったから、それまでに準備しろ」と、前の日の午後三時ころに部長にいわれたんです（笑）。それで会場の図面みたいなのはきているが、どうやっていいか分からない。この「H55」は第二次大戦後初めての、建築と工業デザインの博覧会だったんですよ。そんなこと知らないよ、こっちはね（笑）。あとで展覧会の記録とかを見てみると、北欧諸国は完全に一軒の住宅を設計して建てていた。イタリアなんかは雨露のしのげるパビリオンがあって、その中に仮設で自分の国の住宅をつくっていました。

［＊5］新制作協会のクリスマス・パーティ（一九五六年頃）。手前から二列目、左から二人目が丹下

こっちは何も知らないから、家へ帰って一晩徹夜で図面を描いて、剣持に朝見せたら、「うん、これでいいから、きょう夕方、俺と一緒に行こう」という話になった。そして新橋のミルクホールで、丹下さんと膝突き合わせて、見てもらったら、「松本さん、これでいいですよ。これで考え方もプランもいいから、これでおやんなさい」と、お墨付きをもらっちゃったわけ。

だけど、それから大変ですよ。だって、一九五五年の夏頃には向こうで展覧会が始まるわけですから。そうすると、こっちからつくったものを運んだとしても、三月中にはみんな船に載せなきゃいけない。冬休みもへったくれもない。

この展示は「現代の日本人の生活を抽象的に見せる」というテーマでやろうとしたので、障子があって、簾戸があって、襖、唐紙ですよね、だから、夏と冬が一緒くたになっているんだ。ところが、船へ積んでインド洋を渡っているうちに、木部にはカビが生えちゃって、きれいなヒノキの大きな障子の桟がみんな真っ黒けになった。『Domus』を見たら、みんなは「いい、いい」っていったというんだけど、こっちが考えていたのと全然違うんだよね。

神谷――でもそれが、戦後の日本文化が海外に認知される機会だったのね。

松本――そう、きっかけになった。それで展示の中に「タペストリーがいるなぁ」といっていたら、たまたま猪熊弦一郎さんが面白い抽象柄の、黒で刷ったこのくらい（30cmくらい）の幅の、反物に浴衣の柄を染めたやつがあったんです。それはなかなかきれいなのね。これをタペストリーにしちゃえっていうんで、二枚つなげて掛けちゃった。僕の勝手な想像だけど、北欧にマリメッコとか、プリントものがいろいろあるんですが、この展覧会の時期から、そういう大きな柄の白黒のプリントが北欧で流行るようになるんです。かなり影響はあったと思う。

同じようにラジオはナショナルの、四角くて、真ん中に金色の帯が入っているのをもっていったのです。プラスチックでできた、日本製の、カチンとしたやつですよね。アメリカだと、みんな流線形みたいになってしまう。

［＊6］ワシントン州国際見本市、日本政府ブース（剣持デザイン研究所）

そうじゃなくて、ナショナルがつくった一般家庭でも入りはじめたものをもっていったんです。

僕にしてみれば、ただ今、現在の仕事の姿なんですよね。どうしても、畳があって、炬燵があって……、まあ掘り炬燵にはできなかったけど、そのうえに布団じゃなくて、裂織《さきおり》みたいな、東北の織物があるんですね。古着で紡いでね、かなり厚ぼったい、敷物にもできるようなものを掛けたり。それを、まず丹下さんに見てもらったというのは、僕にとってものすごく印象深い。

丹下さんは、あまり手を入れないけど、僕の図面に手を入れてくださったのは、〈東京カテドラル〉の礼拝用の椅子の原寸図をもっていったときに、「松本さん、ちょっとこれ、いいですか」っていってさ。ご自分で、鉛筆で、ぴやーっと、赤だったかな、入れてくださった。そういう覚えはあるけど。

大学の研究室として

豊川―大変貴重なお話をありがとうございました。続きまして、神谷さんにおうかがいしますが、丹下さんは研究室とはどうあるべきとお考えだったのでしょうか。

神谷―私は大学院の学生として丹下研究室に入学しています。だからちゃんと授業料を払って、五年間、在籍していたわけですよ。丹下さんは当時から、年に一回くらいは、スタッフを集めて、研究室の目的や運営の方法について語ってくれて、それに従って動いていた。基本的にはサイエンティフィック・アプローチ、「科学的に都市・建築の計画・設計を進めたい」とおっしゃっていた。具体的に、研究室の業績を読んでみれば、科学的にアクセスしている。たとえば、私が最初に入学して、参加を指示されたのが日本建築学会の日照調整委員会でした。メンバーは、小木曽定彰、内田祥哉、佐野正一、長沢光一、峰岸泰夫、広瀬貞之の各先生で、柳瀬俊さんは設備の専門の方でした。私はそういう方の中の一員として、仕事のかたわら、サンコントロールの世界中の資料を集める作業に参加して、五年後くらいに学会から数十ページの本(『日照調整』、一九五八年)にまとまって出ています。ここには学問的な背景が書かれていて、なおかつ世界中の優れたエレベーション、立面の例が出ています。これ一冊を見るだけで、当時の立面のありようが見渡せる。

西原―丹下さんと小木曾さんは、どういう役割分担だったんですか。

神谷―丹下さんは、僕に「日照調整委員会が学会にできるし、小木曾さんが主査で、お願いしてあるから出ろ」といわれました。当時、〈外務省庁舎〉のコンペがあって、〈旧東京都庁舎〉のコンペがあって、〈神奈川県立図書館・音楽堂〉のコンペがあって、それから〈清水市庁舎〉の設計がはじまった頃でした。

西原―その話は初めて聞きましたね。というのは、私は、新制大学一期生なんですが、卒論は小木曾研で書いてるんですよ。先ほどいいましたように、レーモンドを経て二年後に丹下研に、やはり大学院生として入ったんですが……、私もちゃんと授業料は払ってましたよ（笑）。でもあの頃の丹下さんは博士論文をまとめるのに追われてたんで、それどころじゃなかったんでしょうね。研究室の目的や運営方法のガイダンスもなかったし、修論の指導さえやってくれない。そして博士号をとってからは、研究室としての組織的な研究や、卒論、修論の指導はほとんどやめちゃったような気がするんです。

豊川―ええ、一九五〇年代前半から丹下さんが実際の設計を行う機会に恵まれてきたので、研究に割く時間が相対的に減ったことは考えられます。

西原―丹下さんは哲学や歴史については卓越した知識と教養をおもちだったようですが、テクノロジーなどについては弱かった。だから本質的に研究というものが得意だったかどうか、わからないと思うんですよ。最初の頃は時間があったから地道な研究ができたけど、〈広島〉のコンペで当選してからは、デザインのほうに舵を切った。つまり丹下さんを変えた最初のきっかけは〈広島〉だったと思うんです。

そして『伊勢』『桂』の名著を生み、伝統論などで、みんなを煙に巻いてみせたけど、技術論はやってませんよね。だから、なぜ丹下さんがメタモルフォーゼを繰り返していられたかといえば、丹下さん自身が、時代と共に成長していっただけでなく、丹下研を媒介しながら、弟子たちからはテクノロジーの面白さを教わることによって、丹下さん自身の成長も加速していったってことじゃないでしょうか。

つまり、そもそもは丹下さん自身が卓越した教養と集中力に恵まれていたところに加えて、優れた弟子たちを吸い寄せるカリスマ性があったことからスタートしていたような気がするんです。

神谷―僕は西原さんとは違った見方をもっていて、丹下研究室は設計事務所ではないわけだから、設計もするけれども、一方で並行して、研究もする。その成果の一例が「コア・システム 空間の無限定性」（『新建築』一九五五年一月号）です。ちょうど僕らが丹下研究室に入ったときに、〈外務省〉にしろ、〈旧都庁舎〉にしろ、オフィスビルが主体ですから、コアシステムを研究していました。ここには名前が出てないけれども、槇文彦さんが卒論で、石川忠志さんという同級生と二人で、オフィスビルのコアについて書いている。その延長上で、沖種郎、田良島昭、神谷、長島正充、磯崎新、茂木計一郎が共著で「コア・システム」を書いた。こういう論文をまとめて雑誌に発表して、自分たちの今までの仕事を振り返りつつ、それを整理して次の時代につなげていこうという姿勢が丹下研究室の実態であったと思います。

西原―それはそうですね。あの当時、私はまだ研究室に入ったばかりでしたが、一九五五年の「コア・システムとピロティ」や、一九五六年の「創作方法論の試み」の両方にも参加していますから、記憶はあるんです。でも、受け取り方がちょっと違う。こうした共同執筆作業は、スタッフが自主的にやっていましたよね。丹下さんはときどきお見えになるだけで、ほとんどチェックしなかった。しかも、あれ以降はまったくやってない。

神谷―結果としてできたものは、丹下さんも読んでいるけど、途中のプロセスは全然見てもいないと思います。

西原―それに、あれは……、厳しいいい方かもしれませんが、雑誌に発表しただけで、学会発表のレベルではなかったでしょう？

松本―だからさ、丹下さんの名前が載ってないんでしょ、これには。

西原―うん、載ってない。

神谷──だから、丹下さんは研究室スタッフの自由な社会的発言も黙認していた、と。というより、むしろ心の中では「やれ、やれ」とけしかけていたんでしょう。

西原──そうでしょ。だから、自由でなんでもやれたという雰囲気は、前向きに考えれば、非常に好ましいことなんです。でもさっきみたいに考えると、ある意味では無謀にも取れるんですよ。つまり、自由奔放さと無謀さの微妙なバランスが丹下研だったという気がする。たとえば、代々木の〈国立屋内総合競技場〉なんかね、工期はない、工事費はどのくらい膨れ上がるか分からない。技術は前人未踏でしょう。普通の設計事務所だったら、まず手を出さないですね。

神谷──そりゃあ、夜も眠れないよ（笑）。

西原──同じ時期に、芦原義信事務所が〈オリンピック駒沢体育館・管制塔〉を設計しているんだけど、あれが普通の設計事務所の作品ですよ。

神谷──そう。

西原──だから、ああいう〈代々木〉みたいなことを、芦原事務所ではやりたくたって、できなかったわけですよ。それをやったというのは、ある意味では無謀なやり方だった、ということになるでしょう。

神谷──それがね、「わがまま」なんだ（笑）。

西原──まあ、そんなところでしょうかね。それにしても、〈代々木〉はすごい。あのとき私はもう丹下研を出ちゃって、トロント大学で教えていたから日本にいなかったけど、代々木をやると分かっていたら、私は残っていたかもしれないなぁ。

スタッフの生活

神谷──結局ね、スタッフとしては、問題は生活費なんですよ。というのは、僕なんか個人的にどうしてたかっていうと、さっきいった「わがまま」を通して、うちの家内が内職をして、僕を食わしてくれていた。一部

は親父が金を出してくれた。経済的にはおんぶにだっこで、数年間すごしていました。当時ね、レーモンド事務所は別かもしれないけど、一般的に設計事務所に入るっていうと、事務所の所長から「二年くらいはお前から月謝をもらわないと、事務所をやっていけないよ」といわれていた。つまり、徒弟奉公をしないと設計事務所には勤まらないという常識がありました。だから僕は丹下研にいて生活費ももらえず、逆に月謝を払っているのも、しょうがないというふうな気でいましたね。それは事実だったですよ。

松本—大谷幸夫さんもそうだったみたいね。大谷さんの奥さんも相当ぼやいてたね。独立して、「なんとか、少しは、人並みとはいわないけど」って。それまでは丹下事務所の……、いや事務所じゃない、その前の、研究室のときはひどかったって。生活できなかったって。

神谷—大谷さんは昼飯を食わなかった、ずっとね。食べたような顔をして。

松本—じつはお金がなかったんだ。

西原—話の流れをガラッと変えるようですが、私の場合は全然違うんです。学部からストレートに大学院にいきたかったけど、それでは生活できないと思ったから、まず就職してお金をためてから大学院を目指したんです。それに失業保険をもらっていたんです。そして研究室に入ったら、事務のほうから「特研生の枠が余っているからもらってくれ」と。月に一万二千円だったかな、支給されてたんですよ。それから、さらに丹下研からなにがしかのおこずかいがもらえるようになった。だから「私も困っています」とはいえなかったんですね（笑）。だけどその程度の、下部構造の違いだけで、そんなに考え方が違ってくることはないと思うんだけどなぁ。

松本—そう、二年くらい違うとだいぶ違うのかな。

西原—いや、そういう年齢の違いじゃなくて、丹下研究室の環境の違いだと思う。私は、前期と後期の中間くらいで、〈倉敷〉は真ん中あたりでしょう。〈広島〉をやっている頃は、ほとんど、丹下さんと浅田孝さんと大谷さんと、あの頃はむしろ、三人の個人的つきあいみたいな感じだった。それが、〈香川〉をやる頃からだんだん仕事が増えてきて、事務所的な雰囲気になってきた。

松本──小槻貫一さんは、最初関係してたんでしょ。

西原──いや、小槻さんは途中から。

松本──でも、〈広島〉には関係している?

西原──主に現場ですよね。それから、あの頃労組の団体交渉のようなミーティングがありました。そこで沖さんが、「設計料はどこに消えてるんですか?」とか発言して、それから突然おこずかいが毎月出るようになった。

神谷──結局ね、生活費の問題があったのと、私の先輩の光吉健次さんはたまたま九州大学から誘いがあって、最終的には教授になられた。そういうことで、先輩がいなくなる。それから、沖種郎さんは、「自分で独立したい」といって、出ていかれる。大谷さんは、さっきの状況でね、もう独立せざるをえなくて、独立していかれた。ということで、いつの間にか、僕が最古参になっちゃった。

西原──大谷さんや沖さんが出ていったのはやはり、生活費?

神谷──ある意味では経済的な理由で、そう長くいられないということだったと思います。それから、小槻さんは急に身体を悪くして亡くなられた。今だったら治るような血液の癌、白血病だったと思います。

〈丹下自邸〉とワックスマン・ゼミ、〈広島〉の無念

豊川──ではここで話を切り替えまして、松本さんは若かりし頃、ワックスマン・ゼミで丹下研と関わられています。そこで磯崎さん、茂木計一郎さんとご一緒になり、磯崎さんはそのご縁で最初の結婚をされ、〈丹下自邸〉［＊7］で結婚式を挙げられました。松本さんはその際のさまざまなエピソードをおもちなので、〈丹下自邸〉をどのようにご覧になっていたかなど、当時の思い出をお聞かせ願いますか。

松本──僕ね、丹下さんの姿を最初に見かけたのは〈旧都庁舎〉のコンペの模型づくりで、植野石膏模型に

［＊7］p.334参照

いったときでした。徹夜のバイトに行っていたんですよ。それで僕が担当していたのは、もうほとんどできあがっている石膏模型の屋上に手摺をつくっていました。そのとき、例の黒メガネの、ヤクザのボスみたいな人が、丹下さんを連れて現れたんです。

豊川——岸田日出刀さん(p.216参照)ですね。

松本——岸田さんですよ。あの人は何しに来たかっていうと、「丹下君のやってることなんか、あんまり興味ない」っていって、あそこの茶の間で麻雀やるために来るんですよ(笑)。そうすると丹下さんが一緒に来てね、僕らが一生懸命につくっている模型を見て、いろんなことをおっしゃった。そのとき、僕は初めてチラッと見たんです、丹下さんなる方を。だってまだ、千葉大学の学生時代ですもの。

それから例の「H55」を見ていただいて、ワックスマンのゼミに参加することになった。剣持はもう独立していて、僕は産業工芸試験所の職員でしたが、剣持に「お前もゼミに出ろ」といわれて、参加したんです。僕は夜になると、昼間、みんなが描いた図面を片っ端からチェックして、描き直させたの。「夜のチーフ」っていわれていてさ(笑)、格好いいんだけど。じつは二足のわらじを履いていたんです。ゼミのほうが面白いから、クビになってもいいやと思っていました。

西原——何だか話が逸れちゃったけど、〈丹下自邸〉をどうご覧になってますか、というのはどういう意味ですか。

豊川——〈丹下自邸〉で磯崎さんの結婚式がありまして、磯崎さんの最初の奥様は、ワックスマン・ゼミでご一緒だった方で、松本さんもご存知です。そこでの逸話が興味深いので(笑)。

松本——僕は、成城の〈丹下自邸〉のインテリアは全然関係ない。インテリアで関係したのは、URTECがはじめて原宿に来て、職住接近だっていって、URTECの下に丹下さんがマンションを一つ手に入れたんですよ。丹下さんは剣持のところへやってきて、僕とうちのかみさん(故・吉田安子氏)の二人にやらせてくれ、といわれたんです。ご指名だから、俺、知らないよってわけにもいかなくて、手伝ったのです。

西原―でも、豊川さんが聞きたかった〈丹下自邸〉でのエピソードとは、寸劇のことじゃなかったんですか。あのとき宴たけなわになると、新郎新婦が2階に駆け上がり寸劇を演じたんだけど、あれ、大うけだった。そしてそれを見上げる出席者たちと一体となって、格好の舞台装置になってましたよ。建築は、設計者の思惑を超えて変貌するものなんですね。丹下さんはあの家をどういうつもりで建てたのか分からなかったけど、この考え方だけは使えるな、とあのときひらめいたんです。〈倉敷〉の大階段やバルコニーのデザインなどはそれをかなり意識してました。

松本―あのとき、いたんだっけ。

西原―もちろん、いましたよ（笑）。でもまあ、あれは、生活できそうもない建物でしょう?　プライバシーはないし、雨戸も、カーテンもないから明るすぎて。噂によると、丹下さん、寝られなくて、アイマスクして寝ていた、と聞いています。それから、何回か、あそこで研究室のミーティングもやりましたよね。見渡したところ、本はない、物入れもどこにあるかわからない。

そうそう、あの住宅でミーティングしてたとき、小さな地震がきたことがあったんです。それで揺れているときに、丹下さん一人がそわそわして、「この建物はね、揺れはするけど、つぶれないんだよね」ってつぶやきながら、立ったり座ったりしていた（笑）。みんなが唖然として見ていると、「おさまったようだね」って……。私にはその印象が強いので、丹下さんはあの家を、自分の憩いのスペースとして、ねぐらとして建てたんじゃなくて、なにか別の意図があったとしか思えない気がするんだなぁ。

神谷―原形はもう、戦争中にあったと思います。

豊川―〈丹下自邸〉の原形は、戦前のコンペで出したものだといわれていますが、その図面はありません。どなたもそれを確認できていません。

西原―あの住宅は田良島さんが担当していますよね。「あれを設計するときに丹下さんからどういう注文があったのか」って田良島さんに聞いたことがあったのですが、はっきりしなかったんです。いまだに私は

わからない。

豊川―これは田良島さんから直接うかがった話ですが、ご自身が担当される前には、山梨清松さんがご担当されていて、それを引き継いだのが自分だと。当初は平屋のスタディだったのが、いずれかの段階でピロティ状にパッと浮いた、とうかがっています。ただディテールはかなり乱暴だったという話もうかがいました。

神谷―ちょっと、話が飛んでいいですか。〈広島〉の件なんですよ。ある日、丹下さんが研究室の一番奥の机に座って、僕らに背中を向けて、一人黙然と、壁に向かってじーっと動かず、ポケットからハンカチ出して顔を拭っているわけ。それが例の、向かって一番左にある公会堂の丹下案［＊8］がつぶれて、地元の設計者の案でホテルの建設が決まっちゃった直後だった。あれだけ一生懸命、頑張って、それがダメになった。あの後ろ姿は忘れられない。

西原―知らなかった。一度も僕はそういうのを見てないから。

神谷―いや、たまたまね、異常な雰囲気だったんですよ、部屋の中が。

西原―そうでしょう、まったく想像できないもの。

松本―イサム・ノグチさんの、慰霊碑のときは……。

神谷―そのときは、別に……。残念がっていたかどうかというのも、僕はよく分からないね。あれはまったく記憶がない。でも、岸田さんが反対して今のかたちになったけど、このほうが原爆ドームがよく透けて見える。結果としては僕はよかったと思います。

松本―うん、そうね、軸がはっきり見えて、ズーッと向こうにドームが見えるわけですもんね。

豊川―田良島さんは〈丹下自邸〉のあと、〈倉吉市庁舎〉［＊9］も担当されていますね。西原さんはその立面の検討をされたとうかがっていますが。

西原―私は丹下研に六年しかいなかったのですが、最初に担当したのが〈倉吉市庁舎〉で、最後が〈倉敷

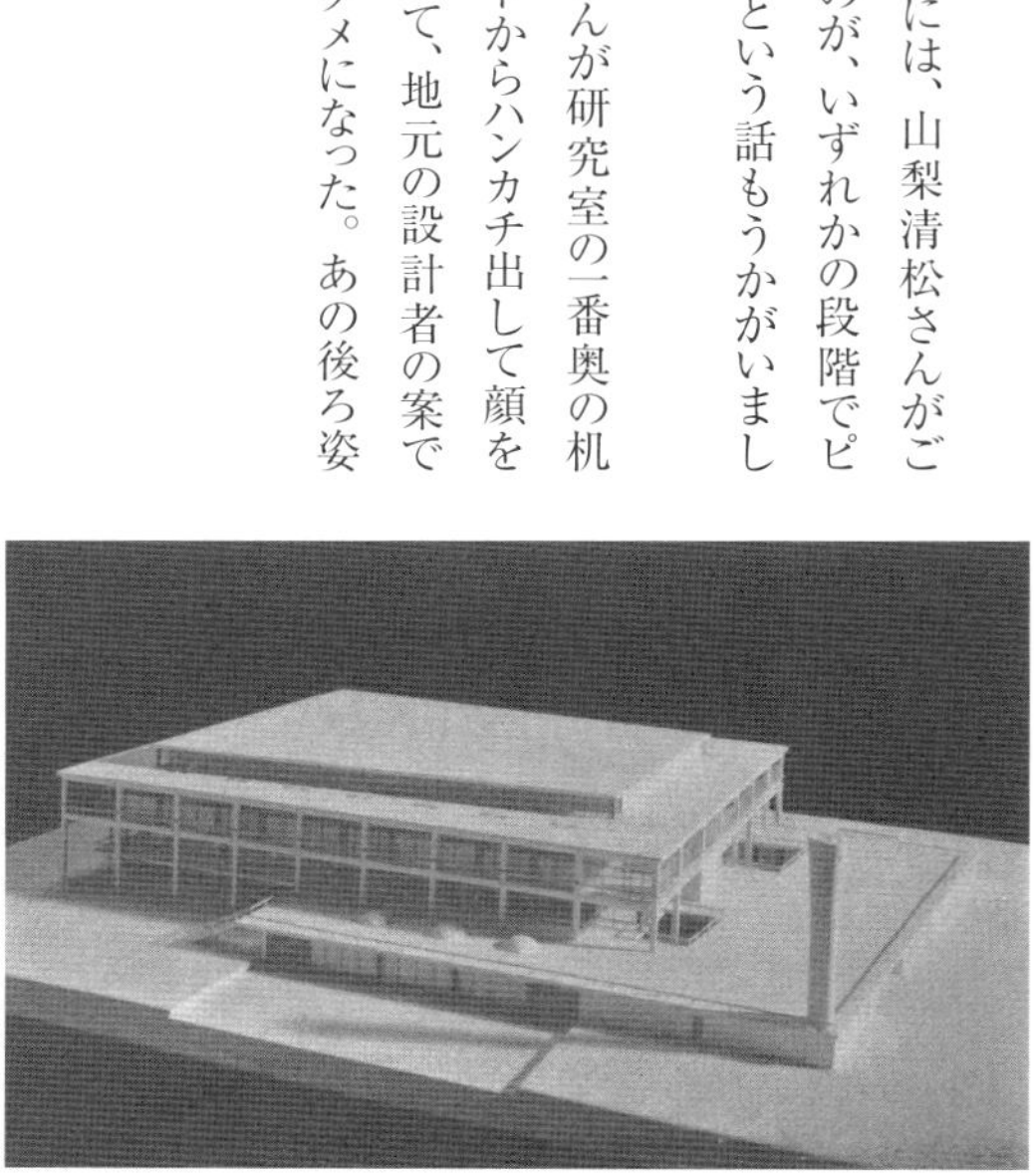

［＊8］広島平和祈念公会堂計画（設計―丹下健三、一九五三年）

［＊9］倉吉市庁舎（設計—丹下健三、一九五七年）

市庁舎〉だったのです。地名が似ているので紛らわしいのですが、この二つの設計条件やプロセスはまったく違っていたんですよ。〈倉吉〉はスタートからよどみなく進めることができましたが、〈倉敷〉では、迷った挙句の混迷と苦渋の中から、見切り発車するかのようなきわどい雰囲気の中で一応の決着をつけた、というくらいの大きな違いがあったんです。

〈倉吉〉は、設計期間が三カ月程度しかなかったので、田良島さんから、〈広島〉のファサードを参照しながら、それにほんの少し独自性を加えてくれればいい、といわれてスタートしたのですが、そのときは参照しようにも〈広島〉の図面が見つからず、探し回った記憶があります。そのことを除けば、〈倉吉〉の設計の進め方は、レーモンドとあまり変わらなかったような気がしました。そうした経緯で進んだせいか、一九五七年七月号の『新建築』には、丹下さんの文章とは思えないほど素朴で内面をさらけ出した記述があり、その後に〈倉敷〉で経験したような違和感はありませんでした。

〈香川〉の誕生

豊川——今、〈倉吉〉と〈倉敷〉がつながるお話をいただきましたが、その間に、〈香川県庁舎〉の大事なお話があります。きょうは神谷さんに、香川の金子正則知事との関わりについてお話をうかがえればと思っております。

神谷——〈香川県庁舎〉の設計は、浅田さん、沖さん、それから私という順番で担当していたんですけども、

基本設計の段階では浅田さんがトップで、沖さんがその下でした。最初、現地へ行って、知事さんとお会いして、意気投合してね、こんなものをやりましょうって話し合いをしたのは、丹下さんお一人。浅田さんは四国の出身ですから、大体のことはよくご存じなんですけど、現地の状態はまだ見ておられない。沖さんも私も、全然、土地勘もないし、知事さんからの話も与条件として聞きましたが雰囲気が分からない。ただ敷地があって、既存の建物があって、その空き地に事務所と集会所と議会の棟をつくると。そういう条件だけ与えられて、三週間くらい、どうしていいか、サッパリ、見当もつかない。そして、丹下さんが三日くらい、研究室に出てこなかった。自宅で、平面・立面・断面を、たしか一〇〇分の一だったと思いますけど、描いてきたら、それがあの建物なんですよ。びっくり仰天した。また、丹下さんはすごく描くのは速いんです。

西原―最初に自分がスケッチして、こういうのだからとみんなに渡して描かせるっていうやり方は、してこなかったんじゃないんですか。

神谷―普段と違って、初めて。今思い出してみると、丹下さんは一九四〇年に〈岸記念体育会館〉[＊10]を設計しています。木造のモダニズム建築ですが、木の柱をファサードに四本並べて、後ろに斜め格子があって、飛びきり美しい建物です。木造建築によるモダニズム建築のデザインとしては傑作ですよね。それから、〈香川〉に取りかかるのは十五年後。だから、十五年の間に、木造のモダニズムからコンクリートの木造的表現に至るプロセスを、順序よく蓄積、経験したと思います。たとえば〈広島〉だったら、研究室の中に指物大工さ

[＊10]岸記念体育会館(設計―前川國男建築設計事務所、担当―丹下健三、一九四〇年)

んを呼んで、一〇分の一くらいの模型をつくらせています。コンクリートによる木造的表現のさまざまな組合せを研究しているわけ。そういう十五年間の蓄積があのデザインに……。三—四枚の、三日間かけてつくった図面の中にまとめてドーンと入っている。

西原—じゃあ、あれがいきなり出てきたんですか。

松本—すごいね、それ。

西原—すごいなんてもんじゃない。それはものすごくショッキングな話だなあ、私にとっては……。というのは誰がいい出したのか知らないけど、丹下研はプロジェクトをすべて研究室内コンペで決めている、その過程で、何百枚ものファサードを描きまくってから、最終的に丹下さんが決める、などという話がまことしやかにまかり通っているでしょう。だから、〈香川〉も当然、みんなの意見を聞きながら決まったとばかり思っていた。そういえばだいぶ前に沖さんから「まるで後出しジャンケンのように、丹下案が出てきた」と聞いたことがあったなぁ。

神谷—うん、見てみると、ものすごい、よくまとまっていて、デザインも素晴らしい。ただ、僕らが「これは大変だ」と思ったのは、ピロティですよ。ピロティの面積分だけ、想定面積からオーバーしているわけだ。だから、実施設計をして入札したら、果たして落ちるかどうか。その前の一—二年間、〈津田塾大学図書館〉を担当していましたので、建築工事費がどこにどのくらいの割合でかかっているか分かっているから、丹下案は予算オーバーなのもすぐに分かった。でね、入札の日、丹下さんと一緒にはじめて高松に行った。知事室で札が開くのを待っていると、終わった瞬間に課長がスッと部屋に来て「落ちました」と報告した。びっくり仰天したわけです、逆に。「よく落ちたなぁ」と思って。それは正規の競争入札でした。

西原—でも結果としてはいわゆる普通の値段より、グーンと下がったんでしょ。ダンピングでしょ。

神谷—競争入札ですからね。仮設諸経費を減らして、県の予算に合うように落札したわけ。

西原—レーモンド事務所では積算なんか所員に絶対にやらせなかったのに、丹下研では大学院生がやら

されましたよね。あんな専門的なこと、院生にできるはずがない。僕はびっくりしたんだけど。だって院生が積み上げた積算のほうが妥当な価格だったとはいえないわけでしょ。

神谷―だから、われわれが県に出す設計見積は、仮設諸経費を落として出している。

西原―うん、まあテクニックはいいんですけど。結果として何割か安かったわけでしょ。

神谷―そう、うん。

西原―考えてみれば〈倉敷〉も同じようなもんだったなぁ。

神谷―〈香川〉はちょうどピロティ分、安かった（笑）。〈倉敷〉も競争入札だったからうまくいったのです。設計変更を一つもしないでね。ただ、大変だったのはその後で、現場はそれなりの実行予算を組んで、できるだけ赤字を出さないように努力する義務がある。所長が全部その義務を担うわけです。設計変更すると膨大な見積が（笑）、出てくるわけ。それを県の予算に合わせて調整するのにはずいぶん鍛えられましたよ。現場では設計変更っていうのもしょっちゅう出てくるわけですよ。というのは、知事さんと話していると、たとえば香川の石材産業を興隆させるために、石を使った庭をつくりたいと。「神谷君、石切場へ行って、いろいろ考えてくれ」とおっしゃる。それから、県の職員の山本忠司さんと一緒に、県の中に転がっている石をいろいろ探したり。そういう追加が出てくると、どんどん、どんどん、工事費が上がっちゃう。建築工事費じゃなくてね、石材産業の支援策という予算で組んでいる。知事もいろいろ頭をめぐらして、産業育成費というかたちで工面していました。

剣持事務所による家具とモデュールをめぐって

豊川―〈香川〉の話を続けますと、松本さんは〈香川〉で家具の協同作業をされています。猪熊さんが丹下さんに宛てたお手紙の中で、「今度、剣持君と一緒に香川でされるそうですね。それは大変素晴らしいことだ」というくだりが出てきます。松本さんがご覧になった、剣持事務所と丹下研究室のコラボレーシヨンについて、苦労された点をお聞かせください。

松本―それはね、一番困難をきわめたのは、丹下モデュールですよ。もう、どうしてもね、あれ使ったんじゃね（笑）。いや、いいんですよ、たとえばテーブルの高さが、695っていうのがあったんだよね。700ならいいんです。ところが、少なくとも建築家協会がつくった「モデュール」を見ていると、かなり細かいところからはじまっているんだけど、実際は、そんな細かい下のほうの数字なんか使ってないわけですよ。

僕は、フィボナッチ級数をもっと家具レベルまで落としたものをつくって、丹下さんのところへ行って、「これを使わせてください。そうでないと、あらゆるものが分厚くて、ごつい断面の脚になってしまいます。材料がもったいない。むちゃくちゃ高くなりますから」と申し上げた。

しかし、一方で、家具の設計料を出すってことだけで、議会が大問題になっていたんですよ。あの時、浅田さんが裏でかなり動いたんだね。知事さんは剣持にデザインしてもらって、丹下さんとコラボレートしてもらえばいいと思っていたけど、間に僕も挟まった。浅田さんに話すと、「いや、松本君、少しはそういう下世話な話も知らないとダメだよ。俺はもう最後は、議会に行って、札束でうるさい議員のほっぺた叩いてくるわ」って、いっていた（笑）。「そういうところは、丹下には絶対させられない。丹下は上部構造で、下のほうのドロドロしたところは全部、俺がやるんだ。そうじゃないと、この事業はできない。だからお前のところも、似たような問題は起こるぞ」とおっしゃる。

議会からすれば、なんで山形の家具屋（天童木工）に頼む必要があるのか、家具屋はいっぱいいるじゃないか、って話になる。彼らにやってもらえる仕事もあるけど、そうじゃない仕事が大部分でしょ。だからね、〈香川県庁舎〉は大変だったんですよ。僕は〈香川〉の現場に一週間くらいいて図面の打合せをしました。そのときに神谷さんにも会った。神谷さんが、チェーンブロックを使って「もうちょっとこっち」って、南庭の石を動かしているんだ。「大変だなぁ、建築家って」と思っていました（笑）。だけど、金子知事は、丹下さんとの関係はもちろんおありで、剣持のことも猪熊さんを通して存じ上げていた。だから、知事さんは、剣持が

死んだときも来てくださったし、その後でも、突然、イリコみたいなのをいっぱいもって、「これ、みんなで昼飯のときに味噌汁の出汁を取るといいよ」なんてお寄りになった。知事さんがいなかったら、あそこで僕らの仕事はできなかっただろうと思うんですよ。あのくらいがっちり組んだから、その後、丹下研としばらくの間、仕事ができた。ただそうはいっても、あのモデュールはわが事務所でもしばらくは影響が出てね（笑）、みんな全体にごつくて厚くて太いんだよ。それがしばらく続くんだよね。で、だんだん元へ戻る。

神谷―でもまぁ、地元の家具メーカーさんたちは、あの機会に技術革新が起こった。

松本―そうです、そうです。

神谷―きっかけをつくってもらったことを、今、すごく感謝されている。三年ほど前にね、香川県で竣工五十周年を記念して、冊子をつくったんです。お読みになったかもしれない。

松本―はい。ありましたね。

神谷―あそこの中に、家具の業者が、あれを機会にずいぶん香川の木工産業が盛んになった、技術力も身につけたということを書いているじゃないですか。

松本―そうですね。やっぱりよかったですよね。少なくとも今、銀座の昭和通りに面したところにショールーム（桜製作所）をもっているはずです。だから、みんなよくなったんですよ。ああいうものができると、地方にすごい影響が出てくるんだろうなという気はしますね。

豊川―松本さんに、身体や家具のスケールと建築に結びつける観点からモデュールをお話しいただきました。西原さんから、建築そのものを組み上げる際のモデュールについてお話をうかがえればと思います。

西原―モデュール一般に共通する欠点として、均等モデュールとの組合せが複雑になればなるほど寸法のズレが生じるということがあります。〈倉敷〉ではPCaの割付が複雑であったために、随所にこのズレが発生したんです。この調整は予想以上に手間がかかるものでした。そこで、このズレの程度を鑑別する方法として、丹下モデュールの数値をアルファベットに置き換えてチェックする方式を考えたんです。たとえば

3,310という寸法が出てきたとに、2G+Eというような置き換えができれば、ズレの程度は小さいと判断します。しかし、2G+E+Fというように付加数が多くなればなるほど、基本モデュールから外れることになるので、好ましくないと判断できる。試行錯誤の手間が減って、大幅にスピードアップされるようになったんです。

豊川さんからは、「モデュールの狂い咲き」と皮肉られる結果になったんだけど、当時の私としては少し意地になって、辻褄合わせに必死になっていたような気がします。私はそもそも初めからル・コルビュジエやモデュールがあまり好きではなかったもので、正直なところ、あのときは丹下さんに泣きつこうかと思うくらい、モデュールに嫌気がさしてたんです。

また、PCaのカーテンウォールは、ガラスの嵌め込み方を考えていく段階に至って、何度も挫折を味わっています。はじめの頃はガラスをPCa枠に嵌め込む方法が有力で、それだとレース編みのような透明感があって、それはそれでなかなか良かった。しかし、丹下さんのOKが出なかったので、中空ブロックを積上げる、という発想を生み出すに至ったわけです。ただ、この選択によって、外壁のインシュレーション性能は失われることになりました。あのとき、もしも丹下さんがOKを出していたら、〈倉敷〉はコンクリートの枕木を積み上げたようだ、などと叩かれずに済んだかも知れないと、今でも複雑な気持ちがしているんですよ。

〈倉敷〉における表現

豊川――今、〈広島〉、〈香川〉と話題が出ましたが、そのあとに〈倉敷市庁舎〉がきます。以前に西原さんから、〈香川〉を強く意識しながら、倉のモチーフを採用したとうかがっていますが、そのあたりの経緯をお話しいただけますか。

西原――〈倉敷〉では、私が倉のモチーフを提案したのは事実なんですが、完成した作品だけを見て、何々に想を得て………、などといえるほど、創作の現場なんて単純なものじゃないですよね。あのとき、確かに〈香川県庁舎〉は大きな話題になっていましたが、私は、木造軸組みのイメージが強すぎて本物じゃない、コンクリートの建築はやはり〈チャンディガール〉のように無機質なものの表現のほうが一枚上手じゃないか、と考えていたんですよ。だからあのときは、みんながル・コルビュジエのほうを向いてスタディしていたと思うんです。ただ、あの頃はコンクリートの工業化の研究が盛んだったので、私だけは、PCaを使えばル・コルビュジエを超えられるかも知れない、と考えていました。でもそのときのPCaは、オーギュスト・ペレの〈ル・ランシーの教会〉[＊11]か〈ル・アーブルの市庁舎〉に近かったと思うんです。

そうこうしているうちに、コンペのような雰囲気になり、状況が一変したのです。コンペなら勝たなきゃならない。勝つためには明快なプレゼンテーションが要る。そこで考えたのが、ル・コルビュジエを抜けて正倉院へ向かえ……。それが運良く丹下さんの琴線に触れたのか、ようやく決着がついたというわけです。伝統の意識はまったくありませんでした。だからこのときからすでに、丹下さんとのズレが生じていたことになります。「〈香川〉が弥生式で、〈倉敷〉が縄文式を表現している」という解釈がありますよね。丹下さん自身が書かれたものをたどっていくと確かにそうなります。これらを含めて伝統論に関する論争があったことは知っていましたが、研究室では一度も議題に上がったことがなかったんですよ。

豊川―〈旧草月会館〉[＊12]は長島正充さんがご担当で、外壁の止水が破綻したため、建物の寿命が短かったとうかがいました。

西原―そうなんです。〈旧草月会館〉が完成して間もなく、大型台風がやってくるという日に、岡村幸一郎と私のところに、長島さんから、「草月会館に一泊するから寝袋を持って集まれ」という電話が入ったことがありました。そして台風が近づくにつれて、外壁の釉薬付きテラコッタの目地から噴出するしぶきが大きくなるのを目の当たりにして唖然とした、苦い経験があったのです。したがってコンペでは正倉院といっておきながら、心の中では〈旧草月会館〉の無念さを晴らすためのリターンマッチをやるチャンスとしてとらえていたことになります。

[＊11]ル・ランシーの教会(設計―オーギュスト・ペレ、一九二三年)

[＊12]p.25参照

神谷―コンペの相手って、誰なの？

西原―研究室内のコンペだから、困ったことに大先輩の大谷さんだったんですよ。あのとき、みんなで手分けして描いてましたけど、大谷さんがやっていた案が有力だったんです。だけど丹下さんは、それにOKを出さなかった。それで一言、「もう少し練ったらどう？」ってなことから、なんかコンペみたいな雰囲気になってしまったんです。

神谷―浦辺鎮太郎さんは、なんの関係もない？

西原―その段階ではなかったんですが、現場に入ってから、いろいろとあったんです。〈倉敷〉をやっている頃、丹下さんとの定例会議が「旅館くらしき」であったんですが、そこには必ず、市長と、土木部長と、クラレ営繕部から市に出向していた武藤倫男さんが出席していました。そしてなぜかいつも浦辺さんが……、当時はまだクラレの営繕課長か部長だったと思いますが、くっついてきたんです。そして「旅館くらしき」でうどん懐石を食べているときは、大変、和やかなんですよ。「お任せします」みたいな感じで、丹下さんも具体的なことはほとんど何もいわない。浦辺さんも、市長もいわない。だから結局、何の会議なのか、懇親会みたいに、ただ、うどんを食べておしまいです。だから、「非常に和やかに進んでるんだな」と思ったんですけど、実はそうじゃなかった。浦辺さんが民芸大好きなのに対して、丹下さんは大の民家嫌いでしょう。そしてどうなったかはご想像ください。それから二十年、美術館に改装するときに、丹下さんがあれほどこだわっていた大空間の天井を低くしちゃったのが浦辺さんですから……。

豊川―丹下研究室では外観の立面検討に比して、内観の検討が手薄になったと思われます。以前、西原さんは〈倉敷市庁舎〉のインテリアでご苦労されたとうかがいましたが。

西原―ええ。〈倉敷〉であまり知られていない話として、先ほどの〈丹下自邸〉でのドラマチックな演出の再現があるんです。私はあのとき、丹下さんと能舞台の話をしたわけではありませんが、丹下さんも何か手ごたえを感じていたと確信したのです。そこで〈倉敷〉では、ロビーの大階段にエストベリの〈ストック

ホルム市庁舎〉「青の間」をイメージしたものを設えたり、〈広島〉のようなバルコニーを設置しましたが、それは市庁舎で行われるいろいろなイベントに、舞台のように活用されることを期待していたからなんです。つまり、それまでの丹下研の作品にはなかった、生きている人間の汗の臭いがする空間をつくりたかった。

また、議場のインテリア［＊13］は、コンクリートの箱の中に浮かんでいる蚕のマユをイメージして……、丹下研ではタブーであった、インテリアのインフィルを初めて試みたんですが、アメリカにいた丹下さんから「打放しに変更できないか?」という手紙が来ました。でも現場が間に合いませんでした。そんなことがあったせいか、議場のカラー写真は、雑誌『建築』には載ったんですが、作品集からはカットされてます。だから、あの写真は超レアものなんですよ。

それから、美術館に改装されてからですが、たまたま私が〈倉敷〉に寄ったとき、PCaの外壁がステンドグラスで輝いていたことがありました。それは子供たちの手によるイベントにすぎないのですが、あのモノトーンなコンクリートの大空間が、つかの間の輝きとはいえ、カラフルに染まっていた感激は忘れがたいものでした。それは私の狙いどおりだったのですが、こういう話は設計者の隠し芸のようなものなので、丹下さんも気がついていなかったと思います。古今東西の建築史を見ると、これに類した話はいろいろあるようなので、謎は謎として残しておいたほうが良かったのかも知れませんが。

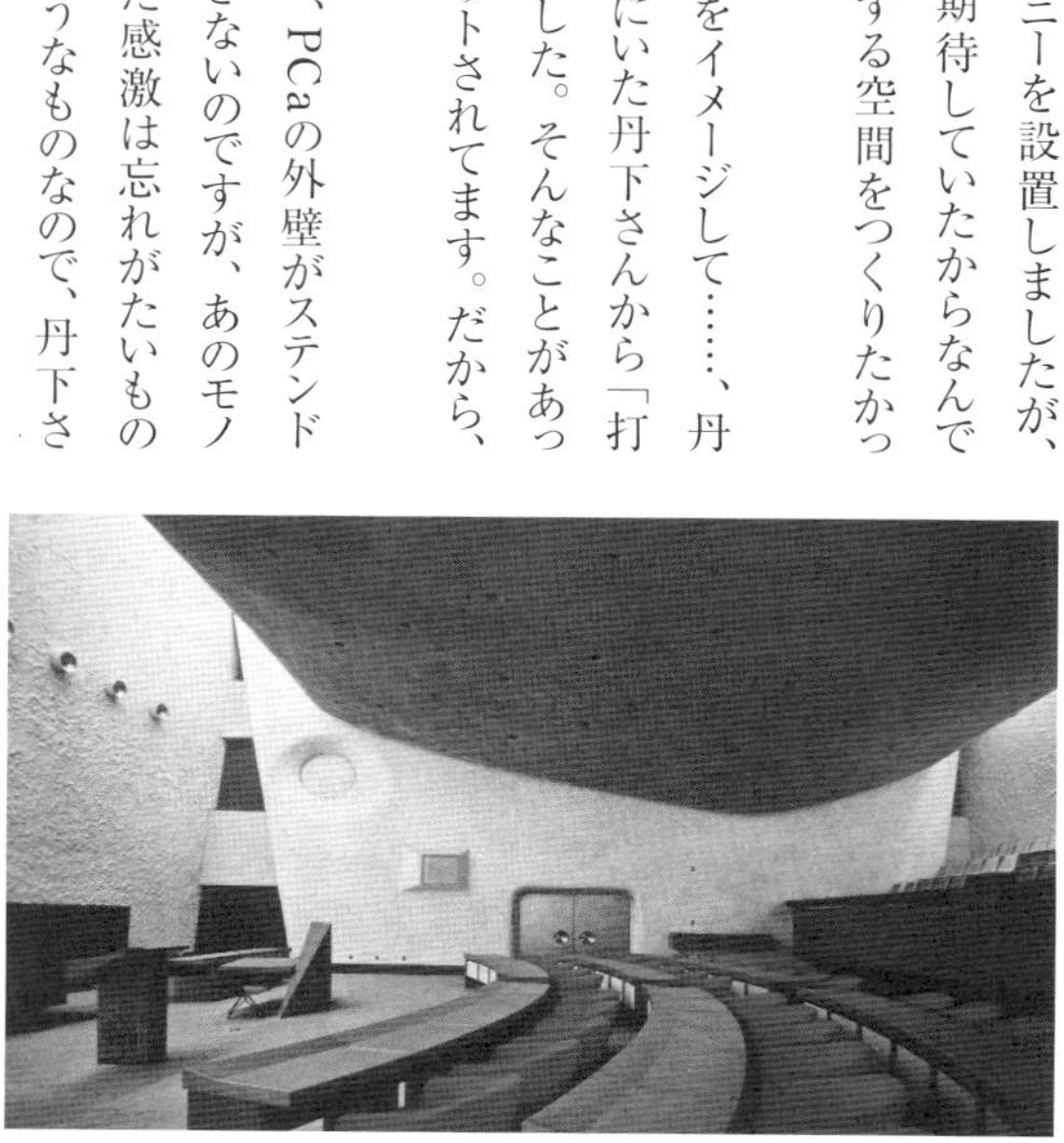
［＊13］倉敷市庁舎、議場

初期作品群と数々の家具

松本―一九六一年に、〈熱海ガーデンホテル〉と〈戸塚カントリークラブ〉ができるんだよね。

豊川―そうです。

松本―もうひとつ、〈墨記念館〉があって、うちはそっちに関係した。これはやっぱり壁なんだよね。

豊川―そうです。中庭型の壁建築ですね。

松本―それから磯崎が担当していたのは？

豊川―〈今治市庁舎・公会堂〉と〈戸塚カントリークラブ〉があります。

松本―ああ、〈今治〉だ。〈今治〉のときに、たまたま僕は、何かの打合せに丹下研究室に行ったのです。そうしたら、イソ（磯崎）がいたんだよ。まぁ、ワックスマンのとき一緒だったからさ、「なにやってるの」って、のぞきにいったの。そうしたら、ル・コルビュジエの本を広げてね、一生懸命スケッチを描いているわけですよ。図面をね。そうしたらそこへ丹下さんが来たわけよ。それで、「ちょっと、磯崎君。君さぁ、これ、ル・コルビュジエそのまんまじゃないの」っていって（笑）、そこでご自分で少し手を入れてね、やっておられましたね。あれが〈今治市庁舎〉だよね。

豊川―そうです。

西原―〈墨記念館〉でね、丹下研で設計した一枚物のアームチェアを使わなかった？

松本―いや、一枚物じゃあつくれない椅子だけれども、〈墨記念館〉は木村一夫さんが担当だよね。

西原―そう。あれと剣持さんのデザインとは、どういう関係なの？ 一緒なの？

松本―いや。結局ね、丹下さんの「ダッコちゃんイス」は一発でやりたかったの。

西原―〈墨記念館〉は、丹下研設計の家具が入っていると思っていたけど。

松本―ええ、丹下研ですよ。剣持は〈墨記念館〉には関係してない。ところがね、丹下さんは、「ダッコちゃん」に満足してなかったんだよ。それで、その次の〈戸塚〉のときに、僕はまた担当だったから、「ちょっとうちのやつ、いろいろ掛け持ちで、問題があるんだ。だからもう一度、『ダッコちゃん』を剣持事務所のデザインでシリーズ化できないか」と僕におっしゃられた。それであれを、〈戸塚〉のときにつくったの。

西原―なぜその話を出したかというと、その「ダッコちゃん」を〈倉敷〉で使ったんですよ。私は天童木工の工場まで行ってね。それで見たら、確かに一枚でできないんですよ。

松本―できないです。

[＊14] 倉敷市庁舎、市長室。左奥に「ダッコちゃんイス」

[＊15] 代々木国立屋内総合競技場（設計―丹下健三、一九六四年）、貴賓室（家具―剣持デザイン研究所）

西原―だけど、もう、〈倉敷〉で使うってことを決めちゃっていたから……。上と下を別々につくって、二つ、こうつなぐんですよね。

松本―下へこう潜らせてね、ボルトで締めて。その部分は人が載ってるから、見えないんだよ。

西原―そうそう、そこで初めて、ああそうかって気がついたんだけど、もう手遅れだったんで、そのまま押し通しちゃったけど。

松本―だから、あれは、丹下さんにしてみると、気持ち悪いんだよね。やっぱり、一発でつくりたいというのが前提だから。

西原―あぁ、家具でも丹下さんに嫌われることをやっちゃってたんだ。

松本――いやいや、そんなことないけど。

西原――私はそういう経緯を知らされてないから、市長室[＊14]と市長応接室にあれを使ったんですよ。それで、「どうですか」っていったら、ブスッとしてたよ、丹下さん、あのときは(笑)。なぜだか、今、分かった。

松本――丹下さんって、意外と家具に興味がおありなんですよ。で、いろんなこと、おっしゃるわけ。

西原――しかもほら、棚がペリアン風でしょ。

松本――そうそう。これはね、〈旧都庁舎〉と〈旧草月〉のときはペリアンをそのまま使ったんだもんね。

西原――〈倉敷〉では、ペリアン風に、あの家具をアレンジしてさ。

豊川――そうしますと、お時間も迫ってきましたので、最後にお一方ずつお話をいただければと思います。

西原――丹下さんが亡くなってからだいぶ経ちましたが、生誕一〇〇年ともなれば、歴史上の人物ということになりますね。私には、コールハースほどの勇気がないから、まだ何でもいえるという境地にまで達していないんだけど、どうしても気になることが、一つあるんですよ。

それはね、図面に夢中になっているとき、ふと気がつくと後ろに丹下さんが立っていて、図面を見ながらじっと何かを考えていたりすることがあったことです。時には同じものを見ていながら、互いに別のことを考えているような、通じているようで通じていなかった会話があったりしました。そして、雑誌発表の記事を見て、初めてその真意がわかったというような戸惑いを経験したことが何度かあったんです。

それから、レーモンドの場合は、イメージが思うように湧かないときやり場を失ったとき、大声でわめいたり、図面に大きなバッテンを描いて顰蹙を買うような愛嬌がありました。また自室にこもって下手くそなチェロを弾いて発散させるゆとりもあって、それがデザインルームまで響いてくると、スタッフは苛立ちを共有していることを実感したんです。でも丹下さんは、そういうとき、ただ黙って立ち去ることが多かったような気がします。

松本――僕は〈山梨文化会館〉の仕事をしましたが、あの建物もやっぱり、丹下モデュールに従ってできています。それで、ちょうど同じ頃、一九六四年の〈代々木〉の貴賓室［＊15］もやりまして、あれは現場も見せていただいた。〈代々木〉の体育館の打合せでは、坪井さんも、川口衛もいたけど、皆さん集まって、こんなちっちゃな模型が十個か二十個、置いてあった。だけど、貴賓室はひどかったなぁ。あれ、神谷さんに相談したよね、俺。

神谷―うん、担当は富田玲子さん。

松本―窓の位置がハイサイドライトなんだよ。だって、エレベーションから決めているから。

神谷―そうそう。

松本―（座談会会場のパーティション上部を指して）こんなに大きくないんだもん、もっと小さい。ヒューッと横長で、それしかないの。要求された仕様は泊まるということもあるベッドルームなんですよ。それじゃ、この窓ではダメだと。

神谷―ご迷惑をおかけしました（笑）。

松本―例の丹下モデュールで、エレベーションから全部決まっていて、全部チェックしました。それでここ（壁）に、大きな、正方形に近い窓をつくってもらうことを丹下さんと神谷さんに提案したんですよ。

神谷―うん。

松本―そうしたら、「それもそうですねぇ」とおっしゃられて（笑）。それで、正方形の窓にしちゃったのね。だから丹下さんに物申した、クレームつけたのは、それと最初の、家具用のモデュールをつくったときと、その二つくらいだなぁ。でも、丹下さんに話をすると、まぁ、わかってくださる。もう一つはね、〈カテドラル〉の椅子の話で、豊川君が本に書いてくれた件です。あれは荘司孝衛さんがご担当でね。大変苦労した。

神谷―次回は荘司君がいろいろ、苦労話をしてくれるはずです。

豊川―阿久井喜孝さんも参加されます。本日は予定時間をオーバーして熱いお話をうかがいました。どうもありがとうございました。

3——超多忙な時代の中で：「東京カテドラル聖マリア大聖堂」とその周辺

最初は十字架の形をあまり意識しておらず、四角形、五角形、六角形、七角形、いろんな形の組合せをやっていたわけですね。その頃、丹下さんに「体育館を設計しているのか」とからかわれました。——阿久井喜孝

出席者
神谷宏治
荘司孝衛
阿久井喜孝
豊川斎赫

二〇一二年八月三〇日／赤坂・KIビル

神谷宏治

荘司孝衛

阿久井喜孝

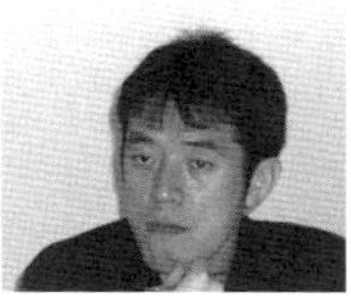
豊川斎赫

コンペ案の設計過程

神谷―きょうは始めに、〈東京カテドラル聖マリア大聖堂〉[＊1]の思い出についてお話しいただき、時間があれば、一九五〇年代の後半から一九七〇年代の間に、それぞれの方々が強い印象をもった建物のお話もしていただけたらどうかと思っています。まず、〈カテドラル〉についてですが、このコンペの指名設計に従事したのは、一九六一年一二月から一九六二年五月までの半年近くでした（一九六二年四月三〇日提出）。結果、入選して、実施設計が一九六二年の六月から一九六三年三月まで。施工が一九六三年四月からで、完成が一九六四年一二月までを要しています。実はその期間というのは、〈代々木国立屋内総合競技場〉の設計施工期間とほぼ同時に重なっています。〈代々木〉の基本設計が始まったのが、〈カテドラル〉とほぼ同じ一九六一年一二月で、実施設計終了が一九六二年一二月。竣工も、〈代々木〉が一九六四年九月で、〈カテドラル〉はそれから三カ月遅れの一二月ということですから、ほとんど重なっているんですね。同時にまた、〈香川県立体育館〉とも、重なっています。ただでさえ、単体としても設計に手間の

[＊1] 東京カテドラル聖マリア大聖堂（設計―丹下健三、一九六四年）

かかる仕事が、三つ同時に進行しているという、超多忙な時代だったわけで、その中で〈カテドラル〉について、きょうは荘司さんや阿久井さんに、当時どのくらい大変だったかという思い出も含めて、お話しいただきたいと思います。

丹下研究室あるいはURTECの設計の進め方というのは、何人かの担当者が、最初、自由に自分なりの設計イメージをスケッチで描くとか、あるいは模型にして表現するとかいう作業をして、数カ月間、「ああでもない、こうでもない」と、お互いに議論しながら、ときどき丹下さんがそれの批評をしたりして、進めていく場合が多かった。最後にその中から一案、丹下さんが選び出して、コンペだったらコンペの仕上がり段階に入っていくという進め方だったと思います。

荘司──コンペが始まったのが、一九六一年一二月ですね。その頃、阿久井さんがコンペ担当ということで一人決まりました。それからあと、私が提出図面の作成に参加したのは四月末からです。それで五月九日までという、わずかネット一〇日間くらい、お手伝いしました。コンペに関しては阿久井さんがみんな掌握していると思います。

阿久井──ちょうどその頃、丹下さんはボストンのMIT（マサチューセッツ工科大学）に出張講義に行かれて留守だったんです。その頃はe-mailもファックスもなかったから、航空便で留守中のいろんな出来事をバラバラに先生に連絡しては混乱するからというので、たぶん大谷幸夫さんがチェックされて、まとめて往復書簡のやりとりをしていたと思います。コンペに指名されていたのは先生の出張前から知っていたんだけれども、出張の間に、〈カテドラル〉コンペの最初のあいさつと説明会というのが大司教館の会議室であったんです。前川國男さん、谷口吉郎さん、丹下さんの三人が指名されていて、向こう側の椅子席には審査員の皆さんのほかに、事務局長、亡くなりました白柳誠一神父さん（後に枢機卿に就任）が司会をされて、セレモニー的にコンペの趣旨やスケジュールに関する説明がありました。

こちら側に、三人の指名者の席が並んでいて、真ん中が丹下さんの席に予定されていたけど、留守でしょ

う。こっちもびびっていたんだけど、「真ん中に座れ」というので、本当に緊張しました（笑）。審査員には、ケルンの大司教区の建築家、ウィルヘルム・シュロンブスさんが来ていました。これは建設費のかなりの部分がケルン大司教区の信者からの寄付によっているという事由からです。それから、いずれもカソリックの信徒ですが、審査委員長が早稲田大学の今井兼次さん。ガウディの教会建築の紹介とか、長崎の〈日本二十六聖人記念館〉を手がけておられますから。それから設計の専門家として吉武泰水さんと、構造の専門家として杉山英男さんです。審査員が向こうにずっと並んでおられて、建設の趣旨とか、指名に至った理由を説明されていました。こちら側からは前川さんが「指名されて光栄です」などとあいさつされました。

僕の出番になって困っちゃいましてね。普段、研究室の中では、「丹下さん」とか、「タンちゃん」とか、「先生」とか、そんないい方でしたけど、先生の先生の前で「先生」というのもはばかられるし、新米社員でも社外の人には「うちの社長」と呼び捨てにするわけだから、「丹下は」といってしまいました。「じつはこういうわけで、MITへ講義で出張中なもので、代理で私が出席しました」とあいさつしたわけです。途端に、あのへんは豪快というか太っ腹だと思ったけど、前川さんが「ああ、丹下君は今治弁の英語で講義しているんだろうね。うわっはは」と笑い出したんですよね（笑）。あんまりこっちがコチコチになっていたから、少しほぐしてやろうと思われたのかもしれません。実は個人的な話題ですが、その数年前に私が丹下研究室に入る前に前川事務所に就職することを希望していて、丹下さんの紹介で何回か前川さんにお目にかかって、お話をうかがったことがあったのですが、前川さんがご記憶されていたかどうか？　私としては不思議なめぐり合わせだなと感慨を抱いていました。それで、コンペ担当者にはそれぞれ担当アシスタントの方々がいて、こっち側の脇側の席には前川事務所の鬼頭梓さん。それから谷口さんのところでは、たしか由良滋さんでしたか。向かい側の脇には、教会関係の人がいました。そんなわけで冷や汗をかいた一幕でしたが、それから約半世紀、同席のほとんどの方々はすでに故人になってしまい感無量です。

丹下さんがアメリカに行かれる直前に決められた担当者は、私と、当時、スイス・チューリッヒから研修名目で来日したてのマックス・レヒナー君。彼はスイスで若手の協同の設計事務所を開いていた社会人でした。同じ頃にやってきたブラジル二世の佐々木マリオ君。この三人でイメージスケッチから始めたわけです。「複数のHPシェルを縦に使う」というのは私自身の中に割に早くからあったから、ずっとそういう模型を四〇個以上もつくったり、スケッチしている間に、二、三カ月が過ぎました。私が特にHP（ハイパボリックパラボロイド）にこだわったのには理由があります。丹下研究室に入ってすぐの頃、駆け出しのお手伝いでしたが、巨大なHPシェルの体育館（駿府会館）のチームの一員としての強烈な体験や、教会建築でHPの作品を数々手がけていたフェリックス・キャンデラの作品写真集からのインパクトに大きく影響されていたこともありました。

レヒナー君は絵が達者で、軟らかい鉛筆でトップライト付きの祭壇やサイドアイル（側廊）のスケッチにトライ。佐々木君はもっぱらバロック風の塔のスケッチなどを描いていました。時期的には、最初の頃は本郷キャンパスの研究室で、後半はURTECの渋谷の事務所で作業していました。

荘司―その間に、各人が自由なアイデアで図面と模型をつくりました。

神谷―HPの案を含めて、部屋のテーブルをかたづけて、真ん中に広い場所をつくってさ、そこにみんなの模型をごっそり集めて、そのまわりにグルッと、丹下さんも含めて、みんなが立って議論する。僕はあのとき、写真を撮っておけばよかったと思って残念でした。そういう段階がね、案を決めるまでの間にあった。

荘司―丹下さんがアメリカから帰っていらして、「いくつかに絞ろう」というので、三つくらいに絞ったのかな。それで一気にコンペの追い込みに入った記憶があります。

周囲の環境と配置計画

阿久井―それとね、もう一つ、議論が空回りする段階で、丹下さんの決め方でモヤモヤしたものがスパッと切れたというのが配置計画［＊2］です。一般にお寺は西方浄土だし、キリスト教は東方からの光を重視するから、祭壇を東に向けるでしょ。イスラムのミヒラブ（メッカの方角を示すニッチ）の方向はかなり正確ですけど

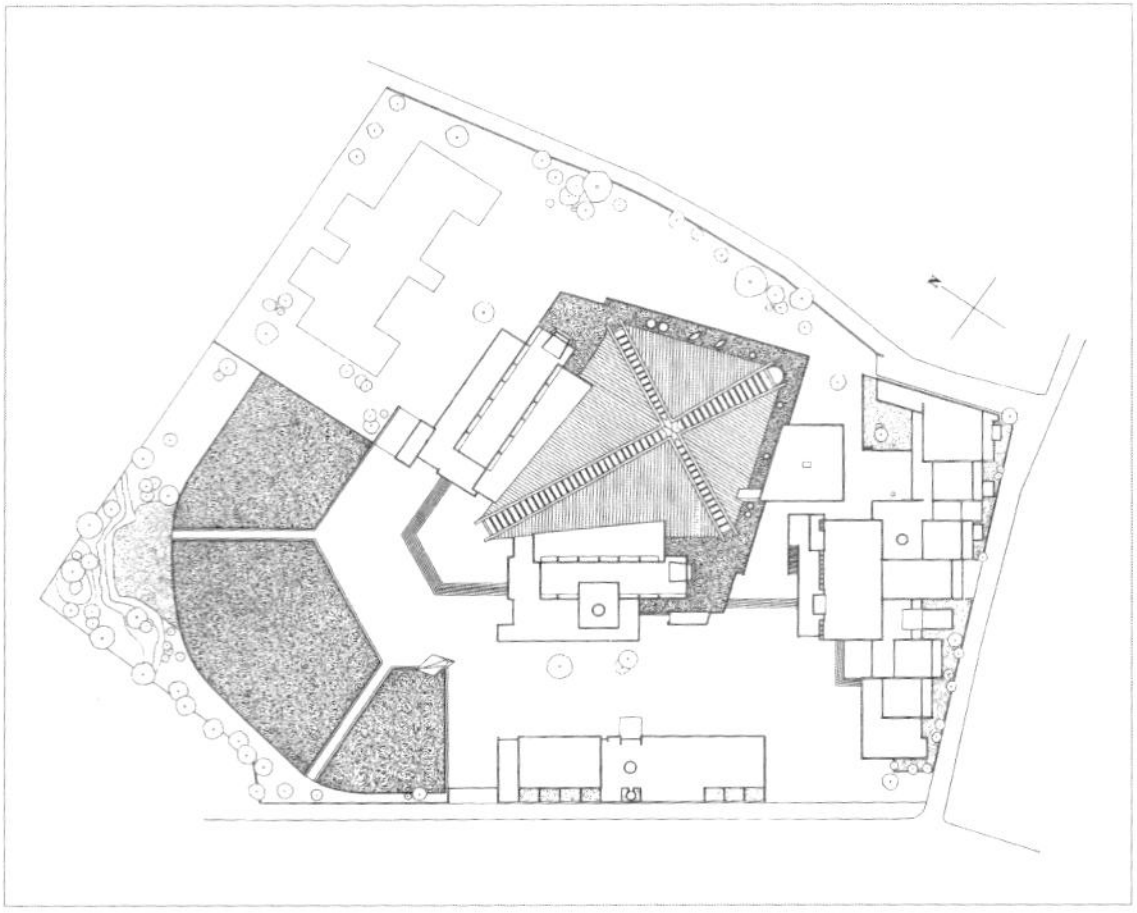

［＊2］東京カテドラル、配置図（コンペ提出時点では付属棟の配置は異なる）

建物本体の軸線はさまざまです。それで、キリスト教の大方は祭壇が東を向いているのが常識ですが、あそこは敷地が変形しているんです。それから神社の参道なら、アプローチをうんと長く取りたいけど、目白通りに直接面しているから、引きがたっぷり取れない。配置によってまわりがすっかり変わってしまうでしょ。最初、僕は敷地の正門を、目白通りの西側に置いたほうが、アプローチも分かりやすいと思っていました。

最終的な配置の決め手がいくつかあって、ルルド（フランス南西部にある町で、マリアの奇蹟伝説の洞窟をシンボル化した岩山があり、巡礼者が絶えない）に向けようか、それとも少し振って道路に向けようか、真西に向けようか、というときに、わざわざ迂回したルートで入れたんですよね。それで、配置を模型の上でも図面の上でもやってみたら、すごくはまっちゃっているのね。

考えてみたら、たとえばアテネのパルテノン神殿だって、正面のアプローチ階段は神殿の裏側から登っていくわけでしょ。グルッと回って、正面はじつは反対の東側なんですよね。そういうアプローチのイメージをデザインに入れて判断されているのかなとびっくりしました。

豊川――丹下さんが配置をスパッと決められたんですか。

阿久井――ええ。「入口をこっちにすると駐車場をどうしよう」とか、もめていたときに、「こうやって迂回するのが一番いいんじゃないか」って、快刀乱麻という感じがしました。

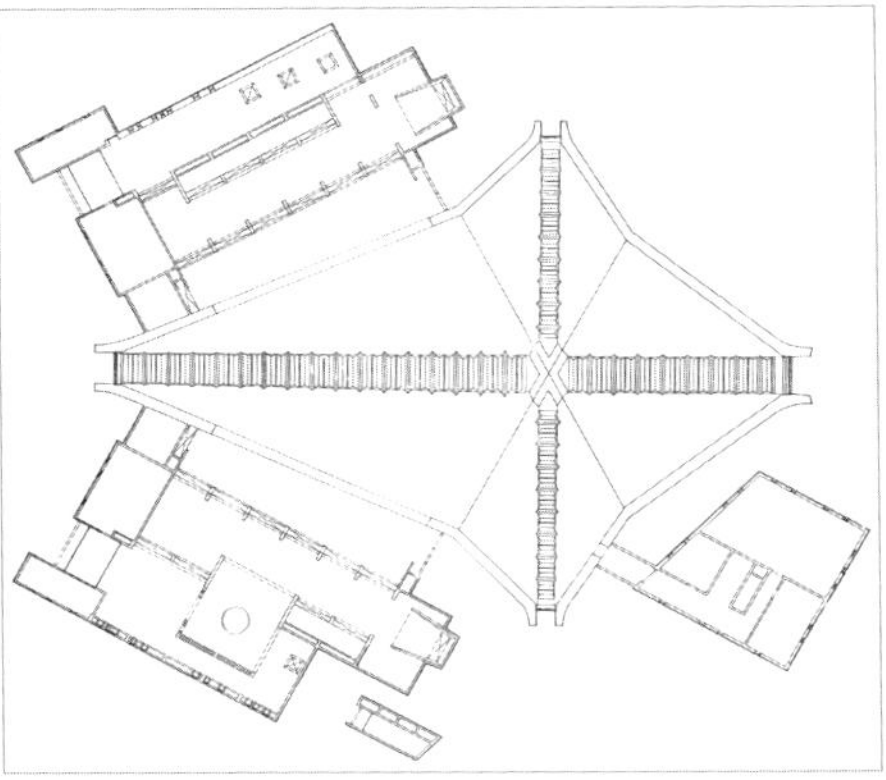

［＊3］東京カテドラル、天井伏図

荘司—丹下さんは建物の軸を都市および周辺に対して、どうかと必ず検討される。このときも同様でしたね。

阿久井—僕は西端から入れるのが自然だと思ったけど、引きがないでしょ。

荘司—アプローチが短すぎるってこともあったんですけどね。

阿久井—それで、ルルドのほうを向いちゃうと、前面広場が狭くて死んじゃうしね。難しい配置だな、とは思っていました。幼稚園や事務棟などの付属建築はコンペの案と異なり二期工事で完成していますが、駐車場問題が解決できず、教会正面とルルド前の広場が駐車場になってしまっているのは残念ですね。

神谷—でも、結果として非常に素晴らしい。僕は、〈代々木体育館〉と〈香川県立体育館〉に主力を注いでやっていたから、〈カテドラル〉はときどきのぞくわけですけど。

荘司—神谷さんはちょうどそのとき、〈香川県立体育館〉が忙しかったんですね。

神谷—〈カテドラル〉のチームの中に、キリスト教の世界で育ったレヒナーのような人がいるというのが、心理的な意味で、われわれの焦りに似た気持ちを非常に和らげてくれて、彼らの存在は非常に貴重でした。

阿久井—マリオも。彼らはみんなカソリックですから。私の両親はプロテスタントだけど、よく教会に通っていました。

ハイパボリックパラボロイドの系譜

神谷—天井伏図［＊3］でこういう十字架形のイメージが出てきたのは、ごく自然だったことを説明していただけませんか。

阿久井―そうですね、そこに至るまで、最初から十字があったというわけじゃなくて、ともかくHPシェルを縦に使うっていうのは初めからあり、星形プランのHPシェルの頂部を離してトップライト採光とする考えは、ずっと一貫していました。

神谷―やっぱりHPシェルが先にあった。

阿久井―ありました。最初は十字架の形をあまり意識しておらず、四角形、五角形、六角形、七角形、いろんな形の組合せをやっていたわけですね。その頃、丹下さんに「体育館を設計しているのか」とからかわれました。私は一貫してHPシェルを縦に使うという発想にこだわっていましたが、このときだけ、一週間くらいですか、折れ壁で別のストラクチャーのスタディ模型をつくりました。自分でもいけるかなとも思ったのですが、白いベールを被ったマリアの像をイメージしながら、ちょうど〈シドニー・オペラハウス〉を前後逆にしたような形でした。しかし、ウッツォンを連想させるという理由で採用されず、あとのスタディ模型は全部HPシェルの組合せで終始しました。

その段階では十字架というイメージはなくて、祭壇と信者席の必要面積的大小の関係から散々やったあげくに、四角形の星形の信者席側の中心軸を引き伸ばしたことから、逆に十字架を意識するようになったと思っています。もう一つは、「トップライトで光を入れたい」という考えは最初からありました。HPシェルがあって、それを合掌屋根のようにくっつけるのではなくて、隙間を開けて、上から光を取りたいっていう発想はずっともっていましたね。

神谷―丹下研が、ハイパボリックパラボロイド(HP：双曲放物面)の形を使い始めたのが、一九五七年にできた〈駿府会館〉[＊4]。あれはRCのシェル構造。その次が、一九五八年の〈香川県庁舎〉の屋上のテント。テンションで使った膜面のHPです。それから三番目が〈代々木〉で、鉄骨の屋根面の一部が双曲放物面なんですよ。それと並行して〈東京カテドラル〉をHPシェルでやって、〈香川県立体育館〉の屋根もHPの曲面です。

阿久井―シェルじゃなくて、ワイヤーではないですか。

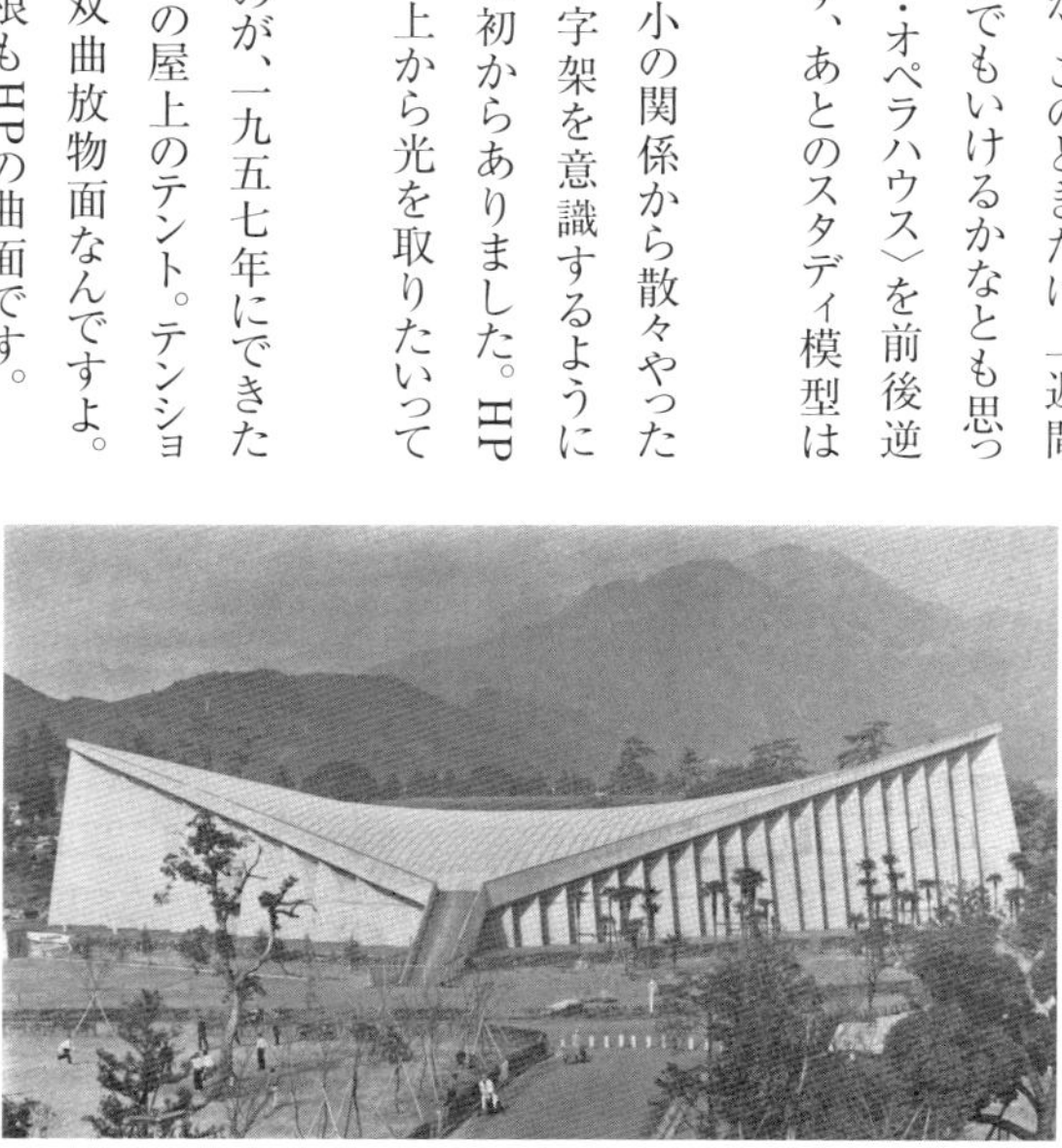

[＊4] 駿府会館(設計―丹下健三、一九五七年)

［＊5］戦没学徒記念館（設計─丹下健三、一九六六年）、慰霊塔

荘司─あれはね、HPシェルじゃないんです。形でいえば双曲放物面ですね。

神谷─同じ曲面を、圧縮側のシェルで使っているケースと、吊り屋根で使っているケースがあります。

荘司─要するに、「吊り」と「押さえ」と。だから、むしろ〈代々木〉に近い方向です。

神谷─そうそう。

阿久井─母線が直線だから、鉄骨HPはあり得ます。たとえば、前川事務所による〈東京文化会館〉の小ホールの屋根など。縦使いはないけれど。

荘司─〈香川県立体育館〉の構造担当者は岡本剛さんでしたね。

神谷─一番最後に、〈戦没学徒記念館〉の慰霊塔［＊5］にHPシェルが使われるんです。理由は、直線材が面の中に入っているから、加工しやすい。この加工しやすいHP曲面の利用がたまたまうまくいったわけですが、これは丹下研ないしURTECの、経験の中から生まれてきたのか、どうなんだろう。

阿久井─私が丹下さんのところに入って、最初に手伝わされたのは、〈駿府会館〉でした。小槻貫一さんがチーフをやっていらして、本体について僕はドラフト以外ほとんどタッチしてないけど、後ろの選手控え室の外壁に、テーパーのついた螺旋階段の実施図面を描きました。生まれて初めて自分が描いた図面が、現場へ行くと型枠大工がつくっているでしょ。そういうことで、曲面の取り合いの面白さにすごく感動したわけですよね。だから「HPシェルっていうのは面白い構造だな」と、叩き込まれたというイメージがありますね。

神谷─そういう連続性があるのね。

阿久井─丹下さんのやり方が、すべてそうだったかどうかは分からないけど、もと絵画室のワンルームで設計をやっていますから、丹下さんが大谷さんや神谷さんと話すのが聞こえてくる。覚えているのは、〈駿府会館〉のとき、吊り屋根構造で、当時、東西分離の鉄のカーテンに近いベルリンのコングレスハウス。

神谷―ヒュー・スタビンスの設計した施設。

阿久井―僕は一九四六年頃、一年ほどあの近くに住んでいたから、途中で吊り屋根が落ちたという事件も覚えています。ところが計画段階で、アメリカの『Architectural Forum』誌が模型写真を紹介したんですよ。丹下さんがその『Architectural Forum』の写真をもってきて、「こんなのどうかね」って神谷さんとしゃべっているのを、脇で聞いていました。その段階では模型だから、吊り屋根なのかシェルなのか、分からなかったんですね。結局、〈駿府会館〉はシェルになったわけですが、ある意味では、こうしたヒントを生かして、「シェルでいこう」ということになりました。そういうヒントを、「真似じゃないか」と、口の悪い評論家はいうわけですね。でも僕は、無から有が生ずるというのではなく、ヒントを換骨奪胎して新しいものをつくり出すという意味で、すごい腕力だなと思いました。

ただ〈カテドラル〉は、現実的には、アプローチを迂回させることで生み出した正面広場が、現状では駐車場でふさがれてしまっているのはとても残念に思っていますし、正面だけでなく、側面も目白通りからもろに見えてたらなとも思います。側面と道路の間の駐車場だったら、視野の妨げにはならなかったとも思います。

EPシェルの組合せによる空間

豊川―荘司さんは、日本大学の坪井善勝さんの研究室で卒論を書かれました。

荘司―ええ、私は卒論がシェルなんですよ。当時のシェルはほとんどシリンダーシェルの変形ばかりで、坪井さんがおっしゃるには、「図面が描けないのは構造計算もできない。すべて建造物というのは、施工図を描くにも図面です」と。「彫刻のように小さいものならできるけど、大架構の建築に関しては図面で描けて、計算できるということが原則だ」と習いました。

今度、阿久井さんと〈カテドラル〉で一緒にやったときに、HPシェルに孔を開けたわけですが、丹下さんが「一番欲しい形は、シェルの裾を広げて、下屋から堂内に上へズーッと吹き上がったような、天に通じるような空間をつくりたい」と、はっきりおっしゃった。それで私も、基本設計で下屋とシェルのつながりが非常に難しいと感じていて、名須川良平さんと二人でわいわいやりまして、いまの開口の形が構造としては成り立つ結果が出て決まりました。実施設計にかかる前に、渋谷に引っ越ししました。あのときから、大成建設設計部で僕と同じ年代の片岡さんが助っ人に来てくれまして、実施設計の図面化に参加してもらいました。

その頃、もう〈代々木〉の実施設計も始まり、私もときどき手伝いました。HPシェルというのは、素線を直線材で構成することによってできる面ですが、屋根の面積を出そうと思っても、あまりにも計算が複雑怪奇で出ないんですよ。結果的には、今できているカテドラルの屋根面積というのは、僕自身が分からないんです(笑)。というのは、A4を三ページ使っても計算式が終わらないんですよ。名須川さんが、これは「近似値で出したほうが正確だよ。この計算、途中で間違えたらとんでもないことになるよ」といって、近似値として全部進めました。コンピュータ時代の笑い話でしょう。

神谷―内部の空間が、HPシェルの組合せによって、素晴らしい象徴性というか、空間の豊かさ、神々しさを演出してくれているじゃないですか。あれは、型枠のよさとコンクリートの打込み面の不確定性を表現することで成功したと思います。もう一つ、外のステンレスの選び方が、成功の大きな原因ですね。同じ時代に、I.M.ペイの〈ル・ルーシー・チャペル〉が台湾にできているけど、それはとてもみっともない、力のないタイル貼りでした。写真で見てね、「あ、これはダメだ」と。まったく〈カテドラル〉と比較にならない。このステンレスの外装材で、継ぎ目なしの素晴らしい曲面をつくるに至った事情を、荘司さんに紹介していただきたい。

荘司―この教会の原形、コンペの模型[*6]をご覧になるとすぐ分かりますが、上の十字形はまったく違います。というのは、コンペのスカイライトは真ん中が一番幅が広く、全部先細りなんです。これが構造的

［＊6］東京カテドラル、コンペ用模型

に非常にまずかったんです。というのは、丹下さんは最初、「全部プレキャストストーンを貼りたい」とおっしゃって、それでは構造と仕上げとの取り合わせをどうしようか、鉄骨で組んでプレコン貼りでいくか、いろんなことを考えたわけです。コンクリートにしてプレコンを外に貼るのでは荷重を大幅に増やしてしまうので、「HPシェルを何のために使ったんだろう」という話を坪井さんも始め、皆さんと検討を重ねました。それでHPシェルを使うなら、「外部仕上げをなるべく軽くして、経済的に、一番強いものをつくっていくにはどうしたらいいか」を議論しました。そのとき、同時に出た一番の問題は真ん中に立てる櫓で、コンペ案のスカイライトの形のままだと、櫓が非常に大きくなるんですよ。つまり、櫓でトップライトの施工を全部もつことになってしまうんです。名須川さんは「八つのシェルをいっぺんで施工したい」という意見なんだけど、それはこのままだと施工上できないんです。それで、名須川さんが「なるべく交点の面積を小さくして剛性を上げたい」と。だけど僕は「光を落としたいから、なるべくスカイライト面積を大きく」ということで、最後まで、形に関していろんな案を模型で検討しました。

〈カテドラル〉の二〇分の一の模型をベニヤでつくったのですが、それは何のためにつくったかというと、一つにはシェルの形を見たいがため、内装をどうしようかということです。もう一つには、架構をHPシェルにするということは決まっていましたが、コンクリートの八枚シェルでできる櫓の形状は一点に集まるのが力学的に断然有利で、なるべく交点を小さくしたいので、構造を確認するためでした。結果、最終案の、点に近い十字梁を提案しました。あれはものすごい鉄筋量なんですよ。半分が鉄筋みたいなもので、そのぐらい剛にしなければならない。一番安定した櫓の形になりました。

困難をきわめたコンクリート打設

阿久井——〈カテドラル〉ではリブも使っていますね。

荘司——リブ付きシェルのことですね。シェルを均等厚でつくると、計算上、厚さ20cmの板に相当し、剛性は厚さ30cmの板に相当することになります。そこで、変形や材料節約の点から有利で、なおかつ一番高性能にするために、リブを縦横両方向に約2mおきにつくったわけです。

神谷——あの隙間があったので、レゾネーター(吸音効果をもつ壺状の共鳴器)が入って、音響設計がすごくよくなった。

荘司——そうなんです。仕上げ下地まで入れれば、30cmくらい懐が取れて、今おっしゃったレゾネーターが二千個、入っているんですよ。

神谷——音響的に素晴らしい。

荘司——木の型枠を使いますと、多くのセパレーターが必要で、セパレーターの穴を一部レゾネーターの口にしたんです。ですから、機能上、シェルに穴が開いていることが非常によかったし、さらにそれがデザインになるわけです。シェル面のどこに二千個の穴が開いているか、ちょっと見ても分からないでしょ。あれはセパレーターの穴だから分からないんです。また、打継目地をつくりたいので、リブ梁のところで打ち継いでいるんです。

ですから、コンクリートの打設は本当に難しかった。プラントをつくって、上げて、ネコで押して、それからコンクリートを流し込んだわけです。そうすると、打ち継ぐレベルがリブ二コマ、約4mずつ。そういうことをやっていかないと、うまく打てなかったんです。結局、型枠も全部、リブの位置で打継目地になっているんです。

阿久井―水平にはいかないよね。コンクリートの流動性があると、平らになっちゃうでしょ。

荘司―コンクリートを打ったら打継目地に沿って蓋をして、コンクリートを押さえるわけです。でも鉄筋があるから、蓋から漏れてくるんですよ。それで、ノロを詰めたり、打継をきれいにしたり、ということをやっていきました。それから型枠の小幅板の長さもちょうど2mくらいですと、一本でいけるわけです。これを縦素線方向に張っていきますが、そのものが内側にねじれているので、出っ張っているところを少し削ったりしている。だから、大工さんは苦労しているんですよ。

阿久井―同じ問題は、〈駿府会館〉だって、あったわけでしょ。

荘司―〈駿府会館〉はベニヤ型枠だったですね。

阿久井―でも、梁がね……。

荘司―あれは構造的な、いわゆる梁です。あれは打継なしで、勾配が緩いので、ばあっと打てる形ですね。

神谷―〈駿府会館〉は今はもうなくなっているけれども、これは昼夜連続でコンクリートを打たないといけなかったんです。ところが、途中で雨が降ってきちゃった。雨水を吸い取ればよかったのに、雨水の層ができているその上に、またコンクリートを打った。

荘司―水が四方に流れちゃいますからね。

神谷―そうそう、それで、五年か六年後のある日、夜だったからよかったけど、一部が剥落して、観客席に落ちました。そういう問題は、〈カテドラル〉ではまったくなかった。

荘司―〈駿府会館〉がだいぶ前で、剥落についてはすでに経験していましたからね。〈カテドラル〉では打継を厳重にやりました。現場監理者は打設時は必ず、上から下まで、しょっちゅう見て歩いていましたし、名須川さんも来て、やっていました。もちろん施工会社も一生懸命やっていました。

豊川―私が、浅田孝さんのもとにおられた方にうかがったことですが、〈駿府会館〉の入札をしたときに、ある大手ゼネコンの入れてきた額が、浅田さんが見込んだ額のだいたい半分くらいだった、と。浅田さんは「これはおかしいけれども、社長印が押してあるから、いいんじゃないか」というので、無事落札しました。そうしたら、ゼネコンの積算担当者が、〈駿府会館〉がシンメトリーなので最後に倍額にするのを忘れていたらしいんですよ（笑）。結局、積算担当者は左遷されて、突貫でやっていたので、いろんなトラブルが起きやすい現場だったようです。

荘司―〈駿府会館〉のように大空間を一発で打つとき、下のサポートが予想外なんです。工事中に危なければどんどんサポートするとかで、想定外の金がかかる。〈駿府会館〉はコンクリートシェルのはしりだったからだと思いますけどね。

豊川―小槻さんが〈駿府会館〉の現場から、丹下さんにお手紙を書いています。その中には、シェル面を支えるサポートがひどく折れた絵が出てきます。さらに手紙の文面中に、坪井研究室の青木繁さんが心配だから現場に飛んできて、いろんな議論をされたことも記されていました。

荘司―この頃、盛んにHPとか、シリンダーとか、ドームとか、コンクリートによるシェルの実例があったんですけど、どの現場でも必ずどこか、足場がおかしくなってたようです。

神谷―〈カテドラル〉ができ上がった直後に、丹下さんと一緒にグルッと一回りしたんだけど、丹下さんは、「この本体のステンレスの表面と、このプレコンに石を混ぜた、あの材料の表現に、もう一工夫あってよかったなぁ」と、ちょっと自嘲気味にいっていました（笑）。自嘲というのは、最終的に決めたのは丹下さんだから、「あの取り合わせにもう一工夫あったら」と、いってましたけど。

荘司―下屋仕上げのプレコンはいろいろな方法で検討しましたが、骨材については検討の時間がなかったので、丹下さんは割合すぐに「あのプレコンの調子でいこう」と、決めてくださいました。

ステンレスによる仕上げ

阿久井―ステンレスという発想は、丹下さんが初めから「これでやれ」と決めていた?

荘司―HPでやる場合に、石から始まったのですが、「材料をプレコンから金属に切り換えます」と、丹下さんにはっきり申し上げました。金属で一番簡単に手に入るのはアルミニウムで、「アルミでやろう」という話もあったんです。ただ当時はアルミを手に入れるのが大変で、カラーアルミにすると完全に輸入ものになるので、時間的にも「絶対に手に入らない」のが分かりました。実際にアルミ製で20mくらいのモールディングをダーッと並べて張って、捻ったんですよ。すると、ベコつきがすごくはっきり見えるんです。要するに、襞みたいに見える。

神谷―しわが出ちゃうんだ。

荘司―ええ。それで、表面がピカピカ光ったものは難しそうだということがそのとき分かった。それから、銅だと軟らかすぎてダメでした。「それじゃあ、チタンはどうか」なんて、極端な発想もありました。それで最後に、ステンレスが、すべてのテストをしてみると、一番いいということで、決まったんです。

それで「ステンレスに決めたい」と申し上げたら、丹下さんは「お金がかかるのではないか」っておっしゃったんですよ。だけど、「ほかに適材はありません。どうしましょうか」といって、一生懸命、ステンレスの検討を進めたのです。それでステンレスの板を曲げても、やっぱりアルミと同じく、光があたると襞が見えてしまうんですよ。それで、ステンレス表面をデコボコに、ザラザラにするために、ショットブラストなどの方法もすべて検討したんです。最後にエンボス仕上げを見つけました。これは、二本の回転している押し型のついた、二本のロールの間を通し、雌雄の形で押していくエンボス仕上げ機でした。この仕上げ機を使うと、ステンレスのコイルにして現場に搬入が可能です。「細物だったら、型さえつくれば、エンドレスに出せます」ということが分かったんです。そのとき、「長さ40mの小幅ステンレス板はコイルにしないとダメだ」ということでした。これによって、線材もできるし、合金の割合で色もできるということが分かりまして、ステンレスに決まったんです。その期間は比較的短かったのですが、テスト、テスト、テストでした。当時、工期に間に合う会社は一社しかなかったのです。市場ではステンレスのお風呂までつくっていました。ですからステンレスについて、何から何までチェック済みだったんですね。

それで、下請けのロールフォーミング屋から、「長くつくるには、道路を運べないから、ロールフォーミングを現場へ持ち込むしかない」と、初めからいわれました。たまたま調べたら、施工業者の下請けが、「今ちょうど、ロールフォーミングを発注していますから、これを現場へ下ろして、使った後、工場へ持っていくことができます」ということになって、即、使えることが分かりました。それでものすごく工期が助かったんです。

ところが、今度は張り方が非常に難しい。ベタに張るわけではないので。「線材をデコボコに、雌雄にして、瓦棒式に張ろう」という案が出ました。それで、雌板のほうが平らで、一番広いところは30cm以上あるんです。それが目立たないようになるには、割付幅を細かくしないとダメだ、と。いろいろ検討して、雄形の幅が決まりました。これを決めるのに、一月かかっていますよ。下請けの設計部門の人たちにも、「こうやったらどうなる」、「ああやったらどうなる」と、毎日、宿題が出ました。この、一枚、二枚、三枚、四枚と、全部、割付が違うんですよね。「割付がどの面を見ても、同じように見えるにはどうしたらいいか」というので、いろんな割付をやってみました。それで、一月くらいかかって割付が決まって、工程表に外装計画がやっと載ったんです［＊７］。

その次に、コンクリートの打設足場と構台を同時に計画しなきゃいけない。施工会社も、「こんなの、分かんないよ」ということで（笑）、一緒になって、施工図・設計図、そして施工図とやっていきました。その頃、施工会社では棒線グラフじゃなくて、クリティカル・パス、いわゆる、工程ごとに小さな棒線をいっぱいつくって、それを並べ替えて、時間で「ここに人を入れる」というのを、やっていました。設計が決まらないとこちらも責められるし、図面を描くのも毎日徹夜でやってました。それで、神谷さんに、「研究室から応援に」というと、一言、「ダメだ。丹下さんに交渉しろ」と。そして丹下さんに交渉したら、「一人も余ってない。神谷

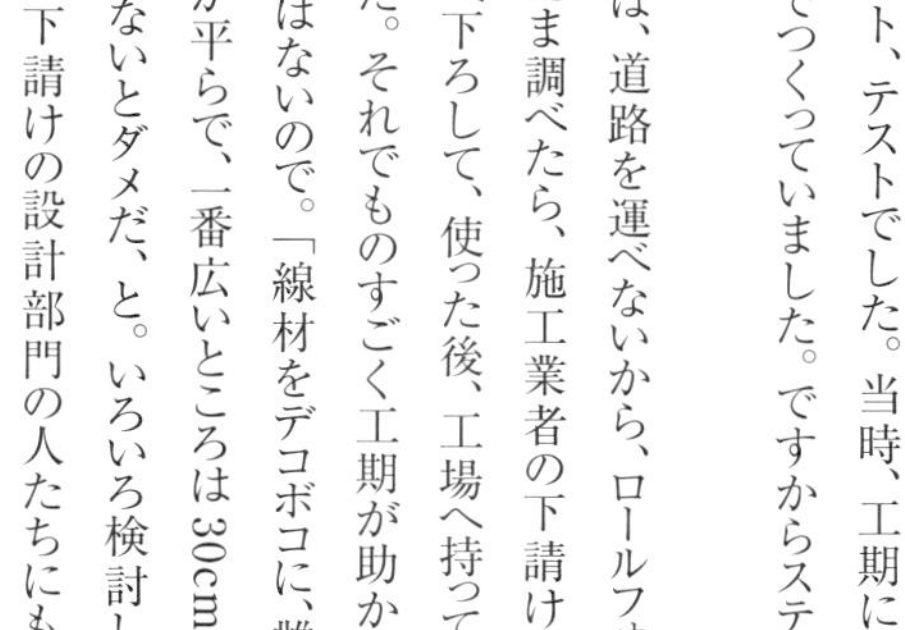

［＊７］東京カテドラル、モールディング取付け風景

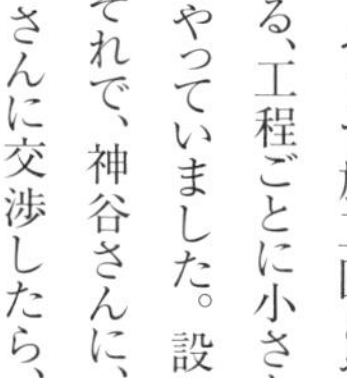

にいわれたらダメだよ」と。結局、僕は一人で対応しました。佐々木マリオ君は日本語が書けないんですよ。彼は絵は描いてくれるんですけどね、字を書いて、施工にいろんな指示を出すことができない。英語とスペイン語ならいいんですけどね（笑）。

神谷―話を逸すわけじゃないんだけど（笑）、この間、〈代々木〉の座談会のときも、同じようなことをいったのですが、日本は、当時の諸外国と比較して、トップの技術者だけじゃなくて、中間の、実力のある技術者の層が、ものすごく厚かった。その底力が、〈カテドラル〉にも出ているし、〈代々木〉にも出ている。あの当時は、世界でまれに見る、実力のある国だった。それの恩恵を〈カテドラル〉がかなり受けているということは、はっきりいえると思いますね。ところで、東面スリットにはめ込まれた大理石の透かし彫りのデザインは、丹下チームがやってたんだよね。

荘司―そうです。

神谷―誰がやっていました？

荘司―あれは、教会側は白柳枢機卿、私と佐々木マリオとでデザインを検討し決めて、丹下さんにお見せして、OKをもらいました。

神谷―なるほど。これは、志水晴児でしたね。

荘司―洗礼盤は彫刻家・志水晴児さんで、だいぶ後につくられました。

神谷―もう工事が終わってからですか。

荘司―ええ、竣工後です。で、祭壇正面のスリットは、コンペの模型をつくったときはルーバーで、神谷さんのデザインでした。模型は石黒建築模型さんで、HPシェルをどうやってつくっていいのか分からない。図面でHPを説明し模型でこうだと説明したら、即、分かって、できたんですよ。ただ、薄く削るのに大変だったらしい。

阿久井―これはベニヤ合板を曲げたものではなく、煉瓦状のホウの木のブロックから削りだして、厚さ3mmくらいまで薄くした版を八枚組み合わせています。そのサイド一枚を取りはずすと、内部の椅子配置まで見られるような、すごい手間をかけた模型でしたね。

改修工事に求められるもの

荘司―さっき申し上げた、「コンクリートでつくるものは、図面に描けなければできない」というのは、僕はいまだに信じています。今、コンピュータの時代の人たちは、そうじゃないと思いますよ。その頃、私はすべての座標を出すのに手回しのタイガー計算器でやっていましたから、一月もかかったんですよ。今だったら、一週間もかからずにできていると思いますけどね。

HP面は、ねじれ面で展開して図面には描くことのできない「転平面体」ですから、空間座標（X・Y・Z）で求めて、図面に記入します。それをもとにして、現場墨出しをして施工をするわけです。

豊川―改修のお話を少しさせていただきますと、大成建設が改修したときに、外装材の割付が分からない。要するに、幾何学が分かってないので、これをどうやって施工するかに行き詰まって、荘司さんにご指導いただいて無事施工できた、とうかがっています。ですから、コンピュータ時代といってもですね、後続の設計者、施工者の幾何学的な素養がなければ改修さえできません（笑）。

荘司―改修工事のときも、現場に割り箸と糸をもっていって、「HPシェル、これが面でしょ、四周の梁の長さを変えると、直線ですべてができる面がこれですよ」、「現場の墨出しもこうなってます」と説明したんです。その場に職人まで呼んでありましたが、職人が「ああ、こうなってるんだ。それじゃあ、墨を使わなきゃできないや」といって、竣工当時の墨探しを全部やったんです。それで、途端に現場のスピードが上がったんです。

それから、外足場が非常に難しいときに、かつて私がコンクリートの構台を一生懸命考えたときの考え方を、現場にお話ししたら、翌日から現場なりの足場の組み方を提案して、「こうやると、やっぱりうまくいきそうです」といって、本当に背の高さくらいのピッチで、組み立てていました。あれで非常に工期短縮

になった。

豊川―改修の問題は図面の伝承に止まらず、幾何学的発想の伝承、技術の伝承、もろもろの情報が伝達して初めて可能になると思います。同じことが〈代々木〉でもありました。〈代々木〉の改修時に「天井板を天井面の幾何学に沿って、きれいに張り直せ」と神谷さんがご指示されたら、丹下事務所の所員が「分かりません」と悲鳴を上げた、とうかがいました。ですから、実物と図面があっても、改修できない、というお恥ずかしい状況が発生します。後世の人が過去の建築を改修するためには、謙虚に勉強して、設計者のコンセプトを理解しないとダメだと思います。

荘司―コンピュータでも、図面を描きながらそれが分かってるんじゃないかと思うんですよ。そうしないと描けないはずだから、コンピュータは。考えなくても、どんどんコンピュータが提案してくれるというのがあるから、だいぶ違いますね。僕らがこんなことやったといっても、「なにいってんだ、今はできるよ」と(笑)、一言で終わっちゃうんじゃないかと。

豊川―それは誤解です。その証拠にゼネコンは荘司さん抜きでは改修できませんでした(笑)。

神谷―まあ、四年くらい前までは何とかなったわけだ。いずれにしても、ちょうど〈代々木〉、あるいは〈カテドラル〉をやっている一九六〇年代半ばは丹下さんも元気だったし、われわれもみんな、若かった。そして人の心に強く響くような空間をつくることができた。われわれはそれに参加することができて、今でも大変に幸せな気がしていますね。これからも、そういう時代が来ることを、心から願いたいわけです。

〈代々木第二体育館〉の屋根をつくる

神谷―冒頭でいったように、〈カテドラル〉だけではなくて、お二方が、丹下研、URTECにおいでのときに、「あの仕事は心に残っている」ということがあれば、自由に発言していただけないかと思います。

阿久井―〈カテドラル〉とは別の話になりますが……、心に一番残っていることとしては、〈代々木〉の小体

［＊8］代々木国立屋内総合競技場（設計―丹下健三、一九六四年）、小体育館（第二体育館）のトップライト

育館（第二体育館）のトップライト［＊8］のことがあります。〈カテドラル〉のコンペの締切時期は〈代々木〉の基本設計の山場というか、大変に忙しい最中だったので、コンペの応募案を提出した直後から、息抜く暇もなくオリンピックのチームに組み込まれました。私が担当したのは小体育館の屋根まわりの形態のスタディでした。当初は、アンカーから主柱の鞍部を経て張られた第一体育館の二本のメインケーブルを途中で切ってUターンさせた、いわばヘアピンのようなメインケーブルでシンメトリーに構成される案がありました。しかし私が紐を使ってメインケーブルまわりの模型をつくっているとき、偶然ヘアピンの片方がはずれてスパイラルな形が生じ、結果としてはまわりのスタッフたちから「けっこう、いけるじゃないか」といわれたというエピソードがあります。そこまではいわばケガの功名だったのですが、その後が大変でした。

シンメトリーな細長い半楕円なら納まりやすいけど、スパイラルになると、どうやってトップライトの透明屋根を取り付けるかが難問です。採光部分については、螺旋階段の蹴上げ部分にガラスをはめ込み、踏み面は鋼板というやり方です。蹴上げ段高も長さも場所によって変わるので、規格品は使えません。その実施図面は吉岡三樹君が描きましたが、大変な苦労をされたものでした。また四方からも垂直方向からも屋根荷重が集中してくるメインワイヤーの位置も、工事中と完成時では荷重が変化するので、初めから固定してしまおうということになりました。別のスタッフの提案には、RCの主柱にRCの枝を鹿の角のように張り出して、メインワイヤーを固定しようというものもありましたが、鈍重すぎていまひとつです。そこで私が提案したのは、主柱とワイヤーとの距離を確保しながら、横ぶれも押さえるために、スチールパイプで主柱面も含めて三角形の支持枝を重ねてメインワイヤーの位置を固定しようということ

で進めました。最終的には、メインワイヤーの曲率の大きい上部のほうは土管みたいな鋼管を熔接してつないだようなスチール管を、放射状のサブワイヤーの分岐部分のピッチに合わせて取り付け補強するということで納まりました。トップライトのでき上がりはスッキリしましたが、施工現場は大変な手間だったと思います。さて、三角形を構成するスチールパイプ各二本とメインワイヤーとのジョイント部分の取り付け方法がまた大変でした。

当時、共同チームの構造担当者として、坪井研究室の川股重也さんが相談相手になってくれていましたが、支持枝のスチールパイプにはある程度の太さがあるので、端部のメインワイヤーのジョイントのところで細くしないと納まりません。というわけで、パイプの先端を鉛筆の先のように円錐状に細くしたのですが、これだと接点の溶接長さが不足してちぎれてしまい、もたない。二人で頭を抱え、一週間近く、ああでもない、こうでもないとやり合いました。夜中も眠れないほど二人で悩んだ記憶は、今でも鮮やかに覚えています。思いつきが生まれると、真夜中でも電話をかけ合ったような明け暮れでした。結局、スチールパイプの先細りの先端に、縦にスチールプレートが一枚はめ込める切れ目を入れて、溶接長さの不足分を確保し、同時に二本のスチールパイプを同じ平面上で熔接するというやり方で決着しました。私の長い建築人生の中で、最もシビアで忘れがたい一コマでした。

小体育館では、押さえ綱の張り方についてもいろいろもめましたが、トップライトは空間の見せ場の一つになっていることは確かです。後に、バレーかバスケットのオリンピック競技の選手から、「天井の空間が偏心しているので、空中に上がったボールが目線で追いにくい」という苦情もあったと聞きましたが、ともあれ、新しいものをつくるという苦しみと楽しみを満喫させられた、よい体験になりました。

〈墨記念館〉でのモデュール読み替え

荘司――〈墨記念館〉のことをお話しします。敷地は三角形で、始終、トラックがバンバン走っているような、機織りの町なんです。機《はた》を織って、生地をなめしたり、けばなどを調整したりする工程のところをやっている会社が、〈墨記念館〉の墨さんです。毎日、昼間から砂ぼこりを上げるような三方道路の立地条件でした。そこへ「本社をつくりたい」というお話でした。それで、「防音壁かなんかで囲わないとダメだなぁ」ということで、壁で囲って、中に静かな別世界をつくることでスタートしました。「竜宮城」と呼ばれるようになった（笑）。「竜宮城」という話は僕の失言だったんですが、丹下さんは「ちょっとカラフルにしたらいいんじゃないか」とおっしゃって、「竜宮城案でいってみようか」という話になりました。

それで、330mm角の、奥行が265mmのグリルを、火鉢とか大物の陶板をやっているところで、底の付いたのと底が抜けたのとを信楽焼でつくらせました。「底の内と外に色を着けよう」ということになって、赤、黄、青、グリーン、いろんなものをつくらせた。それで、全部グリルだけにすると、リブ代わりになって、多少反射で音は消えるんですけど、音が入りすぎてしまう。そこを場所によって違いますけど、底が付いて、そこに色が着いたものを六、七割使いました。

正門玄関を入ると、車寄せがあって、その正面がグリルの赤とか、色着きの塀があって、乙姫様が出てきそうだという話で、竜宮城という話は最後まで残っていました（笑）。今行くと、そんな雰囲気じゃないですけどね。

それから、もうひとつ、この三角形の敷地で、測量の縄延びのためか、敷地が小さかったという話。豊川さんに前にしましたね。

豊川——ええ、うかがいました。

荘司——丹下研究室でもっぱら使っていたモデュール1,885を、1,820に読み替えをした話です。あの数列を全部使って設計ができているので、墨出しを始めたら、「敷地から建物がはみ出しちゃうよ」というんです（笑）。それで、チーフの木村一夫さんが青くなって、「図面を全部描き直すのは大変だなぁ」という話になりました。でも、新しいモデュールのスタディの結果、1,820の読み替えだけですむという数列が分かったんですよ。

それで、現場に読み替え表をまず渡して、「この数字のところはこの数字を使え」と、指示を出しておいて、その後、重要なところは全部、図面を引いてましたけどね。やってみたら、みんなOKなんですよ。

阿久井—置き換え表（読み替え表）というのは、要するに縮小したということ？　モデュールを縮小したと。

荘司—そうです。1,885を1,820にした。

阿久井—全部？

荘司—そうです、モデュール全部の数字を。フィボナッチ数列ですから可能でした。

阿久井—大谷さんが〈京都国際会館〉をやったときにね、面積オーバーしたんで、それでクリアしたという話を大谷さん自身の口から聞いたことがあります。モデュール寸法の読み替えリストがあれば、図面を修正する必要がないのですね。

荘司—木村さんと私が現場で、図面を全部読み替えたんです。

豊川—以前、荘司さんが当時の現場で使っていた実施図面を拝見して、その後に、『建築とディテールRC2』（彰国社、一九七〇年）に〈墨記念館〉の手摺のディテールが出ていたので、両者を比較したのです。そうすると、荘司さんが手で描かれた図面は1,885の体系で描かれているものですが、彰国社から出されたペン入れされた図面はちゃんと1,820に変換されていました。たしかに読み替えがちゃんとできていました。

現場を支えた人々

豊川—阿久井さんは、なにかほかに当時の思い出はありますか。

阿久井—やっぱり〈カテドラル〉の印象が、一番強烈でした。あと、前川國男事務所から丹下研究室に移られた道明栄次さんにはずいぶんお世話になりましたね。私は当時、〈今治信用金庫本店〉の現場に通っていて、プレキャストストーンの作製や納まりの指導を受けに出張の帰途、しばしば〈倉敷市庁舎〉の現場監理をされていた道明さんにお会いしていました。道明さんは〈広島平和記念会館〉以来、打放しコンクリートに関しては現場監理の中心的存在でした。その後、〈大阪電通支社〉のファサードにも関わっていた頃です。

神谷―〈香川県庁舎〉の現場も道明さんですね。

荘司―築地の〈電通本社〉まで道明さんにお世話になりました。

阿久井―僕が今治に行っていた頃は、瀬戸内海で道明さんが複数現場の監理をやられていました。中国・四国地方を回り歩いているわけだけど、僕が出張すると必ず、道明さんに「問題があれば教えてほしい」と寄ったんです。だから、初期の頃のコンクリートについてうかがったりして、すごく勉強になりました。

荘司―〈今治信用金庫〉は阿久井さんがチーフで、最初の頃はまだ磯崎さんが事務所にいらしたんですね。

阿久井―一階営業室の大きな空間は彼のプランによるものです。

豊川―一昨年、〈今治信用金庫〉にお邪魔したら、中は非常にきれいに使われていて、インテリアもしっかり残っていて印象的でした。屋上はあまり手が入ってない感じでしたが、非常に魅力的でした。

阿久井―通りに面したいい場所ですけどね。〈広島平和記念会館〉をはしりとして、打放しコンクリートがデザイン表現として流布する一連の動きの中で、〈今治信用金庫〉の現場でお世話になったRC（コンクリート+鉄筋組方）の親方の仕事ぶりには大変感動しました。球形ドームシェルのはしりだった〈愛媛県民館〉で、鉄筋を組み、シェルコンクリートを施工した親方で、大正初期に御茶ノ水の医師会館（現存せず）のコンクリートを打ったというインテリ親方でしたが、いろいろ丁寧に教えてもらった思い出もあります。そういう人々に丹下研の現場が支えられてきたということも、記録に留めたいものですね。

荘司―ベルギー・コンゴのコンペティションというのは、神谷さん、覚えてます？　神谷さん、磯崎さん、阿久井さん、稲塚二郎さん、康炳基さんって書いてありますけど。

神谷―ああ、磯崎さんたちとやりましたね。

阿久井―あのときは、吉阪隆正さんの案が佳作当選とか、かなりいいとこまでいったんじゃない？

神谷―コンペで集まったのは汚い家でね。風呂場へいくと、ウジ虫が這いずり回っているようなところなんだ。

豊川―それは、何年頃のお話でしょうか。

阿久井―一九五九年頃で、あのとき、ドーナツ型の竹籠のようなストラクチャーを一生懸命やってたんだよ。

荘司―うん、湾曲した平面を両方からスパイラルで巻いていって、空中に浮かせてやる案ね。それから上のほうに玉をくっつけたりしました。それは覚えてます。

阿久井―よく記録を取ってますね。

荘司―これは、日記ですよ。僕はなにをやったかというのだけ、ずっと書いてあります。

阿久井―あと、さっきちょっと触れた「ヒント」のことですけど、〈倉敷〉のときは正倉院の写真集かなにかがあって、大谷さんと話していたのが聞こえてきました。そういう意味では、〈カテドラル〉のコンペを始めた頃、ブリュッセル万博で、ル・コルビュジエが〈フィリップス館〉［＊9］をやっていますね。あれは一つの頂点からワイヤーがぐるぐるっと渦巻き型で下がってきていました。地上床の平面は自由な変形スパイラル形ですが、母線は直線で張られたワイヤーで、垂直性が強調された一種の天幕構造です。その写真をもってきて、「こんなのどうかね」って、神谷さんにいわれたのを覚えています。

豊川―クセナキスとル・コルビュジエの設計ですね。

阿久井―これが天を指す尖ったもののイメージを想像しながら、「HPシェルのほうがいろいろ対応しやすいんじゃないか」という発想にもつながっていきましたね。

模型によるインテリアのチェック

荘司―HPというのは、シェルの中で考え方が一番難しいのだと思います。

阿久井―ただ、直線が部材になっているからね。作図はやっかいだけど、スタディ模型は割合に簡単にできました。割箸のような細い角材でエッジビームを組み立て、伸縮するヘアネットを張り付けるだけでつくれ

［＊9］フィリップス館、ル・コルビュジエ、一九五八年

たから、木枠のひねりが大きいほど外側の反りが強調される反面、内側のふくらみが増す感じは十分つかめたと思います。

荘司――それしか頼りがなくて、作図しても、平面図で見たら分からないんですよ。それとか、カーブも、どう反っているかも、平面図になっちゃうと分からないんです。立体になって初めて分かる転平面体なのです。

僕は、〈代々木〉のスタンド部分の上げ裏の稜線を失敗したなぁ。直角方向から見たのは、その間に入っていた稜線をチェックしなかったんですよ。あとは全部、きれいなカーブになっていたんですよ。シェルの下屋のアーチがあるでしょ。あれの、客席に変わるところの線がね、よたってるんですよ。そのよたり方は、きれいなよたり方だけど(笑)、あそこはしまったと思いましたね。型枠がはずれた後から見て、びっくりしちゃった。ああいうのは、難しいですね。

神谷――あの頃、すでに、モデルスコープはありましたね。こうやって、細い先にレンズが付いていて、のぞくやつ。

阿久井――胃カメラみたいなやつ。

神谷――そうそう。模型の中に入ってインテリアをずっと見ると、かなり現実感のある体験ができる。

荘司――カメラにつければね、撮れるのがあったんです。

神谷――だから、模型の段階でかなり内部の空間が、象徴性の高い空間であるということは、もうモデルスコープで確認できた。

荘司――僕は万博のときに初めて、あれを使わせてもらったんですよ。〈カテドラル〉の頃はそれが分からなくて、二〇分の一の模型をつくりました。この部屋くらいの大きさのを。

神谷――ああそうか(笑)。

荘司――つくったんですよ。それで、櫓のクロス梁から、割付から、さっきHPの雲みたいな絵柄を、縦線は残したけど、横線の目地を全部消したんですよ。

神谷――じゃあ、モデルスコープはもうちょっと後か。

荘司―そうですよ。あれは本当に、こんな小さい模型でもチェックできました。二〇分の一の模型では、中に入って、音響実験も割付も全部やりました。その頃、石井聖光さんが、実際に音響の実験をして、二千個のレゾネーターの配置を決めたのです。

阿久井―結果的には今のが一番いいんでしょうけど、コンペの段階で、僕は仕上げ材料まで考えずに、形で勝負しているでしょう。模型は木でできているから、材料の質感があまり想像できなかったんです。そういう段階で、じゃあ仕上がったときにはと、僕はズーッと、銅板平葺きというイメージがあったんですね。さっきのお話の中で、銅は軟らかすぎてダメだと、没になったと聞いたけど、実際にはトライしたり検討したんですよね。

荘司―銅は特に歪みが出て、ベコベコに見えちゃう。要するに、トタン張りの屋根を見るみたいになってしまう。

阿久井―たとえば日本の寺院も銅板葺きの屋根とか、唐破風ですか。曲面を使ったのは職人は慣れているわけだから、できなかった理由というのは何でしょう。防水材のシートを貼り合わせた厚手の銅板もあるでしょう。緑青も人為的につけられるし。

荘司―下地がきれいな曲面で、決まった大きさのピースをそこへ糊で貼り付けたような状態に貼れるんなら、銅も一案でありました。

阿久井―銅板でも、薄い、厚い、あると思うんですけどね。

荘司―施工性とか、錆の色とか。

阿久井―ステンレスが長持ちするってこと?

荘司―極端なことをいえば、ステンレスなら水洗いだけですむわけです。

阿久井―僕はよく分からないけど、日本の武家のお寺のね。あれはどういう手入れをして保たせているんだろう。

荘司―銅板は黒くなって、自然のままの錆で、見ているにはいいですが。

阿久井—それでいいじゃないですか(笑)。ヨーロッパでも、ドームや尖塔で銅葺屋根は普通に見られるし、日本の社寺でも反り屋根によく使われていますよね。

荘司—それでは、カテドラルの崇高さが出ない。銅板を含めて、金属をベターっと面で張るのは見られないのではないか。それは模型をつくって、見た上で、最初にダメだと判断したんです。

豊川—改修されたときの外装の色味が、丹下さんの当初のイメージにさらに近づけて改修された、とうかがいました。

荘司—あれは、ステンレスは着色とかしたら、そういうものでは、とにかく四十年、五十年、百年と保たせるには、エンボスした材料ではダメなんです。さっきの、銅板が黒くなるということももちろん考えて、放っておけばという考えもあったわけ。合金のステンレスなら、放っておけばということができる。

ステンレス色ということであれば、多少、黒くなって、色が変わっても、ピカッと光るのは変わらないというのは、実験済みでした。だから凹凸だけで、むしろ光らないことで、ステンレスの生《なま》の色を使うというのがまずあった。それから、エンボスでやったデコボコで、空の色とか、曇りの調子で色が変わるわけですよ。それで、一回目はもうちょっと光った色なんです。さらにステンレスの合金の割合で、色が少し変えられるから、その幅がだいぶあるんですよ。ピカピカの、いわゆるステンレス色から、ずうっと曇ってきてね、かなりグレーっぽくまであったんです。丹下さんは、「ちょっと光っていて、だいじょうぶかなぁ」って、

[*10]東京カテドラル、改修後のステンレス屋根詳細

少し心配していらした。ご近所からも苦情が出たことがあるんですけれど、デコボコで時間とともに変わるのです。

阿久井──反射光がまぶしすぎるということで?

荘司──そうです。それで、今回変えるときに、色の話が出てきましてね。僕はこの改修のときに「丹下さんの限度はこのへんだろうと思うので、ここのくらいで決めてほしい」と、要望を出したんです。そもそもは教会側に建築家が三人いらして、その方々が全部お膳立てして、ステンレスの色まで決めて用意していたんですよ。そこへ、「先生はこう考えるだろう」と申し上げたら、意見を聞いてくださった。それで今度、色が変わったんです。以前より黒くなりました[*10]。だから、アルミの箇所もところどころで色を変更しています。

技術の伝承・図面の伝承

豊川──あともうひとつ、改修のお話で、トップライトの雨仕舞いについて、設計当初とずいぶん違うディテールが長年にわたって積み重なっていって、ダボついたディテールだったのを、大成建設のほうでかなり手を入れた、とうかがいました。

荘司──元に戻したんじゃなくて、全部、屋根の上に上げたんです。見切縁の高さまで上がっています。竣工時の形だと、トップライトのガラス面がへこんでいて、ヨウ素ランプ(ハロゲンランプ)がその上についていたんです。夜はここからの光で、聖堂内が明るかったんです。ところが、風、耐候性の問題と、ガラスの問題、掃除の問題があったのです。それによっては、とても教会ではまかなえないということで、ある時代に照明をはずしちゃった。そのときには、雨がやはり漏った。雨が漏った原因は、ここに40m/sの風が吹きますとね、中が70m/sくらいの負圧で上にもっていかれちゃうんです。網入りガラスも、一部割れちゃったんですよ、じつは。僕が辞めた後だから知らないんですが、屋根を何回かカバーしたり、何回か改修しているけど、うまく直らなかった。それで、ガラス面を上までもっていってしまえば、風による負圧もそんなに起きないということで、今回、いろいろ検討してくださった結果、非常にうまい形に改修されました。

結果的に、笠木から平らになっているんです。〈カテドラル〉はガラスがへこんだ印象がメインに残っていると思うのですけれど、皆さんは、どこを直したの、といわれるくらい、うまくいっています[＊11]。

阿久井―内部の壁面仕上げに関して、私がコンペ中にイメージしていたのは、アアルトがオーディトリアムの壁面構成で使っていた縦並びのコペンハーゲンリブ（木材）の味わいでしたね。これだと斜めのRCの目地も気にならないし、下から見上げるとトップライトの光が放射状に落ちてくるイメージが増幅するのではと思っていました。エコーもコントロールしやすいし……。完成したあと見上げると、外部で感じるHP曲面のダイナミックさに比べて、内部は意外にフラットで、特に祭壇（アルター）背後の壁面がピラミッド的な三角平面にも見え、ちょっと気になりました。曲面の表現としてはライティングで強調されるという期待がありましたが、いまひとつという感じでした。今、トップライトの交差部のあたりからスポットライトで祭壇を照らしていますが、当初は水平方向よりの照明効果で背景壁が逆ハート型に浮き出されていたのが印象的でしたが……。トップライトも壁面全体を明るくするのではなく、曲面のひねりを強調するような濃淡が出てほしいものと感じています。その点、〈代々木〉の第一体育館の天井の明暗は、よりダイナミックな効果を上げているなと思います。サブワイヤーを強制的に三本の鉄骨でつないで、押え綱がより効くような意図があるほかに曲面のダイナミックな陰影効果を強調したかったのでしょうか。

荘司―今回、大司教が、「もう少し明るくほしい」とおっしゃる。丹下さんは、信者席の椅子にライティングするつもりだったんです。剣持（デザイン研究所）さんのところにもお話ししまして、「スピーカーと手元灯と足元灯が、将来個別についてもよい椅子にしておいてください」といっておられた。それで、もともとあの椅子ができているんです。

神谷―今回、改修がうまくいったというのは、荘司君がいたからうまくいったわけだ。そういう意味で、技

[＊11] 東京カテドラル、改修後のトップライト納まり

術の伝承と、図面の伝承が非常に大事で、いったいどこでその技術を伝承し、あるいは図面を伝承するか。それはわれわれだけじゃなくて、日本文化全体の問題でもある。今後、国立の建築博物館建設の動きがあるわけだから、それを加速するようなかたちで、建築家はこれからこういうような具体例を挙げて、訴えていく必要があるんじゃないか。まぁ、別に荘司君がどうのこうのって話じゃなくて、一般的な問題でね。図面もどこか消えてなくなっちゃうし、技術も忘れられていく。

阿久井──日本の古建築は西欧や西アジアと違って木造が主流だから、たとえば伊勢神宮にしても岩国の錦帯橋にしても建て替えが繰り返されるので、建造物としての材料のオリジナリティに欠けるというのが世界文化遺産の選考基準にのりにくいといわれています。私はむしろ、ものそのものよりも技術の伝承や優れた維持管理のシステム（たとえば若い技術後継者の養成や材料の用材確保のための計画的植林など、もちろん資料の保全など）こそ世界文化遺産としての評価基準に反映させるべきではないのかと考えています。

荘司──少し補足していいですか。要するに、〈カテドラル〉では図面に描けなかったんですよ。コンピュータもないので、手描きでしょう。だからみなさんが見て、すぐ分かるものがなかったから、戸惑っちゃって、私が「こういう墨で、こうすれば描けますよ、施工できますよ」と申し上げたら、うまくいっただけの話なんです。今おっしゃった、伝承が大事だということで、今回の施工図に、描けるものは全部描いてあるんですよ。その施工図は、僕、全部チェックして、赤を入れました。「これを後の時代の人が読めるようにね、ちゃんと保存するなりしてください」とお願いをしました。

さっきいったように、図面に描けるものじゃないと、大構造はできませんよ。コンピュータだったら、こんなに小さくして、大きいものも見られますね。だいぶ、僕らが考えていることと、コンピュータでできたことでは、違っちゃったなぁと。昔はこうだったよという話は、笑い話にしかならないんじゃないかなと（笑）。そう思ってるんですよ。

豊川──本日はどうもありがとうございました。

4──世界に誇る傑作の誕生：「代々木国立屋内総合競技場」とその周辺

今度、〈代々木〉を見直してみて、まずいえるのは、建築計画・設計と、構造計画・設計と、設備計画・設計とが、分かちがたく結びついている。これだけ三者がしっかりくっつき、ひとつの結晶をつくっている例は、まず珍しいといえる。──神谷宏治

出席者
神谷宏治
室橋正太郎
川口衞
岡村幸一郎
曽根幸一
豊川斎赫

二〇一二年八月八日／赤坂・KIビル

神谷宏治

室橋正太郎

川口衞

岡村幸一郎

曽根幸一

豊川斎赫

第一体育館の合理的な構造設計

神谷―座談会の前段として川口さんより〈代々木国立屋内総合競技場〉［＊1］に関する大事な「六つの問題と解決経緯」の解説をしていただきました（p.140-145参照）。きょうはこのお話を出発点として始めたいと思います。

解説の中で、ケーブルネットでは「自然な」屋根曲面が得られないこと、セミリジッド構造には基本式がなかったことなど、多くの方々に誤解されているところがありますね。

川口―誤解はいっぱいありますよ。誰が書いたものを見てもね。たいてい誤解だといってもいいくらい。

神谷―ともかく、日本のマスコミでもね、何も知らないテレビ会社の番組は特にひどい。

川口―そう、テレビは最低ですね。

神谷―〈代々木〉についての間違った理解が、この機会に多少でも修正できないか。この本に何とかうまく組み込めないかなぁと思っています。

川口―それは非常に大事ですね。

神谷―三年ほど前に、設備の井上宇市さんのご存命中に、〈代々木〉の設備計画についての説明があって、やはり講義で一時間くらい、あれの開発に関する特徴とか苦労話を聞きました。そこでの議論を盛り込もうと思うと、一冊、本ができてしまう（笑）。それは無理なことを前提にして、きょうはいろいろな方がお出でになっています。

建設に至る背景

神谷―まず、室橋さんから、「時間もない、金もない、果たしてできるかできないかさえ分からない」、そういう初期条件の中で、所管官庁としてのご苦労があったでしょうが、それについて、一言いただければと思います。

[＊1]代々木国立屋内総合競技場(設計―丹下健三、一九六四年)。手前はNHKの敷地

室橋―今の、川口さんの学術的なお話を聞いた後で、泥臭い話なんですけど……。大体、あそこに大きな体育館をつくるという機運は、ほとんどなかったですよね。ただ、東京でオリンピックをしたいという希望は、ずいぶん前からあった。その前提として、アジア大会を東京でやりたいので、一九五四年に手を挙げたわけです。それがかなり具体化しまして、「じゃあ競技場をどうするか」という話になって、東京で唯一の陸上競技場であった明治神宮外苑の競技場が俎上に載りました。もしアジア大会をやるとなると、「あの施設ではどうも……。あれを建て替えるのはどうか」という話が出てきたわけです。外苑の競技場は明治神宮のものでしたが、やるとしたら国

でやらなきゃならないということになり、実施は建設省だということで、われわれのところに話がきました。それから、予算を取る話から始まって、結果としてアジア大会が終わり、比較的評判がよかったわけです。それを足がかりにしまして、「じゃあ一つ、オリンピックも誘致しようじゃないか」ということになり、国立競技場の周辺の改修や、「水泳場を東京のどこかにつくろう」というような話が出てきて、それで現状になったわけです。ただ、その間にさまざまなトラブルもございまして、まず〈代々木〉についていえば、ご存じでしょうけど、あそこは米軍のキャンプでしたね。

神谷―ワシントン・ハイツ。

室橋―ええ、ワシントン・ハイツでした。それを大突貫で移さなきゃならないということで、まず一番始めに「府中方面にワシントン・ハイツを移す」という話が出ました。それを、米軍としては、代々木にあるほうがいろんな意味で便利がよかったので、いちゃもんをつけたりされてたそうですが、結果として、府中の水耕農園に移すことになった。それで、ワシントン・ハイツの跡地に〈屋内体育館〉をつくりましょう、ということになったわけです。もうひとつ、千駄ヶ谷、今の神宮外苑にあるメインの競技場のほうは、あれは先ほど申し上げたように、以前にアジア大会でやりまして、五万人収容ということで整備していました。

曽根―何か、「道路の上までスタンドがちょっとかぶっているんだ」って聞いたけど。

室橋―外苑の旧競技場を手がけられた東京工大の小林政一さんですよね。あのころはまだお元気で、千駄ヶ谷の競技場をつくるときも、いろいろとサジェスチョンをしていただいたんです。

曽根―ワシントン・ハイツの跡地にNHKが同時につくられた理由はなんですか。

神谷―いや、南側にNHKの一部の施設はできましたが、大部分はちょっと後ですよ。

曽根―僕は「境界線をどこにするか」っていう会議で、先生と一緒について行った記憶がありまして。

神谷―どさくさまぎれに、割り込んできたんだよね。

曽根―渋谷から入ってくるアプローチの脇に、どう境界を引けばいいんだっていう議論でした。ああ、ちょっと遅れたんですか。

神谷―話は変わりますが、小場晴夫さんが関東地方建設局部長として全責任を負っているわけですけど、よくあれだけリスクを背負い込んでね、われわれをバックアップしてくれたなぁと思って、大変感謝していています。

室橋―とにかく、アジア大会のときから、オリンピック開催が目的なので、政治家の先生方が、体育協会の中に、オリンピック誘致に向けて、かなり強力な委員会をつくったのです。東龍太郎さんとか、河野一郎さんも入っていたと思うな。政界の有名な先生がみんな「やろうやろう」っていうかたちになった。「やろうやろう」はいいのですが、問題は、「資金があるか」ということと、それから「場所はどこだ」ということです。やや重複した話になりますが、メインは千駄ヶ谷の国立競技場とし、ワシントン・ハイツを動かした跡地も盛大に使いましょうということで、オリンピック計画がスタートしました。で、一九五八年のアジア大会が成功し、国会でもオリンピック誘致をやりましょうという動きが出て、施設特別委員会というのがその中にできまして、そのとき、岸田日出刀さんがその委員長だったわけです。それで、大体、オリンピックの諸施設は、岸田さんの指図でいろいろと動き出したわけです。これはものによって、国費であったり、あるいは東京都の担当になったり、ヨットレースとか、江の島のへんでやるものも、みんな、岸田さんが指示されました。本来は委員会をつくってやるんでしょうけど、そんな暇はありませんで、一言で決まっちゃったんですね。

曽根―すると、どなたがどの施設を担当するっていうのを、岸田さんの委員会でお決めになるんですか。

室橋―もう少し具体的に、あまりこういう話をしていいのかどうか、都市計画だったら高山英華さんも協力されていました。ですから、岸田さん、高山さん、早稲田の中山克巳さん。

神谷―その方々は、日本建築学会から「オリンピック代々木競技場および駒沢公園の企画・設計ならびに監理」という題目で学会賞特別賞をもらった。

室橋――ええ、その三人がほとんどお決めになった。今じゃちょっと考えられないですけどね。それで、時間もないということで、普通の過程を踏まないで、「とにかく、つくれ、つくれ」ということで、進んだわけです。ですから予算も、普通、設計図ができて、予算の範囲内で収まるかどうかというのをやって、工事にかかるわけですけど、逆でしたね。とにかく、「いろんなことは後から考えよう」ということになり、「何平米、いくらのもので、収容何人くらいのものをつくりなさい」という曖昧な与条件で、神谷さんが設計を始めて、積算してみたら、えらいお金がかかると(笑)。じゃあ、「一体、どういうふうに削ってどうしたらいいか」と検討を重ねました。片方で予算要求のほうは、できるだけ大蔵省に掛け合ってお金を取ってきた。今じゃ考えられないような、新しいかたちでやったわけです。それですから、〈代々木〉に関しても、本来なら国の事業ですから建設省で設計をしなければいけないことを、岸田さんの指示で、「ここは丹下さん、こっちは芦原さん」となっていったんですね。こうした決定が、神谷さんや川口さんのほうに響いていって、「時間がないけど早くやれ」ってことになって、現状に至るっていうのが経過です。

予算組みから構造のディテールまで

室橋――それで、本来なら予算も、あの頃の建設省の営繕はかなりのデータをもっていまして、普通の建物だと、たとえば庁舎とか実験施設とかは全部データがありまして、「何平米の何をどういうところにつくる」といえば、自動的に予算要求ができる資料が整っていたわけです。しかし、〈代々木〉のような、われわれは「役物《やくもの》」と呼んでいましたけど、役物はつくるとなると、まず簡単な基本設計というか元設計をつくって、それで概算を立てて、大蔵省と掛け合って予算を決めるという仕組みになっていたんですね。ですから、〈代々木〉は前代未聞の役物で、最初に予算要求したときは、50mのプールと、それから飛び込みプールとあって、そのまわりを、何人でしたっけね、あれ。収容人員は……。

神谷――一万五千。

室橋――そう、一万五千人分のシートをつくって、それを屋根で覆う、というごく単純な考え方のものを、概略設計として予算要求をしたら、確か二七億円だった。

神谷――それが五億円削られた（笑）。同じオリンピック施設で、〈駒沢体育館〉が坪単価三二万六〇〇〇円、〈武道館〉三〇万円に対して、〈第一体育館〉の単価は何と二二万九一〇〇円でしかなかった［注1］。だから、「折角のオリンピックに、日本の能力を最大限に発揮して、世界に先進国の一員として認めてもらえるだけのものをつくろうと、こっちは頑張っているのに、足元を引っ張っている大蔵省をなんとかしなきゃいけない」というので、丹下さんと二人で、当時の大蔵大臣の田中角栄のところへお願いに行ったわけですよね。それは丹下さんが書いた『一本の鉛筆から』という本に経緯が出ています。やっぱり、「日本の名誉のために」って言葉で、角栄はスッと、「わかった、足りない部分はなんとか補う」と。それでも、まだ足りなかったんですよ。そうすると足りない苦労はみんな、岡村さんたちにしわ寄せがいくわけで、どういう苦労をしたのか（笑）。

岡村――はぁ（笑）？ いや、僕は実は、〈代々木〉というのは、基本設計の最初の段階はいなかったんですね。で、基本案が決まった直後から参加しました。それで、実施設計には参加してないんです。基本設計をまとめた段階だけ。しかも、僕がやったのは屋根の形状の設定が主だったわけで。ですから、きわめて部分的なことしか知らなかったんですよね。それまで、なにやっていたかというと、〈山梨文化会館〉をやっていたんです。あれがけっこう、設計としては難しかった。それも、とくに構造絡みの部分でね。それは神谷さんもご存じだったはずですが、かなり、もめたというか、難しい設計をしていました。その〈山梨〉の基本案がまとまった頃に、急遽、「〈代々木〉に参加しろ」といわれました。「今度は屋根の形状をやってみろ」ということで、始めたら、また何だか難しいような話になって（笑）。〈山梨〉のときはむしろ、構造はカチッと決まってしまって、「にっちもさっちもいかない」という感じで、調整に難航していました。今度、〈代々木〉に移ったら、一番最初は雲を掴むようでして、最初に坪井（善勝）さんの、えらい基本的なガイドラインの説明

［注1］『物語・建設省営繕史の群像（中）』（田中孝、二九九頁、日刊建設通信新社、一九八六年）

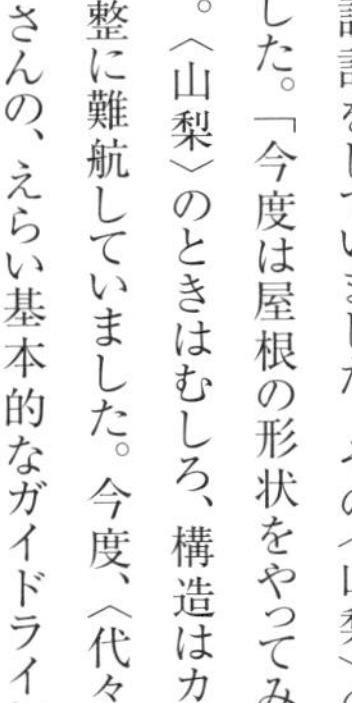

があって、「基本的構成はURTECの中で決めてみろ」という感じになっちゃったわけですね。ただ、どうやって決めていいのか、よく分からない。〈山梨〉の経験があるものですから、構造との調整というのはだいぶ頭にあって、「これは一体、今後どうなるのか」と、気になったわけですね。で、やってみたら、案の定、あんまりうまくいかない（笑）。それは、川口さんの話から出てきたように、やってみるとうまくいかないんですよね。よく考えたら、基本的に巴型で、左右非対称で、片方がスーッとポールに上がっていって、片方はピッとお尻に延びて［＊2］。そういう非対称なところで、うまい曲面が載るのか。坪井さんからは、「大体、似たようなカーブで押さえて構成しろ」というお話でしたよね。それでやってみると、似たような格好にならない（笑）。やっぱり、「〈山梨〉のときのように、後でもめるんじゃないのかねぇ」という予想はかなりありましたね。かといって、基本的な、スタンドの設定と、ポールの設定と、巴型の設定と、それから考えたら、その限りでは、あんまり自由度がないのです。うまくいかないまま、丹下さんが「こうしたい」という意見もあって、そのまま、基本設計をまとめるしかない。そこで、「この格好は、一体、本当にできるのか」と、川口さんに会って、聞いた記憶があるんですけど。

川口―よく覚えていますよ。はじめて「二つ巴」の形を見せられたとき、これは難しいと思いましたね。というのは、まず、今いわれたように、屋根の曲面の構成がイレギュラーで、自然な吊り屋根が成立するような、うまい曲面形状が見つかるかという問題がある。さらに大きな問題としては、その屋根面から受けた大きな力を、境界の構造が処理するのに、一筋縄ではいきそうにない。境界構造というのは、ノヴィツキーの〈ノースカロライナ競技場〉（現在名称：ドートン・アリーナ）にしても、サーリネンの〈イエール大学ホッケー・リンク〉［＊3］にしても、みんな閉じた形になってるでしょ。というよりも、それまでの吊り屋根は、まず、閉じた境界構造を用意して、その中に吊り屋根を張ろう、という順序で考えてきたわけです。ところが、見せられた設計案は、「二つ巴」といっても、伝統的な「巴紋」のように外周が閉じているわけではない。そこがメインの入口なんだから、大きな開口が必要なことはよくわかる。でも構造としてみると、開きっぱ

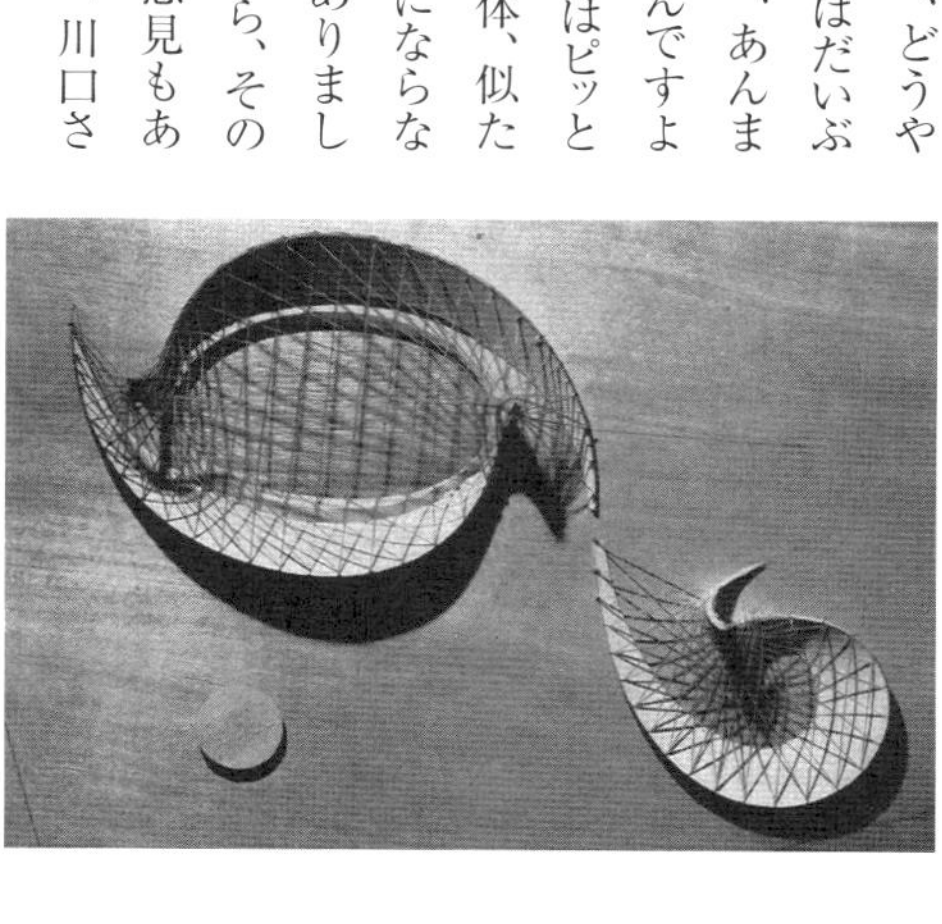

［＊2］国立屋内総合競技場、神谷宏治による巴型案

［＊3］p.17 参照

なしの二つの巴が、吊り屋根から受けた大きな力をどう流して、どう釣り合わせるのか、すぐには名案が出てきそうにない。ただ、観客スタンドを巨大な水平アーチとして使えば、何とかなるか、という予感はありましたね[＊4]。だから、そんな話を神谷さんにしたと思います。

岡村―「まあ、大体、熱応力とか風とかで、1mくらいは動くんじゃない？」とか脅かされまして（笑）。あと、「屋根面の仕上げ材をどう構成するか」を問題として考えていました。これは、長島正充さんと相談していましたが、曲面がフワフワしていて、到底決まらなくて、どうなるか分からない。僕は基本的に、「規格化したパネルを並べるなんていうのは、およそ考えられない」と思いました。長島さんも大体そういう意見だったと思います。仕上げ材の形状は、屋根の形が決まってから決める。あるいは、現場になってから決める。そこでプレファブ化したパネルを張るというのは、およそ考えられないから、現場施工を主体に考える。それしかないんじゃないか、というのが、少なくとも基本設計段階の考え方でした。それで納まりは、非常に大雑把に、高い精度に頼ることを避け、動きに対して抵抗がなくいけるように、あまりデリケートなことはしない。そういう線で、一貫してディテールをまとめました。そのくらいのところが、大まかにいうと、筋だったような気がします。

[＊4] p.140 参照

複雑なプログラムを解いた配置計画

豊川―続きまして、曽根さんはなにをされていたんでしょうか。

曽根―当時、山本浩三さんが一番若くて、僕が二番目に若いスタッフでした。僕は割合に最初から参加しまして、当時、模型材料というと、油土《ゆど》とバルサくらいしかなかったのですが、神谷さんが今のスタイロカッターの原形を開発したんですよ。

神谷―よく覚えていてくれた（笑）。

曽根―あれは、完全に神谷さんの発明で始まったんです。それはそれとして、最初、エスキースの段階で

［＊5］国立屋内総合競技場、グドヴィッチによる分節案の模型を触る丹下

は、神谷さんの一体型の案と、もう一つ、磯崎新さんとイスラエルのグドヴィッチが組んで、分節案［＊5］を提案していました。それは三角形の案でしたが、「オリンピックというのは一堂に会して、皆が見るのだから、分節案ではダメだ」というので、磯崎さんが途中からいなくなった記憶があります。それで僕は結局、「配置設計のほうに回りなさい」ということになり、川口さんの複雑な構造の話は全然知らずに、下屋のほうを担当していました。大きい体育館のグリッドは放射状に出ており、一方で、小さい体育館も放射型なので、渋谷のほうからの人の流れと、原宿のほうからの人の流れを、この下屋の部分で束ねるように、何度も何度も描きました。また都電の敷石を上に使うことになって、この下屋の下のプールみたいなところは、ちょっと担当させていただいたかもしれません。

僕は、配置で印象的だったのは、当初は南東のコーナーまで敷地があったと思うんですけど、たしか日本体育協会が後からここへ配置することになって、この駐車場がものすごく減ってしまい、「やむをえないね」となった経緯を覚えています。後からここをやったものだから、高い擁壁をつくることになりました。

神谷――この「道の建築」については、丹下さんがかなりご自分で製図していましたね。

曽根――はい、そうです。先生、一生懸命やってらした。

神谷――天皇の動線とか、何層に分離してと、久しぶりに丹下さんが製図板に向かってね、線引いていましたよ。

曽根――ここに階段が出ていますが、これは完全に先生がやった記憶があります。

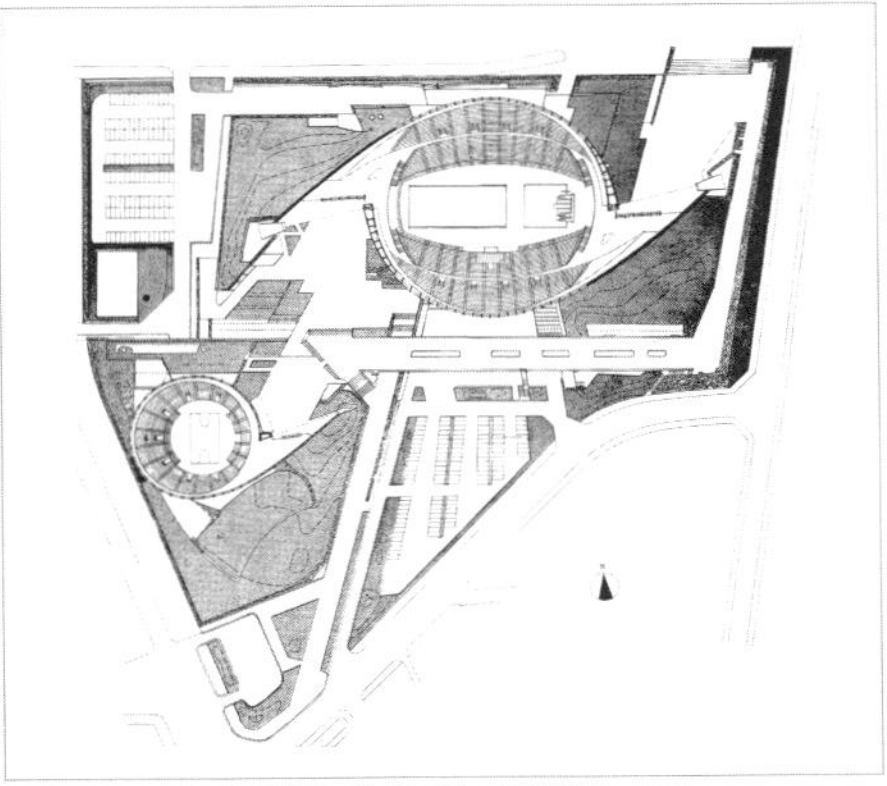
[＊6]国立屋内総合競技場、配置図

神谷—ところがあれ、彼は気にくわない(笑)。丹下さん、一番嫌いなところなんだ。あんまり格好よくないんだよね。

曽根—この下の部分に練習用プールが入っていました。

神谷—ただやはり、この広場の、大小体育館の向かい合わせ方とか、広場の構成の仕方は抜群ですよね[＊6]。丹下さんの腕の見せどころでした。

第二体育館の個性豊かな構造

曽根—第二体育館の構造はどなたが担当されたのですか?

川口—あの構造設計は、おもに川股重也さんがやりました。

全体的なデザインポリシーとしては、第一体育館で決まった形や構造システムとの親近性を保ちながら、第二体育館のスケールに合った、合理的な設計をするということでした。たとえば、第一体育館の「二つ巴」に対して、第二体育館では「一つ巴」である、メインの吊り材は、ケーブルを使うほどのスケールではないから鋼管にする、屋根面を構成する部材も、吊るという概念はあまりなくて、天井懐をフルに使ったトラス構造にする、という手法ですね。

また、第二体育館では、メインの鋼管から柱頭にかかる引っ張り力によって生じる曲げに対して、柱と地中梁で形成されるL字架構が抵抗するシステムになっており、このため、これらのRC部材にはプレストレスが導入されている。こうすることで、第二体育館ではバックステイが不要となり、スケールに合った、すっきりした造形になっています。また、鋼管の安定のために、柱との間に立体的なつなぎ材を構成し、これが造形上のモティーフを提供して、独特のデザインがなされている。

曽根—この構成もすごいと思いますが……。

川口―そうですね。第二体育館は、第一体育館とのアフィニティを十分に保ちながら、造形的にも、構造的にも独自の個性を打ち出しているという点で、私も非常に優れたデザインだと思っています［＊7］。

曽根―これを渡辺定夫さんがやっていたように記憶してますけど。

神谷―渡辺定夫さんが担当です。それから、阿久井喜孝さんかな。

曽根―この玄関まわりは吉岡三樹さんがやって……。僕は専ら配置図を担当しました。

豊川―今の会話に出てこられなかったOBの方の名誉のために申し上げておきますと、長島正充さんは全体配置計画と大体育館全体を、荘司孝衛さんは巴型の平面図とスタジアムのアーチの、曲率の、孔の開き方を検討されました。稲塚二郎さんは矩計をご担当でした。それから、韓国からいらしてた康炳基さんは、このトップライトを検討されています。部分部分にそれぞれ、ご担当がおありだとうかがっています。

曽根―山本浩三さんは、スタンドのエレベーションをやらせてもらったような気がするけどな。

美しい飛び込み台

神谷―曽根さんには飛び込み台を担当してもらいましたね。

曽根―それが、一番最後なんですよ。苦情、というか希望をいったんです。僕のやったのだけが、外から見えないから（笑）。神谷さんに、「僕、配置設計ばっかりじゃ面白くないから、何かやらせてください」ってお願いしたら、「君、ちょっと、飛び込み台をやれ」ということになりまして、それは最後の段階でした。まったく一人で、油土とヘラでエスキースをやったら、丹下さんと神谷さんに、「これで行こう」とおっしゃっていただいて、そのまま、飛び込み台がつくられるんです。それで、僕は知らなかったんですけど、神谷さんから「アメリカの競技会から絶賛された」とうかがいました。もう今は撤去されて、ないんですけど。体育館内で参加したのはそれだけでした。

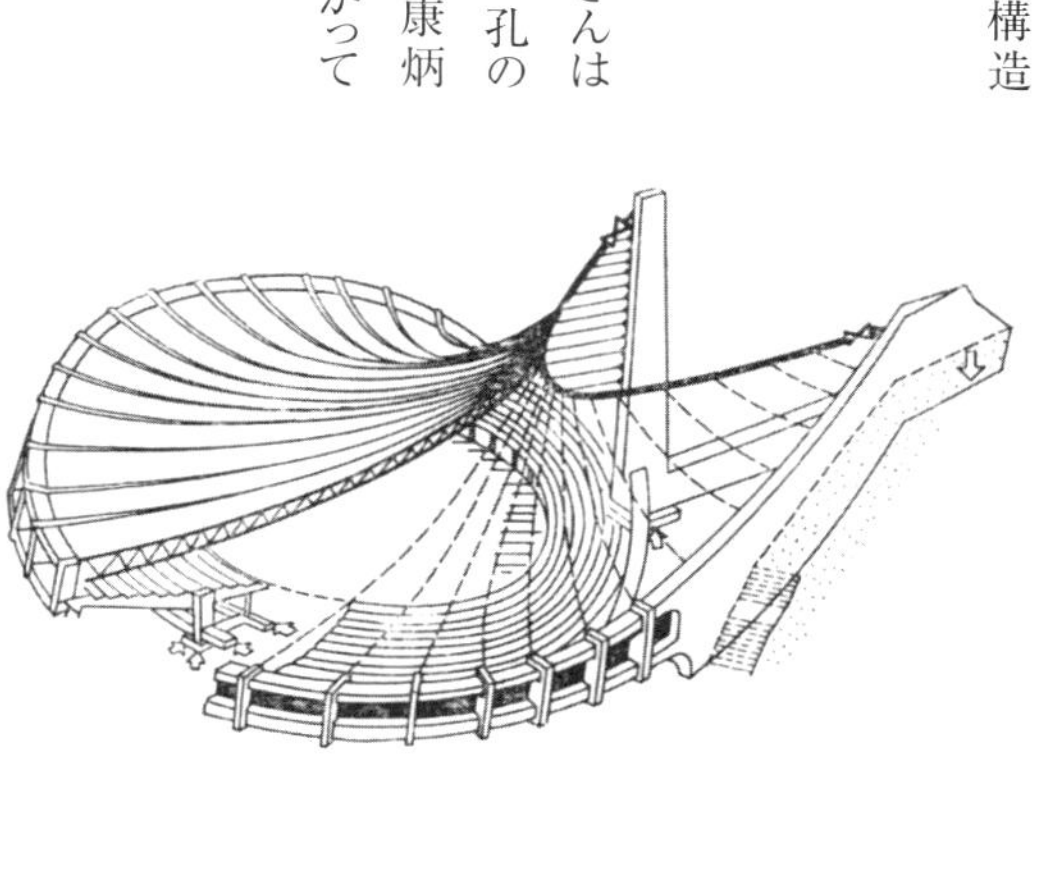

［＊7］国立屋内総合競技場、第二体育館（小体育館）の構造システム図

神谷――なんか、今度のロンドンのオリンピックの水泳プールを見ると、この飛び込み台にちょっと似た形でしたね。

曽根――ああ、似てますね。僕は〈代々木〉のほうがきれいだったと思う（笑）。

川口――いや、〈代々木〉の飛び込み台は、非常にいい形でしたよ（笑）。曽根さんがデザインしたって、今、初めて聞いたけど。

曽根――油土でエスキースをしたんですよね。

岡村――それを見て、僕が図面描いたんですよ。

曽根――あっ、先輩に図面を描いてもらったんですか。

岡村――そうですよ。曽根さんは図面を描いてくれなかったもの。

川口――わかるわかる、油土の模型を使ってアプローチしていたというのは、あのできあがった形を見てもね、そういう非常にプラスチックな感じがしていた。

岡村――僕も曽根さんとの関係はあまりよく覚えてないんですよね。ただ、図面を描くときは、曽根さんはいなかったような気がする。

曽根――あっ、そうです。この設計が終わる頃、僕は本郷の院生に戻ったのだと思うんですよね。

施工と行政のシステムが計画を支える

室橋――この建物の内観は、飛び込み台を正面に見た写真がやはり一番いいですね。飛び込み台がなくなって、催事場になっているのはもったいない。それと川口さん、このカーブは、計算的には……、かなりデザインとして、構造的には無理を重ねたって聞いていたんですけどね。こういう急な屋根勾配のところ。

神谷――いやいや、それが誤解なんですよ（笑）。非常に合理的で、最適解になっているのです。

室橋――ただ、ぶら下げているとね、とてもああいう形にならないんで、無理して鉄骨で形をつくったという

ふうに……。

神谷――いや、だから、そういうふうに取られているけど。テレビなんか、プロデューサーの意図で、丹下さんが一生懸命、自分で形をつくったという話につくり上げているんだけど。さっきの川口さんの解説とまったく違う。

室橋――そうですね。

神谷――その誤解はぜひ、キチッとしておかないとね、歴史として非常にまずい。ともかく、今度、〈代々木〉を見直してみて、まずいえるのは、建築計画・設計と、構造計画・設計と、設備計画・設計とが、分かちがたく結びついている。これだけ三者がしっかりくっつき、ひとつの結晶をつくっている例は、まず珍しいといえる。

川口――それは、その通りね。

神谷――それから、清水建設も大林組もそれぞれゼネコンさんが、非常に優れた人材をここに投入してくれた。僕らは、室橋さんを通して、設計変更、設計変更の連続で、次々に指示書を出すけれど、彼らは「いいものをつくるためには」と一生懸命、協力してくれた。

その後、海外の仕事を始めますが、比較してみると、日本はトップとボトムの間の、中間層の技術者の幅が広い。ところが外国の場合は、トップはいても中間層は非常に少ない。日本の中間層の厚みが、この建物を工期内に非常にキチッとした形でつくる力になっている。当時の日本の中間層の厚みが、如実に反映していると思いますね。

室橋――それはありますね。みんな、お役所仕事でやってなかったですよね。あれは岸田さんの力じゃないかと思うんですよ。

神谷――岸田さんの力ですよ。ボスの無言の圧力。それと今ほど、制度が固まっていない。

室橋――それが、すごくありましたね。

神谷—今のような固まった状態では、とてもこういうものはできない。倍か三倍くらいの時間をかければ、できるかもしれないけど。

室橋—大体、竣工式の前でまだあちこち手直しをしているのに、外国の選手が来て、ここで泳いでいたでしょ（笑）。あんなことは、今だったら絶対できないですよね。それをまた、みんなが協力して、現場の人たちがやれるようにしていたでしょ。

川口—行政のシステムが今のようにガチガチに固まってないから、いろいろと新しい挑戦ができたということもあると思いますね。これは、中国で仕事をしていると感じるんです。絶対、日本ではできないだろうっていうことが、できる場合がある。僕が天津で設計した、観覧車のついた橋（永楽橋）がありますが、これは日本では絶対できないと思う。河川にも、道路にも、都市計画にも絡むし、観覧車には不特定多数の人間を乗せるわけだから、防災にも絡む。今の、整備された日本の行政システムの中では始めから無理だと思っちゃう。それが中国だと、まず、大騒ぎしてね、こんな変な設計案が出てきたけど、防災的にどうだ、河川法的にどうだ、道路はどうだというのを、関連する専門家がみんな集まって、大会議を何べんもやるんですよ。その会議のプロセスっていうのは、いわゆる公証役場（notary office）という、「確かにこういう会議が公正に行われた」ということを記録して、中央政府に届ける役所がありまして、そこから、制服制帽を着た書記が出張って来て、全部記録する。そういう会議を何回も重ねるんだけど、重ねて、重ねて、こちらも、説明して、説明して、それで、もう誰も反対しなくなると、やってよい、ということになるんです。

曽根—それはひとつの施設だけじゃなくて、都市計画全般にいえるみたいですね。

川口—そうでしょうね。

曽根—ある地域で、数ヘクタールのものをつくっていくのに、やっぱり川口さんがご説明のような、会議を重ねて、法律より、むしろ会議体で決めたことのほうを尊重して、決行すると。僕は、ガチガチの制度だけで運用する日本よりも都市計画が進んでいると思えます。

川口――神谷さんがいわれたように、あまりシステムが整備されてくるとできなくなることって、いっぱいあるよね。

設計段階で問題点を見通す

豊川――先日、ここで、隈研吾さんや若い方々と丹下健三についての座談会がありまして、その際に出た質疑として、「〈代々木〉は素晴らしいが、〈代々木〉のような造形やつくり方が、その後に展開されなかった」という発言が出ました。いい換えると、「〈代々木〉で得られた到達点をステップにして、次にいったような作品が生まれなかった」と解釈しています。そのあたりの認識について、皆様のご意見をいただければと思います。

曽根――それは、時代をいっているの、作品をいっているの?

豊川――作品をいっているのだと思います。

曽根――だって、この直後に〈東京カテドラル〉があるよね。

豊川――もちろん、〈代々木〉と〈カテドラル〉があって、しかもこれがピークで、あまりに素晴らしいが、後が続かなかった、という認識です。

神谷――設計の自由度が、工事中にもあったということですよ。たとえば、一例を説明すると、この線(飛び込み台の後方、左右の斜め壁)は、両方とも一直線にいっているでしょ。これ、足場がはずれたとき、僕が見に行くと、この線が二段になっているわけ。ぬるいんですよ、締まりがない。「これはまずい」と思って、すぐに設計変更指示書を書いて出した。そうしたら、それから二十年後に、清水建設の現場にいた僕の同級生の男から、「あのときは、現場中がカンカンになって怒った」と教えてもらいました。

曽根――足場がはずれてから、いわれたんですか。

神谷――そうだよ、見てから(笑)。彼がいうには、足場がはずれて、これでやっと工期に間に合うというので、その晩、みんなで一杯飲もうと楽しみにしていたと。そこへ指示書が回ってきた（笑）。それでみんな、カンカンになって怒っちゃった。でも今でも、これ、直線でいっているから全体が締まってますよ。そういう自由度があったんだ（笑）。

豊川──川口さん、今のお話について、構造の側から、〈代々木〉のピークの問題をご教示いただければと思います。

川口──構造が現場にそういうわがままをいったことはない（笑）。

神谷──僕は今でも、申し訳ないと思っていることがあります。川口さんから電話がかかってきてね、「二千万円出して」っていうわけ。なんだと思ったら、「メッキしたい」と。このワイヤーの素線にメッキするのに、二千万円かかると。俺、「とても出せねえ」っていったんだ（笑）。

川口──いやぁ、覚えてる。

神谷──さんざんねぇ、川口さんにすごまれてね。「あれにメッキしてないと、後で大変なことになる」と。その苦労が五〇年経って、最近やっと全部剥がして、素線の錆がそれほどないっていうのがわかったけど。それまでずっと、五〇年近く気に病んでいました。

川口──ワイヤーロープというのは、大きくは二種類あって、普通の素線と、メッキ種というのがある。ワイヤーロープは5mmくらいの針金を縒り合わせてできているけど、その縒る前にメッキするのと、しないのと二種類あるんです。順序は、今の神谷さんの話とは逆で、もともとはメッキ種で考えていた。ところがお金がなくなってきたから、その費用二千万を落とさせられた（笑）。結果は同じなんだけど。理屈では、メインケーブルの回りに10cm厚の保護用の軽量モルタルをグラウトする。だから、何もしてなくても大丈夫なはずなんですよ。だけどグラウトの作業は現場で人間がやることだし、当時、プレストレスト・コンクリートの工事などで、グラウト作業の不完全による事故が散発していた。それがもしこの構造で起きると非常に嫌だから、僕としては、フェイルセーフの意味でメッキ種のままでおいといてほしかった。それを削られた。

曽根―神谷さんがそこから二千万削ろうと（笑）。話、逆ですね。

川口―そう、逆だけど、結果は同じ。こういう話は理屈では抵抗できないんですよ。こちらは用心のためにメッキしてほしい。だけど、「どうせ回りをグラウトするんでしょ。二重になるじゃないか」と。あと、「施工をちゃんとやれば、いらない」という話を聞くとね、それ以上、ちょっといいにくい。

曽根―僕、川口さんに質問したいのが、先ほどの説明にあった、サドルの木型をつくりましたよね。あれ、見た覚えがあるんですけど、全部、設計過程で、ボールジョイントから、あのディテールまで決めちゃうんですか。

川口―そうです。そうしないと間に合わない。

曽根―そうですか。ものすごい図面だったろうな、構造図って。

川口―そうです。だから、設計段階で予見して決断しなきゃいけないことが、あれほど多かった建物はないですね。施工途上でなにが起きるかってことを、設計中に全部読んでおいて、そういう問題が起きないように、構造システムもディテールも、あらかじめ設計しておかないといけない。現場で問題にぶつかってから気がついたのでは、手遅れですからね。

実際の設計風景

曽根―僕の担当は配置だから、フーチングが道路の下にはみ出るか出ないかっていって（笑）。国電（JR）のほうがギリギリだったか、引っ掛かってるんじゃないかと思うんだけど。そういうのもありましたね。

神谷―あと10mくらい、これを東にもっていけば、明治神宮の軸線と一致した。

曽根―ああ、それ、神谷さんからの検討依頼でしたか。これ以上動かせない。六畳間か四畳半か、大きなコンクリートの塊ですが、動かせというんですよ。

神谷―10m動かしたかった。

豊川―それは叶わなかったんですね。

神谷―真上からの航空写真で見ると、神宮からの軸線に合ってないんだ。

豊川―その発想は、丹下さん、それとも神谷さんのご発案ですか。

神谷―どっちだか覚えてないですね。測ってみると、どうしても敷地の限界で合わないけど、ほぼ合ってるから、まぁいいかと。

曽根―僕はその背景を知らないんだよな。それから、大学院の人たちが、屋根の曲面で、岡村さんの下でタイガー計算器をゴロゴロ回して、2mごとのメッシュを切った高さを、毎日のように測定していました。

岡村―そりゃ、そうですよ。数カ月、やってました。

川口―それしかないんだもの（笑）。

豊川―鳥栖那智夫さんや山田学さんたちだと思います。

曽根―川口さんの説明でよくわかりましたけど、雨水がその都度、落ちるところが変わっちゃうんだっていって、大騒ぎしていたのを聞いてましたけど。

川口―あのときの、デザインの皆さんが屋根の形を調整していたときの作業を、岡村さんと前、話したときに、「フェアリング」って呼んでいたような気がする。いい言葉だなぁと思ったから。

岡村―「フェアリング」という言葉も使っていたけど、それは全般的な問題としては使ってなかったような気がします。部分的に調整をするかというときに、フェアリングということはいっていたような気がする。

豊川―「フェアリング」って、どういう意味ですか。

岡村―「均す」というようなね。

川口―つまり、曲面のどの部分を取っても、無理がないように、曲率が徐々に変わっていって、どの部分をとっても「鞍型」の性質が保たれているようにする。

岡村―まあ、そうしろと、いわれていたもんですから（笑）。それしか、いわれなかった。

曽根―総勢、何人で設計しているんですか。東急の南平台の、広さがどのくらいあったかわかんないんですけど[＊8]。

神谷―この部屋（KIビル、会議室）の倍くらい。

曽根―ふたつに分かれてましたよね。

神谷―うん、両方合わせてね。あれは、伊豆七島のどこかの火山岩を砕いた、軽量骨材を使っていて、コンクリートがクリープしちゃうわけですよ。ある日、気がついたら、スラブの四辺が、みんな、1mm、2mm、口を開いているわけ。床の中央が3cmくらい沈下している。毎日、徹夜でしょ。鉛筆一本落としてもね、下の人がドンドンって突き上げて、「静かにしろ」って合図を送ってくる。それでね、坪井さんに見てもらったら「これはクリープ現象で、もう直しようがない」となった。徹夜徹夜だから、真下の人にときどき謝りにいって。オリンピックが終わったら、すぐ引っ越したわけだ。

曽根―引っ越されたのは、何年になるんですか。

神谷―一九六五年ですね。だってもう、いたたまれなくなっちゃった（笑）。

豊川―稲塚さんからうかがった話ですと、本と書類の積み過ぎが原因だと……。

神谷―いや、どの家のスラブも、みんなクリープしている。僕らは最上階にいたからね、上の階の被害は受けなかったんだ。

［＊8］渋谷区南平台の設計室

国境を越えていく影響力

岡村―あと、〈代々木〉以後、それをつなぐようなものはなかったのか、というお話があったけど、それについては、〈クウェート・スポーツセンター〉［＊9］と〈シンガポール〉のプロジェクトがありました。これは二つとも実現しなかった。〈クウェート〉は、コンペの段階で入賞したけれども、それでおしまいだった。〈シンガポール〉は、オリンピックを開くということで、計画が進むかと思われたら、突如、テロ問題が絡んできて、シンガポ

［＊9］p.269 参照

ールは政策として、あれはやりたくないという話になってしまって、それで実施設計寸前で中止になったわけですよね。そのときは、川口さんも参加していただいたと思うんですよね。

川口――いや、私が携わった〈シンガポール・インドアスタジアム〉は、だいぶ後の話だと思う。でも、前のプロジェクトのときもアドバイスぐらいはやったかな……。

豊川――川口さんは丹下さんと一九八〇年代に実際に設計されて建っています。岡村さんのおっしゃったのは、その前のプロジェクトの話ですよね。

川口――僕がやった〈インドアスタジアム〉は、割合、順調に進んで、実現したんですね。

岡村――ええ、その前の段階のやつですね。その前の〈クウェート〉は、フライ・オットーさんを丹下さんが呼んできて、案をつくったわけです。〈シンガポール〉のときは、一応、それも下敷きにして、今度はフライ・オットーさんに替わって、川口さんに参加してもらって、ある程度進んだ。そのときは、〈代々木〉に比べて、はるかにバウンダリーは素直な形にもっていけただろうと思うんですよね。そういう試みはたしかにあったわけですけどね。

フライ・オットーさんの案は、かなりスレンダーなアーチを真ん中に立てて、それからあとはフリーにテントを引っ張っていくというような、フレキシブルで、スマートな感じの案でした。次の〈シンガポール〉になると、ちょっと形が違って、川口さんに話をかけたら、川口さんからは「アーチはもうちょっと剛にしたほうがよろしい」というお話が出てきた。そのときは、僕は「その案は、剛にするのは果たしてどうかなぁ」と思っていたんですよね。

それから以後の、フライ・オットーさんが〈ミュンヘン・オリンピック競技場〉をやられましたよね。あれを見ると、フライ・オットーさんは、やっぱりその線で、軽くてフリーな感じの案を最初、提案されていた。ただ、でき上がったのを見ると、かなりガチガチになってしまって、屋根のパネルの施工にも問題があったような気がする。まぁ、あれも、かなり難航したんじゃないかという感じがありました。そういうことからいうと、

やっぱり〈シンガポール〉で川口さんが提案されたのは、妥当だったのかもしれないなぁと、思いました（笑）。

神谷―フライ・オットーの〈クウェート・スポーツセンター〉は、中東戦争のあおりで、結局、予算がつかなかった。実施設計に入る前にダメになりましたが、唯一収穫は、フライ・オットーの研究所をたっぷり見せていただいたのと、オヴ・アラップ&パートナーズの人たち、特にピーター・ライスとか、テッド・ハッポールドとかという、当時の主力メンバーの人と交際することができた。とくにピーター・ライスは、万博の〈お祭り広場〉の大屋根を見に……、まぁ、それだけが目的じゃなくて、日本を見に来て、僕も東京で一日付き合ったことがあったけど、大阪へ行って、ボールジョイントを見て、それが〈ポンピドー・センター〉の設計に反映しているというような、付随的な収穫はあった。

川口―それは、ピーター・ライスが自伝に書いているよね。

曽根―ちょっと先ほど、川口さんのスライドで思い出したんですが、〈駿府会館〉っていうのは、いつ頃つくられたんですか。あれは撤去されちゃったけど。

神谷―早い機会だね、年代的にはね。

曽根―あれは川口さんですか。

川口―いやいや、あれは青木繁さん。坪井さんの下で、実際に構造設計をやったのは青木さんです。

曽根―それから、体育館シリーズでいうと、僕、最後に断面図を手伝ったような気がするんですけど、〈香川県立体育館〉ってありましたよね、船の格好をした。いずれも、僕はペーペーだから、お手伝いですが。

豊川―ご担当は岡本剛さんですね。

曽根―渋谷でお手伝いした、最後だと思うんですよね。誰がチーフだったのか記憶にないんだけど。

神谷―元丹下研にいた吉川健さんと仲間の人たちが事務所をもっていて、そこに外注した。

曽根―ああ、そうですか。じゃあ、外注先の手伝いみたいなことをやっていたのかな。

神谷―あの案はね、丹下さんが、お一人で香川県知事に会いに行って、帰ってきたら、もうスケッチができていた。

曽根―バレーボールやるのに、天井にボールがぶつからないか、チェックさせられました。

神谷―東京オリンピックでね、日本の女子バレーボール・チームが優勝したんですよ。その祝典を兼ねて、チームが〈香川県立体育館〉で演技をやった。天井高は設計基準としては正しいんです。間違ってない。ところが日本のチームが強すぎてね、ボールが高く飛びすぎてさ、天井にぶつかっちゃった(笑)。それが新聞記事になった。いかに日本のチームの実力が高いかっていう、証明をしてしまった。ともかく、五つか六つ、仕事が重なっていたからさ。僕も現場に何回も行きましたけど。この船のイメージ[＊10]の発展ですよ。

豊川―先ほど、ピーター・ライスのお話が出ましたが、これは、〈関西国際空港〉を設計された岡部憲明さんからうかがったお話です。ピーター・ライスやレンゾ・ピアノ、そして岡部さんを含めた当時のヨーロッパのアーキテクトは、〈代々木〉や〈シドニー・オペラハウス〉のジオメトリーの問題に大変注目していたそうです。先ほど、岡村さんより、屋根面のパネルを役物にすることで非常に苦労されたお話が出ましたが、彼らは〈シドニー〉の問題点を、この役物問題に見定めて、「プレファブの単一のパネルでいかにダイナミックな屋根をつくるか」を課題に据えて、ずっと追求しています。彼らは、〈代々木〉や〈シドニー〉の苦しみを論理的に克服するという歴史的使命感をもったがゆえに、〈関西国際空港〉が出現します。〈関西国際空港〉はすべて一枚物のパネルでダイナミックな屋根をつくることを基本コンセプトとし、一九九〇年代における意匠、構造、設備の三位一体の理想を具体化しました。私としては、〈代々木〉の遺産が、その後のモダニズムの発展に大きく寄与したということを、申し上げたいと思います。

神谷―ウッツォンがクビになって、オーストラリアを離れて帰国するまで、あちこち寄っているんですよね。東京にも来た。それで、丹下さんに会いたいという連絡があって、丹下さんと僕が二人で会いに行った。場所は、当時の帝国ホテル。二階に喫茶室があったじゃない。そこで解任された理由を彼が縷々しゃべっているうちに、ボロボロ涙をこぼして、僕らも慰める言葉がない。で、話を切り替えて、ライトの建築の話など

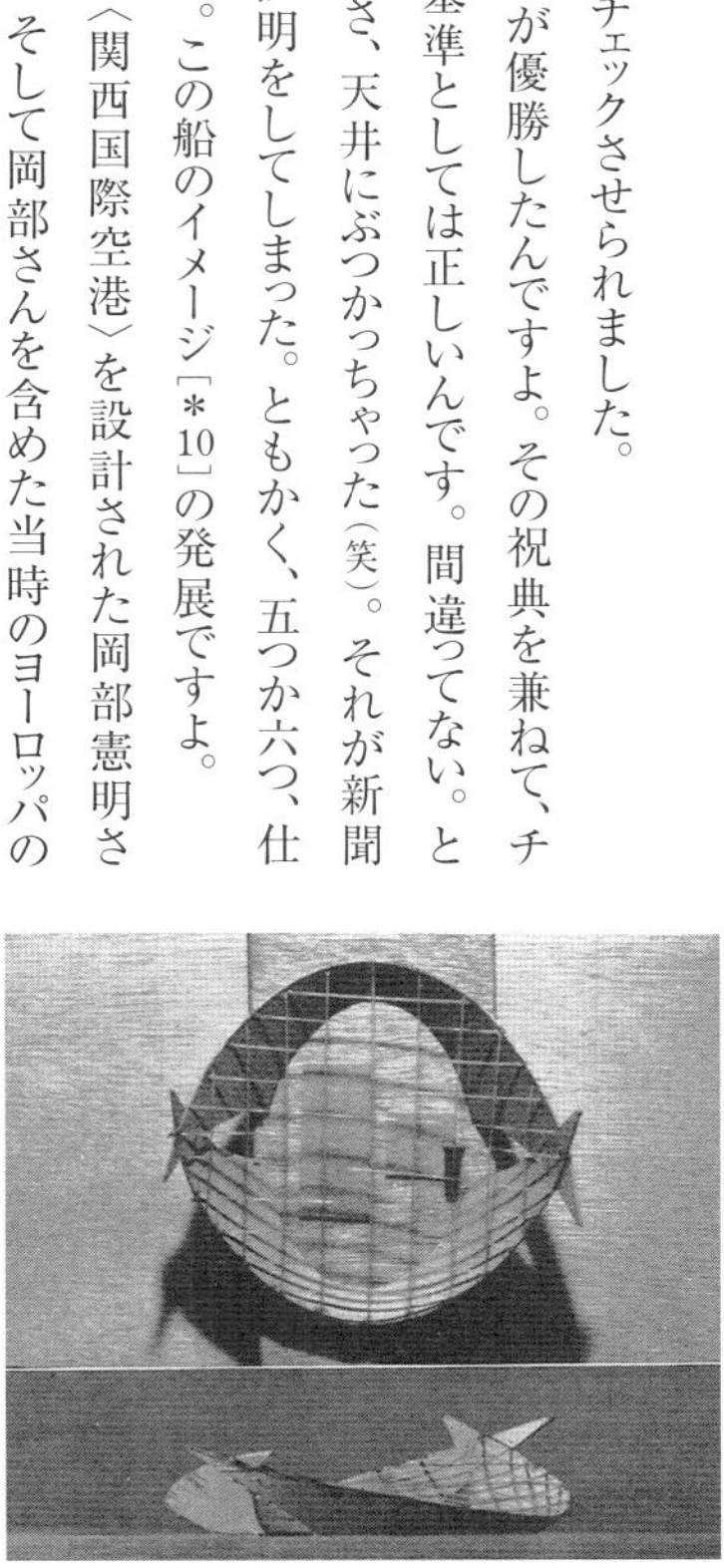

[＊10]国立屋内総合競技場、神谷宏治によるスタディ案

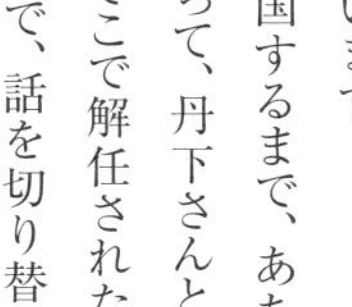

をした。

川口──今ね、シドニーに行ってオペラハウスのオフィシャルツアーに参加すると、必ず設計者としてウッツォンの名前が出てきますよ。

曽根──僕は図面を見たときに仰天したなぁ。神谷さん、図面を大学にもってこられて、みんなで見たような気がする。

神谷──そう。

川口──最初の図面?　コンペの図面?

曽根──コンペじゃないな、同じ球の断面を切ったものでした。

川口──それはアラップの案だ。

神谷──それは、オヴ・アラップのテッド・ハッポールドとかピーター・ライスのチームが、わりと屋根の低い最初のスケッチを見て、幾何学的な形、つまり「球」で置き換えないと計算できないといって、形を直したのです。それで、当初のロープロファイルからね、ハイライズの形になっていく。僕らが見に行くと、「なんであんなもったいない空間が、ただただ建っているんだ」(笑)と。だから、造形のための造形になってしまった。機能的な裏付けがあまりない。

川口──あそこは、たまたまロケーションがいいから、あの場所だったら、何をつくってもたいてい美しく見えますよ。だけど、最初のウッツオンの案と、でき上がった建物を比べたら、これはもう全然、月とすっぽんだと僕は思いますね。

岡村──丹下さんがURTECに持って来て、みんなに図面を見せてくれましたよね。

神谷──そうそう。

岡村──僕もコピーしてもらって、もっていますよ。

神谷──タイル割りがすごくきれいだった。だからね、丹下さんは、工事途中の段階の図面を見ていたと思うんですよ。でき上がった、最後の形は見たかどうか、僕には分からない。途中段階の幾何学的な形に置き換えたピースの形とそのタイル割りは、素晴らしい、きれいなものだった。それは僕も同感だったけど。でき上がった姿を見て、丹下さんがなんというかは、ちょっと分からない。

岡村―僕は、オリジナルの、もっと低いシャープなやつの図面も見たような気がするんですよね。だから、「あれができればよかったのにな」と思った記憶がありますけどね。なんとなく、球面に置き換えて、プレファブ可能にしたのが、そもそも失敗の原因だったんじゃないかな（笑）、という気がしましたけど。

未来へつなぐ遺産として

豊川―お話も尽きぬところですが、そろそろお時間のほうがまいりました。最近、〈代々木〉の改修工事も終わりまして、あと半世紀は十分に使用可能な施設に生まれ変わったと認識しております。そういった点も踏まえまして、〈代々木〉についての、今後の使われ方、もしくは思想的な遺産という側面でもけっこうですので、一言ずつ、いただければと思います。

室橋―競技場の事務局の人たちに、神谷さんと川口さんと、ときどきおうかがいしましてね。千駄ヶ谷のほうは、今度、オリンピックで完全につくり直すことになりました。その際、外苑を含めて、千駄ヶ谷のほうに〈東京体育館〉があって、その向こう側が立派な庭園ですね。そういうベルトになっているところを、せっかくの機会ですからお互いに協調して、東京の「これはすごい」というようなものをやりましょうよ、という話を理事長さんなどにしているところです。今のうちは「そうですね」っていってくれてるんですが（笑）。〈代々木〉も同じようなことなんですね。あれはもう少し経つと、重要文化財にしてくれるはずなんです。そうなると、改修とかは多少、条件がつきますけど、あそこの場所はNHKがかなり力を入れてやっていますし、道路を挟んだ向こうの代々木公園にも立派な緑がある。渋谷からのアプローチをいろいろ考えていくと、群としていろんな活用の仕方、それから保存の仕方があると思うんです。そういうところを、各

所が協力して仕上げていただきたいということを、後輩の皆様方にぜひお願いしたいと思っているんです。

曽根―僕は飛び込み台だけは(笑)、オブジェみたいに屋外に再現していただけないかなと思うんですけどね。

川口―そう、そうだよね。

岡村―僕はときどき思っていたのは、あれからタイガー計算器は消えていろいろ進歩しているわけですけれど、「今やったら、どうなるんだろうねぇ」って、思うことがあるんです。おそらくあの境界条件から考えて、曲面はうまくいかないというのは、あっという間にわかったんじゃないかと思います。一月か二月、ちょっとプログラムを組んでやってみたら、曲面はこの設定条件ではうまくいかないわっていうのが、パッとわかっちゃったんじゃないか。それで、さて、「セミリジッドのアイデアにおんぶして、なんとかしてください」ということになったのか。あるいは、URTECが境界をもう一回、考え直さざるを得ないはめに陥ったであろうか。一体どうなっただろうなぁと、考えることがあるんですよ(笑)。

川口―僕は、〈代々木競技場〉は皆さんおっしゃる通りで、丹下さんの傑作でもあるし、世界的に見てもあれを超えるようなものはまだ現代建築では出てないと思うんです。それはなぜかということを、とくに若い人はまじめに考えてほしいですね。僕はよくレクチャーなんかで比較するんですが、さっきもフライ・オットーの話が出ましたけど、フライ・オットーもテンション構造、〈代々木〉もテンション構造なんだけれど、アプローチがまったく違うんですね。〈代々木〉から八年後、一九七二年にフライ・オットーの〈ミュンヘン・オリンピック競技場〉ができたわけですけど、ドイツの連中は〈代々木〉は八年前だからよく知っている。それで、「〈代々木〉よりもいいものができた」と思っているらしい。彼らにいわせると、「規模も大きいし、ケーブルが自由自在に飛んでいる」と。「こういう自由なデザインは、〈代々木〉の後の八年間の、コンピュータをはじめとするいろんな技術の進歩のおかげでできたんで、〈ミュンヘン〉のほうが〈代々木〉よりも優れている」というふうに、ドイツの連中は思っているようです。だけど実際はそうじゃなくて、フライ・オットー流のああいうサスペンションは、フライ・オットーでなくても、サポートする技術があればできるわけですね。でも丹下さんがやった〈代々木〉みたいなものを、外国人が誰かやれるかといったら、これは絶対できない。日本人である丹下健三だからできた、といってよいでしょう。それはやっぱり、日本人のもっている感性というんでしょうか。同じ合理的なものを狙っても、ただ合理的なだけを追求していくヨーロッパ流のやり方と、日本流とでは違う。そういう日本人としての文化的DNAは、われわれみんながもっている、丹下さんでなくても。それはやっぱり今後大切にしていって、合理的なものはもちろん追求するけれども、合理的なだけでない、日本人でないとできないデザインというのがあり得ると。それのひとつのサンプルが〈代々木〉だという掴まえ方を、特に若い人たちにはやっていってほしいと思いますね。

神谷——オリンピックというのは、平和の祭典ですよね。今、ロンドンでやっているけれども、お互いに戦いながら、最後に握手してニコニコ笑って別れる。感動的な光景ですね。われわれがここで目指したのもやはり、平和の祭典にふさわしい、感動的な記念碑性をもったものであってほしいと思っていました。短期の施工だったものですから、でき上がった直後はあちこち地盤が沈下したりして不具合が出てきた。しかし、大変優秀な係の方がお出でになって、大蔵省からうまいこと予算を取ってきて、四十数年かけて着々と長持ちする建物に仕立て上げてくれた。これは素晴らしいことでした。今後も維持管理のお金を注ぎ込んでくれれば、末長く利用できるでしょう。平和の記念碑として〈代々木〉を認識していただいて、楽しいスポーツやさまざまなイベントの場として活用し続けていただければ、われわれの働き甲斐があったかなと思いますね。

豊川——皆様、本日は貴重なお話をいただきまして、誠にありがとうございました。

代々木競技場第一体育館の構造設計——六つの問題と解決経緯

川口衞

代々木競技場第一体育館の構造システムは、多くの点で一般の建築構造とは異なった性格をもっている。この体育館の造形やその構造的成り立ちについては、すでに多くの議論がなされてきているが、中にはこの建物の構造上の特性を十分に理解しないままに、無責任な推論を行っている例も少なくない。

ここでは、そのような無意味な議論を防ぐ目的で、この構造の性質を正確に把握してもらえるよう、われわれが設計途上でどのような問題に遭遇し、それらをどのように解決していったかについて、具体的に述べてみたいと思う。

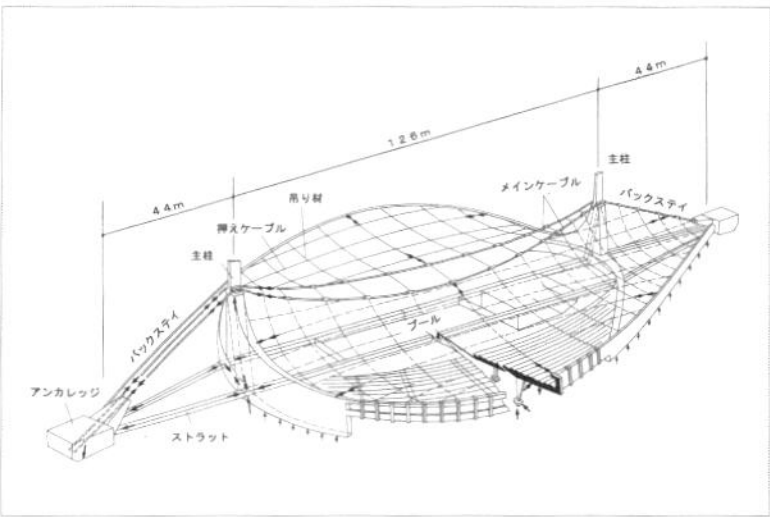

［図1］構造システム

［図2］ケーブルネット構造

［図3］セミリジッド構造

1 ケーブルネットでは得られない、「自然な」屋根曲面＝セミリジッド吊り屋根構造の提案

この競技場では、吊橋に類似の構造をもつ二本のメインケーブルと、RCのスタンド外周構造との間に吊り屋根曲面を形成する設計になっている［図1、図4］。吊り屋根曲面は、吊り材と押え材が互いに逆曲率で、相互に張力を及ぼしあうことができ、曲率の変化が連続的である「自然な」曲面が望ましい。しかし、右に述べた代々木競技場の境界構造の中に「自然な」屋根曲面を形成することは、ケーブルネットでは不可能であることが、主として実験的手法で判明した［図2］。そこで種々検討の結果、吊り方向のケーブルを鉄骨に置き換える、「セミリジッド吊り屋根構造」［図3］が、代々木競技場のような特殊な境界構造の中にも自然な吊り屋根曲面をつくり出すことを見い出し、実現した。

2 解析手段の問題＝基本式の創出と手回し加算器の威力

新しい構造システムの解析は、構造体の微小部分について、力学原理に基づいた「基本微分方程式」を立て、次いでそれを解くというのがオーソドックスな手法であり、ケーブルネット構造では、当時、すでに基本微分方程式は確立されていた。しかし、セミリジッド構造は構造概念そのものが前例がないから、そのような基本式はなく、代々木

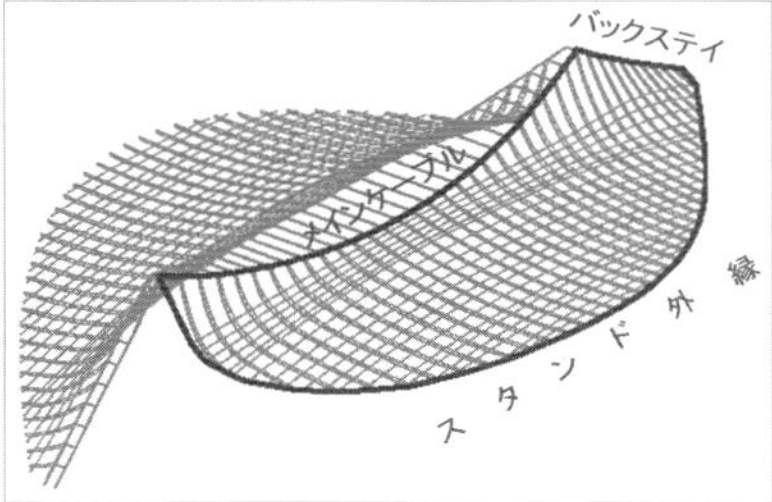

［図4］セミリジッド吊り屋根

［図5］手回し加算器

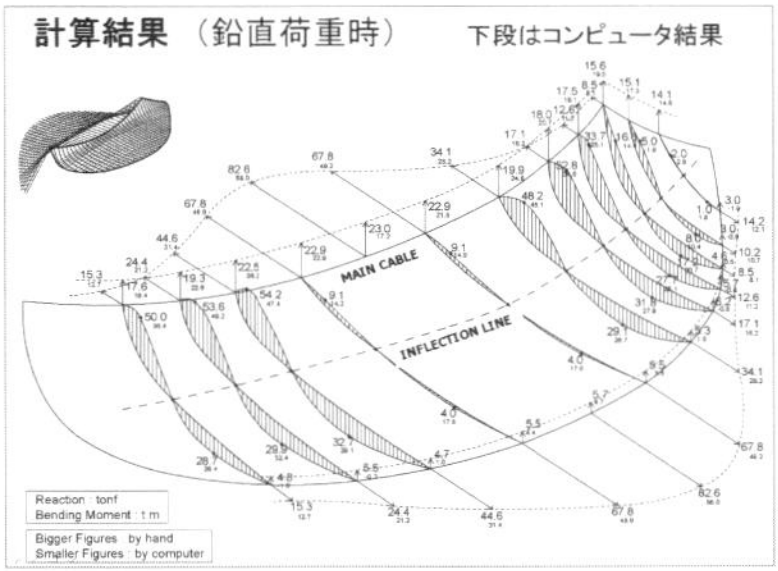

［図6］計算結果

の屋根構造の解析は、セミリジッドの基本微分方程式をつくることから始めなければならなかった。次の問題は、この基本式を具体的な荷重・境界条件に合致するように「解く」ことであったが、当時われわれが使うことができた計算手段は、手回しの加算器［図5］、計算尺、そろばんだけであった。手回し加算器は、現在の電卓にも遠く及ばない、原始的な機械で、今から考えると気の遠くなるような計算労力と忍耐を要したが、この機械は有効桁数が十分取れたので、複雑な微分方程式の解法にも威力を発揮してくれた。近年になって、同じ問題をコンピュータで再計算したが、当時の計算は設計上十分な精度をもつ結果を与えていたことが確認された［図6］。

3　メインケーブルの「横開き」を可能にする＝「円錐回転サドルの」開発

二本のメインケーブルは建築計画上、採光、照明などのために、スパン中央で約17mの開きが必要である。各メインケーブルの施工は吊橋と同様、直径52mmのワイヤロープを37本、空中に張り渡し、一本ずつ張力を調整しながら成形して、円形断面にする。こうしてできた二本のメインケーブルを、両側から引っ張って「横開き」をする［図7］のであるが、バックステイ部ではケーブルは直線を保たねばならず、中央スパンの「横開き」の影響を与えてはいけない。しかし、このために、柱頭でメインケーブルを支持している鋳鋼部材［サドル＝鞍］を柱頭に固定すると、「横

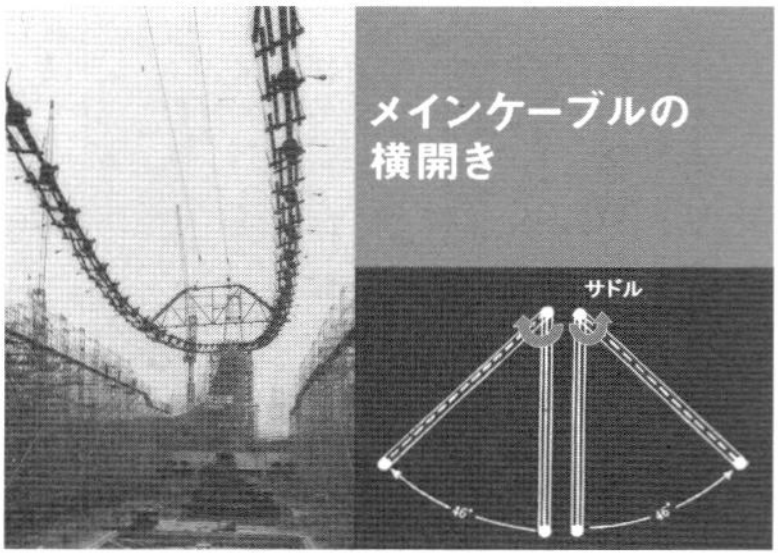

［図7］メインケーブルの横開き

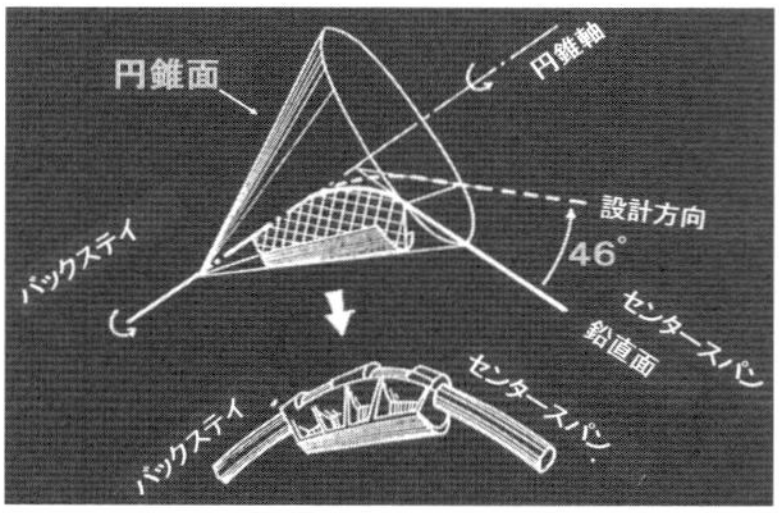

［図8］円錐回転サドルの原理

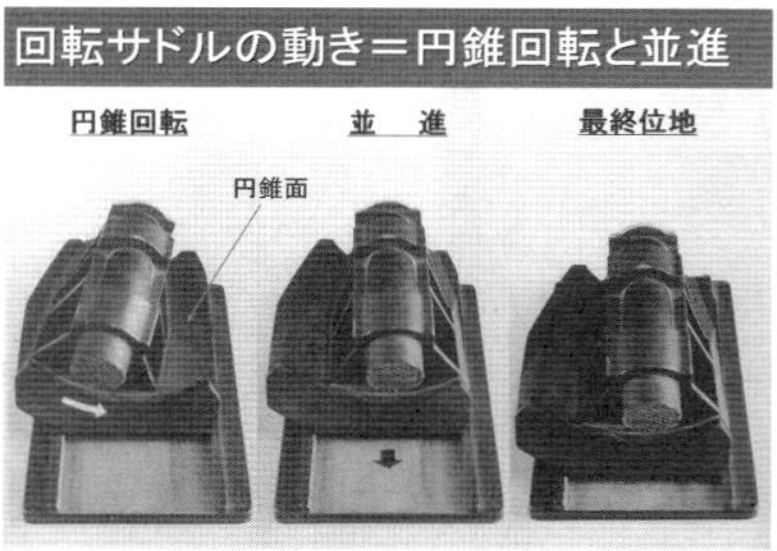

［図9］円錐回転サドルの原理

開き」のクランク作用によって、そこに巨大なモーメントが作用して、構造が成立しなくなるという矛盾に遭遇した。この問題は吊橋の世界では皆無であり、当然、参考にすべき前例もない。この難問は、本競技場の幾何学特性を熟考した結果、バックステイを軸とする円錐面で回転するサドルを設計することで完全に解決した［図8、図9］。

4「届かない」セミリジッド部材の問題＝セミリジッド材の「反曲点」の活用

以上のようにして成形されたメインケーブルに屋根荷重が載り始めると、吊橋と同様、ケーブルの張力は増加してたわみが増加し、一方、バックステイのサグ［垂れ下がり量］は減って直線に近づく。この過程でサドルは中央に向かって大きく移動し、メインケーブルの中央たわみはさらに大きくなる。代々木競技場の場合、このプロセスでのケーブルの中央変位は約2mに達することが分かった［図10］。一方、屋根面のセミリジッド吊り材は、設計形状［メインケーブルが大変形した後の状態］で製作されるから、設計より2m高いケーブルに届くには約24cm、長さが足りず、「吊り材がケーブルに届かない」という現象が予見された［図11］。逆に、この段階で届く長さの吊り材をつくって取り付けたのでは、ケーブルの大変形によって、本来、引っ張り材であるべき吊り材に大きな圧縮力が働いて、座屈を生じ、構造が成り立たない。この問題は、屋根構造の解析結果を詳細に検討した結果、吊り材中央部には必ず曲げモー

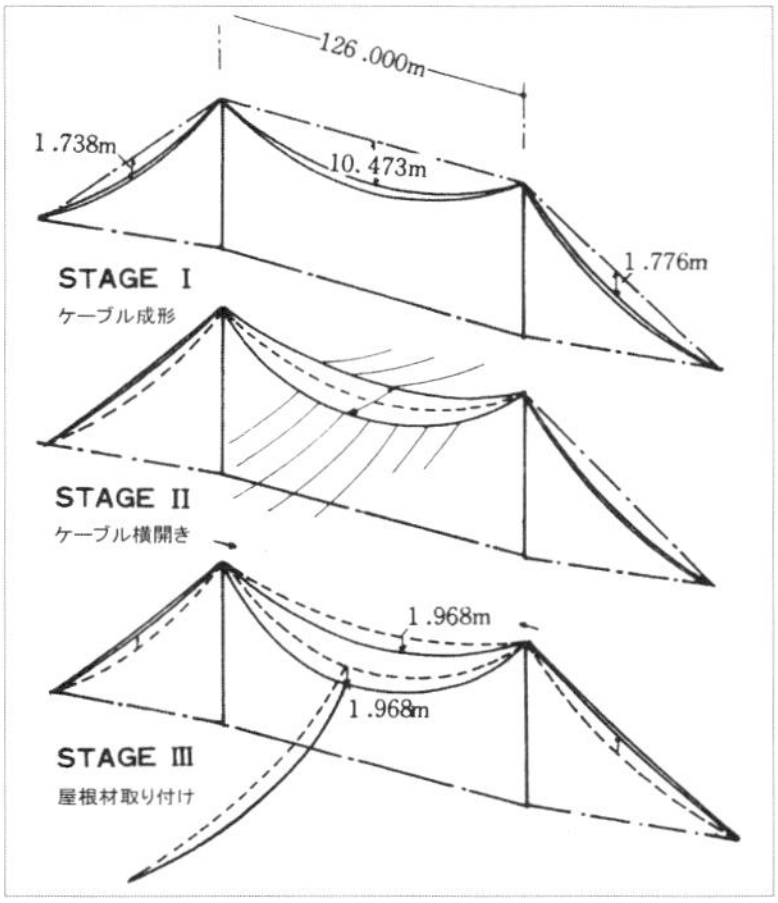

［図10］メインケーブルの施工時変形

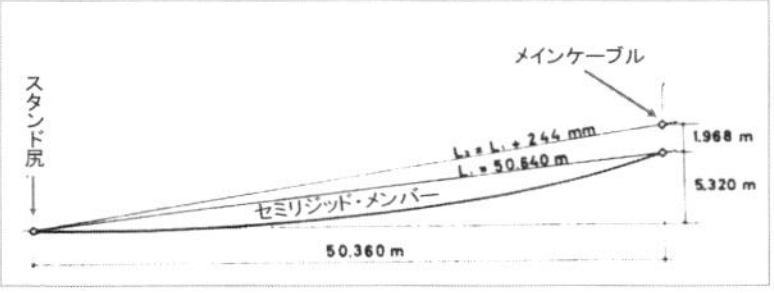

［図11］届かない吊り材

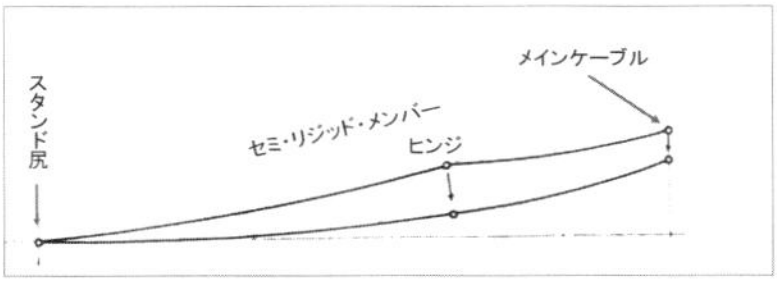

［図12］吊り材を届かせる

メントの反曲点ができる［図6］ことが判明したので、この位置にヒンジを設けることで、解決した［図12］。

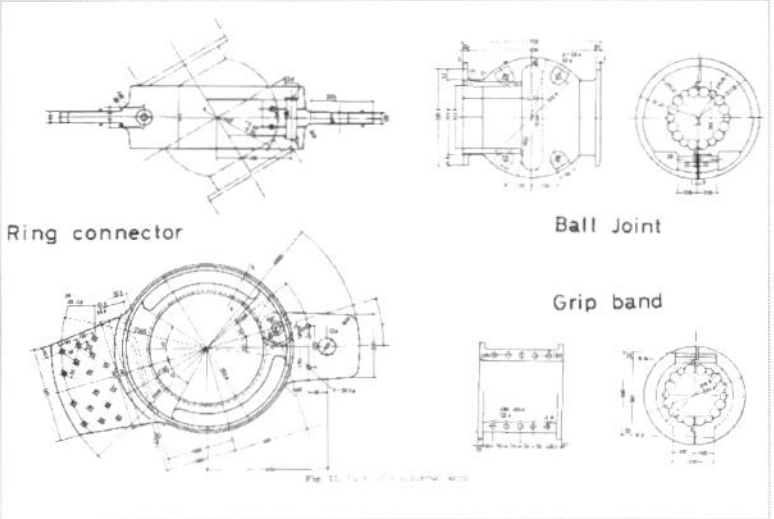

［図13］土星の輪ジョイント設計図

［図14］土星の輪ジョイント工場製作

［図15］メインケーブル接合状況

5 セミリジッド部材の端部ジョイント＝「土星の輪ジョイント」の開発

セミリジッド吊り材は上述のように、それぞれ両端と反曲点の三カ所にヒンジをもつ部材として設計されたが、このうち、下端［RCスタンドとの接合部］と反曲点位置のヒンジは、回転軸が水平の単純なヒンジで問題ない。しかし、メインケーブルと接続する上端のヒンジは、多軸の回転が必要である。それは、前述のように施工中にメインケーブルが大きく変形し、傾斜も変化するから、通常の一軸回転のヒンジでは、セミリジッド部材に過大なねじれ変形が強要されるからである。

この問題を解決するため、「土星の輪」型の鋳鋼ジョイントを考案し、メインケーブルをしっかりと把握するボールジョイント［土星］にはめ込まれた「輪」が土星の周りを自由に回転でき、この「輪」にセミリジッド部材の材端を剛接合するという設計を行った。この方式のジョイントは、一種類製作すれば、どの位置にも使用できるので、一つの型で多数の製品を、という鋳物の効率条件にも合致する設計である。このジョイントは室内でメインケーブルを見上げたときに表現を特徴づける一つの要素になっており、バックステイ部ではその仕組みを間近に観察することができる。

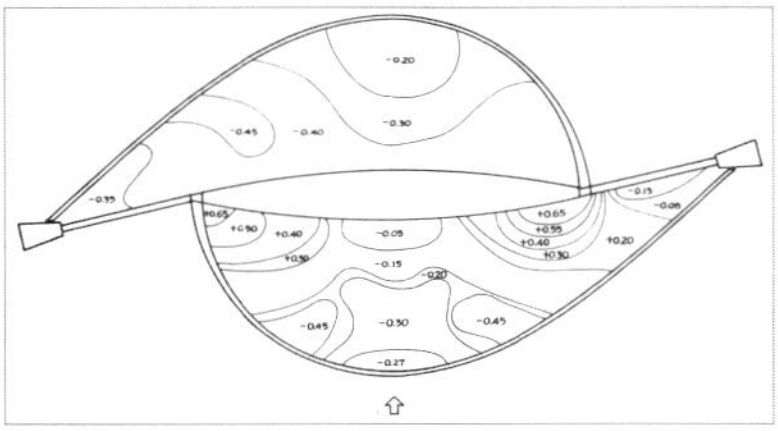
［図 16］風洞実験風圧分布図

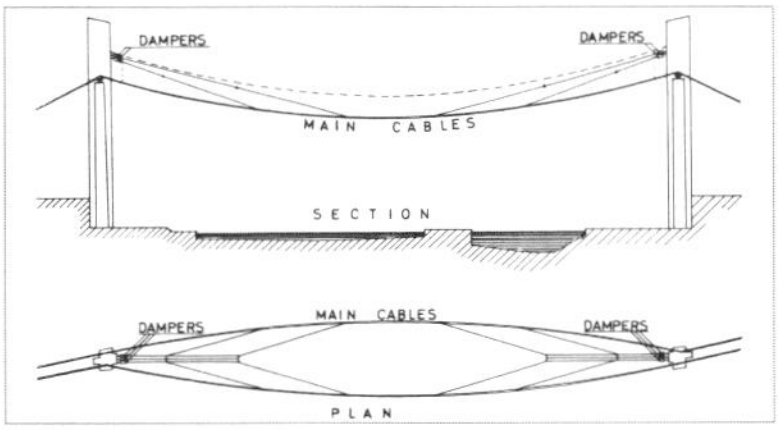

［図 17］制振システム

［図 18］柱頭のオイルダンパー

6 耐風設計＝世界初の制振構造

代々木競技場は屋根が軽量であるので、地震よりも暴風に対する注意が必要である。このため、風洞実験を行い、得られた風荷重に対する検討も行ったが、静的挙動に関する限り、まったく問題がないことが分かった。しかし、吊り屋根構造の風による動的問題は世界的にも未知の分野であり、また、この建物は国立競技場として災害時の防災拠点の機能も期待されているので、屋根の中央構造にオイルダンパーを用いた制振機構を施し、メインケーブルが何らかの原因で振動を起こし始めると、主柱近くに設置された片側六基ずつのオイルダンパーが作動してエネルギーを吸収し、メインケーブルの振動を抑制するしくみを考えた。

これは世界で初めての制振構造となった。また、この「しかけ」はデザイン的にも興味がもたれ、オイルダンパーは赤色に塗装を施して、外観からも明確に認識できるようになっている。

5——丹下健三の業績が発する現代へのメッセージ

丹下さんは王道の中の王道というイメージがありますけど、いろんなコラボレーションによって周縁をつないで、ある時代状況の偶然を紡いでストーリーをつくったことが最も偉大だったということです。その部分に注目すれば、丹下さんという建築家像は、決して過去のものではないと思います。——藤村龍至

出席者
隈研吾
倉方俊輔
藤村龍至
豊川斎赫

二〇一二年七月三〇日／赤坂・KIビル

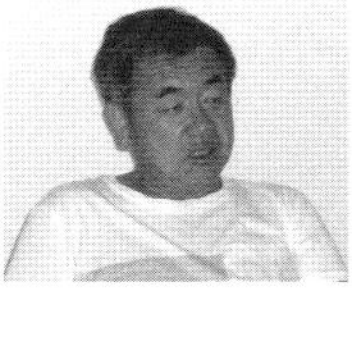
隈研吾

倉方俊輔

藤村龍至

豊川斎赫

調査部的機能の先進性

隈―「丹下健三を語る」ということで、きょうは建築界では若手の皆さんに、丹下さんをどう見ているのかをお聞きしたいと思います。では、藤村さん、いかがですか。

藤村―私が一番興味があるのは、豊川さんの『群像としての丹下研究室』で明らかにされたような、丹下さんが丹下研究室とURTECをブリッジさせながらいろんなリサーチをしていたことです。リサーチによって先行きを見定める作業は、今日のような先行きが不透明な時代にこそ求められることだと思います。

最近、日本初のシンクタンクのひとつといわれる満鉄調査部の本をいろいろと読んだのですが、当初、どういうふうに鉄道を引き、どう宅地開発をしていくかなど、一私企業の経営戦略の調査をしていたのが、次第に国家戦略を立案するようになっていったそうです。そこで調査に関わっていた人の一部は、戦後引き揚げてきて、日本の都市計画の中枢に関わったそうですが、戦後の丹下研究室はそうした満鉄調査部のような、行政の企画機能の一部を担っていたのではないかと思います。

終戦後の一九四九年から二十年間神戸市長を務めた原口忠次郎はもともと京大土木の出身で工学博士ですが、戦前に荒川放水路の現場に関わった後、満洲に行き、引き揚げてきて、「山、海へ行く」といわれた六甲山の治水事業と、港湾の埋立事業を同時に行うというアイデアを出します。原口のブレーンとして活動していたのが神戸市の調査部で、「ポートピア'81」という博覧会を企画して企業のパビリオンを誘致し、その後にアパレル系の企業の本社機能を誘致してファッションタウンをつくるというアイデアはそこから出てきたといいます。あるいは一九八七年に解体した旧国鉄にも調査部と呼ばれる部署があり、今日の〈大阪ステーションシティ〉［＊1］などを含む都市開発の企画を次々に練っていたそうです。

今、満鉄や神戸市や国鉄で大いに機能した調査部的な活動はシンクタンクや広告会社が分担していると思いますが、丹下さんは大学でそうした機能を担おうとした。そして「なぜこの建築が必要か」というストーリーそのものから社会に起こそうとした。

［＊1］p.159参照

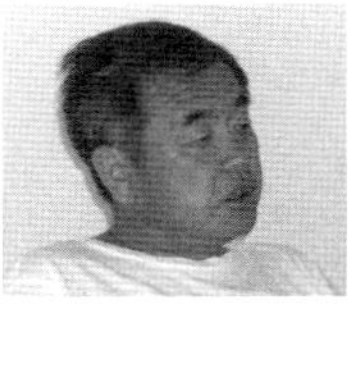

今日、高齢化社会と人口減少社会を迎えてマーケットが縮小し、将来が不透明な状況の中で、丹下さんのつくったロールモデルが興味深いと思います。

隈―そのロールモデルが興味深いっていうのは、その意味をもう少し聞きたいんだけど。インタレスティングであるけど、現代に何らかのかたちで復活の可能性があるというのか、それとも、今となると、おとぎ話的でインタレスティングなのか、どっちなんだろう。

藤村―現代に調査部のようなものを復活させて、設計事務所とハイブリッドさせていく。丹下さんのような態勢をつくっていくことに可能性があると考えています。

隈―自分の大学か設計事務所、どちらかに調査部的な機能をもつというのは、OMAで、レム・コールハースがまさにそういうことをやろうとしたわけでしょう。

藤村―似ていると思います。それを建築家で最も実現していたのは一九六〇年代の丹下さんで、黒川紀章さんも社会工学研究所をつくって引き継いでいた。社会制度の書き換えが叫ばれる現代にこそ、そういう態勢が必要だと感じています。

隈―丹下さん自身は、東大に都市工学科をつくったけど、結果としてみると、都市工学科はコンサルタント養成学校に近くなって、設計との有機的な関連というのを、自分で切っちゃったところがあるよね。まさにそういう切断状態を受けて、建築作品というものに、一種の計画と切断した独善的強さを与えようとしたのが、磯崎さんだったかもしれない。丹下さんは自分で都市工学科をつくりながら、結果的には意図と反して都市と建築を切断するきっかけをつくった、ともいえるんですかね。

藤村―後から実態を追いかけた制度は、結果的に切断されてしまったところもありますけど、一九六〇年代の丹下さん周辺の実態はとてもよく機能していたと思います。

私は東工大の社会工学科という学科の出身ですが、ここも現在ではシンクタンクやコンサルへ進む人材を多く輩出するものの、建築など設計との有機的な関連を失っているところもあり、似たところがあります。社会工学的思考と建築的思考は、かなり違う思考なので、それをハイブリッドするのはなかなか難しい。丹下さんだけがかなり少ない接点となっていたという感じがあります。

隈——そうだよね、それと接点というのは、あるアーティスティックなセンスがないとつくれないんじゃないかと思う。黒川さんはその接点を意識的に継承しようとして、社会工学研究所をつくったわけだけど、結局、接点を実質的にクリエイトしたようには見えない。結局、黒川さんは接点の必要性は感じていたかもしれないけど、それをつなぐ、アーティスティックな創造力はなかった。

藤村——丹下さんが調査的なことに関心をもって、調査をする一方で、建築表現としては保守的なところが面白いと思います。丹下さんや磯崎さんなどは、形式、寸法、プロポーションなど建築の設計論について、コンセプトをたくさんもっている方ですが、黒川さんにはなかった。

隈——方法論がなかったってこと?

藤村——配置や寸法、プロポーションに対する独自の方法が黒川さんにはなかったんじゃないでしょうか。

隈——それは、メタボリズムの挫折によるところが大きい。具体的には、黒川さんはカプセルで華々しくデビューしてスターになるけれど、ある早い時機に、カプセルは先がないって気づいちゃった人なんです。かしこいから、すぐ見えちゃった。そのとき、黒川さんは方法論で生きていくんじゃなくて、黒川紀章という名前で生きていこうと決めた。黒川紀章というブランドをどうつくるかに集中した。要するに方法論を早く出しすぎた。同じ丹下門下でも槇さんや磯崎さんはもっと奥手だったから方法論を熟成させる時間があった。黒川さんは、カプセルという強烈な方法論があまりに早く挫折しちゃって、あとに方法論のない名前だけが残っちゃった。

藤村——そうですね。元祖アイコニック・ビルディング的なところがあったと思います。

アンチヒューマニズムの魅力

隈—倉方さんは、今のを受けてどうですか。

倉方—まずはじめに、私は丹下さんの作品はあまり好きじゃない……、こんなことといっていいのかな（笑）。一般に「なぜそこまで評価されているのだろう」と疑問に思うものも少なくありません。今、お話に上がった黒川紀章さんは、時代精神と建築形態とが一対に対応するということをカリカチュア的なまでに実現した人物でしょう。ノマドの時代だからカプセルだとか、西洋一辺倒の時代ではないからカルテジアングリッドをずらすだとか、概念と実体が「お笑い」のように対応する。でも、そうしたことの師も丹下さんだったと思います。豊川さんの本は熟読させていただいて、共感するところが多かったです。本の中で丹下さんの設計を作品として分析しているのは代々木の〈国立屋内総合競技場〉[＊2]と〈東京カテドラル〉[＊3]だけであって、私もこの二作が素晴らしいと思います。そして、そのほかの大部分は「お笑い建築」として興味深い。たとえば、丹下さんの〈倉敷市庁舎〉[＊4]は著名ですが、倉敷だから石積み、昔の太い梁といった具合に、構造とも機能とも無関係に打放しコンクリートを設えています。浦辺鎮太郎さんの新庁舎の数十年前に、ほとんど「ポストモダニズム」なわけです。内部空間は見応えがありますが、そんな概念性は階段の手摺にも現れています。非常に大きくて、手摺なのに個人の手にはなじまない。いわば集団としての人間に対応した、神目線の手摺とし

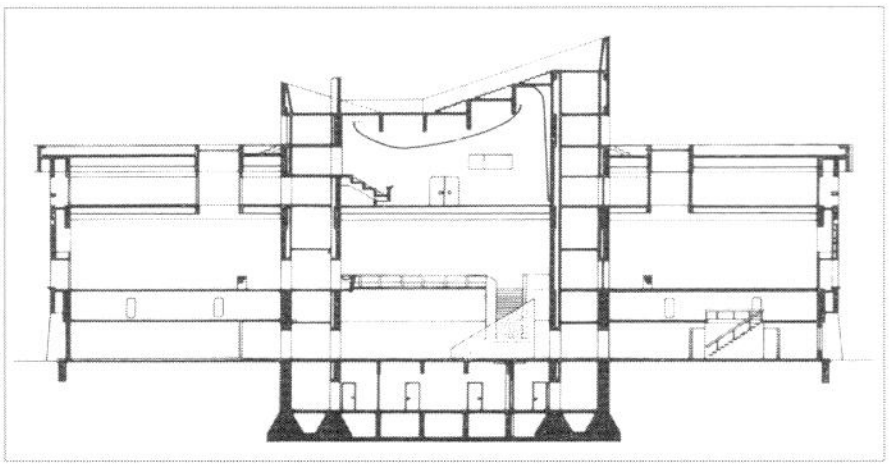

[＊4] 倉敷市庁舎（設計—丹下健三、一九六〇年）。ホール吹抜けの階段手摺および断面図

[＊2] p.262 参照
[＊3] p.261 参照

て造形されていますその時代精神が建築形態によって表せるのだという信仰。それを丹下さんは戦後日本に強く植え付ける効果も果たしたのではないか。黒川さんも、たくさん書き残した文明論と作品との間には乖離があります。そんな乖離、つまり都市的・企画的なことを手がけようとする建築家と、一個の形体をつくる建築家の決定的なずれが、丹下さんの中に内包されていることが、まず面白い。

隈―そうか、むしろその部分は、丹下さんの中にすでにあった。乖離が丹下さんの本質だったと。

倉方―研究室から国交省に人材を輩出したとか、大阪万博を予算を削減してまとめ上げたとか、そういうテクノクラートとしての優秀さは確かにあるでしょうが、それだけでは丹下さんは今に名を残してない。やはり作品として話題になるものをつくったから、有名になった。しかし、だからといって、それはリサーチゆえということにはならないでしょう。そして、その乖離を見ようとしないで、急に今になってアポリアが解決するとも思えない。

という前提を述べた上で、私が丹下さんの作品に感じる魅力は非人間性にあります。たとえば、〈津田塾大学図書館〉［＊5］は初期の作品ですが、極度に図式的であると同時に、空間の非人間的な完成度を備えています。一個一個の人間の個性なんてものは捨象して、冷徹に、集団としての存在に対して、ある形をつくる。ひとりの人間が右往左往しようが揺らがないような強さが獲得されている。それは〈倉敷市庁舎〉の内部もそうだし、だから〈カテドラル〉は丹下さんの葬式にふさわしい。ただ、そうした作品の特質と、彼のいうようには結びついていないでしょう。ただ、丹下さんの指向として、「一人一人の人間に拘泥しない」という一点の世界観をもって共通している点に関心があります。

隈―非人間的な視点というのは、絶えず自分さえも非人間的な視点で否定しているところってあるじゃないですか。そういう自己否定を、つねに丹下さんの中に感じるんだよね。それがつねに自分を更新して、先に進むエネルギーになっていたような気がする。〈倉敷〉もすぐさま否定の対象になって、方向が変わるわけじゃない？　その否定の契機っていうのは、リサーチに代表されるような、客観性そのものなんですね。

［＊5］津田塾大学図書館（設計―丹下健三、一九五四年）

客観的なもので私的な自分を否定していって、更新し続けている。そういう自己否定が、黒川さん、磯崎さんにはないよね（笑）。

倉方―ないです。

隈―僕はそこが、丹下さんと黒川さんとの違いという気がする。モダニズムって、基本的には古典主義のガチガチのルールからの逸脱だから、自己否定的、自己規律がないと、基準がなくて、とりとめがなくなっちゃう。ル・コルビュジエだって、モデュロールとかトラセとか、基準探しばっかりだもんね。

倉方―まさにその通りで、私が大好きなのは、丹下さんのアンチヒューマニズムです。多くのモダニズムの建築家は、ヒューマニズムを基本としている。ここで使うヒューマニズムとは、ダブルミーニングで、個々の人間を愛おしむんだけど、一番愛おしんでいるのは自分自身なんですよね。黒川さんも、個々の人間を愛おしむのと同時に、「俺が一番愛おしい」。一方の丹下さんは、時代としての役回りがあったときに自分はどうあるべきか、自己すらある種の社会的機能体として見ている。個別性に人間の本質を見ようとするようなヒューマニストではない。それは丹下さんの生涯に一貫していて、最も語るべき特質だと思います。

「建築」をつくることの信念

隈―豊川さんにも聞いていいかな。今いったような視点って、専門にやっている豊川さんはどういうふうに思いますか。

豊川―僕は大学も隈さんの後輩で、就職したのも隈さんと同じ日本設計というアンチヒューマンな企業で、しかも同じく早期退職しています（笑）。ゆえにアーティストとテクノクラートの両立を課題にしています。

さて、先の手摺問題を補足させて下さい。これは磯崎さんと同期の丹下研OB、茂木計一郎さん〈後に芸大教授〉からうかがった話なのですが、〈香川県庁舎〉を設計するときに、ピロティ部の手摺が丹下モデュロールに沿って、都市景観上、非常に美しいプロポーションとなっていました。ところが実際は、ごつくて握れない。そもそも、モデュロールとは人体の寸法からきているのに、立面上のプロポーションで恣意的に決めているじゃないか、という批判です。茂木さんは芸大に戻られた後、この問題を吉村順三さんに嘆いたところ、「建築っていうのは、プランをいっぱい描いたら、立面なんか最後一枚でいいんだ。とにかくプランだ」と一蹴されました。プランが決まったら、吉村流の片流れの屋根を架け、キャンティレバーで床を張り出せば、ヒューマンな軽井沢の別荘が量産できる。僕がこの話を磯崎さんにお話ししたら、クスッと笑われて、「所詮は木造住宅だろ。こちとら公共建築だぞ」と、総括されました（笑）。個人住宅は敷地が与えられて、敷地内の最大幸福だけを考えていればいいが、公共建築はそうはいかない。つまり施主の思いつきに翻弄される個人住宅と万人のための公共建築とは、抱える問題設定自体が違うわけです。

倉方さんのこれまでの議論をうかがっての感想ですが、冒頭から「丹下作品はあんまり好きじゃない」と切り捨てて、丹下研の設計プロセスも背景も顧みずに、お笑い建築だの、カリカチュアだの、上から目線の印象論を展開したかと思えば、「丹下さんのアンチヒューマニズムが大好き」と表明されます。お話の起伏が激しすぎて、趣旨がよく掴めません。

倉方―そうかな、分かりきったことしかいってないと思うけど……。まず今の「個人住宅と公共建築は抱える問題設定が違う」というのは一九七〇年以前の論であって、それはそのまま現在に延長できないんじゃないかな。その前に、なぜきょうこんなに飛ばしているかというと（笑）、私は豊川さんの仕事や藤村さんの姿勢に大変共感しています。一九七〇年以前に存在していたのに、豊饒なままに打ち捨てられた物事を正面から顧みて、ロジカルに検証しようとしている。だからこそ、異なる時代間で違う点と同じ点を分別して、使えるところを抽出しようとしないといけない気がします。私は、それを吉阪隆正について手がけているつもりです。吉阪は、「住宅イコール建築であり都市」という視点です。その点で豊川さんとはまったく対立する。私の視点からすると、具体的な方法において顧みるべきは、どちらかというと吉阪であって、丹下的な住宅と建築を分ける発想は、一九七〇年で終わっていると思います。

隈―今から見ると、丹下は、公共建築という問題を突きつめた。戦後の日本の三十年、四十年間ほど公共建築をたくさん建てた国はない。その特殊な時代に対応しているのが、丹下、磯崎。だから、磯崎さんの「木造だろ」という発言は、今から見ると違和感がある。公共建築なんて、これからは建たない時代になっている。吉村タイプで、住宅的にすべてを解いていくほうが、むしろ今の都市の現状には合っている。磯崎さんって、丹下スタイルをさらに公共建築向きに、ハコモノ向きにモディファイした人ともいえる。

藤村―一九七〇年代に磯崎さんが「都市からの撤退」を宣言し、一九七四年に巨大建築論争があって林昌二が「その社会が建築をつくる」といって以降、アトリエ派と組織、ゼネコン派に言説上の立場が分かれたとされています。言説としては、建築家の中では住宅と公共建築的なものが建築的な世界として完結したけれども、社会状況としては、そのほかの巨大建築が発達していく。しかし、住宅も巨大建築も、マーケットが縮小し、どっちも行く先がなくなってきたというのが今ではないか。二〇一一年の3.11を経て、社会は戦後の一九四五年の頃のように、そもそも建築をつくるのはなぜか、というストーリーをつくらねばいけないというところに戻っている気がします。

倉方―いや、それはどうでしょうか。

藤村―丹下さんの一九四五年から一九七〇年までの活動を、二〇一一年の今以降に見直す歴史的な意味があるのではないかと思います。

豊川―もう一つだけ付け加えると、一九四五年の春、丹下さんは東京の空爆被害を調査していて、東京がいかに焼かれていくかを、ゲートル巻きながら、下河辺淳さんと一緒になって調査していました。その後、終戦を迎えて、〈広島平和記念公園〉のコンペに勝った負けたと話題になりますが、結局のところ、公共建築の溢れている二十一世紀の今よりも建てるチャンスがない。いくら東大教授だって関係ない。しかも米軍に占領されて、本当に不透明な時代に、公共建築を建てる論理さえ破綻しかけていたと思います。丹下さんと丹下研の方々は、原爆を落とされた敗戦国の逆境の中でさえ「大文字としての建築はある」という信念（ミッション）をおもちでした。これを実現するために、自らのデザインセンスに陶酔することを戒め、客観的なテクノクラートの論理と、冒険的でアーティスティックな感覚を両立させようと不断の努力を重ねられた。この努力を讃えて、目標にすることの何が悪いのか。

公共建築をめぐって

藤村—先ほど隈さんがおっしゃったように今はもうこれ以上の公共建築は建たないとされていますが、公共建築は老朽化するので更新が必要であるという逆説があります。根本祐二さんの『朽ちるインフラ』（日本経済新聞出版社、二〇一一年）では、世界恐慌後の一九三〇年代にニューディール政策でつくられた橋梁や土木構築物が一斉に崩落したり、機能停止になったりした一九八〇年代のアメリカと似た状況が、一九七〇年前後に大量につくられた日本の公共建築や土木構築物にも起こりつつあると警告されています。これに対処するためには、維持すべき公共建築の量や機能を見直した上で再構築しなければいけない。

そうなってくると、公共建築の建設量というのは、ものすごく発生するわけですね。ですから、これからは「老朽化した公共建築を床面積を縮小しながらも新築し、同時に新しいニーズにも応えるように再設計する」というストーリーを、社会的にも共有しないといけない時期なんですね。それに成功すれば、二〇二〇年以降に、丹下さんが迎えた一九六〇年代的な華々しい時代を、われわれは迎えることができるかもしれない（笑）。

時代の転換点に、われわれ建築家は一九四五年当時の丹下さんを思い出して、自分たちがセンターにくるような論理をもっと出していかなくてはいけないのではないか。

隈—ニーズがないのに、自前で出すって、けっこう大変だよね。公共から調査を発注するっていう図式にそもそもなくて、公共からの発注って耐震診断くらいじゃん（笑）。

藤村—それはたぶん、丹下さんも同じだったと思うんですよ。せいぜい戦災復興くらいしかなかったとこ

ろに、丹下さんはストーリーをもち込んでいたと思うんですね。

隈―丹下さんには、単なる自前というより、建設省の営繕セクションみたいな役人的なものに対する対抗心、アンチテーゼみたいなのが強烈にあるよね。営繕に、京大の建築がしっかり入り込んでいたし、内務省的に自前で設計する流れが健在だった。〈代々木〉なんて、最初はそっちで設計する流れだった。

藤村―この間、隈さんが設計された長岡のシティホール(〈アオーレ長岡〉[＊6])の見学会にうかがった際、長岡市長の森民夫さんが、「品格を中心市街地にもたらさなければいけない」と話されていて、それはこの建築をつくった論理の一つであるといういい方をされていた。「ここにこの建築がなければいけない」という機運をつくるストーリーを、誰かが導入しないといけない。

隈―それは森さんに限らず、やる気のある首長さんは、その論理しか頼りようがないのが現状でしょう。中心市街地の商店街はほとんどどこもやる気をなくしちゃっているんだよね、商店街の当人が(笑)。行政としては手の打ちようがないらしい。行政が何をいっても、「そんなことやってもダメですよ」みたいな。そうすると、品格のような、別のロジックで、公共的なロジックを打ち立ててやるしかない。そのくらい、公共的なものが社会の中でわきに追い詰められている。

藤村―戦地から引き揚げてきた人たちとか、戦後の日本国民も、今の中心市街地に似た心境だったんじゃないかと、想像するんですね。

倉方―そんなことはない。エネルギーだけはあったんですよ。ベクトルの長さは十分だけど向きが個々バラバラに存在していたので、その方向性をぐっと整序できるタイプの建築家が求められていて、それに応えたのが丹下さんがつくられたような公共建築です。先ほどからうかがっていると、そうしたタイプの「公共建築」から現在の公共へと話が拡散していて、それは日本の「公共」という曖昧な言葉が良くない。実際に丹下さんがつくられたのは「官」建築です。空から降ってきたように建って、それが民のエネルギーを整序する。そうしたものが求められていた時代に、機能も造形もきわめて優れていた。先ほど隈さんが示

[＊6] アオーレ長岡(設計―隈 研吾、二〇一二年)

唆されたことに私も同感で、磯崎さんもおおむね一緒ですね。空から降ってきた建築をつくらせたらうまい。ただし、その文化版であって、日本であまり要らなくなると、丹下さんに二十年遅れて海外に出かけていった。そういうのが東大の系譜だし、官の系譜です（笑）。

豊川―長谷川堯だなぁ。

倉方―いやいや、丹下さんがその責任を十二分に引き受けたのは偉いと思うんですけど、それは建設省とどっちが優秀かを競うという枠組みの中の話であって、その意味では「官」建築の担い手だと。

豊川―〈香川県庁舎〉［＊7］を例にとれば、これは〈旧東京都庁舎〉と並んで戦後民主主義のシンボルであり、市民たちがいかにあそこに集い、議論を交わして、憩うかが設計のテーマとなりました。たとえば、県庁舎を発注した金子正則知事は、屋上を市民に開放しましょうとか、当時としては画期的な市民サービスのアイデアをたくさん出されました。また建物の維持管理にしても、戦争でご主人を亡くされた女性たちを積極的に雇って、彼女らに掃除を委託することで今も美しく使われています。だから、「庁舎建築＝官＝権力の巣窟＝罵倒することが公益」という野党的発想からでは、戦後地方自治や庁舎建築の発展を誤読する危険性が高い。

それから隈さんが先ほど触れられた官僚と丹下研究室の距離ですが、丹下さんは研究室を設計集団であると同時にシンクタンクと位置づけていて、中央官僚たちと議論を交わせるような研究を、委託される以前から自前でやっていました。通常ですと、官庁から発注されてレポートをいついつまでにつくるというのが普通のコンサルですが、丹下研究室は自発性に富み、フリーな立場から、官僚たちに刺激を与えるようなレポートを次々にまとめていきます。たとえば、丹下研究室で行った国土計画的な調査は、経済企画庁の前身であり多くの満鉄帰りのエコノミストが在籍した企画院で好評でした。

隈―それは、丹下さん個人がつくったわけじゃないよね。

豊川―研究室です。

［＊7］p.260 参照

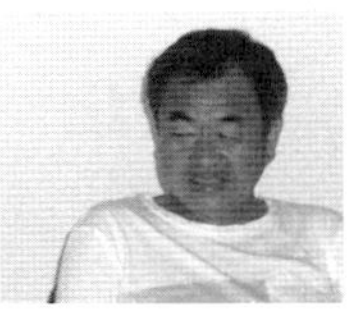

隈―研究室では、どういうスタッフが、どういうふうなメカニズムでそれをつくれたんだろう。

豊川―僕の博士論文の中でまとめましたが、丹下さんと浅田孝さんが中心となって、毎年入れ替わる卒論生たちに卒論のテーマをうまく割り振ったと思います。テーマ設定としてはアテネ憲章を東京という大都市に応用するというもので、経済理論書やアメリカの超高層の解説書、人口統計や交通統計まで、ありったけの資料を全部かき集めてきて、自分たちで論理を組んで、毎年バージョンを上げていく。しかも明日、朝鮮戦争が日本に飛び火するかもしれないような状況下で、大都市への人口動態を冷徹に見極めながら、日本の公共空間はこうあるべきで、建築的なスケールに翻案するとこうなる、という図式を絶えず更新していました。これが先ほどの自己否定の原動力だと思います。

さらに終戦直後、エネルギーの枯渇から石炭生産に集中投資した時代がありました。その結果、石炭を掘る人のための住宅の予算が、全国の戦災復興の住宅予算より多かった。今回の震災復興予算の中の復興住宅予算が、日本全体の住宅関連予算をはるかにオーバーしているイメージですね。

藤村―それは今日の自治体でいうと、防災や福祉にたくさんの予算がつぎ込まれている状況にも似ていますね。

豊川―そうです。本来的に必要な場所に予算が合理的に投下されず、経済の発展を阻害する。これに対して、丹下さんはマクロで、アンチヒューマンな視点から、経済全体の中で住宅をとらえ、政府の住宅政策や西山夘三の左翼的住宅論を批判しました。と同時に、丹下さんは若手住宅作家のナンセンスなプランも軽蔑していました。

藤村―もっと建築や都市開発に予算を振り向けるべきだという、予算取りのためのストーリーがあったのだと思います。丹下さんはそのために統計を駆使した。

官と民の関係でいえば、最近、国鉄解体について調べています。昨年、〈大阪ステーションシティ〉［＊8］がオープンして、十カ月で一億人を動員したと報じられました。一九七〇年の大阪万博は当時の最先端のコ

［＊8］大阪ステーションシティ（設計─西日本旅客鉄道 ジェイアール西日本コンサルタンツ 安井建築設計事務所、二〇一一年）

ンテンツを用意して、六千四百万人を動員し、万博史上最大の動員を誇っていました。二〇一〇年の上海万博は中国が威信を賭けて七千万人を動員して記録を塗り替えましたが、民間鉄道会社が企画した〈ステーションシティ〉が万博を超えて一億人を集めてしまった。

一九八七年に国鉄が解体し、JRは旧国鉄の債務返済のために、清算事業団をつくり、独自に不動産業にも進出して、駅ビルの改築を始めましたが、第一号が〈JR京都駅ビル〉でした。その後、名古屋、博多、札幌で、同様の企画がスタートする。〈京都駅〉は国際コンペを経て原広司さんが設計者に指名されました。当時は事業の妥当性をめぐってJRの中でも賛否両論あったそうですが、結果的には沿線からたくさんの人が集まり、運賃収入も上がったので、〈大阪駅〉につながっていく。ところが〈大阪駅〉では最終的には日建設計が受注しています。

ここに、構想力の豊かな個人の建築家から、複雑な事業計画をこなし実績もある組織設計事務所への移行があり、ちょうど、丹下さんがいろんな公共建築のプロトタイプを設計した後、組織設計事務所に取って代わられるという関係に似ています。

官的な論理からの展開

倉方——さっきの豊川さんの話に戻りますが、やっぱり、それは官だと思うんですよ。もちろん、ノブレス・オ

ブリージュ（高貴なる義務）をもって、市民にいいものを提供するという気概が確かに存在しましたし、今後もますますもってほしい。でもそれは一九七〇年以前の物語であって、今「後藤新平がすごい」というのと同じレベルだと思います。教養としてもっと多くの人に常識化されてほしいし、私も心打たれますよ。ただ、〈香川県庁舎〉の話は、上から降ってくるようにやってきて、ただそれが「施策としてちゃんと市民のことまで考えていますよ」という話であって、やっぱり現代型ではないし、フィードバックがない。

「建築家の覚悟」を繰り返すのは大事だけど、それだけじゃなくて、「具体的な手法の中で、これは今でも使える」といわないと、丹下健三を検証したことにはならないんじゃないかなぁ。

藤村──倉方さんは官と民という対比にこだわりすぎなのではないでしょうか。

倉方──誤解しているのかもしれないけど、何も「官」が悪だとか、イコール国家だとは一言もいっていませんよ。考えてもいない。そうした変換こそが先入観というもので。ただ、少なくとも当時の「官」は「官」であって、そうした立場の違いは組み込まないと、今に接続できない。私も伊東忠太で博士論文を書いた人間ですから、「中心」を担う人間の物いわぬ労苦も、その創造性も、後年の人間による思い違いも理解しているつもりです。伊東忠太もアーキテクチュアを真に考えるために設計と歴史を両方やっただけなのに、結果的に建築史研究の最初の人間になっちゃったから、両者の分断に寄与することになってしまった。たとえ、結果としてそういう部分があったとしても、それによって彼の意図や素晴らしさを過小評価するのは誤りです。丹下さんにおける建築と都市の関係に似ていますね。当人が生々しい気構えをもってやっていたことは、重々分かっている。分かっているけれども、それと現代をそんなに安易につながれては、歴史家として困る（笑）。

藤村──安易につなげた見方をあえてすると、JRのような巨大組織を相手にすることを考えると、数字をもった統計的な資料であるとか、組織を納得させる論理づくりが必要になります。丹下さんも〈旧東京都庁舎〉のコンペのときのように、データを駆使して官僚組織を説得しようとしたわけです。

それは一九八〇年代から九〇年代のレム・コールハースの活動にも受け継がれていて、データを駆使してオランダのテクノクラートやディベロッパーと関係をつくっていった。今の日本が抱えている公共建築の保全費の問題などは、そういうストーリーの効く分野ではないかと思います。

隈―丹下さんの先進性と、原さんの〈京都駅〉はちょっと違うような気がする。原さんのは知的な研究の結果というより、高いものはダメ、大きい建築はダメっていう、「反建築的」「反オブジェクト的」なものです。一九九〇年代以降のアンチ建築の空気に最も敏感だったのが原さんで、それで、一番低くしてコンペで選ばれた。高さは低くても、中の空間が肝心っていう、原さんの住宅以来の方法論がもとにあった。東大の中でいえば、原さんは生産技術研究所（通称：生研《せいけん》）に所属して反中心的なポジショニングだった。本郷の東大がちゃんと官的な論理を詰めていって、官的な論理をリサーチとかで補強するのに対し、生研はひねくれている（笑）。生研的な原さんの案が、うまく〈京都〉のコンペの状況にフィットした。工業社会的な男性的知で攻めないで、女性的に、感覚的にいった原さんが時代の空気にフィットした。僕なんかも、原さんの内包性というところを受け継いで、〈長岡〉では表にファサードを出さないで中庭だけでやった。自分も生研的なところがある（笑）。生研的なものと本郷的なものがあって、そこでねじれがあって、エネルギーを生んでいる。構造でも、坪井善勝さんは生研だったから、シェル構造みたいな、ひねったことをやっていた。本郷的なものがフレームで耐震性、強度を出すっていうのに対して、坪井さんがひねくれていたから、丹下さんはそこの生研的なものを〈代々木〉で見事に利用した側面がある。そのねじれの中から時代をリードする種がでてくる。難波和彦さんは、池辺陽さん的ねじれをベースに本郷に呼ばれたしね。

倉方―それは分かりやすいですね。逆に生研的なものの時代から、再び本郷的なものが今、二十一世紀に可能性があるとしたら、どういう展開があるのかってことですよね。

藤村―〈京都駅〉の事例は少し特殊ですが、周縁にも可能性はあるという理解でいいのではないでしょうか（笑）。

日本の未来像を問う

豊川――丹下さん自身は本郷におられましたが、初めてコンクリートを打ったのは一九五〇年代に入ってからですし、皆さんが思っているほどには、中心でもなんでもないと思います。もうひとつ、一九五四年の国際建築家学生会議のために磯崎さんがつくった資料があって、そこには戦前戦後の近代建築思潮が簡略にまとめてあります。戦前の日本のモダニストは、ブルーノ・タウトにほだされて、日本の伝統建築が世界一素晴らしいと舞い上がった。しかし戦後、一億総懺悔の一環として、伝統を口にしなくなり、三つのタイプが現れた。一つ目は最小限住宅をつくって、住み手の生活にだけ向き合う。まさに倉方さん好みの、民からの発想ですね。二つ目は吉田五十八や堀口捨己の近代和風住宅で、富裕層向けのデザインだった。大江宏さんはこれを引き継いだ。三つ目はレーモンドの〈リーダーズ・ダイジェスト東京支店〉で、空から降ってきたようなデザインで、アメリカの豊かさの象徴だった。こうした中で、丹下さんだけが〈広島〉［＊9］を通じて公共建築の論理を展開した、という見立てです。

二十一世紀の今も住み手の情緒にだけ向き合い、海沿いを離れたくない被災者のための住宅が支持されます。一方で丹下さんは立ち退き問題に代表される地権者の恣意を切断しながら、建築と都市と国家を目に見えるかたちで構想した。これこそ磯崎さんの指摘する「建築の本義」です。

ここで「建築の本義」の事例を挙げれば、〈東京計画1960〉［＊10］です。これは丹下さんが元旦のNHKに出演したくてつくった下世話な計画ではありません。そもそも、一九五〇年代半ばに住宅公団が都内の用地買収に行き詰まり、湾岸の埋め立てに着眼していました。これを察知した丹下さんは、このままでは湾岸エリアは三井不動産や住友不動産といった民間ディベロッパーの食い物にされて、制御不能な街になることを危惧していました。一方で行政は規制をかけることには及び腰でした。ここで丹下さんは研究室での研究成果をもとに、誰に頼まれたわけでもなく、九十九％の同業者の妬みと批判の対象になることを百も承知で、〈東京計画1960〉を打ち出した。これにより湾岸こそが首都東京の喫緊の課題である

［＊9］p.257参照

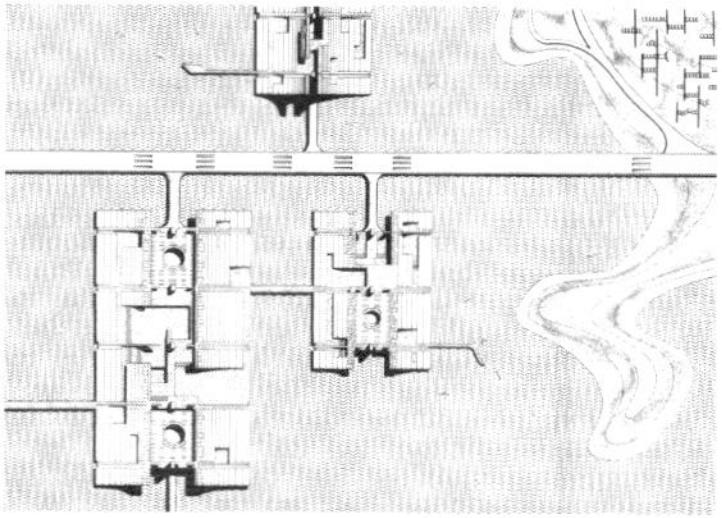

［＊10］東京計画1960（設計―丹下健三、一九六一年）。模型、平面（部分）

ことがフレームアップされたわけです。

藤村―最終的に民間ディベロッパーに負けてしまうとしても、課題のありかを示したという意味で重要なプロジェクトだったと思います。でもそれも最初から負け戦だったわけではなくて、もし電通の吉田社長と丹下さんで計画していた〈築地計画〉が日本初の超高層ビルとして実現していれば、新宿西口はその後、建築家の街になったかも知れない。偶然の産物という側面もあると思います。

丹下さんが港湾問題に注目して、その課題のありかを示したのと同じように、現代の公共施設の老朽化問題のような問題も、誰が最初に課題のありかを示すかによって、その後の展開は変わるわけですから、それは取り組む必要があると思います。

倉方―伊東忠太が「アーキテクトとは単に建物の表面のデザインをする人じゃない」といったように、戦後においてもう一回、「アーキテクトとは単に個別の建物を設計する人じゃない」といったのは丹下さんしかいない。彼がいなければ、当然、磯崎さんも、菊竹さんも、黒川さんもいなかったという意味で、意味があるとは思います。ただ、丹下さんだけを抜き出して可能性があるのかなぁ。

藤村―倉方さんは歴史家だからそうおっしゃるけど、私や豊川さんには丹下さんを参照しながら先のことをデザインしようというモチベーションがあるんですよ。

倉方―いや、丹下さんのみを強調することで、つまらない話になるのが嫌なだけで（笑）。

藤村―でも、今、恥をかいてでも、日本の将来像、日本列島の将来像的なことを堂々ということは、建築界にはあまりないとしても、東浩紀さんとか宇野常寛さんなど文学や批評の同世代のプレーヤーたちは積極的に取り組んでいますよ。私も東さんが編集する『日本2.0』（思想地図β vol.3、ゲンロン、二〇一二年）という批評誌の特集号で「列島改造論2.0」［＊11］という論考を発表しました。日本の将来像を建築家が

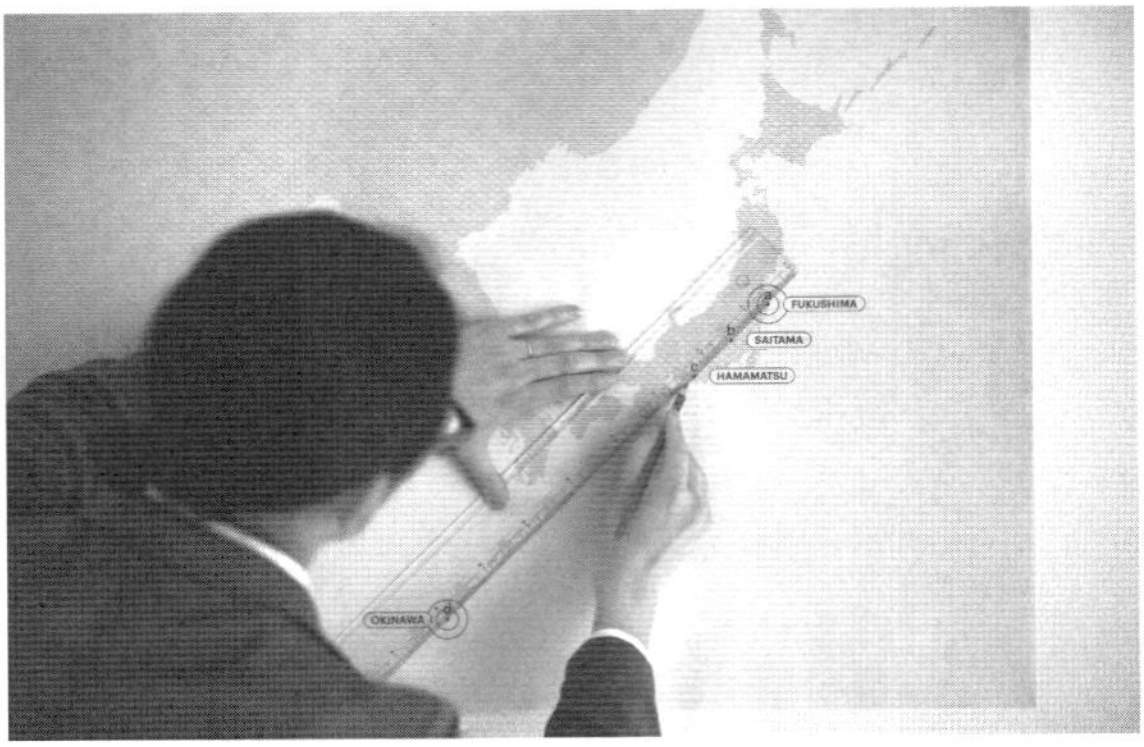

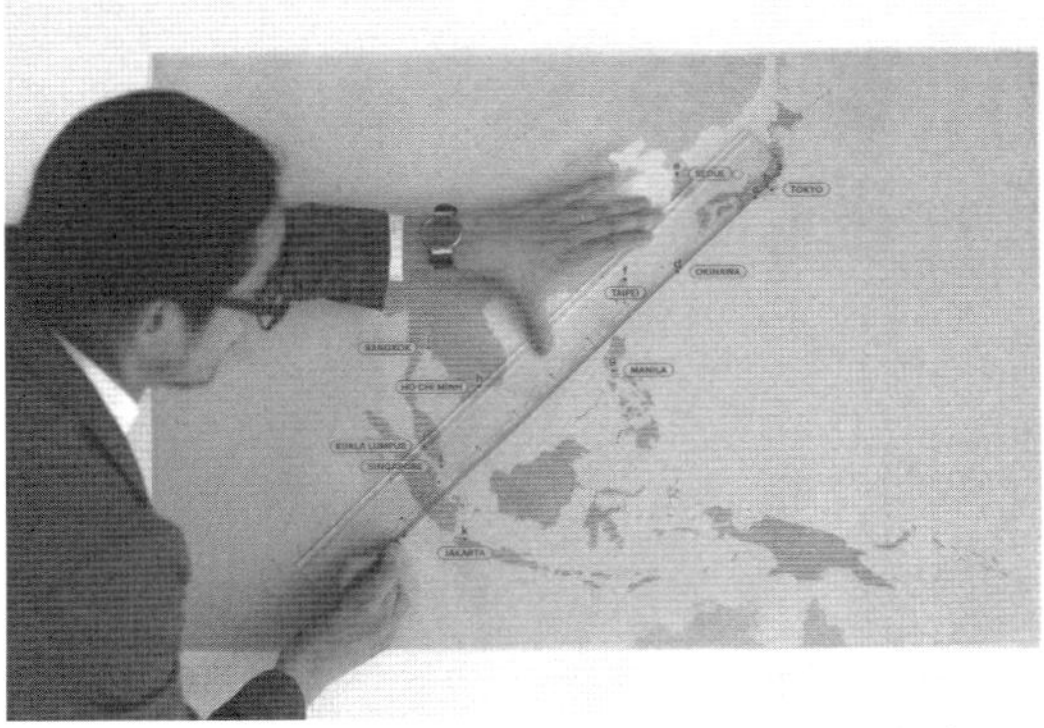

［＊11］列島改造論2.0（設計―藤村龍至）。問いの軸（上）、希望の軸（下）

論じると、冗談みたいに見えるところはありますが、丹下さんが『日本列島の将来像』（講談社現代新書、一九六六年）で示したように、将来像の議論を若い世代で示すことには意味があると思います。

豊川―今の藤村君の議論の援護射撃をすると、倉方さんの言葉を借りれば、「列島改造論2.0」は、文字通りの「カリカチュア」であり、「お笑い」国土計画になります。でも一方で、大野秀敏さんの「シュリンキング・シティ」よりはるかに面白い。去年二月、藤村君が企画したシンポジウム（LIVE ROUNDABOUT JOURNAL 2011「列島改造論2.0」）で大野さんとご一緒しましたが、そのときに大野さんに成長戦略について質疑が出て、大野さんは素直に「分かりません」とお答えになられた（笑）。

世間一般では「シュリンキング・シティ」こそ低成長時代の模範とされています。しかし大野さんのプレゼンを拝見していると、僕の記憶が正しければ、使っているデータが、すべて朝日新聞の出典です。つまり朝日で、自殺者が何万人でした、人口が何万人減りました、という報道資料です。どうりで朝日の社説を超えるものではないし、朝日の経済面にまともな成長戦略が描かれていないから質疑にも答えられないのではないか。

一方の藤村君の話は半分冗談だけど、半分的を射ているのは、道端に落ちている課題をとにかく拾っていく姿勢です。さっきの原さんのラッキーパンチみたいなことが生まれることだって、あるかもしれない。

倉方―ちゃんとリサーチからしろと。

豊川―労せずして得られたデータをパッチワークした未来都市像は、余命幾ばくかと思います。東大教授なのだから、汗かいて論を鍛え、敵を千人つくる覚悟で未来像を語るべきではないか。丹下さんと丹下研にはその覚悟があったし、喧嘩上等の姿勢だったと思います。いわんや僕や藤村君のような三十代の建築家は汗と恥をかいて構想力を鍛えるべきではないか。

倉方―今の豊川さんの言葉はまったくそう思います。私もデータをパッチワークしたような「歴史」じゃなくて、まさに今、汗と恥をかいて構想力を鍛えようとしていますから（笑）。ただね、そのときに丹下さんの名前をもち出すのはどうでしょうか。要するに、丹下さんをもち出した瞬間に、個別の傑作もできると同時に、そういう話もできるんじゃないかって誤解しちゃうのが、一番危険な気がします。さっきいったように、私は丹下さんの大きな話と個別の建物は乖離していると思う。

藤村―倉方さん、建築家は列島の将来像を語りながら最後に傑作をつくるんだって考えるものだと思いますよ（笑）。

倉方―いや、だから、丹下さんを乗り越えるんだったら、そこを乗り越えないと。古いんですよ、丹下さんは。

藤村―歴史家的な問いの立て方ですね。

倉方―いや、そうだと思うな、私は。そういうところで丹下さんをもち上げるのは、私は後ろ向きだと思う。「三丁目の夕日」の世界だと思う。

藤村―それは逆にいうと、歴史家的な「三丁目の夕日」ですよ。歴史家が文学的な想像力を後押しするような空気も、あっていいんじゃないかと思うんですよ。

倉方―いや、それは放っておいてもやる。なんだかんだいっても、たいていの建築家はヒューマンで、文学的想像力が好きだから（笑）。

〈代々木〉の空間、〈広島〉の意味性

隈―ここで、丹下さんの個別の作品についての言及があってもいいと思うんだけど。傑作か否か。

豊川―隈さんは、丹下さんのこれが傑作だというのはありますか。

隈―自分が建築家になろうと思ったのは、小学四年で行った、〈代々木〉の室内体験がきっかけなんだよ。天から光が下りてくるのを見て、建築家の仕事っていいなぁと思った。形じゃなくて、光にやられた（笑）。丹下さんの中でもあの時代は特殊で、一九六〇年にあの仕事が決まってから、あの仕事以外にも、〈東京カテドラル〉とか傑作が続く。あの仕事に選ばれたっていうことがモチベーションになって、一種のピークがくる。

そのピークのつくり方、気持ちのもっていき方っていうか、そこが丹下さんの一番の能力じゃないか、という気がする。一九七四年の群馬（群馬県立近代美術館）、北九州（北九州市立美術館、北九州市立中央図書館）の磯崎の爆発も、師匠の瞬発力を継いでいる（笑）。それ以外の時期の丹下さんって、〈倉敷〉の例にしろ、カリカチュア的な要素が強すぎて、気力が空回りしている感じもある。

倉方――まったく同感で、〈代々木〉と〈カテドラル〉は、例外的ともいえる傑作だと思います。現代的な技術で、建築のもち得る非人間性的な良さを推し進めた。浜口隆一が有名な「日本国民建築様式の問題」（一九四四年）で〈在盤谷日本文化会館〉コンペの前川案と丹下案を評したときに、前川さんの案に「人間」という言葉を重ねて使ったのに対して、丹下さんの案にはそうしたヒューマンな形容を一切使わず「人間を超えた威厳（モニュメンタル）」と評したけれど、その通りのものができた。口で後から説明するのはたやすいけれど、予告されたものを数十年かけて現実化させるのだから、当時の批評家や建築家には畏怖の念が湧きます。そうしてできた建築は、山みたいに、こっちの気持ちなんか全然考えてくれてないから、逆にすごく安心する。人間がいようがいまいが存在しているものをつくるというのは、モダニズム云々というよりは、アーキテクチュアの連綿たる西洋からの歴史のなかに位置づけられるでしょう。

あとは「ドコノモン」的というか、「この構造やりたかったのね」とか、「こういうことやりたかったのね」って、透けて見える。ある意味、黒川さんの建物と同じように、分かりやすく時代的です。丹下さんの作品は傑作だけじゃなくて、そういうところもあるから、国民的建築家なんじゃないかな。「国民的」って、時代と寝るような庶民性がないとだいたいなれないですから。

藤村――〈広島〉、〈香川〉、〈代々木〉と並べると、〈広島〉に一番興味があります。〈広島平和記念公園〉のコンペ案には、元安川側に記念碑を立てるもの（二等・山下寿郎案）、中洲の先端の相生橋に向かって軸線を取るもの（三等・荒川龍三案）など、いろいろな案があったそうですが、丹下さんは廃墟のひとつにすぎなかった原爆ドームに軸線を引きました。もともとは産業奨励館というチェコ人（ヤン・レッツル）の設計した西洋建

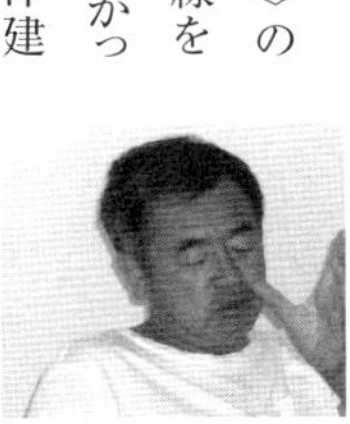

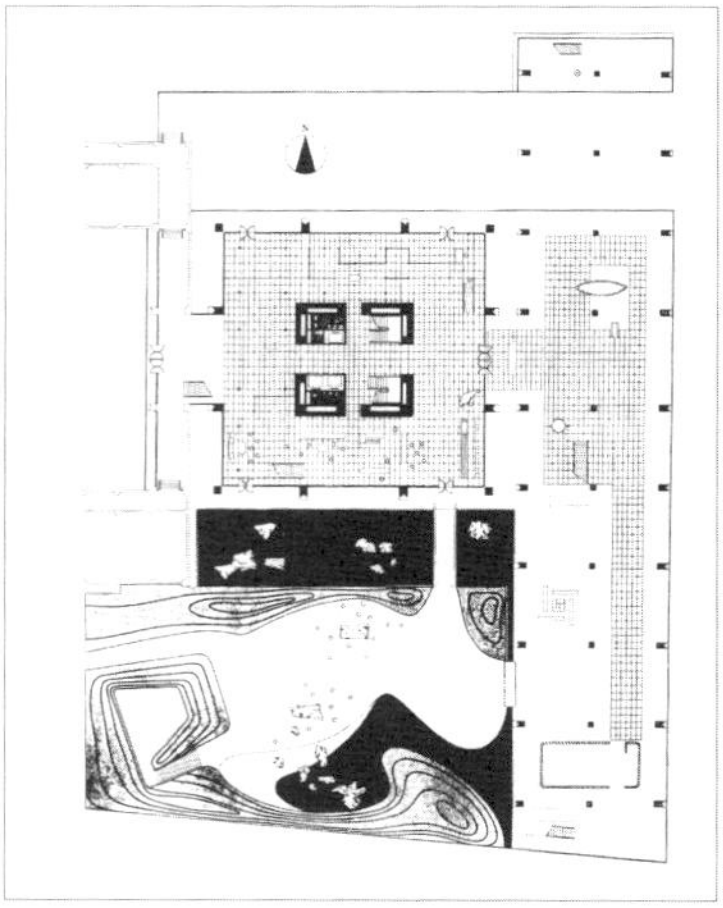

［*12］ 香川県庁舎（設計――丹下健三、一九五八年）。配置・平面図、外観

築で、そこまで重要な建物ではなかったのにもかかわらず、この建物を平和公園の中心に位置づけたことで、世界遺産になってしまった。それくらい、象徴性をもったわけですね。都市の意味そのものを、建築単体でつくるような行為は、すごく意味あることだと思います。

隈――〈広島〉の建築自身は?

藤村――空間や部材のスケール感などで感動したのは、〈香川県庁舎〉［*12］のほうですね。天井に1,500mmピッチに小梁が入っていて、あの一階のピロティの、あの天井高に対する部材の寸法感などはとても緊張感があって感動しました。〈香川県庁舎〉はコンクリートの柱梁という主流の構造を、独自の感覚で解いて全国の庁舎建築のモデルになったことにも意味があると思います。〈代々木〉は生産研究所のシェル、あるいは吊り構造で、一品生産の世界ですよね。

倉方――なんか、空間的にやっぱりいいっていうのは、すごく少ない。まぁ、空間的にいいだけが建築の価値じゃないと思うけど。

藤村――空間はやっぱり〈代々木〉じゃないですか。

倉方―そうなっちゃうんですよね。〈香川県庁舎〉はきれいだけど、行ったときに、あのピロティなんかも全然ダメだし……。その意味では、〈広島〉は、既往の要素を一個も変えずに、そのものの意味を変えるっていうのが、建築に可能なひとつの極だと思います。原爆ドームにひとつも指を触れてないのに、意味を変えることができるっていうことを、ちゃんと示せた。

藤村―一番、メタですよね。

倉方―メタですね。昔のイタリアの建築家が、楕円形の広場をつくったから、まわりの意味が変わったとか、そういうのと同じように。

藤村―〈代々木〉が数々のアイデアの蓄積で最も素晴らしい建築であることには同意しますが、アイデア一発で意味をひっくり返した〈広島〉こそが若い世代が取り組むべきアプローチだと思います。

建築家の視点・歴史家の視点

倉方―豊川さん、どうですか。

豊川―僕はもう、あまりにもすべてのことを近く見すぎてしまって、あんまり、どれがどうと……。

倉方―ああ、わかるわかる、その感覚。

藤村―三択だとどうですか。〈広島〉、〈香川〉、〈代々木〉と。

豊川―本の中で一番熱を入れて書いたのは〈代々木〉ですが、二通りの説明を準備しました。一つ目は、美学的なアプローチで、テントの吊り構造は限りなく軽量で、サーカスに代表されるように、民衆を一体化するビルディングタイプです。一方で、スタジアムは古代ローマより組積造で、民衆の一体感を組織するために使われてきました。ところが〈代々木〉では、この二つのビルディングタイプが不意に出会い、軽いはずの吊り屋根は重く表現され、重いはずのスタジアム部分はキャンティレバーとして宙に舞います。そして両者が力学的に強く結ばれ、一体化することで、まったく新しい建築、新しい空間ができ上がった。吊り屋根とス

［＊13］藤沢市秋葉台文化体育館（設計―槇文彦、一九八四年）

タジアムの特質が互いに入れ替わって、不可分の関係になることを、拙著五章では丹下弁証法の発露として説明しました。これにより浜口隆一の「日本国民建築様式論」を凌駕したいと思っています。

二つ目は設計論的なアプローチで、八章では〈代々木〉のデザイン過程を時系列に沿って、スタッフレベルから可能な限り唯物的に論じました。一級建築士なら常識的に読み解ける〈代々木〉論を示したつもりです。

隈―〈代々木〉ってさ、技術的にも初めて鉄的なものに挑戦しているけれど、その後のフォローがない（笑）。一点だけ、坪井さんとか、いろんなものをかき集めて、奇跡が起きたけど、本人もそのあとフォローできないくらいの突出だった。磯崎、黒川も、槇さんもフォローできなくて、別の途を探し始めた。磯崎さんはコンクリートの箱にいっているわけだし、黒川さんはカプセル。槇さんはアーバンデザインと表層。その後、〈藤沢市秋葉台文化体育館〉［＊13］で槇さんは〈代々木〉に張力じゃなくて圧縮力のアーチで再挑戦している。

藤村―シェル的なものに関しては、佐々木睦朗さんの一連の、フラックス・ストラクチャー的なものが、伊東豊雄さんの〈瞑想の森 市営斎場〉であるとか、磯崎さんの〈北方町生涯学習センター〉であるとか、SANAAの〈EPFLラーニングセンター〉などでフォローされているのではないでしょうか。

隈―ずいぶん、時間が経ってだよね、それは。

藤村―一九九〇年代に入って、ファブリケーションと構造解析の情報化という技術的な背景を味方にして復活しました。

隈―その方向は継続していくかなぁ。

藤村―新しい傾向の一つにはなるんじゃないかと思います。丹下さんのときは日本という国を表象するという時代的なテーマと坪井さんの構造が合致したわけですけど、現代においても佐々木さんのような構造の技術が社会的なストーリーとピタッと合う瞬間はあるんじゃないかと思います。

豊川―もう一つ補助線を引くと、坪井さんのお弟子さんには、生研の半谷裕彦さんがいらして、そのあとに名古屋大に大森博司さんがいらっしゃいます。佐々木さんが名古屋大に入られて、大森さんのシェルの理論を応用して、フラックス・ストラクチャーの原形をつくられている。だけど、これは構造家の中でも議論になっていて、佐々木さんご本人はフリーサーフェスシェルだとおっしゃるが、シェルとは呼べないのではないか、という疑念です。そもそもシェルは、最低一方向にピーンと張った状態のことをいうのであって、フラックスのように窪んだ箇所がいくつもあると部材の力でもたせるだけじゃないか。要は、何の張力も合理性もないのに、FEMをかけて、コンピュータソフト上でOKが出ればいいじゃないかという、開き直りです。佐々木さんからすれば一番安いとか軽いとかパラメーターで決定される、とおっしゃいますが、先行きは非常に不透明です。

藤村―でも、それは丹下さんの構造も同じでしょう。

豊川―もちろん、丹下さんも同じですが、『群像としての丹下研究室』と同様に、坪井研究室の学的系譜の広がりを洗い出さないと、可能性と限界について発言しづらいのが実感です。

藤村―重要なことは、丹下さんが吊り構造を採用したことが、たとえば動線計画だとか、日本の「てりむくり」という伝統的な要素の表現と結びついて、社会的に論理化されたことだと思います。今の技術が可能にする、フリースタイルの造形が、何らかの地域性とか多様性とか民主主義というようなストーリーと結びつくことで、復活する可能性もあると思います。

倉方―いや、私はちょっと逆で、やっぱりその関係を切断するべきだと思うんですよね（笑）。豊川さんは本

の中で、今、論じていた話だけ、描き方が違います。シュマルゾーとか、美学の先行研究をもち出して、空間分析をしているでしょ。従来にはない解釈で大変刺激的でした。「重い・軽い」の関係を逆転したような空間解釈は、モダニズムと無関係に、学び取れるものがある。動線計画の細やかな分析も発見的で、勉強させられました。

もちろん他方で、日本全体の社会をどうやって定義していくかという丹下の視点から学ぶものは、矜持も含めてとてもある。

その両者が、丹下さんが生きていた時代からすでに、なんとなくつながっているようにとらえられて「丹下神話」が成立していたんだけれども、歴史的に語るならば、私は一旦それを切断して、作品の可能性と、丹下の方法的な可能性とを個別に検討して、現代の社会の中で展開すべきだと思う。そこが分離できないと、結局、手の込んだアナクロニズムに見えてしまう。書評みたいになっちゃったけど（笑）。

藤村――豊川さんの建築家的な歴史の解き方と、倉方さんの歴史家的な歴史の解き方の対比が際立ちますね。

倉方――そうそう、だから豊川さんは「自分は建築家だ」っていっていると思いますけど、建築家が歴史を語るときの甘さがそこにあるんだな。いや、甘さがいい部分もあるんです。

豊川――認めていただいて、ありがとうございます（笑）。

藤村――そこは第二ラウンドになりますので（笑）。

リサーチとデザインをつなぐ新たな可能性

藤村――いろいろお話しさせていただいて、改めて感じたことは、丹下さんは王道の中の王道というイメージがありますけど、いろんなコラボレーションによって周縁をつないで、ある時代状況の偶然を紡いでストーリーをつくったことが最も偉大だったということです。その部分に注目すれば、丹下さんという建築家像は、決して過去のものではないと思います。

隈――うん、予定された王道じゃなかったって感じが重要で、現代へのメッセージだよね。

藤村――一般に丹下さんのアーティスティックな側面が強調されたり、東大と国家の関係が指摘されたりしますが、少し分解してみると、丹下さんの業績の中に、現代に受け継ぐべき部分はいろいろあるのではないかと、希望をもって見ています。

隈――いつの時代にも複製可能な、フィクショナルで自前の王道、そんな感じかな。

倉方――予定された王道ではないというのは、まさにその通りですね。それは伊東忠太なんかも同じです。丹下さんが時代を切り開いて、変えていったわけで、後知恵でそれが王道に見えるだけの話ですよね。

少し前まで、批評や歴史のモードって、突飛なものの発見かヴァナキュラーへの寄り添いに向かっていたように思いますが、近頃はそのどちらでもなくて、たとえば豊川さんや藤村さんのように、主流というか正統だったり、平凡に見えるものに改めてメスを入れていこうという流れになっていますよね。いわゆる建築家がつくったのではないものや社会制度に対する注目などが含まれます。最近だと、速水清孝さんの『建築家と建築士』（東京大学出版会、二〇一一年）は、戦後の建築士法が成立した過程と背景を細やかに検討することで、これまでの建築論壇においてつねに西欧の建築家資格との違いが否定的に語られるばかりだった同法の理念を明らかにし、改めてわれわれの立っている現在を再考させる優れた成果として挙げられます。立法の背景には、戦後の世の中に住宅をちゃんと供給するという理念があり、そうしたノブレス・オブリージュを自覚した東京帝国大学の官僚がいたからこそ、混乱に陥らなかった。当然ですが、法律も制度の無人称の「国家」が自動的につくるわけではないわけですよね。中島直人さんや初田香成さんといった最近の都市史の俊英による成果も当然、都市をヴァナキュラーで済ますのではなくて、人や法や制度の関わり合いを冷静に解き明かしている。今ある状況がどうやってつくられたのかが分かっていれば、改変可能なので、それは未来につながります。「今あるものを自然にできたものではなく、つくられたものと

して見る」というのは歴史の基本なので、今こそますます歴史の時代になっている。
ただ、具体的に作家としての丹下健三を論じるのであれば、今の時代と一旦切断するべきじゃないかなと思います。作家とテクノクラートの両方になり得たのは、丹下さんだからっていうより、官が強く、成長期だったという時代の固有性が強いはずなので、現代に続くいろいろな要素はこれからも一旦切って、検証することによって現れると思います。
豊川――なかなかコメントしづらいところがありますが、いろんなお話をうかがえて、気づかされるところが多かったです。藤村君が展開してくれたように、一九七〇年代以降のJR問題であるとか、原さんの問題であるとか、あるいは倉方さんが指摘された伊東忠太の問題とか、丹下論が多様に展開されていくというのは、歴史軽視な建築業界の風潮に一石を投じられたのかなという気はします。今後、先人たちの業績をとらえなければ、クリエイティブな発想も出てこない、という気さえしてきました。
隈――すごく面白かった。結局、丹下健三が挑んだ作品とリサーチ、すなわちアートと社会をつなぐっていう課題こそが、建築アカデミズムだけにとどまらず、現代のアカデミズム、現代の文化の最大の課題なんですよ。現にあらゆる建築の大学が、世界的に非常に難しい状態にあるのは、アートと社会とがつなげられないからです。どうやってそれを再生するか。デザインで頑張れっていっても、個人の感性で、現代社会のアンチ建築的空気にはとても対抗できない。そこにリサーチ的なものを組み合わせるモデルが、かつての丹下研なわけだけれど、それは誰に対しての提言、リサーチかということが重要なんです。相手はかつての国じゃなくて、世界展開するブランドかもしれないし、商業や都市開発に展開しない限り生き残っていけない鉄道的な古いインフラかもしれない。そういう新しい主体が別のかたちでリサーチ的なものを大学に期待している。あるいはディベロッパーも、ミッドタウンや六本木ヒルズの繰り返しが無理なことがわかって、新しいネタ探しをしている。ディベロッパーの大きな投資額に比べたら、それはアカデミックなリサーチ費なんて微少です。そういう別の、かつての国境を超えた主体が出てきてるときに、そのニーズを受け止めて、リサーチとデザインをつなぐ新しい可能性はないかってことですね。レムはそこにかなり早い時期に気づいていて、メタボリズム研究なんかをしている。東大の建築学科でも新しいコンピューテーショナルデザインやサステナビリティの新しいラボを立ち上げてアートと社会とを再接続しようとしはじめていますが、そのヒントが丹下さんの中にまだまだありそうですね。

聞き語り調書：

丹下研究室のアーバンデザイン一九六〇―七〇 楽屋の表と裏

丹下さんは人を使うのがうまい。だから、勝手にやらせてるように見えるけれども、自然に自分の考えに導いて、最終的にまとめちゃう。――高瀬忠重

八束はじめ

証言者（発言順＝敬称略）

神谷宏治
曽根幸一
吉島忠男
荒田厚
高瀬忠重
月尾嘉男
杉浦康平
谷口吉生
伊東豊雄
六角鬼丈

前口上：調書制作者の弁

本書の編者である槇文彦氏と神谷宏治氏が定められた本企画趣旨は、表記の件で座談会をというものであった。槇さんからは、今までに出ていない話をぜひというご注文もあった。だが、座談会は細かく新しい事実を拾い上げて一つの全体像を描き出すことにむいた手段ではない。さらに、六〇年代の丹下研究室周辺のアーバンデザインとは、〈東京計画1960〉から〈'70年大阪万国博覧会〉までと限っても、多くの、豊川斎赫氏流にいえば「群像」が関与する複雑かつ大規模な流れである。丹下健三は、この群像によるオーケストラを駆って見事な音楽を仕立て上げた名指揮者（谷口吉生氏の形容）であったわけだが、少数の証言だと、話が限られた角度からつくり上げられてしまいがちである。複数の角度から「傍証」を得て、話を立体的に仕立て上げることが望ましいと考えた。加えて、ほかの座談会の方々と違い、私は同時代を共有したというアウラの下で話すわけにはいかないので、どうしても聞き手たらざるを得ない。つまり、座談会というよりインタビューの並列という散漫な様相を呈してしまうことは避け難い。槇さんからは、座談会に収まらないようならいっそのこと取材のうえで書いてしまってはどうかというサジェスチョンをいただいたのだが、普通に書いてしまうのでは、今ここで残しておかなければという絶妙なタイミングで集められたせっかくの生の声のアウラが消えてしまう。という理由から、座談でもなく、また証言の生々しさを消さないようにという配慮からとられたのが、聞き手たる私のコメントでつないでいく「調書」という形式である。三次元インタビューといってもよい。調書制作者としての文責はあくまで私にあるが、願わくば、やはり個々のプレーヤーの証言にこそその価値があらんことを。

［東京計画1960］

あまりに有名な計画であり、丹下研による詳細なドキュメンテーションもあり、私も『メタボリズム・ネクサス』などでもずいぶん書いたから、計画の内容にはあまり踏み込まない。むしろ脇を固めるべく、ここ

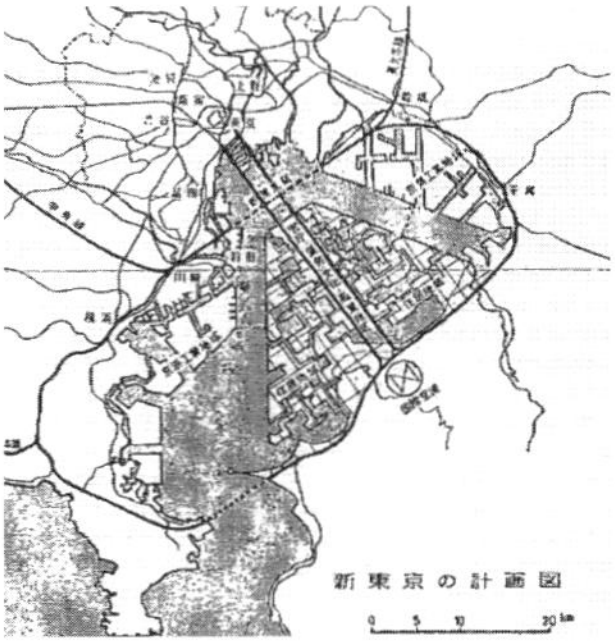

〈東京計画〉線状1案

での関心は〈東京計画1960〉の成立の経緯である。〈東京計画1960〉は六〇年代の丹下によるアーバンデザインの発生的な源を示すものだからだ。この計画を主として担当したのが神谷宏治、磯崎新、黒川紀章であったことは広く知られている。今回は神谷に加え、当時研究室に入ったばかりであった曽根幸一の補足的証言を得た。この計画を生み出した背景を知りたかったからである。

〈東京計画1960〉が発表されたのは一九六一年正月のテレビ番組で、丹下研ではその前日の大晦日まで作業を詰めていたことについてはいろいろな証言がすでにある。しかし、それに先立って六〇年一〇月の『週刊朝日』に最初の案が載っている。最終案のような海上都市というより埋め立てではあるにせよ、すでに軸線は見えている。しかし、発表時点で最終案は進行していたはずだから、それを待ってもよかったのにという感もなくはない。生煮えの案ともいえ、むしろその後の二ヶ月たらずでの案の急速な進展が、目覚ましいということばでは追い付かないすさまじさであったことを示すものだ。当時の研究室の様子を曽根はこう語っている。

曽根：私が大学院に入った頃の丹下研究室は建築学科の廊下の延長で、そこから右折して彫塑室（アトリエ）に入る。廊下側は修士の学生の場所で、博士課程になるとアトリエ側に入ることができるという具合だった。廊下側は長さがあるけど、席らしい席はない。集中した作業は奥のほうでやるようになっていました。この設計室（彫塑室）で〈東京計画1960〉の作成があったのですが、富士山型の建築を神谷さんがコンポジションしたり、サイクルトランスポーテーションなど複雑に交錯する道路（軸に当たる部分）を黒川さんが担当していた。円循状のパターンを軸と枝に置き換えている。様子が分からない私は、猫の手にもなれなかった。模型をつくった石黒模型さんに図面を届けたりということはしていました。もっとも図面が完成してそれから模型をつくったという順序じゃなかった。追い込み時期は記憶にあります。

模型はしたがって図面と同時並行であり、建築家ではない石黒自身が研究室のやり方を心得ていて、細部をそれらしくつくってしまうのだという。当時、石黒が曽根に、僕のところにデザインの弟子入りしたら、と冗談をいったというエピソードがある。これはその後も以下に取り上げる〈築地〉や〈スコピエ〉など丹下研のアーバンデザインでは繰り返されたことらしい。コンピュータのプログラムでいうスクリプトのようなもの（ある種の定式）が模型制作者にまで共有されていたということは、アーバンデザインの問題としては、楽屋話を超えた意義を示唆する（これは本稿の底流をなすテーマである）。

この『週刊朝日』の同じ号には、海上の住居として〈MIT〉の案（模型写真）がそのようにクレジットされることなく掲載されている。ここから仮定されるのは、ボストンの計画は最初から東京計画のためのエクササイズだったのではないかということである。

神谷：丹下さんは〈東京計画〉を意識しつつ、〈MIT〉であの課題を提示したのだと思います。『週刊朝日』、読んだかどうか記憶は曖昧です。このような素案があったことは覚えていますが。今、このような埋め立て案が週刊誌に出たら世論の袋叩きに会うので、編集者は却下するでしょうね。

本筋とは別だが、後者の感想は、一〇年ほど後に発表されたメドウズらの『成長の限界』に影響を受けた神谷らしいコメントで興味深い。ボストンの海上メガストラクチャーと神谷が担当した〈東京計画〉の住居棟の間の時期には〈WHO〉のコンペ案があり、明らかにこの三つは形態的に関連がある。しかし、ボストンのものは直線で構成されているが、〈WHO〉以降の二つはシルエットが曲線である。かつて私も立ち会ったレム・コールハースとハンス・オブリストのインタビューで、これが日本的に見えることに意識的であったか、という質問が出て、神谷はイエスと答えていた（このインタビューの全体は『PROJECT JAPAN』には出ていない）。今回はそれについてさらに質問を重ねてみたが、答えは真に明快であった。指揮者の指示というよりプレーヤーの自発的な演奏であったのだという。これは丹下研ではむしろ普通にあったことのようだ。

神谷：〈WHO〉のコンペは、丹下さんがまだアメリカに滞在しておられる頃から丹下研でスタートしていました。〈MIT〉の断面を応用して曲線を使う案にしたのは、丹下さんの指示ではありません。応募案づくりの途中で丹下さんが帰国、あの案に丹下さんの指示を加え、細部をまとめて提出した次第です。

曽根：〈WHO〉のほうは磯崎さんと私でパース（p.13参照）を担当したのを記憶しています。

これは、曽根が三点透視の描き方を磯崎に指南しながら仕上げたというエピソードである。

それまでの丹下作品には、プランやシェルの形は別として、シルエットではカーブはあまり多くない。この前後、〈WHO〉から〈東京計画〉、そして〈代々木〉へと日本的と称される曲線が出てくることになるが、これらが皆神谷の担当だったということは興味深い。一方サイクルトランスポーテーションによる都市軸は直線形で、担当であった黒川は、本来もっとアモルフ（不整形）にしたかった（細胞増殖のパターン）のに、丹下に退けられたと折りに触れて述べており、曲線とか生物アナロジーといっても微妙に丹下の許容水準というものがあったようで興味深い。これについては、『新建築』に出てからいろいろなところに掲載されて知られている脊椎動物の胚珠の図版があるが、森美術館の「メタボリズムの未来都市」展に出品された本（丹下自身の蔵書）は、『動物の解剖・組織・発生』叢書の第三巻「脊椎動物［II］」（中山書店、一九六〇年九月三〇日）で、これは日付からいっても、案に影響を与えたというよりおそらく説明のために採用されたものであろう。藤森照信が『新建築』誌上でもう一人の計画参加者であった渡辺定夫に行ったインタビューを見ると、これとは別に脊椎の成長を見せた映画があったようで、これが基かもしれないが、神谷の記憶は「映画、あったような気もしますね」にとどまった。

神谷、磯崎、黒川など、千両役者が揃ったこの計画チームで興味深いのは、いかに役割分担が決まったのか、である。私の仮説は、磯崎が空中都市、黒川が都市軸（サイクルトランスポーテーション）、神谷が海上メガストラクチャーという割り振りは、前記の〈WHO〉を含めて、すでに各自が類似の計画（構想）をしていたからではないか、それが最後の短期間でのいわば怒濤の追い込みを可能にしたのではないかということだった。

神谷：お説の通り、すでに各自が手掛けていた分野を基に割り振りが決まりました。分担のためのミーティングなどはなく、たとえば私は自ら住居を分担した次第です。何しろ時間がなくて電車の往復がもったいないので、自宅でコタツの布団の上に小さな製図版を載せて書いたのが、パンフ四九頁の版下図面（注：よく知られた断面と平面＝水平断面図のこと）という有様でした。

前記の模型制作のエピソードにも共通するが、この証言は、複雑に見える〈東京計画1960〉は、いくつかの基本タイプ（とそのアイデア）の了解がチーム間に共通していたから、一堂に会しなくとも全体像を形づくり得たのだということを物語っている。即ち全体構造としての軸線上の分布＝シンタックス（結合規則）と部分の類型＝セマンティクス（変数）で構成されている、というわけだ。これは〈スコピエ〉などにも踏襲された共通の手法と考えられる。

［築地計画］

〈築地計画〉は、本来〈電通本社〉の計画のオリジナルのデザインが予算に合わず、変更となったため、このアイデアを惜しんだ丹下によって地区全体のアーバンデザインにまで拡大されたプロジェクトである。〈東京計画1960〉の一部（業務都市の街区）を詳細にスタディしたものともいえる。規模的にも〈東京計画1960〉の都市軸のループの一つ分の規模であった（正確にはひと回り小さい）。

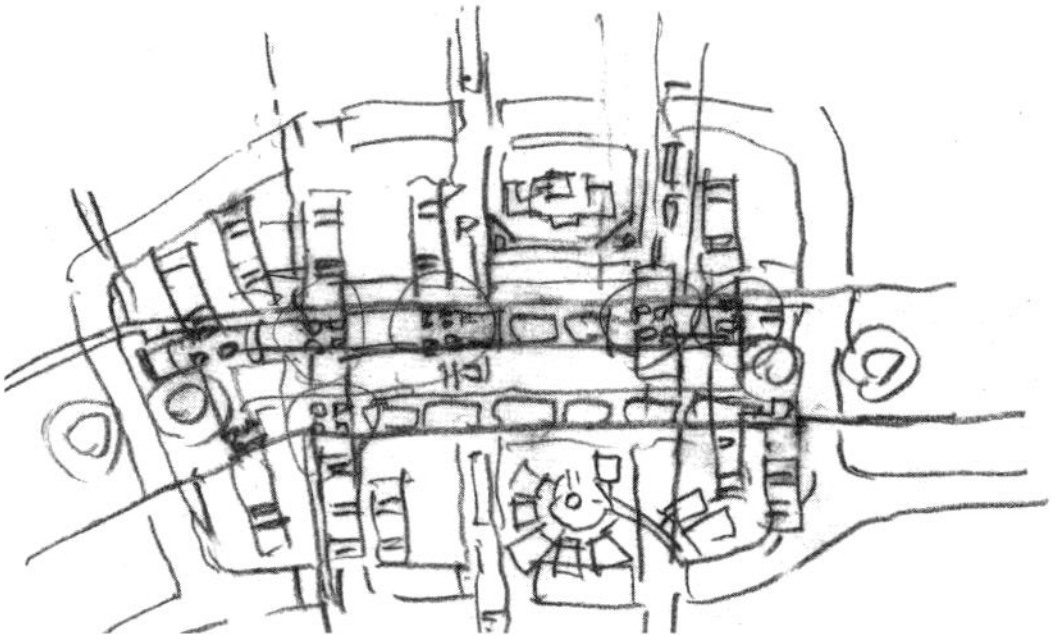

この前後に丹下は、〈代々木〉や〈カテドラル〉の実施設計をこなすために、事務所URTECを渋谷の南平台に開き、アーバンデザイン的なプロジェクトは大学の研究室、建築の実施は南平台（後で原宿）の事務所でという分業体制となる。〈築地計画〉はその間のプロジェクトである。アーバンデザインにもかかわらず、実施の仕事の延長であったためか、設計作業は大学ではなくURTECで行われた。

このフェーズを担当したのは、吉島忠男というユニークなスタッフである。〈電通本社〉の計画自体は当初渡辺定夫、近沢可也、井山武司、富田玲子などが担当していたが、この時期には吉島の手に移った。吉島は飛騨高山の古民家として知られる吉島家の当主でありながら、丹下のもとで超現代的なデザインを行った建築家である。建築史家伊藤ていじは、彼の人柄を愛して『建築家吉島休兵衛』という本を書いているが、絵のすこぶる達者な名人気質の人で、当時も事務所にも夕方にならないと現れないという様子だったらしい。添付の図版は、今回のヒアリングのために少しの時間で吉島が描いたスケッチで、四〇年以上を経ていながら、〈築地計画〉のコンセプトを存分に示している。吉島の語る当時の事務所の様子は、最盛期にかかっていく丹下研の様子を偲ばせる。

吉島：私は先生が南平台に事務所を構えられたときに、いうなれば一般公募でとっていただいたんです。〈電通ビル〉は最初低い案から始まって、だんだん高くなっていったのですが、私はその経緯は知りません。私が入ったときにはもう例のエクセントリック・トラスという構造は決まっていて、稲塚（二郎）さんなどがその案をいじっておられたんです。皆さん〈代々木〉や〈カテドラル〉の現場に出払っていて、事務所は空というか、残ってたのは、岡村（幸一郎）さんとか山本（浩三）さんで、〈山梨文化会館〉をデザインしていました。岡村さんには「君は先生のいいオモチャだ」といわれたりしていました。

つまり、〈東京計画〉以来の空中都市の案が二つ並行していたことになる。印象はずいぶん異なるが、ア

吉島忠男：築地パース・スケッチ（二点とも）

イデア（タイプ）としては〈山梨〉も〈築地〉もコアとブリッジである。当時最若手の院生だった高瀬忠重は、若かったのでプロジェクトには関わっていなかったといいながら、その記憶を語っている。

高瀬：〈電通〉の計画では、一年先輩の富田玲子さんたちが同じファサードを数百枚描いていたんですよ。バリエーションの最後の一滴まで絞り出すといった感じですごかったね。新入り院生にとってはカルチュアーショックでした。院生を一方的に酷使するだけじゃなく月に一度くらい呼ばれて、どんな勉強をして何を得たか聞かれ、お説教をしてくれました。それはぜひ伝えるべきことだと思っています。

吉島：〈電通ビル〉は〈山梨〉と一緒の時期に模型とかつくりながら、少しずつ違う案をものすごくいっぱいスタディしていたんです。それが最終案で盛り上がったんだけど、結局予算が合わなくてできないということになった。先生は涙を浮かべていたと土岐（新）さんから聞きましたよ。

この経緯は私の『メタボリズム・ネクサス』でも書いているが、それが〈築地計画〉に転じた経緯を吉島はこう語る。

吉島：〈電通ビル〉の最後のほうの段階で、都のほうに特定街区のことで交渉に行かされてたんです。結局、地区の中でほかのビルと総合的にしてでないと高さ制限の緩和ができないというんで、〈電通〉だけではなくほかのビルも計画するということになって絵も描いていたんです。実施のほうは結局別の案に代わって、僕はそれはやっていません。先生はあのアイデアをもっと広い地区まで拡げようということになって、それから神谷さんに取り次いでいただいたり、先生との暗黙の了承みたいなことで進めていきました。

特定街区制度の導入は、戦前の市街地建築物法以来の絶対高さ制限の撤廃へのステップである。

曽根：六三年には基準法が改正され六五年には丸の内地区が第十種地区（容積一〇〇〇％）に指定され、絶対高さ制限は事実上失効し、一九七〇年に都市計画法の改正によって、絶対高さ制限が撤廃され容積制に移行していく流れですが、後者については学会などでも議論があり、五九年頃先生や浅田孝さんなどは密度を四〇〇％程度に下げ、形態を自由にすべきだという意見を提言しています。すでに完成していた〈旧東京都庁舎〉の別館の増築で提案しているのがその一つです。

この都庁増築案とほぼ時期が重なるのが、〈電通本社計画〉である。〈東京計画 1960〉と同様に、〈築地計画〉も朝日新聞の一九六五年元旦の版に発表されたり、NHKで放映された。だが、それは最終案の半分の規模でしかなく、丹下と吉島はこれをさらに拡げ、築地本願寺などまで取り込んだ最終案に練り上げる。

吉島：築地本願寺は残そうとかいっていて、だけどそれだけだと周りをどうするかが難しい。そしたら先生が全部を高くしなくてあそこくらいは低くしたらどうかといわれて、文化施設をそこに置くことにしたんです。花みたいな形をしたデザインで。今でいうシネマコンプレックスですね。もう図面とか間に合わなくて、直接模型の下図を原寸でつくるのがデザインだったりして……。

これも〈東京計画 1960〉と同じで、石黒模型ならではの仕事ぶりである。だから〈築地計画〉には図面らしいものはない。

吉島：僕は〈東京計画1960〉にはものすごく影響されました。国際文化会館で菊竹さんの司会でやったお披露目で、そのときは学生でしたけど。それで、築地のあの場所が〈東京計画〉の軸の上陸地点に重なるということに気がついて、先生にお話したんですね。先生はそれからだんだん乗ってこられて……。それと下(地下鉄)から出てくるところを提案したりしていました。あの頃には首都高があの辺はできてきていて、高速からの引き込みのループは、新宿の東口に似たようなのができたので、あれでいこうみたいなことで決まりました。ここの軸は〈東京計画〉の軸と直交するようなものを考えたんです。〈東京計画〉のときに先生が参考にされた生物の神経索みたいなものを参考にしたり、〈カテドラル〉の現場から事務所に顔を出していた荘司(孝衛)さんの意見とか聞きながらやったんです。

高層のほうはシステムが決まっていて、フィボナッチというんですか、黄金分割のパターンでブロックの階数を分けて架け渡していたんですが、〈築地計画〉後半の強力な助っ人、同期の桜でその頃の宿敵でもあった小川(公久)君のお陰で、大まかなコア柱と数種類のブロックの模型を、石黒さんに一〇〇〇分の一でつくってもらいました。コアのところに穴を開けてこれに支柱を差し込んで、いろいろとブリッジの架け渡し方でどう見えるかスタディなんかをして、先生にお見せしOKをいただき、それを本番模型では五〇〇分の一に拡げていった。組み立ての最終段階では、小川君から桜門会を通じて、七、八人の日大の学生さんのアルバイトによって約ひと月で組み上がりました。複雑に見えるけど意外に簡単なシステムなんです。作業の後半はずっと石黒模型でやってました。椎名英三君なんかもいたんです。小川君と彼らの協力なくしてあの模型はならなかったはずです。

ここで語られていることは、〈東京計画1960〉の箇所でも書いた類型性とシステム志向だが、同時に丹下研で要素のタイポロジーとともに共有されていたもう一つのファクターが、黄金比に基づいたモデュールであったという事実でもある。当時、神谷は、それを都市に至るさまざまなスケールで図示するドローイングを制作している。スケールとモデュール、システムとタイプがあれば、複雑に見える都市デザインのプロジェ

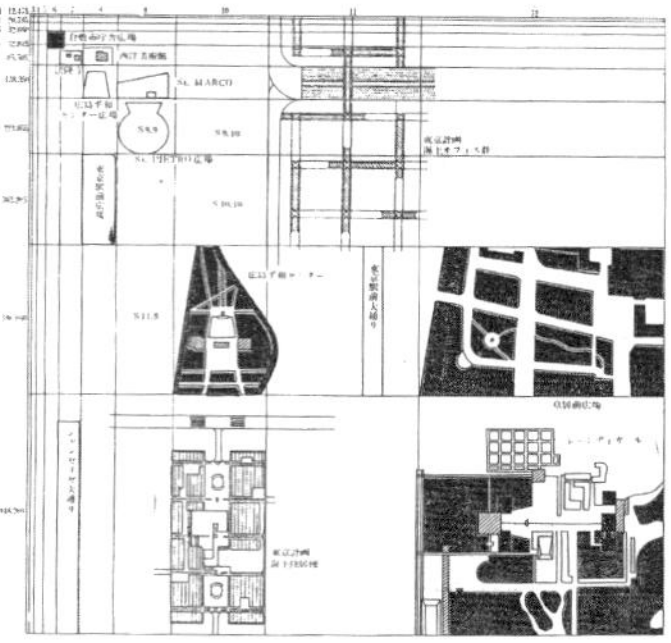

丹下モデュール：都市

クトを生成することもそう困難ではない。

吉島：夜の八時くらいに突然先生と磯崎さんが一緒に石黒模型に見えて、まあいいでしょうみたいになったことを覚えています。

同時期に丹下と磯崎は〈スコピエ〉のコンペをやっている。〈スコピエ〉の作業場所は大学（都市工学科）であったらしい。これはそこから二人が覗きにきたということであろう。

吉島：あの模型は先生すごく気に入られて、村井（修）さんが撮影された後にでもご自分でフィルム七本分とか東大の建物の屋上で撮影されていました。あれは〈スコピエ〉のコンペの最後のプレゼンが始まる直前に上げたんです。〈築地〉の締め切りが（六五年の）七月三一日で〈スコピエ〉の締め切りがそのひと月後だったはずです。石黒模型さんはそっちもやらなくてはならなかったんで。

［デザインとプランニング：丹下研梁山泊］

前記のように、六〇年代前半から丹下の作業場はURTECと東大の研究室に分かれる。本郷の工学部八号館に都市工学科が本格始動するのは、駒場の教養学部から三年生が進学してくる六四年、つまりオリンピックの年である。「群像」はその両方を往復しながら仕事をしていた。その雰囲気を最も伝えるのは芸大から院生に入り、さらに大学で最初の助手になった曽根である。曽根たちは新学科を立ち上げるための共通助手であった。

曽根：この頃、磯崎（新）さんと川上（秀光）さんとで都市計画の委託をやろうと建築・土木学科（一号館）の屋上の物置のような場所に別室をつくっていた。（今は増築されたので痕跡はない。）で、森村（道美）、宮脇（檀）と私たちはそこをアジトにするようになったのです。この場所で高山研が「静岡の再開発の委託」をやっていた。一〇〇万円を超える委託は初めてだって川上さん興奮していました。丹下研（森村／曽根）と高山研（宮脇／土田／久保）は磯崎＋川上の動きでここでは合体してたんです。建築史の部屋に棟梁の田中文男さん（以来皆さん長い付き合いになる）が来ていたのもこの頃で、アジトの間仕切りなどつくってもらっていました。

URTECが実施設計のためにつくられた通常の設計事務所であったのに対して、大学は当然ながら作業のみをしていたわけではない。アーバンデザインの方法を確立するための実験的、理論的な探求が、公式活動のみならず研究室を超えて非公式にも展開された。後に、『建築文化』で「都市のデザイン」や「日本の都市空間」という特集（その後単行本化）になる作業もここでやられていた。

曽根：これは丹下研究室とは別の活動でもあったと思います。だから場所も別で、これはボンナという正門前の喫茶店に高山研や丹下研の若い人たち（修士／博士課程）がたむろして議論していたことです。伊藤ていじ（当時先生は病気が治癒して活動を再開しようとしていた）、川上秀光、磯崎新の三人がかわるがわる書いて、八田利也の名で雑誌の評論活動していました。彼らがわれわれ学生を「引っ掛けた」のですが、彼らは共に「ヒッかかるのは本人の自由、後は知らないよ」が口癖でした。ともかく研究室の壁とは関係なく交流することを促したことは間違いない。で、そのうちに伊藤ていじさんは彰国社に交渉して研究資金というより雑誌の特集の前借りをしてくれた。都市デザインの勉強のきっかけをつくってくれたのです。六〇年から六五年くらいにかけての時代です。伊藤ていじさんの引率で皆さん彰国社所有の日光の別荘に出かけて追い込みをやったのを覚えています。文章の書き方など、私は伊藤先生に個人的な指導でもお世話になりました。「都市デザイン研究体」の命名は成果物の出版にあたっての伊藤さんの命名です。所属はバラバラだからこれでいいって。当時はイギリスのタウンデザイン、Team Xからアーキグラム、ケヴィン・リンチ、しばらくしてクリストファー・アレグザンダーなどの情報が中心の時代でした。当時、大規模な開発といえば団地くらいしかない。しかしそこにアリソン&ピーター・スミッソンの〈ベルリン計画〉やC.ウッズの〈トウルーズ・レ・ミレイユ〉なんかが現れる。土田さんなんか興奮して〈高蔵寺ニュータウン〉に適応させようとしていました。〈筑波研究学園都市〉もこの頃高山研でフレームをつくっています。

雑誌『建築文化』のほうは、最初の特集がずばり「都市のデザイン」（六一年一月号）で、三人の指導のもとで森村さんと私がやりました。佐々木隆文君（都市工一期？亡くなった）なんかが手伝っていた。都市というより大規模な建築の配置計画、つまりは内外のアーバンデザインの対象になるようなものをパターン化して分類してみるようなものでした。磯崎さんの四段階論、実体、機能、構造、象徴や「見えない都市」の論文もこの号で暖めていたように思うけど、今見ると二集めの巻頭に匿名で書いています。この第二集が爆発的に売れた『日本の都市空間』（六三年一二月号、ハードカバーの出版は六八年）です。これは皆さん実測旅行などして一年かけています。私と森村さんはこれに参加していない。というのはこの時期私は渋谷の事務所に通っていてオリンピックか何かで忙しかったのだと思います。ケヴィン・リンチの研究に精力的に取り組んだのは森村さんです。『UR』という機関誌つくってその都度ゼミのようなことを始めた。それを集大成して『都市のイメージ』を完訳したのが富田玲子さんです。で、売れないと困るからと丹下先生にお願いに行った。クリストファー・アレグザンダーの『都市は樹ではない』はすごいのが出たと南条道昌と二階の助手室で驚いたのを記憶しています。

URTECとの二頭体制どころか、研究室では梁山泊よろしく複雑な分岐が始まる。アーバンデザインといってもよりプランニングや地域や国土計画のスケールでの調査を指向するグループと、URTECとは別であるにせよデザインを指向するグループである。〈東京計画1960〉というオリジン（源流）が、一方では吉島らによって〈築地計画〉という細部に展開されたのに対して、前者のグループによっては〈東海道メガロポリス〉あるいは「21世紀の日本」のヴィジョンへと拡大されていく。この二面性は五〇年代の丹下研のものでもあったが、それがさらにスペシャライズするとともにおのおのの手法も分化していく。このプランニング・グループは、丹下研のみならず高山（英華）研にまでまたがりながら、六〇年代後半以降、都市計画設計研究所（大村虔一、南条道昌、土井幸平／一九六七年創立）、環境設計研究所（曽根幸一／一九六八年創立）、都市環境研究所（土田旭／一九七〇年創立）、日本都市総合研究所（加藤源、荒田厚、鳥栖那智夫、松本敏行／一九七三年創立）などがつくられていく。

荒田：研究室では、この頃からデザイン組とプランニング組みたいなものができていました。デザイン組はケヴィン・リンチとか景観ものをやっていましたが、僕らは同じアメリカでもアイザードとか。

このアイザードとは、地域科学の創立者としても知られる経済学者ウォルター・アイザードである。当時のアメリカの東海岸では、フィラデルフィアのペンシルバニア大、あるいはボストンのMITやハーバードがつくっていたJOINT CENTER FOR URBANISMなどでは、インターディシプリナリーな数量データの分析が地域計画（経済）や交通の分野で行われていた。ロバート・ミッチェルとか前記のアイザードとかがその中心人物である。ミッチェルが行った研究の中心は交通の統計データを駆使した都市のモビリティ解析で、これは同時期の丹下研の研究とも近い。ルイス・カーンの有名なフィラデルフィア都心部のモビリティ（アメリカではむしろムーブメントということばが使われたが）分析と提案はこれと関わっている。ボストンからフィラデルフィアに移ったアイザードは、地域の経済を産業立地やそれら相互の距離などから分析しようとする総合的な地域科学を目指し、メガロポリスの地域再構成を志向した。これまた丹下研の志向に近い。日本からはこの時期に槇文彦（丹下研）、伊藤滋（高山研）、蓑原敬（建設省）などが留学してこれらの動向に接して、日本国内にそうした情報を送った。この伊藤は後述の〈スコピエ〉の計画で交通を受け持っている。

前述のように、〈東京計画1960〉以降、丹下研は新設の日本地域開発センターなどに依拠しながら、さらに範囲を延ばした〈東海道メガロポリス〉のようなヴィジョンを、都市社会学の磯村英一や地理学の木内信蔵と推進する。丹下研の若いプランナーたちはこれにも参加していた。

荒田：やっていました。元々五〇年代から統計などを手回しの計算機で渡辺さんなんかが資料化していたりしたので。プランナーというかアーバンのほうは渡辺さんが束ねていた。コンピュータを使って計量的なアプローチをされていたのは山田さんや月尾君ですが、もう一人奥平（耕造）さんという方がおられて、これは天才でしたね。簡単にシミュレーションのモデルとかつくってしまう。奥平さんや山田さんが早く亡くならなかったら何か違ったものが生まれたかもしれませんね。

奥平耕造は元々高山研の出身で、電電公社を経由して大学に戻ってきた。日本の都市解析の初期の大家だが、デザインにも通じ、建築の模型の本なども著している異色の人材であった。

［シミュレーテッド・シティ］

コンピュータを地域の交通や経済の分析に用い始めたのは、やはり前記のアメリカである。荒田の発言でも手回しの計算機からコンピュータの導入へという事情が述べられているが、これはミッチェルらの世代が手作業であったのに対して、次の世代のブリトン・ハリスなどがコンピュータを導入して、将来の都市ないし地域形態のシミュレーションを行うようになったことと並行である。

月尾：僕は建築関係の雑誌ではなく、アメリカのコンピュータ雑誌を読んでいたので建築設計への応用などの情報を仕入れていました。伊藤滋先生がアメリカから帰国したときに、最短経路問題のアルゴリズムのプログラムを御土産にもってこられたので、すでにアメリカでは相当に進んでいたと思います。

〈代々木〉や〈カテドラル〉などの傑作群を設計しながら、同時にこのような計量的な分析にも丹下は関心を寄せていた。これは前川事務所から大学に戻って以来、そのときどきでの振幅はあるにせよ一貫しており、単なる造形家としての関心をはるかに超えている。研究室の都市デザインのサーベイなどを通して都市の象徴操作をコンピュータでできないかと考えていたのは磯崎新だったが、荒田らプランニング・グループの関心であった都市や地域の経済、交通などの指標の量的把握にも丹下は関心をもっていた。丹下の都市ヴィジョンが空間（デザイン）のみで成立していたわけではないことは強調しすぎることはない。

荒田：先生には、何かそういう思想が一本通っていないと納得できないというところはあったと思うんです。情報社会論とかにいくわけですが。

高瀬：丹下先生のすごいところは、使える資料がないとなると学生使ってつくるんですよ。あるもので間に合わすのじゃなくて。それも統計の原票に当たってね、おれはすごい感心したね。ああいう研究体制は大学の先生が優秀な頭脳をもった手をいっぱい使わないとできないよ。丹下さんは人を使うのがうまい。だから、勝手にやらせてるように見えるけれども、自然に自分の考えに導いて、最終的にまとめちゃう。都市工ができると曽根さんとか渡辺さんとかが助手で、彼らが抜けてから私と山田（学）さんとかが助手になった。あの頃渡辺さんと周りの人たちは研究室とは別に作業部屋をつくっていたんじゃなかったかな？

荒田：本郷三丁目にスペースを借りて委託研究で研究室では収まらないものをやっていました。法人格はなくて研究室の会計が回っていましたが、紛争とかでそういうような委託研究ができなくなって、僕らは

URTECに移っていったんです。そちらでは外国のプロジェクトとかずいぶんやっていて、そうなると背景が日本と違うから、何となく具体的な人やモノに触れている感じがしなくて、やはりそういうものをやりたいと思って独立するんです。

丹下が後述の万博やそれ以外の実施設計の仕事でURTECに主軸を移した後で、研究室に残された部隊は、六五から六六年の〈スコピエ〉の仕事（後述の谷口吉生はアメリカからの帰国後ここに配属されたという）以外はリサーチ的な委託研究をする一方、コンピュータの導入のための試行をしていた。研究室を預かるかたちをとっていた渡辺定夫を中心に、URBOTやurgorithmなどと名付けられたデザイン・プランニングのためのソフトを開発しようとして、『建築文化』の記事（六七年四月号）や都市計画学会に発表された「URTRANの開発」という論文をものしている。概説的な展望のようなものだが、後者は、渡辺や荒田に加えて、その荒田が名前を挙げた山田学と月尾嘉男の連名で発表されている。

荒田：覚えていないなぁ、学会でよくある先生と学生が連名で発表しているようなものではないのかな?

つまり主体は山田と月尾であったということになる。二人は同じ高校の三年違いの先輩後輩で、荒田はその間の世代になる。

荒田：まあ、当時、コンピュータが神様だった時代ですけども、すべてにおいてそういうことがあったわけですね。月尾君が〈ボローニア〉の仕事をしていた、テープではなくカードの時代ですけど。土木の篠原君が、ミラノまで出かけて行って、とってきたデータをそのカードに入れて、交通量のシミュレーションの絵を描いて、そのようなことを、交通量だけでなく市街地がどう発展していくかということを、そんなわけないだろといいながら、とにか

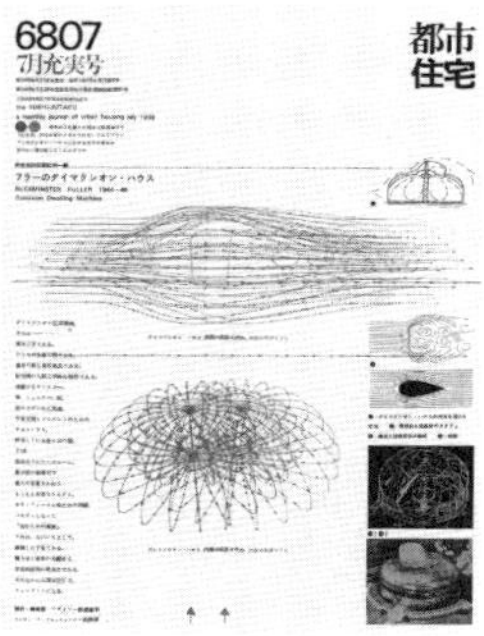

『都市住宅』（鹿島出版会）表紙

くそういうツールを使って試みていたというような時期ではなかったのかという気がします。当時はフォートランでプログラムを描くことが流行でしたからね、東大の大型計算センターを使ったりと、何かそういうツールがやたら新しく見えた時期だったんです。

少し議論が脇にずれるが、この辺の事情をグラフィック・デザイナーの杉浦康平に語ってもらう。

杉浦：月尾君はずっと磯崎事務所に出入りしていた、アシスタントとして。月尾君だけじゃなくて山田学君もいたでしょう。山田＝月尾両君がいつもセットになっていたんですね。僕は『SD』だけでなく『都市住宅』（六八年創刊）という雑誌の表紙のデザインを磯崎さんと組んでやっていたんだけど、一年目の一二冊で立体視の作図を連載して僕も編集部も疲れてしまった。そこで、二年目はもう少し方向転換をしようということになり、表紙のデザインをマイクロフィルムのように小さい情報を細かく並べる事典風の構成にした。この時期の調査はほとんど山田＝月尾両君がやったんですよ。

だから僕は毎月のようにその二人と会ってやってました。磯崎さんは彼らを適材適所に上手に使う術を心得ていて、当時先駆的なデジタル能力をもった二人をどのように持駒化したらいいかという戦術を十二分にもっていたと思いますね。この二人がいなければ『都市住宅』の二年目の表紙は成り立たなかったんです。第一年目にもバックミンスター・フラーの〈ダイマキシオン・ハウス〉を取り囲む空気流というのを山田＝月尾組が計算して、プリントアウトしてくれて立体作図している。赤青二色で刷っています。いずれにしてもそれはコンピュータによる作図で、当時は珍しいものでした。

月尾：私の修士論文はURBOTで、当時の状況を要約しています。それらの名前は多数のプログラムの集合につけられた名前ですが、その内部の個別のプログラムについては、景観のシミュレーションの初期のプログラム、歩行者の移動のプログラムは山田さん、交通シミュレーションや集合住宅の構成や地図を描くプログラムなどは月尾でした。ただしすべて実用にはなっていません。

東大での月尾の同級生の一人が伊東豊雄である。以下のエピソードは、伊東もまた磯崎のようにコンピュータを用いた都市の設計の可能性を感じていたことを示している。伊東が菊竹事務所から独立した後で月尾とつくった事務所の名前がやはりURBOTだった。

伊東：僕は菊竹さんのところで〈ペアシティ〉の担当をしていたのです。システム工学の片方善二さんという方が事務所に出入りしていて、ネットワークみたいな話を菊竹さんにして、菊竹さんが思いついたのがチャンネル開発という考えで、これはコンピュータを使えるのではないかと興味をもったのです。実際には事務所でコンピュータを回すとかいうことにはならなかったけれど。それで独立してからURBOTをつくった。定款にソフト開発まで謳っていました。東大に通って月尾君にコンピュータの手ほどきしてもらっていました。ですが、当時彼は磯崎さんの事務所にも関与していて、そちらとの関係でこっちから抜けたんです。それで僕だけではどうしようもないので普通の設計事務所になった。

資料的な正確さを期すために記しておくと、菊竹事務所で伊東の先輩にあたる遠藤勝勧や土井鷹雄の記憶では、チャンネル開発のアイデアを菊竹に示唆したのは、片方というよりも早稲田の電気工学の教授で、電気回路の専門であった平山博だったのではないかという。

月尾：僕は磯崎さんのところでも設計をする積りだったのです。あるとき複雑な容積条件のある集合住宅のプロジェクトがあって、それを苦労してコンピュータを使ってこの条件を解いたので、さて設計だと思ったら、さっと別のスタッフのところにいってしまった（笑）。それで設計に見切りをつけたんです。

楽屋話にすぎないとはいえるものの、もしこのパートナーシップが続いていたら、伊東も月尾も違う人生を歩んだかもしれない興味深いエピソードである。この伊東のコメントにもあるように、コンピュータはまだ一般的に民間の設計事務所に普及しているという段階ではなかった。しかし、その状況は徐々に整い始めていた。

月尾：一九六四年にIBM360が開発されて東京オリンピックに使用され、六五年以後、世界の主要都市でIBMがそれを使用して受託計算業務をしていましたので、プログラム能力があれば、誰でも使用できました。万国博覧会関係のシミュレーションなどは、当時、若松町にあったIBMの窓口にプログラムをもっていって計算してもらっていたと思います。

IBM360シリーズは、IBM社が、電子計算機を販売するだけではなくサービスを提供する企業へと方針を転換し、そのために開発した製品で、当時メインフレームの代名詞のようになったマシンである。売りきりというよりリース用に、小型から大型まで汎用性をもたせられたマシンで、ここで述べられているのはそのサービス業務のことと思われる。肝心の丹下自身のコンピュータへの関心はどうだったかというと、

月尾：万国博覧会のマスタープランの際に、京都大学の西山グループから主導権を奪うためにコンピュータによる動線計画が強力な武器になったのです。このことを理解されて以来、利用価値があるとして強い関心をもっておられたようです。

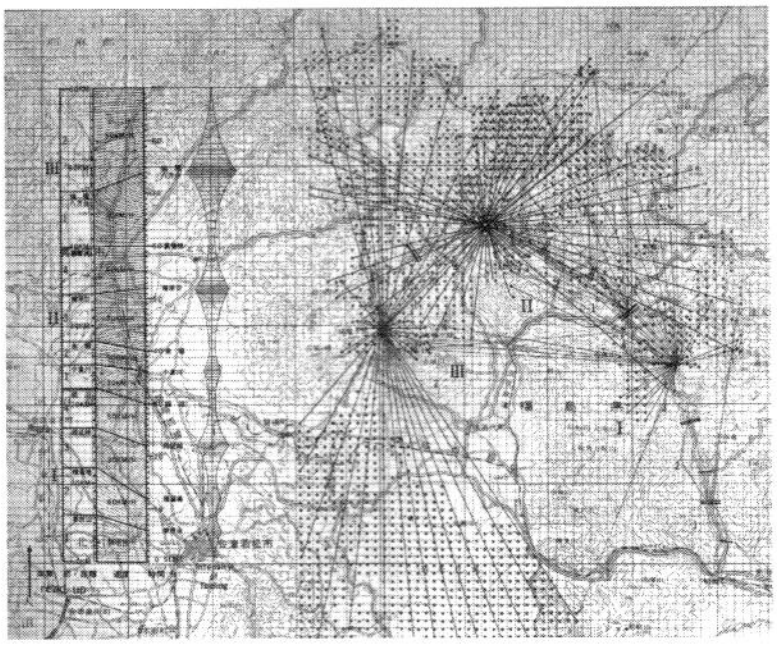
磐梯猪苗代の景観スタディ

当時、丹下研究室のデザイン・グループは都市や地域の景観解析に力を注いでいた。明らかに『日本の都市空間』以来のリンチやアップルヤードの影響である。彼らはそれにこの新しいディヴァイスを用いた。

荒田：磐梯猪苗代の景観設計は、今からすると幼稚な話でしたけれど、当時、都市工でバンを買って、それで磐梯に行って、その辺で寝そべって山が見えるとか見えないとかやっていました。それをコンピュータにデータ化したのです。道路の線形によってある山が見えるかどうかをチェックしたわけです。

高瀬：これの前にね、歴史の太田博太郎さんと、高山さんと丹下さんが研究費をどっかからもらってやった、奈良盆地の保存絡みの景観構造の調査というのがあって、このときが最初。当時、奈良の若草山というところに怪しげな温泉街ができて、それが古都の景観の邪魔をする、そこで景観っていうものを数値化できないかという話になって、どっから見えてどっからは見えないかを、コンピュータで図化するのを山田中心でやっていた。僕は太田研の福田晴虔、高山研の山岡義典たちと研究室横断的チームで奈良盆地の保存と開発をテーマに現地調査をしていた。古都の計画では、あと京都の都市軸と景観の話にもかんだ。今思うと、山田だけの発想とは限らないとしてもね、面白いことがいっぱいあった。たとえば万博でも、基幹の道路があるじゃない、あれをどういう風に筋立てするかなんて話も山田と本郷界隈で酒飲みながらよくやった。

月尾：これらの景観設計のほかに、〈大阪万博〉の歩行者シミュレーション（山田）、僕が独立してからはアブジャ（ナイジェリア）の景観設計、交通計算（月尾）などが実行例としてはあります。〈ナイジェリア首都計画〉や交通計画では、当時、アメリカで発売されたばかりの高性能のパソコンを購入する費用も支払っていただき、透視図や交通シミュレーションを作成しました。

丹下チームは「21世紀の日本」で、その後にローマクラブの『成長の限界』に使われるのと同じWORLDという、『成長の限界』を手がけたメドウズらの師匠に当たるフォレスターが開発したシミュレーションのモデルを用いて将来予測をしている（『成長の限界』で使われたモデルの改良版。時系列では『21世紀の日本』のほうが『成長の限界』よりも先）。これは、月尾の話では外部委託であったという。コンピュータによる都市、地区設計の可能性として月尾は興味深いエピソードを紹介している。

月尾：個人的な最大の成果は、世界最初のコンピュータアニメーション（山田・月尾「風雅の技法」）で、これは僕がシステム工学の石井威望先生と丹下研究室の先輩である西原清之さんと一緒に集合住宅の最適設計をコンピュータで行っていた結果が契機になっています。時期は六六から六七年頃ではないかと思います。「風雅の技法」はこのときに多数の透視図をコンピュータで描いたのですが、それをコマ撮りして三分弱のアニメーションにしたもので、海外でも上映されました。誰がアップしたのかは知りませんがYOU TUBEにもあります。

「風雅の技法」はバッハの「フーガの技法」のもじりだが、当時流行っていたスィングル・シンガーズによるジャズへの編曲ヴァージョンを意識していたという。ここで述べられている西原は、丹下研究室では倉敷を担当していた。その後浅田孝の事務所に移り、ここも短期で辞した後にカナダに留学している。

月尾：西原さんと石井先生はトロント大学の留学生として現地で交流があり、その関係で、石井先生が西原さんを僕に紹介してくれたのだと思います。

月尾が言及している集合住宅のプロジェクトは、『建築文化』（一九六九年一〇月号）や西原の著書『空間のシステムデザイン』（彰国社、一九七三）に掲載されている。アレグザンダーなどの影響もうかがわせるが、シス

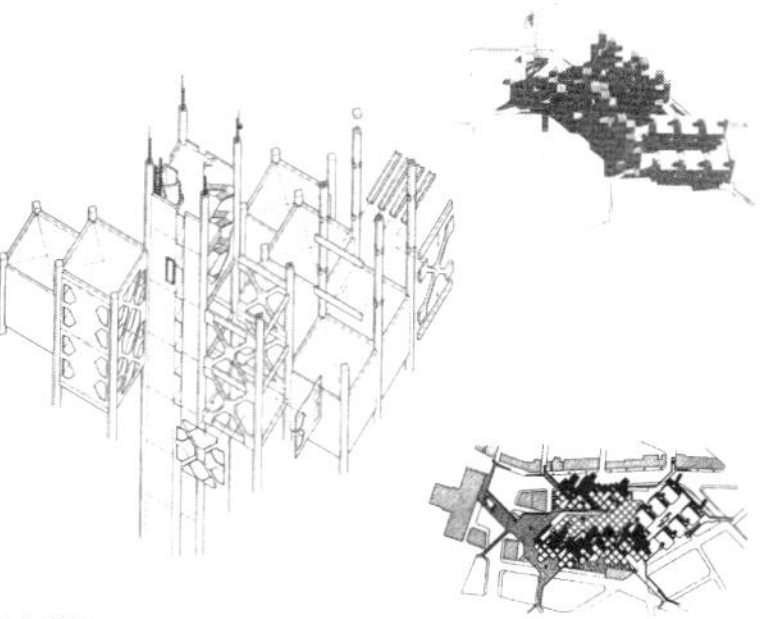

西原清之：集合住宅モデル

KAM-1　1966

テム工学とデザインの接点を求めた作業として興味深い展開なので、丹下研のアーバンデザインと直接的にはずれたところの展開ではあるが、ここで少し寄り道をしておく。

『空間のシステムデザイン』では、西原も磯崎のように象徴の操作というようなことをコンピュータの使用と関連づけて書いている。ただしまったく違うのはこのシンボルの内容で、西原ではまったく抽象化され、文化的歴史的文脈をはぎとられたものとして考えられており、先に触れられた集合住宅のプロジェクトも7mキューブのユニットが立地やエネルギー、サーキュレーション等々の条件によって価値あるいは負荷を与えられた空間単位になり、その相互の作用も含めてどう変数が変わると集合の様態が変わるかという最適値問題的アプローチである。コンピュータによるプランニングとしてはまったく正統的なアプローチで、採用されているパラメータはもっと多岐にわたり複合的だが、月尾が磯崎の事務所で担当したという複雑な容積の分析と同じといえば同じである。西原自身、これは、セマンティックな情緒性導入のために必要な基礎的状況をつくりだすプロセスであると書いているので、話としては一貫している。

　これに対して磯崎がシンボルとかいうときにはその後のことがイメージされていたに違いない。〈スコピエ計画〉のシティゲートやシティウォールがそれにあたる。これは最適値とかいうアプローチを超えた要素である。あるいは逆に計画論の網の目からもれる界隈的なもの（これは丹下アーバンデザインには登場してこない。私が学生の頃に、先生の都市には赤提灯がありませんね、というクラスメートの無遠慮な質問に、丹下が、困った顔をしながら、そういうものは放っておいても自然にできてくるのではありませんか、と律儀に答えていたことを今でも記憶している）もそうだ。ここでもプランニング系（理系？）のアプローチとデザイン系（文系？）のアプローチの違いが見えるが、これは大陸系と英米系のシンボル論（記号論）の違い、あるいは磯崎自身が『空間へ』で定式化した比較でいうとシステム・モデルとイマジナリー・モデルの違いともいえるが、煎じ詰めると何がデザインなのかという問いに行き当たってしまう。〈スコピエ〉は都市の中のメジャーな意味論的要素（「図」）を取り上げているし、西原のはもっと都市の「地」のようなものの条件を検討している。磯崎のは方法論というよりもおそらく直感的、詩的な予感でしかなく（ここを具体的に埋めることを磯崎は月尾に期待したのだろう）、西原のはシステム論としてははるかに完備しているが、同時代的な影響という意味で成功を収めたとはいい難い。一方、磯崎が万博の後に月尾の全面協力を得て計画した幕張の〈ポストユニヴァーシティ・パック（PUP）〉は、全面的にコンピュータ管理をされる都市のヘッドクォーターの計画だが、プログラムとしてはすこぶるプラグマティックなアプローチで、「界隈」的な象徴論のデザインとは正反対である。磯崎の後の「都市からの撤退」の理由は、ここから先の具体的な見通しが立たなかったということではないか？

月尾：西原さんは『建築文化』に発表されたかもしれませんが、あまり注目されなかったと思います。当時としては、かなり先端のCGでしたが、理解されなかったのだと思います。

結局「絵」にならないと「注目」は集めないということなのかもしれない。この問題は以下の〈スコピエ〉の項でも触れる。アレグザンダーも、パターンランゲージというかたちでものになったら評価は分かれたわけだし、最近のいわゆるアルゴリズム的なアプローチも、環境や躯体重量などのパラメータを取り込むと称しながら、結局は新奇な形態が求められているケースが大部分ではないか？

［幕間：反代々木・反霞ヶ関］

ところで、荒田がいったように、六八年からの大学紛争（私も当事者である。ただし、当時は駒場の教養学部にいたので、丹下研の様子は知らない）で研究室は機能不全に陥るが、『近代建築』の六九年二月号で「都市・都市・都市」という特集が組まれている。執筆者は丹下研と高山研の助手ないし大学院生たちで、この調書にいろいろと出ている名前とも重なっている。六九年の二月号とは東大安田講堂の「落城」の前後である。この両研究室の属している都市工学科は、東大闘争の中でも最も先鋭化した学科の一つであった。この特集はその雰囲気を如実に反映している。

ここでいわれているのは、こともあろうに、反丹下である。いくつかの文章が書かれているうちの一つは「巨匠はもう生まれない」というテクストで、巨匠といえども、建築ならともかく都市となると処理すべき事柄が多すぎるということ、せいぜい空間構成のスケールを上げてみたところで都市には肉薄できないということを、たとえばル・コルビュジエとチャンディガールを例にとって論じている。ついで論じられているのが「反代々木・反霞ヶ関」で、ここでいう「反代々木」とは、当時の文脈では反日本共産党であり、「反霞ヶ関」は反政府と見えるが（当然そう見せる意図ではある）、実は「代々木」はアトリエ派の総本山、丹下健三の〈代々木室内競技場〉を指し、「反霞ヶ関」は三井不動産という大組織がつくった我が国最初の超高層ビルである〈霞ヶ関ビル〉を指す。ここまでなら、アーバンデザインを議論する本稿の関与すべき内容ではないが、この小論には「巨匠も組織も都市を創れない」というサブタイトルがついており、権威の僕となるにふさわしい「代々木」は都市でいえば万博会場に、経済の僕となるべき「霞ヶ関」は新宿に比較され得る、という。そして最後に語られるのは「カッコつき建築家はもう役に立たない」である。論調的には、彼らの先輩たる磯崎が書いた都市破壊業KKの舎弟たちという感じで、巨匠批判もさらに前の五期会のやったことの反復だが、なかなかよく書けた文章で、今でも当たっていなくもない内容である。

当時の若手だから、このメンバーにはいまだお元気な方も少なくないのだが、お話をうかがったら、あれ「反代々木」は反日本共産党でしょというようなことをぬけぬけとおっしゃる。いやこれはとぼけたのではなく本当に失念されたのだろう。そもそもここのメンバーは、当の〈万博〉や〈代々木〉の計画に参加した人々が大部分である。つまり、これには当時の若手都市デザイナー／プランナーたちの鬱屈したアンビヴァレンスがこめられているのだ。そのうち忘れてしまう程度のものだったのだろうし、本当に研究室や設計事務所を占拠しようとしたわけではあるまい。今さら旧悪（?）を暴露したとて何ほどのこともない（もはや時効だし）し、当時だって丹下がこれを見て怒ったりはしなかっただろうが、これもまた当時のアーバンデザインの潮流の中の一つの光景なのだ。今どきの若い人々がこの手の話を語らなくなって久しいし、それ以前に状況そのものが想像もつかないことであろうから、この機会に紹介しておくのも無駄ではあるまい。

［〈スコピエ〉：建築か都市か］

閑話休題。丹下研究室のアーバンデザインの中でも、〈スコピエ〉の計画は、その後の国際的な展開の先駆けとしても、あるいは〈東京計画1960〉以降の流れの一環としても重要な位置を占めることはいうまでもない。『メタボリズム・ネクサス』でも書いたことだが、当時伊藤ていじは、第二の伝統論争として、日本の建築や都市デザインが象徴を配していくことから成り立っており、これは重要な国際的貢献であるといっている。一方その伊藤との、『都市のデザイン』や『日本の都市空間』などの協同作業以来、都市デザインの象徴論的方法について語ってきた磯崎新は、「ぼくは象徴論的段階と当時呼ぼうとしていた内容では、都市設計の主要な手段にコンピュータが登場するだろうと予測をしていたのである」と振り返りながら――オーラルに特化したい本稿としては文献の引用は避けたいのだが、ここの部分は致し方ないので少し引用を続ける――、「スコピエ計画を評価するならば、主としてシンボル配置論として総体のプランニングがなされ、その具体的な解決が装置的都市論と関係している」と書き、「都市の計画が、完成予想図といったスタイルから脱皮して、現実の変化に対応しながら展開する動的システムを内包すること、それがかりに未完成の都市予想図であったとしても、結果として新しい意味をもつかもしれない、というすべての計画のもつ現実と非現実の境界条件のようなものもまた、この全計画を眺めることによって発見できるかもしれない」とそのテクストを結んでいる。

一方、『建築文化』で〈スコピエ計画〉が発表された際に、磯崎、渡辺定夫と並び中心的な役割を果たしたと考えられる谷口吉生（ご本人は、「まだアメリカから帰ってきたばかりで、二〇代だったから別にそんな重要なことをやっていたわけではありません、むしろしばらくは半分先生の海外担当秘書みたいな感じだったんです」、とのことだが）は、コンペの要項で求められた一〇〇〇分の一や二五〇〇分の一というスケールが「建築の延長にあるものか、それとも都市計画の問題として考えてよいのか、大変まよった。……われわれは最終案をまとめる段階で、グラフィックデザイナーとこうした視覚言語の問題を議論した」と書いている。建築デザインがより具体的にものを扱う仕事であるとすれば、都市デザインではより抽象的な「記号」としての表現を必要とするはずだという意識がここには見える。私には、この二人の発言はアーバンデザインの方法論上の重要な画期であると思えた。磯崎のことばを借りれば、いかに「完成予想図といったスタイル」から脱するかという問題設定である。

まずこの谷口の文章にある「グラフィックデザイナー」である杉浦康平に尋ねてみた（この計画には二人のグラフィックデザイナーが携わっていたが、もう一人の木村恒久はすでに物故している）。それはかつて磯崎にこのことを尋ねたときに、「あれはただシルクスクリーンの印刷のテクニックを知りたかったんで、その二人が専門だからその話をしただけだよ」という取りつく島もない返事が返ってきたことがあるからだ。前記の谷口のテクストから、私はそれだけのはずはないだろうと見当をつけていたのだ。

杉浦：僕が木村君を誘ったんです。〈スコピエ〉のときは最初磯崎さんから手伝ってくれといわれて、一人じゃ心配だから木村君を誘って二人で手伝った。このときにどんな議論をしたかはほとんど覚えていない。木村君はこういうときはあんまり何もいわないで考え込んでしまう。多弁なのに、けっこう偏屈だから。O.ノイラートの図録に出てくるような都市計画を図化するため色彩のボキャブラリーはドイツ人なりの手法の探求の歴史があったと思います。そういう順序だった手法が当時の僕らにはなかったですから。感覚的な反応で色彩計画を決めていったんですね。

ということで肝心な件についてははかばかしい情報を得ることができず、後出の谷口自身へのインタビューでもこの件に関しては同様だったわけだが、杉浦はコンペチームの構成についても証言をしてくれた。

杉浦：あのときは渡辺（定夫）君が丹下研の中堅でけっこう頑張っていた。渡辺は新宿高校の同級なんです。その二人がコアになってやっていた感じはありましたね。磯崎さんと違って渡辺のほうはどちらかというとまともな建築家で、推測するに渡辺的な実務派的に積み上げたものと磯崎的な象徴論みたいなものがいつも拮抗していたんじゃないかと思いますね。

〈築地〉を終えたばかりの吉島も、〈スコピエ〉のこの修羅場には狩り出されたらしい。内容的にさしたる話ではないが、人間丹下の一側面という意味では興味深いエピソードであったので紹介しておく。

吉島：締め切り間際になっても僕がやることになっていた影付けができてなかったんです。僕はいつも遅れて来るし。そしたら図面の上脇にメモ用紙があって、それに「申し訳ありませんが、明日までに仕上げて下さい」って、先生の字で丁寧に書いてあるんです、〈築地〉のときだって、模型を手伝ってくれた学生さんたちを丁寧にねぎらわれていたし、若造のデザインにいっさいケチをつけられることなくいい方向に導かれた。人間的にもほんとに紳士というか立派な方だったと思います。

さて、肝心の案だが、基本的な構成は、シティゲートと共和国広場（この位置自体は既存）、さらにその逆側に置かれた交通センターを結ぶ軸によって形づくられている。模型ばかり見ていると駅から市内に入っていく軸としか見えないが、従来はなかった河沿いの方向に新市街地が展開されていくための戦略的なガイドラインでもある。つまりこれは〈東京計画1960〉と同じような線状都市のスキームの端部であり、震災でダメージを受けて再建されるべき旧市街地と将来の発展対象である新市街地（地域レヴェルでは丹下とは旧知の仲であったドクシアデスのスタディがあった）との蝶番の役割を果たす地区なのだ。軸の上に前記の三つのシンボリックな「装置」を配し、また中心部を取り囲む主要都市内道路を強化するエッジ（リンチの用語）として線状のシンボルたるシティウォールを設けるというのがこの案の骨子である。

荒田：あれは旧市街を城壁で囲んで、そのはずれにもっと古い旧市街みたいのが、文化財的なのがあって。で、高速道路とか鉄道とかを受け止めるシティゲートがあって、という形で収まったもので、それは割合出やすかったんじゃないかと思いますね。

曽根：このプロジェクトは、磯崎さんと松本ほかの連中が中心部と駅などを頑張って、私は周縁部の担当でした。しかし私の興味は広域に延びるラダー型（H型？梯子型？）の道路パターンです。というのは、この頃高山研では「研究学園都市」（土田ほか）がマスタープランやっていた時期と重なるはずで、なぜか現在の〈つくば〉が非常に似たパターンになっていたからです。

この案における最大の魅惑と最大の疑問は、模型に見られるような中心部の全景にある。この模型は「メタボリズムの未来都市」展に展示された。展示概要がほぼ決まった後になって現地にこの模型が残っていることが判明して、私が森美術館に無理をいって展示したものだが、それはあまりに造形が見事に行き届きすぎるといえなくもない。都市（中心部）を丸ごと設計している。つまり前述の谷口の文章にしたがえば「建築の延長」にありすぎる。「完成予想図といったスタイル」なのだ。もともと国連は復興支援といってもコンペの段取りまでの関与で、実施、つまり建築設計は本来ユーゴ国内勢で行うべきものであった（磯崎は当時のユーゴの経済の発展段階や、いかにも未熟な当時の現地スコピエの建築家のスキルと計画のギャップについても書いている）。

谷口：誰もあのようなかたちでできるとは思っていませんでした。あれはいうならば、三次元のダイアグラムでしかないのです。それをシンボルとして配置していくというやり方です。

高瀬：おれも要項で要求されていることを超えて、何であんなに細かくつくる必要があるんだとは思っていたよ。

荒田：シティゲートはやはりああいうようにはできるはずはないんで……。

とメンバーは口を揃えていう。

谷口：やはり丹下先生は造形に関心があるわけですから、だんだんそうなっていってしまうのです。都市としては、たとえばエレベータが何本入るかというようなことまで考えなくともいいとはいっても、それがないと模型もつくれないわけですし。他のチームの案とはその辺がまったく違っていました。

高瀬（前述の発言に続いて）：だけどそれがやっぱできてみるとそれが人々に訴えるっていうのがよく分かってさ、丹下さんはさすがに戦略家だっておれは思ってるんだけど。丹下さんの全体を見渡す目っていうのかな、それは確かだよね。

「つくりこみすぎ」という批判は、都市デザインの方法として評価するなら妥当だろう。しかし、それをもっと抽象化、記号化して、不確定性を取り入れた現代音楽の譜面のようになっていたとしたら、コンペの勝利はむしろ覚束なかったのではないか？

前述の文章で磯崎はこう説明している。「都市デザインを狭義にとって、具体的な図化の作業に集約してみると、すべて、分類され体系化された都市活動に対応する施設の類型の発見を試みているといってもいい」。この類型がシティゲートでありシティウォールであるというわけだ。それは形が変わっても（変数）同じコンセプト（関数）の発現であるには違いない。現に、案は「スコピエ段階」という中間案を経て、実施段階へと変転する。谷口によれば、この中間案は、つくり込んだコンペ案をいったんもっとニュートラルな形に戻したものにすぎないという。つまりより記号化したものといえる。アーバンデザインとしては本筋だが、アピール度は少なく、案が妥協したかのように見えてしまう。

当時の『新建築』（一九六七年四月号）で丹下自身はこう書いている。「これを実現して行くために考えなくてはならないことは、都市計画は図面の段階が意味があるのではなくて、それが三次元的な空間として実現することに意味があるのであり、この案を基本にしてさらに細部にわたって、もっと建築的にまで精密に計画する必要がある。できれば中心部のなかのいくつかの重要な拠点になるような部分については、建築的な空間まで総合的にやって行く必要がある。つまり第二段階の都市計画の段階から、すぐ個々の建築の設計に移ってはいけない、ということがひとつです。……国連の特別基金は都市計画に対してのみだされていますので、どうしても建築計画まで進めることはできないのです。そこで都市計画の詳細計画として建築的ディテールまで決めて行こうということになり、シティ・センターをいくつかのブロックに分けて、私たちと二位になったチームと、スコピエ市の建築家のチームが分担を決めて、建築的なスケールまで展開させるということで、第三段階に入ったわけです」。ここで述べられているのは、コンペより後の段階での進捗への思惑である。こういうレヴェルでの丹下の執念のようなものは他のプロジェクトにおいても多々証言があるが、この「スコピエ段階案」はこの着地のための下準備――「個々の建築の設計」に移る前の「第二段階の都市計画の段階」――であったのかもしれない（「第三段階」である次の案が「実施案」と呼ばれたのもこの思案を裏付けないだろうか？）。現地で視察に来た当時のユーゴの大統領チトーがいったと伝えられる〝Who pays?〟という述懐への対処だったのかもしれないが、この壁は結局乗り越えられなかった。

この段階でのことに関して、磯崎は、現地に飛んだら凡庸な地元の案と抱き合わせの案にされかかって大いに抵抗したと書いているが、

谷口：彼らは丹下案の下につくということで、対等に近いような関係では全然なかったですね。磯崎さんも、喧嘩していたというより、仕方ないねって感じで。

磯崎、渡辺、谷口の三人が現地から帰ってきてからの実施案は、基本的な構成や要素は同じだが、デザインは大きく変わる。理由は詳かでないが担当も変わり、今度は渡辺が担当したシティゲートはスラブ状のタワー群となり（この変更は〈スコピエ案〉のときからのものである。現実にはそれにやや似たタワーが一棟建てられた）、磯崎は軸線上の共和国広場を担当する。シティウォールのほうは通風の問題が指摘され、その変更スタディがなされる（担当はアメリカから帰国したばかりの松下一之）。

高瀬：僕も第二段階は磯崎チームに入って、コルゲート・スラブっていってた案をやってたけど、あの最後の案のタワーは、丹下さんのお気にはだいぶ召さなかったみたいだった。

六角：〈スコピエ〉は、コンペ当選後の第二段階のときに、磯崎アトリエから丹下研究室に出向し、中央広場、会議場を磯崎さんの発案でやらされていました。第二段階の磯崎さんは、誰も手をつけていなかった中央広場、会議場の提案を考えていました。あの案は、担当していた僕にとって刺激的なものでした。ちょうど、エチオピアから帰国して丹下研にきた木島（安史）さんも一緒に作業をしました。のちに、URTECがそっくりなコルゲートの幼稚園をつくっています。

この最後の幼稚園とは成城の〈ゆかり幼稚園〉だろう。七〇年代の磯崎のヴォールトによるデザインはここからきているのかもしれない。

この実施案の模型もスコピエ現地に残されているのだが、森美術館の「メタボリズムの未来都市」展では案としてのインパクトを重視してコンペ案の模型を選択した（最もフォーカスになるシティゲート部分が紛失していることは分かっていたのだが、完成には至らなかったこのプロジェクトの命運を象徴することにもなるという理屈で、その部分は村井修が撮っていた上からの全景写真を嵌め込むことで対処した）。象徴論的段階では、都市は見えなくなる、つまり抽象的な記号に変換され操作されるはずだが、〈スコピエ〉のコンペ案のインパクトは結局それが見えるところにあった。建築的に見れば、〈スコピエ〉の計画ではコンペ案でのシティゲート、実施案での共和国広場、つまりともに磯崎（チーム）による部分が卓越していることは否定できない。しかし、その磯崎自身の「形が変わっても同じコンセプトの発現であるには違いない」という文は、それはアーバンデザインとしての「肝」ではないと反駁している、皮肉な二律背反である。丹下と磯崎は次のプロジェクト、つまり〈スコピエ〉の最終段階と並行して動いていた万博におけるインヴィジブル・モニュメント、即ち大屋根でこのアポリアに再挑戦する。

万博の経緯に最も詳しいのは、〈スコピエ〉チームから早くにはずれた曽根幸一である。

［万博］

曽根：私も〈スコピエ〉やっていたのですが、コンペに勝って作業スタッフを割かないといけなくなり、語学が不得意と見られた私が博覧会に回されたのです。

博覧会のほうは、突然先生とヘリコプターに乗せられて現地視察。作成委員の選定などで先生の手伝いをしていたように思います。六六年二月から一〇月までは、前半を京大西山グループ、後半を丹下グループが作業することになるが当初は西山グループ（上田篤、川崎清、加藤邦男、末吉冨太郎、佐々木綱）に対して、丹下グループはわずか二人（磯崎新、曽根幸一）である前半は、西山夘三を中心とする京大の先生方が基礎調査をやっていました。箱根の合宿で集中的な議論もあったが、作業は博覧会協会のある大阪本町の竹中ビルで行われたから、私と山田が京大の皆さんとおつきあい。やがて二人で人質のようになって関西在住をしばらくやりました。磯崎さんは〈スコピエ〉の出張を終えて博覧会にも参加です。しかしもう独立してたから毎日大学にくるわけではない。私が事務局のような立場で、困ったことできると磯崎さんに急告という状況でした。

この段階は上田さんの「お祭り広場」のコンセプト、川崎さんの「人工湖」案やこれを支えた末吉さんの給排水システムなどが話題で二案が作成された。この辺で参加していたのは、環境面では早大の尾島（俊雄）さん、京大の末吉冨太郎さん（上下水）、佐々木綱さん（交通）、ソフト面では梅棹（忠夫）さん、小松（左京）さん、加藤（秀俊）さんなど京大の人文研の皆さん。また大阪市大の久保先生のところからランドスケープの修業だといって若い方二人がワーキングに参加していました。岡本太郎さんが参加されたのは計画の終盤です。

西山グループから丹下グループへの引き継ぎの意味もあって、六月頃軽井沢合宿がありました。作業をアシストする助手の笹田剛史さん（川崎研）や高口恭行さん（西山研）、東京側では尾島俊雄さん（早大）、山田学さん（丹下研）や南条道昌さんや山岡義典（高山研）も同行していたように思います。この会議での収穫の一つに、わが国の先駆けとなった尾島さんの「地域冷暖房」のプレゼンがあって、あれは見事であった。

で、後半は関西の皆さんが原宿のグリーンファンタジアにあった丹下事務所に集結することになる。角のワンフロアは神谷さんの率いる「URTEC」その下の階が「万博作業室」で、磯崎さんと私はこのフロアーで博覧会の実施設計段階をやった気がします。上田さん、川崎さん、加藤さんなどが関西から、菊竹（清訓）さん、大高（正人）さん、磯崎さん、それに神谷さんなどが関東勢でした。しかし重要な会議以外はわれわれ人質（スタッフ）が出ていました。

会場計画案はインフラと敷地割りと博覧会協会の施設が主たる仕事です。中央にベルト軸をつくって、一ここにワックスマン・ゼミのスペースフレームというかヨナ・フリードマンの提案のような空中都市を実現する（大屋根）。

二.その下部にセドリック・プライスの描いたような自在のパフォーマンスを見せる施設を構想する（お祭り広場）。当時磯崎さんはバーチャルな世界に興味をもっていたから、氏が担当。三.会場全体の動線を視覚化できるデッキを巡らす（デッキと動く歩道）。ピーター・スミッソンらTEAM Xの描いたインフラの視覚化といえるものです。四.会場に七つの広場を設けここからクラスター状に観客を誘導する。五.東西にサブゲートを設ける、など。私たち実働部隊には、原（広司）さんや宮脇（檀）さんも一時的には参加しています。これに磯崎さんと私がGKの栄久庵（憲司）さんと交渉して、西沢（健）さんや朝倉（則幸）さんなどが参加。後のストリート・ファニチュアの先駆けをやっていました。建築家の皆さんは打ち合わせの会合だけに見え、アシスタントの出席で済ませる場合もあるので、親分の威をかりて私たちずいぶん大胆に計画図を何案も這いつくばってつくりました。「動く歩道」をいいだしたのは泉真也さんです。

皆さんやはり建築家ですからまとまった単体をやりたがる。そんななかで磯崎さんと私だけは別だったと思います。磯崎さんは何かの媒体と人間のパフォーマンスに強い関心をもっていたからこれをロボットに象徴させる。私は皆さんやろうとしないから（対象が会場全体に分散しているから調整が面倒なのです）、装置道路（動く歩道をチューブで囲った）と七つの広場まで担当することになってしまった。実は先生は菊竹さんをイメージされていたらしいけど、菊竹さんはシンボルタワーを選ばれた。「鉄腕アトム」を現実化するような感覚のあった時代ですね。

六角：多くの建築家が単体の仕事を取る競争をしていましたから、そこからはずれて、お祭り広場という、誰も気づかない都市スケールのインテリア計画を選択した磯崎さんの先見の明は素晴らしいものでした。現象学、フッサール……インヴィジブル・モニュメント……そして、お祭り広場のコンセプト……実に新鮮で、万博に群がる多くの建築がみんな古く見えました。ある程度、プログラムが進んだ状況で、僕は竹橋の科学技術館に出向し、お祭り広場のモデルをつくっていました。模型は、秋葉原で、電気部品（コンデンサーや、電子回路等）を買ってきて、ロボットのイメージ等をつくって、アバウトながら、イメージを構築していきました。磯さんのいうイメージを、最

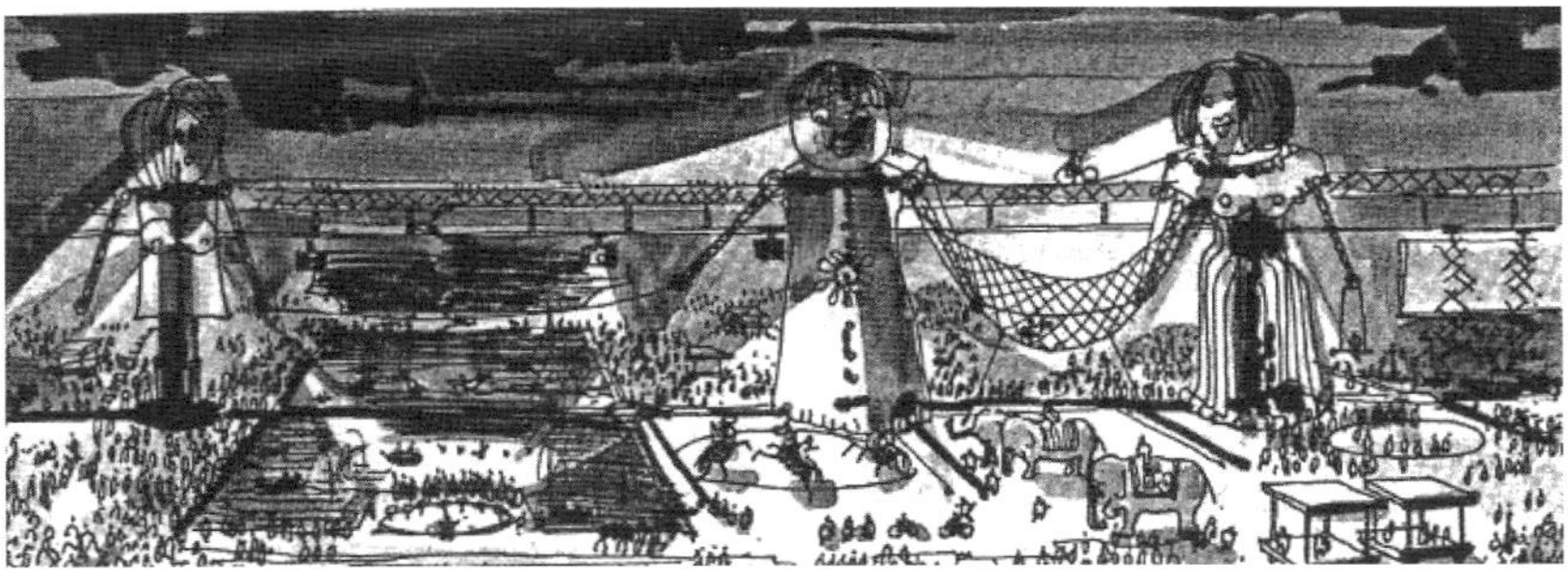

六角鬼丈ドローイング：万博お祭り広場

初にイラストとして描いたのは僕でした。数枚のイラストを、磯さんは大変気にいってくれ、その絵が基になって、真鍋博さんがポスター（最初のお祭り広場のイメージ）をつくっています。

豊川斎赫の『群像としての丹下研究室』には、万博常任委員会のイヴェント関連の調査委員会の報告書からとった、磯崎によると書かれたイラストが掲載されている。

六角：確かに、私が描いたものです。厚手のトレペに四枚ほど描いたもののうちで、一番分かりやすい絵です。竹橋の科学館に出向して、磯崎さんのアイデアを模型にしていた頃です。秋葉原で電気部品を買ってきて、組み合わせて、何とかロボットらしいものを組み立てていました。イラストの左手のロボットの骨組は、電気部品の形が分かります。

磯崎チームの当初案では、大屋根は、全面立体トラスに膜屋根というのではなく、装置を吊るすためのレールのグリッドで、屋根ではないように見えるが、この六角のイラストで見る当初案のロボットは、最終のものよりずっと巨大で「屋根」より高く、しかもはるかに「人間」ないし「人形」のような形をしている。エスニックなお祭り風の感じもとても強く、太陽の塔に似ていなくもない。

六角：この時点では、まだ抽象的で大屋根の構造が決まっていたわけではなかったと思います。確かに、真ん中のロボットは太郎タワーと重なりますね。今まで、考えてもみませんでした。この時点で、太郎タワーの案は出ていません。

曽根：作業の過程で岡本太郎氏が参画して、すでにできていた大屋根の円形の空洞部に「太陽の塔」が出現、六七年の暮れくらいですかね？　この塔の地下テーマの展示で、テーマ委員会（川添登さんほか）が担当されたが、地下（過去）から胴体（現代）の展示を経て、空中の未来を展示するのが企画で、空中はアーキグラム等の展示でした。

太陽の塔は最初から構想されていたものではない。岡本の案が突然出てきた際のことを、本書のためのミーティングにおいて、磯崎は、丹下が非常に悩んだ、自分は垂直派（＝岡本案）でなく、水平派（＝大屋根派）だった、とコメントしていた。これについては、神谷は丹下が悩んだということはなかったと否定的だが、曽根は、先生はこの塔の形態には苦虫的な表情をされていた、と磯崎寄りの発言をしている。意見や記憶もさまざまだが、従来の磯崎と岡本の経緯からいって、この（否定的な）コメントは意外に聞こえる。磯崎は岡本のシュルレアリズムを対極主義として評価していたし、六角のイラストを見ても、無機的な大屋根あるいは装置と正反対に生命的なロボットやタワーという対比は十分あり得るからだ。しかし、結果的には、この圧倒的に「見えて」しまう塔＝ヴィジブル・モニュメントの出現により、インヴィジブル・モニュメントは文字通り背景に退くことを余儀なくされた。大屋根の下に広がる空間のスケールは見事なものだが、お祭り広場に参加する「大衆」にアピールするという点では、見えない「空間」よりも、あからさまに見える「オブジェ」としての塔が効果的だったであろうことは否定できない。

谷口：もしね、大屋根が岡本調になったり、太陽の塔が丹下調になったらつまんないでしょう？

太陽の塔出現の経緯については、当初の万博事務局長で、先日亡くなった新井真一への平野暁臣の万博に関するインタビューがネットにアップされている。これによると岡本を引っ張ってきたのはやはり丹下であったらしい。新井は通産官僚として六〇年の東京世界デザイン会議などにも大きく関わった人物である（「メタボリズムの未来都市」展のシンポジウムでもAMOの太田佳代子によるヴィデオ・インタビューが行われた）。デザイン会議以来浅田孝、さらに丹下へと知己を得、そこから岡本となったが、テーマ館のディレクションを依頼しただけで、塔が出てくるとは想定外であったというようなことが述べられている。万博事務局長は新井から鈴木俊一（その後都知事）に変わるわけだが、ウィキペディアでは、「志半ばで更迭された。理由は定かではないが、何らかの政治的な力学が働いたのではとメディアは伝えている」とある。ただ、このウィキでは【要出典】と注文をつけられているくらいなので、どこのメディアの観測なのかも分からない。

お祭り広場はセドリック・プライスの〈ファン・パレス〉との類似性をよくいわれる。『建築の解体』でのプライス論で、磯崎は万博の基礎調査を始めた頃、この計画については、あるということを知っていた程度で、内容は知らなかったと書いている。〈ファン・パレス〉は建築雑誌というよりむしろ総合メディアである〝New Statesman〟（六四年八月七日号）、〝New Scientist〟（六四年五月一四日号）などのほうに先に紹介され、建築雑誌でも、その後プライスがよく紹介された〝AD（Architectural Design）〟ではなく、〝AR（Architectural Reviw）〟（六五年一月号）のほうに先に発表されているから、見逃したことはあり得るし、万博の調査が始まる直前の時期には、磯崎は〈スコピエ〉のコンペと続く現地滞在で多忙を極めていたのかもしれない。

月尾：僕は六五年くらいから個人で〝AD〟を購読していたので、記事を見た記憶はあります。建築の視点からは影響を受けているのは間違いありませんが、〈ファン・パレス〉は装置のコンピュータ制御を本格的に取り入れていないという点でお祭り広場は一歩前進した計画だったと思います。

最近の研究書によると、プライスには、サイバネティクスのゴードン・パスク、コンピュータ・デザインのジョン・フレーザーなどが協働していたらしい（フレーザーは〈ファン・パレス〉よりは後の関わりだが、パスクは時期的に関わっていても不思議はない）が、URBOTなどを考えていた月尾も彼に近い領域のこうした名前は知らなかったという。おそらくは同時多発的な現象だったのだろう。

曽根：〈ファン・パレス〉自体は皆さん知ってたはずですよ。ただし私もかっこいいパースとだいたいの概念だけで、当時の裏側事情は知りません。

何といってもお祭り広場は実現しているし、〈ファン・パレス〉は実はかなりな線までいきながらも（構造や法規の検討、地元民や政治家との幾多の政治折衝などが行われている。決してただのアイデア・プロジェクトではなかった）実現していない。この差は大きい。

企画構想段階が終わると、実施は、大屋根自体は神谷が率いる丹下チームの、その下のお祭り広場の演出と装置は磯崎チームの担当とおのおのなる。見えないはずのモニュメントが徐々に形をとる段階である。

神谷：屋根は、われわれが設計を始めると同時に要求されたもので、ガラスでは能がないので川口（衞）さんの発案であの革新的な屋根ができたのです。

川口は当時、坪井の研究室からは独立しており（すでに法大教授）、この構造設計は坪井研との共同というかたちで行われている。コールハースが『PROJECT JAPAN』のために川口にしたインタビュー（これも神谷インタビューともども結局全体としては収録されていない）では、この大屋根に関していろいろと興味深いコメントが紹介されているのだが、アーバンデザインを扱う本稿の範囲を逸脱しているので割愛する。最後に再び曽根の会場計画の顛末に関するコメントを引用しておこう。

曽根：後半の作業では三次案、四次案と作成したが、会場と基幹施設の基本計画が終わりに近づき、私の役目もここまでかと考えていた頃、先生から「独立したらどうか」という話があった。実は博覧会協会発注の基幹施設担当の各氏を決める段になって「動く歩道やサブ広場」は菊竹さんが先生の念頭にあったようだが、氏が「シンボルタワー」を希望されたため、会場を巡る施設の担当は私たち若い層以外にいなくなってしまったのです。この頃と前後して七曜広場（曜日が命名されていた）に屋外アートを配置すべく、磯崎さんに東野芳明、中原佑介の両氏を紹介され、両氏の先導で関東・関西の現代アート作家のアトリエ訪問もやっています。六八年頃だと思います。もう万博会場の工事は着工してますね。こうして大屋根：神谷宏治、お祭り広場：磯崎新、駅舎：大高正人、万博美術館：川崎清、シンボルタワー：菊竹清訓、七曜広場と動く歩道（泉真也さんが命名）：曽根幸一、サブゲート：加藤邦男となったわけです。

万博反対の学生運動もありましたがそれどころではない。それでも忙中閑ありで、私がアポロ11号の打ち上げを観にケープカナベラルに行き、そこからロンドンに行くというと、磯崎さんが「アーキグラムの連中に会ってこい」というので、彼らのアジトのような場所にうかがうと、デニス・クロンプトンにその場で展示物の日本訳を頼まれた記憶があります。ロフトのような彼らのアジトとホテルを往復して翻訳（英語できないけど簡単だった）した記憶があります。六九年の夏です。

先生や先輩方は華やかな設計やっているけど、会場中を飛び回る調整はほとんど私たち、七つの広場のデッキに動く歩道が接続する設計ですから、土量の計算間違いがあったり、ゲート部分では調整ミスでデッキを10m忘れるなどの事件も起こしました。くたくたに働いていよいよ開幕です。

架空座談会

『ゲートルを巻いた丹下健三』

私が丹下健三研究室にはいったとき、いくつも岸田先生経由の仕事（清水市庁舎、倉吉市庁舎…）をやっていました。いったい何時、丹下氏を評価されることになったのですか。――磯崎新

出席者

学師（君と呼び捨てる人）岸田日出刀

学友（チャンと呼ぶ人）浜口隆一

学弟（さんをつける人）浅田孝

司会進行

磯崎新

岸田日出刀

浜口隆一

浅田孝

磯崎新（後姿）

——先年、そちらの世界に移ることになった丹下健三氏が、今年は生誕一〇〇年の節目になるので、まだこちらに残る者どもが何かと企画をしております。その機に、少し早くに逝かれた方々に若年の丹下健三を語っていただきたいと考えました。

私は皆様方のはるか後輩になります。五〇年代の中期に丹下健三研究室の院生となり、オーバードクターまで在籍、以後七〇年代の中期までフリーランスで氏の仕事のアシスタントをつとめました［＊1］。一九五四年春に卒論（「高層建築の諸問題　スカイスクレーパーの史的分析」［＊2］）を提出以来約二〇年間です。その期間の丹下健三氏の仕事などはいくらかわかっております。皆様方にお聞きしたいのは、その前の二〇年間のこと、若年の丹下健三についてです。

お聞きしたいのは、一九三五年から一九五五年頃までのことです。丹下健三氏の二〇才代と三〇才代になります。日本は十五年戦争のあげく、一九四五年に敗戦します。連合軍の占領統治となりました。一〇年ほどかけて、国際社会に復帰。以後、半世紀ほどつづく五十五年体制と呼ばれる社会システムが組みたてられました。この間の仕事は資料も残り、研究されております。

そこで、若年の丹下健三氏を知っておられるなかで、「君と呼び捨てにした人」、「チャンと親しみをもって呼んだ人」、「少しばかり後輩だったので、さんをつけた人」（傍点、磯崎、以下同）それぞれを代表して、御三方を私が勝手におまねきいたしました。私にとっては皆様方は全員「先生と呼んだ人」なのですが、無礼な質問などあるやも知れず、お許し下さい。岸田日出刀先生は一四才年長です。丹下健三氏は二度受験失敗しているので、一六才年下のクラスの学生として接されたはず。浜口隆一先生は同級生ですが二才年下です。浅田孝先生はそのクラスの六学年下、七才下になります。とはいっても思想的にはマセていて、後輩の私にはこの三者は同年輩とみえました。時事的なこともふくめて建築の議論をやるとおそらく年の順とは逆に主導していたのではないか、と私は推理しておりますが、そんなことなど後ほど語っていただけたらと考えます。

私は一九五二年度に、新制第二期生として、駒場の教養学部から本郷の工学部建築学科へ入れて

［＊1］一九六〇年代後半以後、磯崎新が丹下健三のアシスタントをつとめた主なプロジェクトは「スコピエ計画」、「大阪万博お祭り広場」、「テヘラン（アバサバット）新都市開発基本計画」などが挙げられる。

［＊2］磯崎新の卒業論文の概要については「近代建築をいかに発展させるかコア・システム 空間の無限定性」（沖種郎・田良島昭・神谷宏治・長島正充・磯崎新・茂木計一郎の共著）『新建築』一九五五年一月号、五〇—五七頁に詳しい。

いただきました。このとき建築は工学部での志望順位最下位にちかく、第二、第三志望の学生を補充して、やっとクラスを編成したと聞きました。私は美術の実技が課目にはいっている只一つの学科だという理由で志望したという、建築も都市も区別のつかない程度の知識でした。

　建築学科の玄関脇に門番受付のような部屋があり、ここに登校された教授が赤から白へ裏がえす黒塗りの名札が並んでいます。トップに教授・岸田日出刀、ラストに助教授・丹下健三とありました。駒場美研［＊3］で同室であった先輩がおり、彼の情報によると、もっとも怖い人が岸田さん（学生はひそかにこう呼びました）。丹下さんは新進建築家と評判ではあるが、学生ではその姿をみたものがない。諸教授が退出した頃をみはからって夕刻に現れ、三階の奥の彫塑室で図面をひいているらしい。そのとおりでした。

　まず岸田日出刀先生にお聞きします。私は先生の最初の講義で腰を抜かした学生のひとりです。恰幅よく、髪をチックとポマードで七三に分け、日焼けした顔にサングラスをかけて壇上に立たれ、やおら出欠をとられた。そして開口一番、「貴様たちは不運な学生だ。占領軍から押しつけられた新制度でやってきた。（私は二期なのですが、前年は旧制と重なっていた。）われわれ教授一同はこの制度に失望して、教える気力も失った。それを理解して、勝手に勉強せよ。」と語られました。学生の私にとって、大学での講義とはマルキスト風のロジックか、ユマニスト風の韜晦《とうかい》か、いきなり理解困難な数式を黒板になぐり書きするか、と思いこんでいましたのに、とりつく島もない拒絶の言にあわてました。とんでもないところにきちまった、という感じです。当時、貧乏学生は、下駄を履いていました。（旧制高校のなごりです。）私も履いていました。「建築教室に下駄を履いてくるとは何事だ！と岸田先生がお怒りです。」と秘書をやられていた高橋直子さんがひそかに製図室にたむろした私たちに伝えに来られました。パケット貼りの床は高下駄で、実にいい具合に（騒）音をたてるのです。

　怖い先生と学生が感じた岸田日出刀先生の当時の言動は、その時代にたいする独特のイロニイだ

［＊3］一九五〇年当時、東大駒場寮には日本共産党と深い関係を持つ歴史学研究会（略称：歴研）と美学研究会（略称：美研）が存在し、歴研には磯崎の同級生で映画監督の山田洋次がいた。歴研と美研はともに毛沢東による農村重視の姿勢を継承して「山村工作隊」を組織し、農村の子供たちに対して唯物史観に基づく歴史教育（紙芝居による芸術文化活動）を目指した。

ったと、今は思えるようになりました。敗戦し占領統治下で諸制度が改革され、今では懲りずに朝鮮戦争の特需で浮きたっている。「ヒロシマの平和記念公園のコンペに丹下君の案を推したところまではよかったけど、慰霊碑のデザインに勝手にイサム・ノグチに協力をたのんだりしたらしい。もめるにきまっている。後始末が俺のところにまわってくるに違いない。」[＊4]などと感じられていたに違いありません。この間の事情は後に浅田孝先生とともにお聞きいたします。まずは二〇年ほど遡って、丹下健三氏が、東京帝国大学建築学科に入学した頃の印象を想いだしていただけたらと考えました。

岸田――丹下君についてのことか。浜口隆一君と同級でしょう。入学の頃の印象は薄いね。そうか、二度、受験に失敗しているということは出来の悪い学生だった証拠じゃないか。浜口君は彼を世話した叔父が私の同級生（藤井一郎）だったから挨拶に来た。卒論（「オーディトリアム平面の一分析的研究」）も私のもとへ提出した。そういえば一つ上の学年に若死した立原道造君[＊5]がいたんだな。中学、高校の後輩だったけど、この人の製図はうまかったよ。今こんなにもてはやされる詩人とは知らなかったけどね。そこにいる浅田孝君も卒論をうちでとったのじゃなかったかね。

――皆さん岸田研究室出身です。

立原道造『方法論』一九三七年度

浜口隆一『オーディトリアム平面の一分析研究』一九三八年度

浅田孝『日本国民建築様式』一九四三年度

岸田――丹下君は誰の卒論とったんだよ。卒計はおぼえているよ。

――建築材料の浜田稔先生の実験を手伝ったようです。

丹下健三『木材の熱伝導率に就いて』一九三八年度

岸田――ふーん。

立原君の卒論は建築論といえるかも知れないが、あれは工学部に提出する筋じゃない。美学・美

[＊4] 広島平和記念公園のイサム・ノグチによる慰霊碑設置について、岸田日出刀、広島市長を巻き込んだ大きな社会問題として取り上げられた。

[＊5] 立原道造（一九一四―一九三九）。詩人、建築家。旧制一高時代より詩人としての頭角を現し、作家の堀辰雄に師事する。東大建築学科在学中には、北欧風のモダンデザインを得意とし、丹下健三とは対照的なスタイルを取った。卒業後、石本喜久治事務所に就職し、作家活動との両立をはかるものの、堀との決別を決意し、二五才の若さで病死した。

術史を聴講して、京大西田学派の末端を聞きかじっている。工学部では私のところしか扱えなかったでしょう。前川國男君や生田勉君もル・コルビュジエの翻訳ですましたのだから、まあいいとするか。
　浜口隆一君はうちの研究室に残ったが、利巧なテーマ選択だったね。私がバロック以降、オットー・ワーグナーまでを博士論文にしたのを知っていて、その前のブラマンテの頃をやろうとした。
　浅田孝君の卒論、時流を先取りする目ざとさはある。だけど論としてはナマ煮えだった。浜口・丹下両君がこのいい加減な日本国民建築様式を戦略的につかって前川國男君のところにネジ込んで迷惑したよとコボしに現れたほどだ。

——今名前の挙がった面々を並べると、さながら岸田シューレといえますね。全員卒論指導を岸田先生についたのに、丹下健三氏だけ違う。どうしてでしょうか。私が丹下健三研究室にはいったとき、いくつも岸田先生経由の仕事（清水市庁舎、倉吉市庁舎…）をやっていました。いったい何時、丹下氏を評価されることになったのですか。

浜口——ちょっと待って。そのいきさつは僕がしゃべる。たしかに、一級上の立原道造の図面はうまかったよ。参考図として、廊下の壁に飾られたりしていたけど、岸田先生好みのオールドファッション——いや失礼、——だったんだ。岸田先生だって、もっと新しいものを捜しておられたと思うね。そうでしょう、先生。

岸田——…………。（横を向いている。）

浜口——立原道造と一高の同級生で何故か農学部の林学科にはいったけど、考えなおしてわれわれの一級下に編入した生田勉［＊6］は、手のつけられない文学青年で、道造とかなり頻繁に手紙をやりとりし、それぞれ日記も残している。生田が後年、丹下は学生時代の設計課題のスケッチが週ごとにうまくなったと語ったりしているが、それはよりコルビユジエ風になってきたというに過ぎない。クラスには上がいたんだ。それは僕だよ。

［＊6］生田勉（一九一四—一九八〇）。建築家。東大教授。旧制一高時代に立原道造と同級生で、哲学者・三木清との交遊でも有名。戦後は東大に奉職し、木造住宅の設計を得意とした。主著に『杳かなる日の—生田勉青春日記一九三一—一九四〇』麦書房、一九八三年ほか。

——とはいっても岸田先生は、そんな学生の課題の製図をどんな具合で評価されていたんでしょうか。

浜口——岸田さんは卒業（一九二二）されてすぐ東大営繕部に行かれた。ここでは内田祥三先生が主任でキャンパスをネオゴシック風のデザインで統一されていた。安田講堂は内田先生がほぼ今の姿のスケッチをされたのに、その実施担当にまわされた岸田さんは、このオリジナルの上に表現派風の修正を加えた。これが今建っている安田講堂です。評判になって、海外の新しい建築の視察に行かれ、エリック・メンデルゾーンの設計した表現派の代表といわれるアインシュタイン記念塔の出来具合にがっかりし、帰国後、「オットー・ワーグナー論」を発表される。表現派の後に近代建築はバウハウス、ル・コルビュジエなどの流れにむかうことは感知しておられたが、みずからの評価する好みは逆にゼセッション以前にあることを自覚されたのです。その旅行で買われたライカで『過去の構成』（一九二七）［＊7］を出版される。生田勉が学生時代の日記に「岸田さんの計画の講義。今日でおしまい。ゴルフクラブのはなし、ゴルフのはなし、面白かった。」［＊8］と書いている。

——生田勉さんは二級上の立原道造と一級上の浜口隆一、丹下健三たちの違いを冷静に観察されています。海外の雑誌の傾向としては『モデルネ・バウフォルメン』と『カサベラ』。学生たちは垂直縦長窓派と水平横長窓派と理解していたとみうけられます。当然ながら前川國男は水平窓派の後者ですが、同級生であった谷口吉郎［＊9］は、いち早くル・コルビュジエ批判を展開、シンケル風の縦長窓派に転向します。

浜口——谷口吉郎は、伊東忠太の代理でドイツ旅行し、アルベルト・シュペーアと会見したりしたんだ。岸田さんは表向き前川國男を推してはいたが、三〇年代末までだったと思う。

——大連公会堂コンペ（一九三八）で前川國男が一等当選したときまでというわけですか。あのとき浜口隆一先生も応募されました。そのお話は細かく語っていただきます。

［＊7］「伊勢神宮や京都御所の建築に魅せられておりました。これは想い返せば、岸田日出刀先生の影響があったのだと思います。先生の教室の壁には、先生が撮られた京都御所の美しい写真が数十枚パネルになって飾られていました。私はむしろその写真をとおして、つまり先生の視角をとおして京都御所の優れた空間性に魅せられたのだと思います。そこでは個々の建築よりも、その配置がつくり出す環境の秩序がすばらしいものに思えました。」丹下健三「アーバンデザインへ：序にかえて」『丹下健三：建築と都市』世界文化社、一九七五年、一頁。

［＊8］生田勉『杳かなる日の——生田勉青春日記 一九三三——一九四〇』麦書房、一九八三年、一八〇頁。

［＊9］谷口吉郎（一九〇四——一九七九）。建築家。東工大教授。東大建築学科在籍中、前川國男と同期で、コルビュジエの弱者救済的なドミノプランからブルジョア的なサヴォワ邸への転向を批判した。戦前には工学的研究の傍らでモダンデザインを展開。戦後、文学的な素養と綿密なディテールが際立つ設計を得意とした。代表作として、「藤村記念堂」、「千鳥ヶ淵戦没者墓苑」、「ホテルオークラ」など。

前川國男設計事務所が一九四〇年に「岸記念体育会館」を発表します。顧問・岸田日出刀、設計・前川國男、担当・丹下健三とクレジットされています。後に岸田先生は「岸記念体育館の建築に就いて」（岸田日出刀+前川國男、一九四二）［＊10］という文章を書かれます。御著作『建築五講』（一九四八）の表紙はこの建物のファサード写真だったはずです。岸田先生がこの建物をいたく評価されたことは疑いありません。それ以後丹下健三評価へと移っていかれたのではないか、と推定できるのですが。

岸田—私が会長をやらされたとき「相川音頭」を日本建築学会大会（一九五六）の打ち上げ総会シメに使ったこと［＊11］で、左翼学生のバカどもに非難されているけど、そんなこと承知のうえだよ。「君が代」も「海ゆかば」［＊12］も唄えない時代に、「青い山脈」を学会全員で合唱するのはムリでしょうが。一本締めの手拍子さえ軍国主義を想起するとして禁止されていたんだよ。「相川音頭」はたんなる民謡ではありません。武士が正座して唄ったのです。前川君・丹下君がその段取りを決めた宴席で、私の前に二人並んで平伏し、「今日で破門お願い申しあげます。」といいにきた。「貴様たち音痴は、こちらから願い下げだ。」デザインはよしとしても人間としての風格がでない。

先ほど岸田シューレといったけど、後続には欠陥があった。粋《いき》というものとほど遠い。立原はいくらかわかっていただろう。私の中学の後輩だからね。谷崎潤一郎が隣りの中学の先輩、東京下町育ちなのだ。薩長の田舎者が天皇をかついでつくった近代国家のシステムが失敗して占領統治されるもとで建築やらねばならなかったんだよ。東大建築学科の建物の屋上にゴルフの練習ネットをはったのも私だ。ゴルフこそは私のライフワーク。戦争中は敵性用語を日本語にいいかえる翻訳をやったりしたね。やめるつもりはなかった［＊13］。

——岸田先生、ゴルフの話がはじまると、建築より長くなり、どれ、パッティングでもやるかと席を立たれるのは私も見聞きいたしておりましたが、そのクラブハウスのデザインで丹下健三氏が一喝された話など、後にあらためて語っていただきます。今は建

［＊10］「設計者としては此の建物がスポーツ団体の総合事務所であり、また体育の会館であるといふところを恒に念頭にをいて、その表現をつとめて快適にして清新明朗軽快なものたらしめようと意図した。造形上の計画に於いてもさうであるが、色彩上の意匠に於いても特にこのことを強く表現することにつとめた。新時代のこの種木造建築の意匠に対し、本会館建築に盛られた私どもの装飾意図ともいふべきものが何らかの寄与をなしうるなら望外の幸である。」岸田日出刀「岸記念体育会館の建築に就いて」『建築雑誌』一九四一年五月号、五頁。

［＊11］「昨年（昭和三十一年）秋、日本建築学会の創立七十周年を記念して、会員による祝賀演芸大会が、丸の内工業倶楽部のホールで催された。われわれの〝相川音頭の会〟も、ひとつ大いに歌って学会の発展を祝おうというわけで、各支部の会員合せて三十名あまりが四班に分かれ、各班順次一節づつの大合唱で、会場を圧した。歌だけでは相川音頭のホントのよさは出ないので、民謡研究家の石川美峰先生の御好意で、十数名の御連中によるみごとな踊りを舞台一面に繰り展げて頂くことができ、三味と鼓の響きも高くにぎやかに、祝賀大演芸会の真打ちをいともはれやかに、つとめあげることができて嬉しかった。」岸田

築の話におもどりいただきたいのですが、ひとまず論点を整理させていただきます。

岸田―むむ……。新制になってやってきた君に、戦前の私なんぞ理解できまいぞ。安田講堂を「安田砦」[＊14]などと呼んだそうではないか。ホースで水かけたり、ヘリで水まいたり、出来そこないのフクシマ第一とやらと同じ有様となっていた。双方ともいかにバカか。ちっとも変っていない。丹下君は都市工にいったんだったな。安田講堂のすぐ横のつまらない建物だ。キャンパスの面よごしだ。何やっていたんだ。

――高山英華先生は野次馬根性があって、落城を遠巻きで見物されていたようです。他の先生方はキャンパスから外に退避されました。当時、大阪万博のオープン一年前ですから、丹下健三先生は、おそらくそっちが忙しく、……

岸田―そうだった。私があわててこっちの世界に移った日、君は丹下健三君に従って、京都・大原で西山夘三君たちのグループと合宿して万博会場のプランの最終決定をやろうとしていた。東京大学、京都大学、というより東西の対立でもあったから、もし、あそこで決着をはかっていたら、君たちは押し切られていたはず。私の訃報を聞いて、それを理由にそのまま新幹線でトンボ帰りした。先送りして時間をかせいだので、西山君は無念の涙をのむことになった[＊15]。君は何にもわからなかったと思うけど、それが政治的な判断というものだよ。

――先生の訃報を聞いて、私たちは東京にとってかえして、西本願寺東京別院に直行しました。お釈迦様の名前も想い出せないといわれていた伊東忠太先生に、今日でいうオーラルヒストリーの手法でインタビューされて、『建築学者　伊東忠太』(一九四五)を戦争中に出版されました。

岸田―あの頃は何を書いても伏字になった。とり扱えるテーマも微妙になった。ゴルフや野球でも敵性用語は使わずにやれ！　というわけだ。『源氏物語』の谷崎現代語訳で、きわどい話はすべてカット

日出刀「相川音頭」『緑』相模書房、一九五八年、二二六頁。

[＊12]「海ゆかば・・・」は戦時中の学徒動員の際に唄われたもので、丹下健三も大東亜共栄圏コンペの解説文に引用している。

[＊13]「ゴルフを一度やり出して止めたといふ人を聞かぬから、ゴルフの魅力といふものは測り知れぬものがあるらしい。」岸田日出刀「私とスポーツ：ゴルフ法悦」『帝国大学新聞』一九三五年五月二五日付。

[＊14]一九六八年、世界的に学生運動の機運が高まり、第十四ミラノ・トリエンナーレが学生により占拠された。日本では全共闘運動が組織され、彼らは「自己否定」を掲げ、社会への異議を唱えて東大安田講堂に籠城した。一方で、浅間山荘事件の凄惨な総括、よど号ハイジャック事件によって、学生らによる革命闘争は社会からの支持を失った。運動に熱心だった若者たちの多くは大企業や大学に就職し、社会の歯車として立派な役割を果たした。

[＊15]大阪万博会場設計は基本設計段階で丹下健三と西山夘三の共同作業として進められたが、実施設計段階で丹下健三のみが選出された。これに

してもやはり発禁になった。粋なものはすべてきわどいものだよ。私のエッセイ「打ってがえし」(『縁』、一九五八)を読んでもらうといい。顰蹙《ひんしゅく》をかったけど、君たちへの講義で、「犬またぎはよくない。金かくしをドア側にむけること。」という基本原理は教えたはずだ。九鬼周造の『いきの構造』は小理屈をいって粋がっているに過ぎない。伏字だらけの時代にあっては「打ってがえし」を語ることこそが「いき」だったのだ。

だが、貴様は何を手がかりに私の十五年戦争中の行動を分類しようとしているのかね。辰野金吾が死んだとき、「これで自由になったぞ」、と電報うった奴がいたそうだ。私はあんな抑圧をやっていたおぼえはないのに、「悪人トテ大往生」と抜かした者がいた。そういわれて光栄の極みだよ。粋のわからぬ時代になっていたんだから。

――さらにさらに後輩の私たちは、噂話にしかたよれません。公式記録はつまらないものばかりです。他に日記、書翰などたまたま保存されたもので確認するぐらいですか。ここでは御同意いただけぬことは承知のうえで、私の勝手な見解を申しあげます。失礼の段お許し下さい。

岸田日出刀先生は三度挫折(心変り)されました。区切りよく、一九二〇年、三〇年、四〇年の頃です。五年以内にみずからの社会的立場と、そこでの役柄を組み換えて、日本の近代化をリードさせる新人建築家をプロデュースされました。岸田日出刀、前川國男、丹下健三、の順です。御自身の二〇代、三〇代、四〇代です。発掘した新人はいずれも二〇代でした。近代日本建築のデザインを方向づける戦略を組みたてた。みずから、その戦略司令部でフィクサー(黒幕)となる。私が入学した五〇年代では、その役にはまりこまされて挫折(心変り)さえできない不自由なわが身をかこつ有様だったようにお見うけしました。

岸田――勝手にしろ！ その頃貴様はノイローゼだったのではないかね。丹下君たちに心配をかけていたので助手の郭茂林君[*16]にゴルフの手ほどきをしてもらえとすすめたのに、真面目にやらなかった。そんな奴に俺のどこがわかるというのだ。

立腹した西山は石坂泰三理事長宛に書簡を送り、「せめてコンペ形式で採否を決めるべきだ」と懇願したが、却下された。この後、西山は大阪万博そのものに否定的な見解を示すようになる。

[*16] 郭茂林(一九二〇—二〇一二)。建築家。東大吉武研究室の助手をつとめ、後に「霞ヶ関ビル」の計画に携わる。

——やっぱり怒られました。岸田先生は将棋の腕は七段だと聞いています。内田祥三先生が東京大学総長をやられた頃ですか、ひさしぶりに建築学教室を訪ねようと建築学教室の三階へと階段を上ってこられた。そのとき、先生は自分の研究室で教室のスタッフの下手な連中を呼んで、将棋をさしておられた。とっさのことで隠すところがない。将棋盤を窓を開けて外にほうりだされた。これはまあ御愛嬌です。その内田祥三先生は日本軍が良質の石炭を確保するために大同を占領したとき、旧市壁はそのままにして、横に日本人街の計画をつくられた[*17]。内田祥文、高山英華両氏、それに関野克がお供しました。その後に日本軍は広東に進出し、ここも都市計画することになり、こちらは岸田先生が行かれた。大同のプランは建築設計資料集成にのるほどに今では有名ですが、広東のプランは何も残っていない。岸田先生が塗る媚薬を飲み薬と間違えて腹痛を起こされ、七転八倒、何もできずに帰国された。「広東にて」と題された淡彩のすばらしいスケッチは残っております。秘話の出自はお心当りあるでしょう。

岸田——…………。

浅田——アハハ…。僕の学生の頃の話だ。しかし、出自は僕じゃありませんよ。

——話題が先へとび過ぎました。岸田先生の挫折にもどします。

一九二〇年に「日本分離派建築会」は発足しました。木葉会卒業者のうち構造がまったくできない落ちこぼれのデザイナーたちが、この学生たちを抑圧していた佐野利器、内田祥三教授たちに反旗をひるがえして、近代建築運動の真似ごとをやったのです。マニフェストを発表し、展覧会をやりました[*18]。彼らの卒業の秋でした。岸田日出刀先生はこのとき、学生（二年生）でした。同学年だったら仲間にはいっていたでしょう。「遅れ」をとったのです。彼らは軒並み表現派風でした。堀口捨己でさえ、池之端の東京平和博覧会のシンボルタワー「池の塔」はオーブリッヒのマネ、山田守（東京中央電信局）、石本喜久治（朝日新聞）たちも表現派です。学生の岸田先生も表現派でいきたかった。その鬱

[＊17]「大同は現代に於ても政治、軍事、交通、経済等の地方的中心として重要であるが、特にその城西南方の山地にある埋蔵量百数十億噸と称せられる炭鉱地帯の存在により一層重大な意義を有するに至ったのである。そしてこれは開発を考慮するときには単に一地方的計画に終るものではなく、広く日満支の産業計画に関連を有するものであり極めて大規模の国土計画的生産力配備問題が登場して来るのであって、今後の新建設都市の位置等も大いにこれが影響を受けるものと考える。」高山英華「大同都邑計画覚書」『現代建築』一九三九年九月号、四九頁。

[＊18]日本分離派建築会を理論的に主導した堀口捨己は自身の卒業設計について「フリーなものをやったのです。そのフリーな様式はどういうことかとなってきますが、建築家は様式を離れていないのですね。建築家の様式と、美術史の様式はまるで違う概念です。建築家の様式はきわめて単純なもので、こういう昔からのしきたりを覚えようという程度の様式です。それでどういう様式がどうしてできたか、などはむずかしい。然し私は〝様式なき様式〟などということをいっておりました。」堀口捨己、前川國男ほか「座談会I：日本近代建築の展開のなかで」『建築雑誌』一九六八年八月号、五二九頁。

屈は卒業設計の監獄案に現れています。このデザインは精神分析するに値します。そして、「日本分離派建築会」の連中が敵対的抑圧者とみたてた内田祥三が統括する東大キャンパスのデザイン・チームに加わります。「遅れ」の裏がえしです。被抑圧側のイデオローグ堀口捨己は「非都市的なもの」を掲げます。テクノクラート教育を目指した帝国大学工学部建築学科のプリンシプルに対抗するスローガンであったことは御理解されていたでしょう。

関東大震災（一九二三）後、佐野利器は震災復興院へ、内田祥三は東大キャンパスの建設へと、国家的・都市的・建築的建設の現場へ進出していきました。安田講堂の実施設計を了えて、岸田先生はヨーロッパへと外遊。「オットー・ワーグナー論」を発表されます。私はこれが、先生の日本分離派に遅れたことのマニフェストだったとみます。「分離派《ゼセッション》」の真の頭目はオットー・ワーグナーであって、日本でもてはやしているオーブリッヒやホフマンはその弟子筋に過ぎない。単にデザインだけでなく、社会的・都市的な建築の革新者はオットー・ワーグナーだ。創始者の悲哀を一身に背負ったのがこの人だった。先生は、この人の生涯を客観的にみれば、ひと言「気の毒」といいたい、といいたく同情されております。ウィーン市の重要建築施設のコンペに当選しながら、当局の無理解とメディアや政治家の反対にあって数々のアンビルトの案を残さざるを得なかった。とりわけカール広場の市立博物館の長年にわたるもめごとや、広場の整備計画のすばらしさを伝統的都市派カミロ・ジッテ批判を交えて熱っぽく説かれています。建築を都市とのかかわりにおいて理解すること、交通土木施設という大都市特有の施設のデザインを開発した建築家の視点を重視して、大都市《メトロポリス》的思考へ架橋する手がかりも記されます。当時、ドイツ的法制のもと、アメリカ的な都市システムを導入し、イギリス的な建築様式理解の枠をでなかった帝国大学のテクノクラート養成制度［＊19］に、ひそかな批判の手がかりを提出されております。二五才で助教授になられたため、みずから批判するべき側のまんなかに立ちもどらねばならないという矛盾を背負わされました。すべて「遅れ」たことに起因するのです。挫折（心変り）と申しあげた背景には、こんな複雑な事情が存在します。

［＊19］大正期に制定された市街地建築物法はドイツの都市計画法の影響を受け、ゾーニングの重視もその証左といえる。明治期に帝大建築学科で最初に教鞭をとったジョサイア・コンドルはイギリス流の建築様式を基本とした。また、関東大震災前から丸ビルをはじめ、アメリカ流の高層オフィスビルが建ちはじめ、その後の日本の都市景観を方向付けた。こうした流れが帝大の教育システムの基盤となったが、これを俯瞰しうる建築家の視点として岸田日出刀はオットー・ワーグナーを召還した。

［＊20］バニスター・フレッチャー（一八六六―一九五三）。イギリスの建築史家。世界中の建築物を網羅的に一望する大著を執筆した。

オットー・ワーグナー論において、いずれ浜口隆一先生が引き受けられることになる指摘があります。今この国では「近代建築」と訳されているので区別がつきませんが、当初(一九〇〇年頃まで)は、Moderne Architekturと題されていたオリジナル・テクストが、一九一三年版ではBaukunstと改題されたことです。岸田先生はアルヒテクツール＝装飾建築、バウクンスト＝建築術と訳され、建築物の外面的理解から、それの内面的な解釈に変ってきたことを指摘されています。

浜口——おそらく、岸田先生の訳された頃は伊東忠太さんの「『アーキテクチュール』の本義を論じて其の訳字を選定し我が造家学会の改名を望む」(『建築雑誌』一八九四年六月号)がせいいっぱいでイギリス系フレッチャー的様式論[＊20]を疑うことさえなかったのだよ。僕たちが学生になった頃にはウィーン学派の研究は少しずつ資料ができあがってきたわけだ。ヴェルフリン[＊21]、フランクルたちのフォルメン・アパラート＝型式装置、リーグル[＊22]、ヴォーリンガー[＊23]たちのクンストヴォーレン＝建築意欲、この解釈学へと到達するあたらしい美学の流れを理解できないと、グロピウスやル・コルビュジエたちがはじめたCIAMの事務局長にジーグフリード・ギーディオンがひき抜かれ、彼が、いい加減な、ひとりよがりの理屈ばっかりいう建築家たちのデザインが、おおきい歴史的な流れのなかで、どんな位置づけにするのかさまざまな著作によって説明を加えたが、そんな文脈をまったく理解できなかったと思いますよ。ギーディオンはこれらウィーン派の美学・美術史の学統を継ごうとしていたのだよ。時空間論をいうだけでは無理だった。私はヒューマニズムと重ね合わせた。

——御両者の論ともに、半世紀後には、失敗だったと評する建築史家が多いことは御存知と思います。論でさえ、一つのプロジェクトです。建築そのものについては五年ぐらいが耐用年限です。さらにひろい論は三〇年もてばいい。今はつまみ喰いの時代ですから、長もちする体系的思考なんてありません。浜口先生が、早々と大学を辞任され、建築批評からさえ撤退されたことは先見の明があられたのです。

[＊21]ハインリッヒ・ヴェルフリン(一八四六—一九四五)。スイスの美術史家。建築感情移入を立論し、建物そのもの以上に、それをみる側の心理作用に重心を置いた。立原道造の卒業論文の冒頭で『建築心理学序説』を引用している。また『美術史の基礎概念』において古典主義とバロック様式を五つの対(線的・絵画的、平面・深奥など)によって対比的に扱うことで、個人的な営為ではなく人間精神の発展として芸術史を捉えた。

[＊22]アイロス・リーグル(一九五八—一九〇五)。オーストリアの美術史家。ヘーゲルの「世界精神」による西洋中心史観に基づき、中近東を文明の起源として賞賛するのではなく、原始的な中近東から西洋文明の高みに発展する、と読み替えた。その原動力こそ「芸術意欲」であり、建築、彫刻から絵画へ、触覚から視覚への移行から芸術作品を時代別に整理していった。

[＊23] ウィルヘルム・ヴォーリンガー(一八八一—一九六五)。ドイツの建築史家。リーグルの美術史を建築史に読み替え、古代ギリシア建築からドイツ・ゴシック建築に発展する過程を論証した。戦前の丹下健三も「ミケランジェロ頌」の中でヴォーリンガーを引用している。

[＊24]武藤清は戦前に陸軍からの委託研究で爆裂に関する研究を行い、「爆圧によって構造物は運動のエネルギーを与えられ、これを構造物の変形エネルギーによって吸収しうれば、構造物は安全である。変形エネルギーは構造物の塑性変形による倒壊に至るまで考える」という認識に至り、その成果が戦後日本の耐震設計の構築に多大な影響を及ぼした。梅村魁「耐震設計の一つの流れ」『建築雑誌』一九八八年七月、六四頁

[＊25]丹下健三が唱えたテーゼ。「ある人は、この今の日本で、美は悪であるという。たしかに、そのような面がないとはいい切れないものがあるであろう。しかし、だからといって、生活機能と対応する建築空間が美しいものでなければならず、その美しさを通じてのみ、建築空間が、機能を人間に伝えることができる、ということを否定しうるものではない。このような意味において、〝美しき〟もののみ機能的である、といいうるのである。」「現在日本において近代建築をいかに理解するか」『新建築』一九五五年一月、一八頁

[＊26] テクニカル・アプローチとは、「一九五〇年代に前川國男とそのスタッフで構成されたMID(Maekawa Institute of Design Group:ミド同人)が共通の建築的テーマとして掲げた方

岸田—待て、待て…。俺の二〇代の挫折とは、左様なポジションを引き受けたことだったというならば、年譜にのっている経歴だからしょうがない。いっておくが、俺はそれを誰もやり手がないからやったのであって、もみ手して、軍部にすり寄って、委託研究費なんてもらったこともない[＊24]。西田幾多郎のように、悩み抜いたあげくだといいながら、海軍と結託して日本賛美を理論化したおぼえもない。ゴルフだよ。芸者をあげて、相川音頭の太棹を弾かせるのだよ。

だが、一つのミッションがあった。誰にもわからなくて結構。この列島に新しい建築がつくりだされること。誰がつくってもいいのだよ。それをつくる建築家がいる。

——そのひと言をお聞きしたかったのです。オットー・ワーグナーの「近代建築」が、世紀(一九世紀)を超えてむかうべき方向を論じた本でありながら、建築家についての章からはじまっています。後に浜口隆一先生が、建築を「つくる」立場としての建築論としてクンストヴォーレン=建築意欲を手がかりにして、解釈学的方法へとすすまれるその契機もここにあるといえます。丹下健三さんはこの手の解釈学には興味を示していません。「美しいものこそ機能的だ」[＊25]といった新カント派的な逆説を前川國男さんのテクニカル・アプローチ[＊26]に対抗して持ちだしたりしますが、浜口先生のように論理的な根拠を示すことはありません。

岸田—理論的には岸田シューレからはずれているのだ。建築家を第一章に置き、クンストヴォーレンを生きた、というその一点において、私の戦略配置の主軸にできた。理屈をいうときには時代に迎合して、自由学園の羽仁五郎のようなミケランジェロをいい、三木清から借りた構想力などをいう。西田学派の左翼みたいだが、たんなるはやり言葉だよ。戦後になって、経済企画庁に売りこむようなロストフの四段階説を援用したりする。これもいただけない。私は彼の建築家としての才能だけを信用したのだよ。多くの建築家は才覚だけでやっている。信念(ミッション)を具現できる才能さえあればいい。

——たいへんきびしいお言葉をいただいております。それにしても先ほどのテクニカル・アプローチをいう前川國男さんをひと頃はサポートされていたのではないですか。はるかな後輩である私の観察でも、一九三〇年代の一〇年間は前川國男評価で一貫されていたようにみえます。同じル・コルビュジエをそのアトリエで学んだなかには坂倉準三さんがいます。もうちょっと前に牧野正巳さんもいました。坂倉準三さんは長くパリに遊学できたこともあり、ル・コルビュジエの信頼もあつく、パリ万国博日本館(一九三七)のような近代日本建築の国際的評価を一気に高める傑作も残されています。にもかかわらず、岸田先生は三〇年代は前川國男さんをみずからの身がわりのような建築家と扱っておられます。どんな点を評価されていたのですか。

岸田——ひと言でいえば、本気でやっている奴が他にいなかったんだよ。この男は学生の頃から器用でないことはわかっていたよ。私の卒論をとったときに、ヨーロッパから帰国の際に買ったル・コルビュジエの書いた宣伝パンフレットみたいな本を何冊か貸した。後に生田勉も翻訳をやったが、この人の語学力は確実にわかったが、前川君はむつかしい論は避けて、若者が「新精神《エスプリ・ヌーボー》」に到達する『告白』という『今日の装飾芸術』の終章に舞いあがったんだ。後に誤訳だらけの本を出版するけど、卒論はどんなものだったのか記憶はないね[*27]。卒計を提出して、すぐシベリア鉄道にのったと聞いている。

——前川國男さんは二年で帰国。坂倉準三さんは七年間居られて、ろくな仕事のなくなったル・コルビュジエのアトリエでチーフ役をやられて帰国されました。後に、前川事務所にいた丹下健三さんは「ミケランジェロ頌」[*28](一九三九)でル・コルビュジエについて論じますが、その情報はもっぱら坂倉さんから聞いたようです。パリ万博の日本館の案を岸田先生が日本の設計委員長で、前川さんが原案をデザインしたのに、「日本的なもの」をめぐってごたつき、坂倉さんが代案のつまらない案をかかえて現地にもどり、ル・コルビュジエアトリエで製図板を借りて改案をした。ボスをふくめて同僚があれこれいって手なおししてるうちに、ボスの事務所のスタイルに

法論を象徴的に表す重要なキーワードの一つ。欧米の近代建築が長い技術的な蓄積の上に着実な形で展開されているのに比べて、日本では、実態を欠いたまま観念的に移入されたままにすぎず、建築技術もいまだ封建的な手工業の状態にとどまっていて、近代建築を実現するための前提条件さえ整っていない、との認識から生まれた。具体的には、RC躯体の外装を構成する工業化素材(スチールサッシュや打ち込みタイルなど)の開発が挙げられる。」松隈洋「前川國男とテクニカル・アプローチ」『生誕百年前川國男展図録』二〇〇五年、二三頁

[*27]「御断り:最初の計画は欧州大戦後の新建築運動の最も大きな流れ〝構成〟精神について各章に亘って調べて見る心算でしたが、材料の不足と私自身の不勉強と殊にロシア構成派については予備知識の欠乏により御覧の通り範囲を縮小して、論文題の三分の一にのみ値せぬものとなりました。折角御指導頂いた伊東先生、岸田先生に御詫びする次第でございます。もっと新しい手法論による建築史研究の必要を痛感して居ります。多数の本を御貸し下さった岸田先生に厚く御礼を申し上げます。」前川國男卒業論文「大戦後の近代建築ル・コルビュジエ論」一九二八年。

[*28]丹下健三が『現代建築』に寄稿

した論文。大東亜共栄圏樹立をめぐって太平洋戦争に突入し、困窮極まる時代を「新しい時代の到来」と位置づけ、これを機敏に予知する詩人の意義を強調した。過去に時代の転換点を予知した詩人＝芸術家として、ミケランジェロ、ヘルダーリン、コルビュジエを挙げた。丹下みずからも詩人＝建築家としてのマニフェストを書き上げたといえる。

［＊29］堀口捨己は建築設計活動の傍らで、古文書の精緻な読解を通じて茶室の思想的背景を分析し、「建築における日本的なもの」の理論的地平を切り開いた。吉田五十八らが編み出した近代和風のデザインが料亭の内装に転用され、商業的に傾斜したなかで、堀口はひとりスノビッシュなスタイルを貫いた。しかし茶室研究は衒学的な傾向を否めず、学生時代の丹下は「社会の中で建築が果たすべき役割を忘却している」と批判した。

［＊30］東京国立博物館コンペにおいて「日本趣味を基調とする東洋式とすること」と定められたにもかかわらず、前川はコルビュジエ流のモダンデザイン案を提出し落選。『国際建築』一九三一年六月号に「負ければ賊軍」という檄文を投稿した。

似てきた。ナマコ壁の斜め格子でごまかして、日本本土の委員会にはまったく相談せずにそのまんま実施してしまった。グランプリをとって坂倉準三さんの国際デビューでしたが、これは「日本近代建築の成立」でもあったとみられています。岸田日出刀先生、前川國男さんともども面目まるつぶれではないですか。この栄誉は東京帝国大学出身ではあるが、工学部の木葉会ではなく、美学美術史出身者でした。

岸田―あの当時の日本の文化的思想界での言説の困難を知らないから、そんなゴシップまがいの説を聞いてきて、本気に受けとっている。話す気にもならないほどむかつくが、私がル・コルビュジエの著作と同時に当時開発されたライカを持ち帰り、三五ミリのロールフィルムで手持ち撮影した『過去の構成』（一九二七）をみるがいい。坂倉君がパリで表現できた建築空間は、すべてこの写真集に収まっている。『京都御所』（一九二九）がついで出版されている。こちらの方が流れるような建築空間はより豊かにうつされている。過去に存在したものをモダニズムの視線によって切りとっているのだ。一九二〇年頃に出発したデザイナータイプの建築家は頭が悪く、堀口捨己をのぞいてまったく駄目だ。彼だけが同じような視線による遺産解釈を茶室でやった［＊29］。前川君はいささか頑迷で、理解力が不足していた。坂倉君は、ボスのアトリエの鉄骨の構成を無意識のうちに私の「過去の構成」に重ね合わせたといえるのではないかね。

――まったく異存はありません。それでも、岸田日出刀の次の戦略的な主軸が何故前川國男だったのでしょう。私は東京帝室博物館のコンペに落ちるべくして落ちて書いた、負けおしみのような「負ければ賊軍」［＊30］（一九三一）という最後っぺの文章の「心意気」を岸田先生は評価されたのだろうと推理しております。

岸田―貴様がそんな気安い口をたたいていいのか。ノイローゼで、対人恐怖症だったことぐらいわかっているのだぞ。貴様が家出もしたため、退官後、私の事務所で仕事をさせていた貴様の前妻が情緒不安定になってしまった。修論も完成できず、博論の手もつけない。しかも家出だ。丹下君の夫人にたのんで離婚の後始末をしてもらった。貴様は俺だけでなく、（加藤）敏子夫人にも永久に頭があがらないはずだ。下がれ!

――とはいわれても、岸田日出刀・前川國男・丹下健三の順になる岸田日本近代建築戦略布置の筋書きができあがりません。これだけ叱られているのですから、敢えて申しあげます。一九三〇年頃、東京帝国大学岸田日出刀教授は二度目の挫折（心変り）をされたのです。

モダニズム（近代的・近代化といわれるような一般化されている近代ではなく、むしろイデオロギーとしての運動がつくりあげていくものと私は考えています。）の建築は一九二〇年頃までに多様な試行を経て、一九三〇年頃まで、ヨーロッパを中心に展開・成熟します。バウハウスがその代表ですが、その運動が世界同時不況などと重なり、停止状態となり、世界の各地に散種します。まず南米へ、そして後進国であったシカゴにミース的なものとして、同時に日本にル・コルビュジエ的なものとして定着をはじめます。結果的に一五年を経て、アメリカではテクノロジーを介して、日本では伝統的な歴史遺産を介して、それぞれ独自に変質をはじめます。一九四五年の日本で、それらは占領・被占領の建築的文化として邂逅します。一九三〇年はその散種のはじまりでした。十五年戦争下のモダニズム建築の問題です。岸田先生はこの変質の必然性と重要性と方向性とを見抜かれていたと思います。とはいっても、これを担う奴は自分とは違う。下地になる作業は二〇年代の後半にやってきた。だが建築家が特定されねばならない。二〇才代で結構。そのときに前川國男が破れかぶれで登場したのです。移植すべき種をかかえて帰ってきました。オットー・ワーグナーの例をみると、建築家はその社会、都市にたいして、コンペによって自立して介入することが重要。守旧派と表舞台で張り合わねばならない。モダニズムは宿命的に立ち廻りが必要なのです。

日本分離派の頭目だった堀口捨己さんは多くの仲間のなかで、モダニズムのこの性格を理解されていました。だが「非都市的なもの」という発言によって逃げをうったと内田祥三先生から疑われ、にらまれている。一九二〇年のマニフェストは構造・都市派批判であったのですから仕方ない。幸い岸田先生は「遅れ」て出発され、やはりテクノクラート養成の一端をになわされています。裏にまわるしかない。党派は必要ないが、表にたてる頭目が必要です。使い捨てでもいい、目立たせねばならない。純情きわまりない前川國男はうってつけです。ル・コルビュジエはモスクワでスターリンにとりいろうと画策したが、拒絶されている。今泉善一のように大森で銀行襲撃に加わるほどの度胸はないが、彼をスタッフにむかえるといったシンパシイはもっている［＊31］。こんな具合にコンペで次々と前川國男案を推し、スタッフなども推選されました。

浜口——おい司会進行、でしゃばり過ぎだよ。ここからは私がひきとることにします。何しろ、私は岸田研に残ったのだよ。同級生の丹下健三は前川事務所にいった。岸田先生の口利きだったと思う。先ほど名前の挙がった一級上の立原道造は石本喜久治の建築設計事務所に通っていた。森五商店（村野藤吾）のような格調ある建築をやるところならともかく、悪しきモダニズム商業建築ばかりやっている石本事務所にいったのかと立原は問われて、岸田さんの推選だったと言い訳をしている。数寄屋橋の朝日新聞社の建物のみえるところだから身体の悪い立原道造の自宅（日本橋）から遠くない。こんな配慮もあったのだろうよ。私たちが卒業したとき、道造は持病が悪化して、夏から長期休暇をとらざるを得ない有様だった。

——たくさんの手紙を友人宛に書いた立原道造が、たった一通だけ丹下健三にあてた手紙が、彼の全集（『立原道造全集 第五巻』角川書店、一九七三）にあります。生田勉さんとは一高以来、無数の手紙のやりとりがあり、同級の柴岡亥佐雄、小場晴夫さんとも晩年のものがいくつも残っています。一九三八年の夏、親しくつき合っていた画家深沢紅子のいた盛岡を訪ね、思いたつことがあったように「入江（雄太郎）、浜口、丹下君らの住所」をきいています（九月二七日）。その旅で師であった堀辰雄の『風立ちぬ』を批判し、訣別する、いやしたいと迷いに迷う手紙

［＊31］大森事件とその顛末については、今泉善一インタビュー「大森事件のことなど（わが回想、失われた昭和十年代）」『建築雑誌』一九八五年一月号、三〇—三三頁に詳細あり。

（一〇月一九日）を書いて、帰京して、丹下健三へ長い手紙をしたためます（一〇月二八日）。丹下さんが前川事務所に通っていることが前提になってないと、この手紙の真の意図が理解できないでしょう。背景に、「大連の懸賞」への若い情熱が燃えあがったことがあり、立原道造本人は石本事務所につとめることさえ無理になるほどの身体的な衰弱を感じていたのです。

「大連の懸賞をめぐって方々で、若い情熱が燃え上つたことは、この世紀の門出へのひとつの大きな花束であったとおもひます。その若い情熱のいずれもが、結果としてはどんな風になろうと、僕はかまわないとおもってゐます。浜口君が大連まで行ったことだけで何か立派だとおもってゐます。前川國男が大連へ行ったのよりはずっと意味があり、大きな花束のひとつの大きな花である行為だったとおもってゐます。」（『立原道造全集 第五巻』四六八頁）と記しています。

浜口——立原までがそんなことわざわざ丹下チャンにいっていたのか。思いだしたくもないね。彼は生田勉と一高の同級だった頃からとりわけ仲がよかった。生田の文学青年気取りは明らかに立原の影響だね。いっぽうで、生田は三木清の下宿に出入りしていた。本棚の整理まで手伝っている。当時、三木清は西田派でありながら、ドイツの最新の哲学を軒並みにこなし、東京の論壇に新星のように登場したところだった。私は敗戦して数年間は前川國男、丹下健三両者のうごきを積極的に支持して、その理論化、とりわけ世界の大局的な動向と関係づけようと考えていた。はっきりいうと、両者がCIAM会議［＊32］にイギリスに出かけた頃から違和感を持ちはじめたのだよ。

　立原のアジテーションにのせられて、丹下健三が日本浪漫派に心酔しはじめた、結構じゃないか。前川國男さんだって、西田派の世界史の哲学、とりわけ高山岩男を熟読していたし、あの時期に「日本」について語れない建築家は、「日本趣味」「東洋的様式」などイギリス流の植民地根性から抜けられない商業建築家に過ぎなかった。岸田日出刀先生のオットー・ワーグナーへの転向という挫折の意味もまったく理解できない奴等ばかりだった。だから、

［＊32］一九五一年にロンドンで開催された第八回CIAM会議。テーマは〝The Heart of the City〟で、丹下健三は広島平和記念公園のパネルを発表した。

堀口捨己だけが「日本的なもの」という思想的な問題構成を可能にできた。とはいっても岸田さんはアンビバレントだったと思うね。何しろ国家的テクノクラート養成教育をやる東京帝国大学という枠にぴったりはめこまれていたんだから。これから抜けるのは僕がいずれやったように、辞任しかないのだ。戦後になってのことだけどね（一九五七年三月）。

——浜口先生、やっぱり想い出していただきたいのです。生田勉さんはその日記に次のように記しています。

「二月一五日（火）［昭和一三年＝一九三八］浜口隆一君、大連公会堂懸賞落選、旭日昇天の勢にある彼としてはどんなに心落ちのことであろう。第一ホテルのグリルで慰労会（僕は一寸よってすぐ帰る）。前川國男一等。その他小坂秀雄、武基雄、内田祥文、杉山正則等…。」

浜口——（むっとしている。）……。

——私はその二〇年後に東大前の落第横丁の経師屋の主人から浜口先生の話をききました。ここは東大の建築科の教室が代々パネルを制作するにあたり絹布の水貼りをたのんだのです。ここの主人がまだ見習いの頃、やっと大学を卒業したばかりの浜口先生が、必ず一等になるといきおい込んで全力投球し、何日徹夜したかわからないけど大量のパネルをつくり、これをかかえて、はるばる大連まで船にのって提出にいかれた。浜口さんの師、岸田日出刀先生が審査委員長だったが前川國男さんが一等と三等を占めた。浜口案は落選しました。

経師屋の主人はその頃の浜口さんと同年輩であった私に、さとしてくれました。浜口さんは全力を集中したんですよ。結果が発表されてから一ヶ月ぐらいまるで幽霊か何かの抜け殻のように、呆然と空をみながら東大構内をさまよっていたんです。建築をやるなら、アソコまでやらねばいけません。

浜口——待った。戦後になって、一九五一年のCIAM会議に出席する前川・丹下両者と違和感を持ちはじめたという理由をはっきりいっておこう。「都市のコア（心臓）」という報告書にまとまったこの会議は、

［＊33］「マイヤーは美が建築の主要目標であることを信じなかった。マイヤーの主張は、建築は構造的発明であり、その仕事は〈生命の現象〉を〈組織〉することである。彼は次のように書いている。〝この世界のすべての事象は一定の形式に基づく制作物、すなわち機能と経験である。すべての芸術作品は構成物であり、そのゆえに不適当である。けれども生命は機能的であり、それゆえに芸術的ではない。建てることは美学の過程ではなく、生理学的過程の生理学的装置である。新しい住居は生活のための機械であるばかりでなく、肉体ならびに精神の満足のための生理学的装置である。建てるということは社会的、技術的、経済的、肉体的な生活の局面を組織することである〟。この哲学は彼の作品それ自身に表現され、それは彼の教室に強く影響を及ぼした。マイヤーは計算尺と電話が建築家の最も主要な道具であるという信頼された環境を教室に作り上げた。」L.ヒルベルザイマー「バウハウス」

「アテネ憲章」をつくった一九三三年の第四回会議を戦後の世界の都市の再建に適用したと理解されていたが、その報告書でもわかるように、修正派的な転向だったのだ。二〇年代のモダニズムの先端はバウハウスの学長グロピウスが次に任命したハンネス・マイヤーの徹底的なニヒリズムの究極ともいえる機能主義だった[＊33]。グロピウスは岸田日出刀さんと同じく、もうみずからの手に負えない次の世代の出現がわかっていた人だった。だがマイヤーはコミュニストで、ナチの攻撃目標になる。ミースがその後をのらりくらりと切り抜けるが、例のパリ万博のドイツ館のデザインをまだバルセロナ・パビリオンの型が通用すると思っていて、そんな風にデザインをしたら案の定ヒットラーお気に入りのアルベルト・シュペーアにとられてしまう。事態をさとって、おくればせながらシカゴへ逃亡したのだった。このとき、みずからのドローイング一切をドイツの田舎の納屋にかくしておいた。これが目下MoMAの最高の建築コレクションだ。バウハウスが分離派、未来派、表現派、構成派など、もろもろの初期モダニズムをブチ切って、ヒルベルザイマー／ミース的なニューバウハウスへと突き抜けたときに、ゲゼルシャフト的なメトロポリス（大都市）論が超機能主義的形式主義へつくりあげられたのだよ。これは徹底して非人間的といっていい。これにたいして、シティ（都市）が二〇世紀初期では支配的だった。ルネサンス以来のヒューマニズム（人文主義）でその社会のイメージするのはやはりゲマインシャフトだった。私は『ヒューマニズムの建築』（一九四七）を戦後すぐに書いた。これは機能主義と人間主義の統合、つまり、大都市《メトロポリス》的なものと、都市《シティ》的なものの統合だった。とはいっても誰が理解してくれる? 前川事務所のMIDの機関紙にも書いたけど、ボスがちゃんと読んでくれたかどうか知らない。僕は機会があって、当時、アメリカでもっともシャープな建築雑誌だった『アーキテクチュラル・フォーラム』のゲスト・エディターになり、戦後の日本建築特集[＊34]をやるため渡米。できあがったばかりの「レークショア・ドライヴ」（一九五一）を間近にみて、衝撃をうけたんだ。ライトはデモクラシーをいい、ル・コルビュジエはユマニスムという。どっちも自分の作品の正当化だ。ミースは何もいわずにだまって、鳥カゴをつくった[＊35]。二〇世紀の大

『現代建築の源流と動向』鹿島出版会SD選書七四、一九七三年、一九〇―一九一頁。

[＊34]浜口隆一が担当した「日本建築特集」（一九五三年一月号）では、広島平和記念公園（丹下）、下関市庁舎（MID）、八勝館（堀口捨己）、上野動物園水族館（丹下）、神戸博覧会（丹下）、東京逓信病院看護学院（小坂秀雄）、日本電信電話公社中央学園講堂（内田祥哉）、神奈川県立近代美術館（坂倉準三）を採り上げている。

[＊35]「彼（ミース）が発展させた鉄骨建築は、彼の最も偉大な功績である。鉄骨建築は材料と構造の本質から生まれ、しかも材料と構造とを共に建築の手段として用いている。（中略）彼の建築はたとえ構造に依存していてもどこまでも構造以上のものである。彼の建築は構造から生まれ、構造を入念に仕上げている。彼の建築は材料を超越し精神的なものに高め、芸術の領域に高めている。（中略）彼がこの偉大な業績を作り上げた主要な建築的方法は―その一般的建築的概念に付け加えて―大体二つある。すなわちディテールとプロポーションである。」（括弧内筆者）L.ヒルベルザイマー「設計計画とその建築物」『現代建築の源流と動向』鹿島出版会SD選書七四、一九七三年、二六三頁。

都市とは怖るべき世界なのだよ。人間なんかいなくていい。彼らはゲゼルシャフトの一つの粒子、顔のない〈ビオス〉として、たんなる箱に収容されるだろう。二〇世紀が五〇年かけてみつけたモダニズムが行きついたのは、こんな味気ない場所だった。核爆発で都市まるごと消滅した。モダニズムの行きつく先は、荒涼とした人っ気のないこんな光景だった。

浅田—浜口さん、いつもの具合で先走るんだ。一〇年巻きもどしてもらわないと、司会進行係よ、むちゃくちゃになるぜ。俺がひきとると文明論へシフトするから、もうちょっと我慢しておくよ。あのときのCIAMは都市について論じながら、修正派的に古い広場へともどろうとした[＊36]。いいかえるとグロピウスやル・コルビュジエが、カミロ・ジッテやタウンデザイン派と妥協しながら復権をはかったのだ。丹下健三の平和都市ヒロシマの計画は前後の事情もわからぬまま、うまい具合にのせられたというべきだ。これは俺がゆっくり解説してやるよ。

——司会進行がつたなくて、すみません。大先生方もうちょっと我慢して、立原道造の手紙につき合って下さい。

先ほどの丹下健三宛(一〇月二八日付)の手紙の先のほうに一つの心情を告白しているのです。「僕ら共同体といふものの力への全身での身の任せきりがなくては、一歩の前進もならない……今日の歴史から自分だけまもる孤高のヒューマニズムを信じるならば、それは必要もないことだけど、歴史はこんなに弱く惨落したときの僕にさへ、今は一歩の前進を要求します。(孤高のヒューマニズムが文化を防衛するとかんがへる知識をいまは信じたくないのです。かつての大戦の日にすべての文化が下士官のごとくなったことへその孤高のヒューマニズムがひとつの警告を発したこともいまは反撥したいのです。)混乱のなかでこんな手紙を書きました。では、近いうちに、会ったときにまた——」(『立原道造全集 第五巻』、四〇九頁)

その一ヶ月後、立原道造は後に「長崎紀行」と呼ばれる生涯最後の旅にでます。奈良、京都から山陰をひとりで旅して、ノートを記しつづけます。関門海峡を渡って博多へ。ノートに突然、違う調子の文がまぎれこみます。

[＊36]「しかしこのCIAMは、かつて第一次世界大戦後、新しい技術による新しい人間を旗印にし、それを内部の力として発展してきました。しかし今は何か観念的後退が目立ちます。内部から発展する力を失いかけているように思います。Coreの問題も一部にはclosed societyへ後退しようとする傾向が非常に強くなって来ました。観念的なGemeinschaftの考え方が支配しています。形態的にも中世のPiazzaへの郷愁が非常に強く働いています。」丹下健三より浅田孝宛書簡「ヨーロッパの郷愁」『国際建築』一九五一年一〇月号、一二頁。

「北九州の工業地帯をひるすこしすぎの光のなかで見た。今は何もいへないくらゐ心打たれた。技術の美しさとでもいふのか。巨大なマスの美しさとでもいふのか、おそらく、その両方なのだろう。八幡製鉄所あたりの巨大なブロックは眼を奪ふ。そのあとの山々の自然のみすぼらしくあはれに見えたこと！　この種類のものの人を奪ふ力は何だろう。浜口たちと語りあひたいテーマだ。」（『立原道造全集 第四巻』角川書店、一九七二、三三三頁）（一二月二日）

柳川を経て長崎へ。

「夕方、熱をはかると、三十八度五分あった。——急に出たのではないらしい。疲れたとばかりおもってゐたのが熱だったのだろう。病人になってしまって武医院に入院する。おそろしくばかばかしいことだ。」（『立原道造全集 第四巻』、三四五頁）（一二月五日）

先ほどの生田さんの日記にでてくる武基雄は石本事務所の同僚で、彼も「大連の懸賞」に応募したと思われます。（「大連市公会堂をめぐってのいくつかの苦しい情熱のうちで、君の架けたもののFruchtbarkeitが、ひょっとしたら意味の深さではだれをも超えるかも知れない。」（『立原道造全集 第五巻』、四二六頁）（一二月五日）と手紙をしたためている）。彼の実家の医院に入院したのです。そして、東京へもどり、ノートは遺書のようになります。

「このノート一冊のあとに何も書くことができない。—ただまなざしを出来るだけ明るい未来に向ける。」（『立原道造全集 第四巻』、三六八頁）（一二月一九日）

翌年の春（三月二九日）に息を引きとります。『新建築』の編集を手伝っていた小場晴夫が特集を組みます。そこで浜口隆一先生は追悼文のなかで「別荘をやらせたら、立原の右にでるものはいないだろう。」（『新建築』一九四〇年四月号）と記されました。そのとおりでしたが、それ以後、立原道造別荘建築家というイメージが建築界のみならず詩人仲間や日本浪漫派文学の研究者にいたるまで、定着してしまいました。岡本かの子が晩年の芥川龍之介を『鶴は病みき』と形容したのにも似て、立原のポートレート写真はやせ細っています。はかなく消え去ろうとする肉体が、「生きる」支えにしたのは、丹下健三への手紙において告白したような、おおきく力強いものに身をあずけること、それを「意志」として、倒れそうなみずからの肉体を内側から支えてもらうことでした。

浅田——道造は、丹下健三の「ミケランジェロ頌」(一九四〇)も僕の卒論「日本国民建築様式」(一九四四)も読んでないのだ。浜口隆一の卒計はみただろう。何か違うものが出現したことは感知したと思われるね。「長崎紀行」で八幡製鉄所の溶鉱炉をみて「浜口たちと語りあひたい」と書いているのが証拠だね。門司から博多にむかう鉄道は、まっすぐ行くとあの溶鉱炉に突き当るので、迂回している。今でも車窓からよくみえるよ。何故浜口を想いだしたのか。丹下健三と浜口隆一の卒計を見比べるとわかるだろう。丹下はまるでル・コルビュジエの事務所のスタッフが描いたんじゃないかと思うほど細かくコピーしている。石の割りつけまでがセントロソユーズ風だ。浜口のものはブルーのインク一色で描ききっている。ダイナミックだ。ノイエザッハリッヒカイトの気分がみなぎっている[*37]。生田勉が「旭日昇天のいきおい」というのも無理あるまい。本人も俺しかいない、というくらいの自信にあふれていたけど、みる眼のあるものは、この両案の違いは見抜いていたんだ。岸田さんがそれをいかに判断したか。俺は岸田さんの卒計「監獄」とちかい感覚があるとみた。ノスタルジックとクールの違いはあったけどね。

浜口——浅田君は大局だけを読む人だから、創造者の苦悩は評価しない[*38]。丹下チャンのことを鈍くさい田舎者っていったりしたんじゃなかったか。

浅田——どうして学弟の私がそんな言葉をいうもんですか。磯崎の聞き間違いです。僕は丹下さんの不得手な面をひたすらカバーしている番頭役だとさえいわれるほど尊敬していたんです。岸田先生のゴルフのお供はしなかったけどゴルフコースでも師の影は踏んでません。浜口さんは無防備な失言が多すぎるんです。僕は浜口先生の腰の軽さにいつもはらはらしていたんですよ。丹下さんはあれが浜チヤンだよ、などというけど、公の場とバーのカウンターでの駄洒落の違いがわからないのです。政府の役人や財界の大物を前にして、いきなり記号論を説いたって無理ですよ。馬の耳に念仏です。こいつらは煙に巻けばいい。連中はできる奴ほどみずからの無知を知っているのです。大法螺ふけばいいのです。だいたい根気がなさすぎます。コンペにたった一回落

[*37]「われわれは今日普遍的価値の問題に関与している。個人は意義を失いつつある。個人の運命はわれわれにもはやなんら関与するものではなくなっている。どの分野でも、秀でた業績は個人ではなくその創始者はほとんど知られていない。彼等はわれわれの匿名の時代の傾向の一端を示している。エンジニア工作物はその一例である。巨大なダム、巨大な工業設備、巨大な橋には設計者の名前は記されていない。これらのものは単に将来の工学を指摘しているだけである。」L.ヒルベルザイマー「自律的建築への方向」『現代建築の源流と動向』鹿島出版会SD選書七四、一九七三年、一七五頁。

[*38]「此場合には彼(建築家)は作家としての自己意識に燃える。彼は自己の修練の冗漫な〝長さ〟を〝強さ〟と混同する。彼は自己の単なる〝感受性の震動〟を〝創造への内的感激〟と錯覚する。彼には形象の豊富さと熱情の大きさとが芸術的価値に直結するように見えるのである。彼は抑制を知らない。彼は〝何か新しいもの〟は〝何か真実なるもの〟と信じ込む。彼は洞察を知らない。彼は彼の課題を失う。彼の〝内的法則〟は外的条件に応じて急がしく調合される。彼は次から次へと〝制作〟するかもしれない。しかし〝創造〟することには失敗する。彼は前者の素朴なる貧

困よりももっと始末にわるい。感情の野放図な放出。そこには造形の自慰行為があるのみである。彼は作家を名乗るかもしれない。しかし彼は〝創造者〟であったことはいまだかつてない。そして技術家であることも失敗する。」（括弧内筆者）浅田孝「建築家とモラル」『建築雑誌』一九五〇年一月、三―四頁。

［＊39］「兎も角も作者（丹下健三）が〝世界史的国民造形〟の困難なる問題に正面からぶつかり、〝大東亜造形文化の飛躍的昂揚〟と云ふ今回の競技設計の副題に対し、その本道の一班を見事に回答された事は絶賛に価するものと謂わなければならないと同時にその対象が神社建築にとられた為めに今日日本建築の造形的創造一般のはらむ普遍的な問題の核心を亦相当見事に外らされている事も我々は認めざるを得ない。」（括弧内筆者）前川國男「第十六回建築学会展覧会：設計競技審査評」『建築雑誌』一九四二年一二月号、九六〇頁。

選したってやめることはない。もういちどやればいい。大学の学部卒業の秋に大家先輩と競ってすんなりいくわけないじゃないですか。思いあがり、というものです。大連コンペだけじゃなく、何回も同じことをやっておられますね。

――浜口隆一先生がぶざまな振舞いをされるようになったのは、浜口ミホ先生に精神的に犯されたのだという奴がおりました。

浅田――バカ！　人前で口走るセリフじゃない！

――はっきり申しあげると、岸田・浜口両先生は時代をみる眼が鋭すぎて、対応できず挫折され、筆を折られました。丹下先生は愚直にコンペに応募して落選しています。大東亜記念造営物で金的をあてたとき、前川國男さんが審査評で「よく申せば作者は賢明であった。悪く申せば作者は老獪であった」とまことに適切な評を残しています［＊39］。岸田日出刀をねらいうちにした、といいたかったと思われますが、さすが前川國男さん、歴戦の勇者で、丹下健三さんの本音を見抜いておられます。ヒロシマ、旧都庁舎、そして代々木にいたっては指名です。

岸田――案がよかったためだ。他に如何な理由があるか。情実などない。近頃、中国本土では、審査員は政治的に買収されるという噂だが、私はいい案だけを選んだ。丹下君はまったく融通のきかぬ男だった。ねらいうちされたとは失礼な！　私のミッションへの読みが深かった、といいなおせ！

浜口――うーん、それにしても浅田君よ、岸田先生はノイエザッハリッヒカイトを正確には感知されていなくて、せいぜいル・コルビュジエまでだった。丹下チャンはそこを読みこんでねらいうちをした。前川さんが感嘆するわけだ。

浅田――司会進行が勝手にやると話がきたなくなる。新制だから礼儀に欠ける。僕がこのあたりのもつれをほぐしてみせるよ。僕は最初から筆をとらなかったからね。建物のデザインなんて、コマイ、コマイ。この世界はエタイの知れないもっとおおきいものがうごかしている。宇宙の運行ともいえるこの響きを感知してこそ、アーキテクトはその本義にちかづくのだ。

——あッ、私たち後輩は浅田さんのそんな話がはじまると、「また、駄法螺がはじまった。」と製図鉛筆をほうりだして、耳をかたむけました。あの頃、建築三階彫塑室には、電気コンロにかけた大きいアルマイト製のヤカンと欠け茶碗があっただけです。浅田さんの大風呂敷がはじまった時間には丹下助教授は居られません。銀座あたりで呑んでいたに違いありません。高山英華教授は、帰宅で途中下車され、新宿ゴールデン街の呑み屋に通われる。いずれ浅田さんは南極探検隊を送る話に夢中になられて、有楽町の旅館「柳月」に朝日新聞の矢田喜美雄記者と居つづけをはじめます[＊40]。そんな無駄話が丹下研ではじまっていたときに、ときに銀座にまわる前に丹下さんが現れる。仕事がさっぱり動いていないので、突然キツイ小言をいわれる。何も喰べずに徹夜をつづけている大谷幸夫さんがなまけるスタッフの責任を一手にひきうけられて、気絶され、東大病院救急に運ばれるという一幕もありました。あの龍岡門わきのむかしの救急棟は岸田先生の処女作。安田講堂の前にすでにおおかたの注目をあびたものです。

浅田——それぞれ言い分があるけど、立原、生田、浜口、丹下、親衛隊気どりではあったけど、まだ青二才であちこちつっついていたに過ぎないよ。ほとんど大局を読みとれない。日本工作文化連盟が一九三六年にできた（堀口捨己理事長、岸田日出刀理事）。これは紀元二六〇〇年（一九四〇）の記念祝賀奉典として、オリンピック、万博、大祝典広場など数々の計画があり、ヒットラーが「民族の祭典」を党大会、オリンピックと次々に打ちあげて、千年王国の首都として大ベルリンの計画と建設を開始する、この急転し、躍進する国家的企図を一九四〇年に一挙にやろうとしたことへむけて、日本の建築界を主導できるイデオロギーを編成することにあったんだよ[＊41]。立原道造が「方法論」を書いていた年のことだ。岸田先生はベルリン・オリンピック

[＊40]「そういえば、建築委員会にはもう一人、仕事の鬼になった人がいる。浅田孝委員である。矢田委員が大きな目玉をむいた青鬼というところであろう。一たび仕事を喰いだすと、それこそ骨のズイまでしゃぶらずにはおかない。しかもこの青鬼氏なかなか人里が好きで、夜な夜な集会にあらわれてくるのであるが、口を開くとバリゾウゴン、新聞社も、学術会議も、学会も、竹中も、いや南極建築そのものも、たちまちにしてアビキヨウカンと化してしまう。」武基雄「南極こぼれ話」『建築雑誌』一九五七年一月号、七三頁。

[＊41]「国史館の建築、忠霊塔の建設、（紀元二千六百年記念オリンピック）競技場の計画、これら最近の話題にのぼっ

ている諸建築は個々別々に夫々計画されて、其予算も、其実施機関も何の関係もなさそうであるが、私はこれを総てまとめた一つの計画として大きな国民的記念造営物たらしめたい。（中略）然しそれらのものを一つのものとして計画される事は其総合されたものの各々個々の三倍四倍ではなく数十倍の大きさに迄大きくし得ると思うからである。そうした大きさをもつ事が極東の小日本でなしに東亜新秩序の盟主としての世界的大日本を象徴するために必要だからである。否それだけでも充分とは云へないであろうからである。北京の紫禁城や天壇等の大陸的記念建造物を見た眼には日本の今迄の記念物はあまりに規模が少さ過ぎるからである。」（括弧内筆者）堀口捨己「日本の現代記念建造物の様式について」『現代建築』一九三九年六月号、七頁。

[＊42]「高山：浜口君のほうが詳しいと思いますが、ナチスに対しても同じように完全抵抗じゃないのです。あっさりあれもいいぞといったりするところもあるので…。全体としては反対であって、そういう態度は、岸田さんに割合多いんじゃないですか。浜口：結果的にバランスがいい（笑）。」座談会：高山英華、浜口隆一ほか「先生を想う（第一座談会）」『岸田日出刀』相模書房、一九七二年、二二五頁。

施設などの調査で渡欧され、いずれ『ナチス独逸の建築』（一九四三）として出版されることになる印象記と調査報告を書かれる。さらには大陸進出した日本軍のために満州はじめ各地の視察に行かれたりする。『熱河遺跡』（一九四〇）は岸田さんの趣好がいちばんよくでている紀行文だな。この人はかなりずけずけ発言する人だったんだ。『ナチス独逸の建築』をみてもわかるように、タイトルは時局にあわせているのに、これはヒットラー／シュペーアの主導する国家様式としてのデザインを批判している。大声ではいえない。気にいらない風にむにゃむにゃにしている。それでも出版している。裏よみすると、バウハウス的なモダニズム、そのなかでもアナクロでやわらかくごまかしているル・コルビュジエさえ、ヒットラーのみならずスターリンまでから正体を見抜かれて突っかえされ、純正モダニズムが極端に後退していることを知られたと思われる。それでも前川國男を推していた。そしてナチス・ドイツを批判した。公の記録は勿論ないが右翼から言論的に刺されると噂がたち、内田祥三さんがドイツについてはいっさいしゃべるな、と心配されて、釘をさされた。これは岸田シューレの間では誰もが知っていたことだ[＊42]。紀元二千六百年記念大典にむかうプロジェクトの中核的イデオロギーの編成を日本工作文化連盟としてモダニスト建築家全員を巻き込んではじめたばっかりのときだった。ベルリン・オリンピック（一九三六）、パリ万博（一九三七）、まるで二一世紀初頭の中国と一緒じゃないか。あの国は鳥の巣（北京）と芸術宮殿（上海、中国館）になった。一九四〇年の「ニッポン」は何にもできあがらない。パール・ハーバー急襲のあげくミッドウェー沖で連合艦隊が壊滅。零戦とヤマトのデザインこそが評価される。前川國男さんはこんな戦争機械を日本的なノイエザッハリッヒカイトとして評価することで精一杯。そんな程度の話は、坂口安吾がブルーノ・タウトの「ニッポン」論批判（『日本文化私観』）でとっくにしゃべっている。

浜口―岸田先生は江戸下町育ちでありながら武士の風格をもっていて、ナチス建築批判を上司としての内田祥三先生から口止めされたからには、いっさい言い訳をせずに沈黙された。ラマ教寺院の壁と、寝殿造りの渡り廊下を愛でた。それでいいじゃないか。

――それが第三の挫折であったと私が申しあげようとしたポイントです。このとき、ナチス的なメガロマニアックなネオ・新古典主義と同時に、バウハウス初期、デッサウまでのグロピウス、ル・コルビュジエ的な修正主義的ヒューマニズムを突き抜けようとしたノイエザッハリッヒカイトまでも拒絶されたのです。そして、ル・コルビュジエ風の修正主義を「日本的なもの」という問題構成に組みこもうとしていた御自身の『過去の構成』の視点を思いだされた。病身で倒れそうな状態にあった立原道造までもが浮足立って、「大きな花束のひとつの大きな花である行為」と賞賛した「旭日昇天のいきおい」の浜口隆一先生が「大連の懸賞」で何故落選されたのか。岸田研の大学院にいかれた年の秋なのだから、浜口さんが何を考え、やっておられたか一部始終御存知だったのだと思いますよ。直弟子をきって、前川案をとられたのです。

岸田――俺の知ったことじゃないね。貴様たちで勝手に理屈をいえばいい。理屈をいうことそのことをふくめて、俺は拒絶したんだよ。

――それでも岸田日出刀先生は選者でした。「大連の懸賞」で前川國男さんに大輪の花束を与えられました。それ以後は、丹下健三評価へとシフトされます。「大連」のコンペのとき、たしかに丹下さんは前川事務所に通っていました。このコンペの案づくりチームに参加されていたのかどうかははっきりしません。当時「笠間邸」（一九三八）を担当していたと記録されています。翌年からはおそらく岸田先生経由の仕事と思われますが、岸記念体育会館（一九四〇）の担当をやっています。どっちも木造建築です。しかも数寄屋ではありません。

岸田――うん、前川君に依頼して、私のもっとも満足したのは、この岸記念体育会館だね。正面に四本の丸柱が列柱のように浮かしてあるだろう。構造柱でありながら、きちんとオーダーの役をしている。前川事務所もあの頃すでに木造の大型建築をやっていた。だがこれだけ古典的な均整のとれたものはない。私の『京都御所』を研究してあった証拠だね。担当が丹下君だった。ル・コルビュジエ気狂いにみえていたのに、ミケランジェロを論ずるといった、浜口隆一君の影響のようにみえる文章を書いて、古典へと推参したところもある。ル・コルビュジエを抜けたところがいい。もう一つ私が気にいっている仕事がある。私の郷里の倉吉市が依頼してきた倉吉市庁舎（一九五七）だね。お手盛にみえる？　いいじゃないか、いいものはいい。丹下君のRC打ちはなし作品のなかで、作為がなくて、自然《じねん》に収まっている。私好みだ。こんな具合に、丹下君は誰かのおもしがのっかっていたときに、かえって肩の力を抜いて、すんなり収める才能があるのだよ［＊43］。私はそこを評価している。ところが岡本太郎みたいな奴とつき合って、きりきり舞いしたり、若いメディアの連中のおだてに乗せられたりして、不細工の数々をやる。みるに堪えん。迷う人なんだよ。つき合う世間が悪い。俺はとっくに見放したけど、無知な権力者には弱かった。いつももみ手していたが、これで取り入ろうったって、権力はヤワじゃないんだよ。ここは高山英華君のほうがわかっていた。つき合い方も知っていた。おい、司会、お前たちがワケも知らずにノロノロしていたから、丹下君は苦労したんだよ。浜口隆一君のように早々と筆を折ればいい。ドダイ、東京大学というところは…。

浅田――そんなところにひっかかったが故に、自然《じねん》たり得ない。そうおっしゃりたいんですね。岸田先生はみずからの不如意だった人生を反省されております。ここでは近代国家日本のゆるぎない制度をこれが不可避的に持たされた矛盾として、丸ごとのみこむだけでなく、それを代理して、有象無象を教育、指導せねばならないのです。岸田先生は「大悪人」と呼ばれて結構とおっしゃったじゃないですか。すべてわかっておられました。立原道造は夭折しました。浜口隆一は辞任しました。『日本政治思想史研究』という名著を浜口さんの『日本国民建築様式の問題』（一九四四）と同じく、戦争中に応召する前夜に遺書のように書きあげた丸山真男教授は、例の「安田砦」の事件のあとに、やはり辞任します。岸田先生も丹下さんも、ともに任期一杯つとめあげられておられますね。自然《じねん》なデザイ

［＊43］「郷土出身の建築家というので、新市庁舎の設計者として、市会でわたくしが選ばれたことは、この上なく光栄なことだと思った。（中略）そして東大建築学科の丹下健三助教授と協同して、案を進めることにした。その年の秋に着工して、翌三十一年の暮近く、落成式が挙げられた。敷地のうしろには、松の老樹がウッソウと茂った打吹山が小高く立っている。その山裾に位置する敷地は、市街地よりはちょっと高く、街のひなびた趣きのある赤い甍を美しく俯瞰することができる。平面計画をまとめる上で、この敷地の諸条件をできるだけうまく取り入れ、市民との接触がスムースになされるようにと、市民ホールのスペースを積極的に大きく配するようにした。そしてこの案は大変よかったと思う。主屋部分は地上四階で、三階と四階との上には、かなりの出の庇をとり、日照の調整と形の上の落ちつきを求めた。窓はつとめて大きくしたが、柱から外にガラス壁を大きく取る普通の手法によらないで、柱と梁等の構造体をそのまま素直に外に表し、南と北の両面はガラス窓を柱列からすこし引っ込め、東と西の両面が柱のほぼ真に、ガラス窓を配するようにした。このことは建物全体の形を引きしめるのに役立ったように思う。」岸田日出刀「倉吉市庁舎について」『建築雑誌』一九五八年七月号、一五頁。

ンができずに、作為しかやれないことは身にしみておられたのじゃないですか。「作為」と「自然《じねん》」という丸山真男が先ほどの著作で抽出した日本の思想史上のもっとも重要な問題構成を岸田先生は自らの趣味判断の信条にされて、学生にまで説いておられましたが、ないものねだりだったんですよ。丹下さんがどう答えたか知りませんが、師の言葉を前に、一歩下ってその影を踏んではいないと思いますが、内心、無理というものですよ岸田先生、と毎回つぶやいていたに違いあるまいと推定しますがね。

実をいうと、岸田先生はナマ煮えと評されましたが、私が書いた「日本国民建築様式」（一九四三年度）という先生に提出した卒業論文は、『現代建築』（一九三九）――これは岸田先生が主導されておられた日本工作文化連盟の機関紙でしたよね――に丹下健三が書いた「ミケランジェロ頌」批判だったのです。岸田先生はナチス建築批判で口封じされておられたので、すっとぼけておられたのですが、ノイエザッハリッヒカイトも「日本的なもの」も何にもわかっていないあんな文章が登場することに警鐘を鳴らしたんですよ。

岸田――そんな寝言につき合う暇ないね。あんな卒論、私の日本建築史をひいているのは仕方ないが、あの頃、時流におもねる二流の建築史家たちが、こぞって日本建築史を書いていて、そこからも多々パクっている。戦後まで生きのびたのは太田博太郎君の『日本建築史序説』（一九四七）だけだよ。ただこれは足立康さんの受けた注文の代筆だから、手にはいらなかっただろうね。ねむいよ、……、どれ、パッティングでもやるか。

――申しわけありません、岸田先生、ここは架空の場所なので、ゴルフの練習場は付属しておりません。山中湖畔の岸田先生の別荘までは、何光年かの距離があります。

浅田――パリ万博本館で、坂倉さんが鉄骨フレームを露出でつかったことは驚天動地ほどのうらやましさだったのさ。何しろ日本は戦争に突入したわけだ。耐爆建築のために厚いコンクリートが必要になってきて、鉄筋混凝土の民間使用は制限されはじめていた。丹下さんがタイル貼りのモダニズム、

［＊44］「造形上の新しい美しさは到るところに見られるが、まづ私の専門とする建築意匠上の新しい美を最近竣工した建築実例の中から拾うと、靖国神社近くの外濠に面する丘の上にこの程落成した逓信病院の建物がある。形態といひ現代感覚豊かな近来稀に見る傑作である。（中略）設計は逓信省営繕課で、担当設計者は山田守氏とのこと、同氏十数年前の担当作中央電信電話局の建築にみる意匠と較べ、隔世の観がある。」岸田日出刀「建築意匠：新しき美」『帝国大学新聞』一九三八年一月一〇日。

［＊45］「丹下：私たちも、前川さんから月給をもらっていまして仕事がないんですね。実際前川さんのお役にもたてないし、この機会に一つゆっくり本でも読んで勉強しようという気になって、お暇をい

ただいて大学に帰りました。都市との関連で建築を考えたかったわけです。もう一つこのころ感じておりましたことは、当時日本でも現代建築らしいものがなかったわけでもないんです。例えばただ白いタイルの壁にぽつぽつ四角い窓をあけたような、さらりとした現代建築ですね。そういうモダン建築はぽつぽつできかかっていた。そういう情勢だった。私自身、どうも衛生陶器のような、清潔ではあるけれども、なんの感興もわかないような、こういういわゆる「現代建築」には興味がもてませんでした。むしろそういうものよりは、昔の建築の方が良かったのではないか、というふうに考えたものです。ギリシャの都市とかローマ時代の建築からルネッサンスのものなどに深い関心を持ち、多少勉強もしました。」丹下健三・前川國男座談会「七問八答〝現代建築の条件〟を語る」『科学読売』一九六〇年六月号、五四頁。

［＊46］「高山：はじめは反対だったのですよ、疎開は。要するに教室は、指揮権は、武藤さん、浜田さんが軍需研究をしていないとうまくゆかない。丹下さんなんか大学院で、多少反戦的で、ゲートルの巻き方で抵抗したりなんかした程度で、全体の空気は…。」座談会：高山英華、浜口隆一ほか「先生を想う（第一座談会）」『岸田日出刀』相模書房、一九七二年、二二七頁。

おそらく山田守さんの仕事［＊44］だろうね、これを「衛生陶器」［＊45］なんて批判したと先見の明をほめたりしているけど、どうっていうほどの話じゃあるまい。後に何も知らない、司会進行やっている奴なんぞが、もっと次か、まあいい、丹下神話をつくりあげたのだ。おい磯崎、お前はかねがね脱神話化などといってまわり、戦争協力者丹下健三を救出するなんぞぬかしておりながら、あの人が長生きしすぎたので、みんな先に逝ってしまって適任者がなくなり、弔辞を読んだりして丹下さんをもちあげた。神話化に協力した。

——弔辞というものは褒めたたえるのが礼儀というものです。岸田先生から私が学んだ最大のことは、師弟の「礼」ということです。鈍くさい田舎者でも、悪人でも、曲学阿世の徒であっても、師は師です。師への弔辞はすなわち弔辞です。

浅田——はっきりしておきたいのは、お前たち以下の世代が丹下を神話化してしまったが故に、ここに出席した師・友・弟の三人の存在が霞んでしまったことだ。この三人の間に立っていた丹下健三なんて、三木のり平みたいに鼻の下を長くして、頭を刈る勇気もないくせ、世間の眼を気にして、ゲートルを巻いていた小男なんだ。ゲートルの巻きかたもちゃんと知らないので［＊46］、いつもほどけてルーズソックスみたいになっていた。

——前川國男さんは、さすが丹下君は戦争中でも小粋なスタイルで、竹槍で一億玉砕と叫んでいた、とゲートル姿の丹下さんをほめてましたよ。

浅田——ほめてた？　浜口、丹下両君が僕の書いた「日本国民建築様式」を手がかりに前川さんのところにねじ込みにいって、特攻隊、いいじゃないか、前川さんが左翼くずれの世話なんかして、上海でこっそり普通の煉瓦造りの建物なんかつくっている。これはもはや国賊だ、と右翼と同じセリフをいっていたんだ。僕は知らないよ。この人たちは、現代文明がテクノロジーによってはじめて成立しているという最低の認識ももっていない。リアルということも理解できずに、それでもはやりの理屈はいっていた。

——浅田さんがしゃべりはじめると、長幼の順が逆転して歴史が逆廻りすると申しあげたけど、その通りに進行しております。岸田先生はねむくなられている。浜口先生は出番がきて発言する順をしずかに待たれている。浅田先生、今一度時間を遡らせて、丹下健三のデビューの頃にもどさせていただきます。

浜口——一九三〇年頃に岸田先生が第二の挫折をされた理由と情況を語らせてもらいます。世界同時不況で全世界が経済的な混乱に陥り、あげくに政治にも大変動が起こってきたときに、モダニズムの美学も一挙に回転しました。理由もなく、サッ！と微妙な陰影さえとりはらわれて、白黒のクッキリした構成になり、ピカピカ輝く素材が出現し、流線形が好まれる。必要性とか機能主義とか二〇年代に論じられていた、デッサウのバウハウス校舎みたいなデザインまでが、吹きとぶように超えられてしまったのです。丹下チャンと私は「衛生陶器」みたいなモダニズムは古いよなど語ったけど、この認識も甘かった。

グロピウスはバウハウス学長を辞任して、まったくの新人、ハンネス・マイヤーに手渡します。デッサウの次はハンネス・マイヤーのジュネーヴの国際連盟館、落第案だ、一等になったのに実施させてくれない、と荒れまくっているル・コルビュジエでさえない、と悟ったと思われます［＊47］。この新しい美学は後に「ノイエザッハリッヒカイト」と呼ばれます。日本では、三木清のような時流にあわせることばっかりやった人ではなく、その仲間で京都でひそかにオリジナルの美学をさぐっていた中井正一だけが『ノイエザッハリッヒカイトの美学』（一九三二）を書けた。誰もこの決定的な「気分」の変更を説明できる人がいなかった。ハンネス・マイヤーが学長就任のマニフエストで、

「世界内に存在する全事物は、函数（機能×経済）の産物である。それゆえこれらの事物は芸術作品ではありえない。芸術は構成《コンポジチオン》であるために、特定の目標に適合させるわけにはいかない。すべての生活は、機能そのものである。だから芸術ではない。「ドックの構成《コンポジチオン》」などといえば、猫にさえ笑われよう。だが、都市のプラン、住宅のプランはいかにデザイン

［＊47］「ル・コルビュジエの（ジュネーブ国際連盟）計画は、古典的な性格を持っている。しかしながら伝統的な古典的な体系、もしくは死んでしまった古代的な形を使用したのではない。むしろ、その精神が古典的なのである。彼の計画は自由な平面に基づいている。部分的にはシンメトリーであるが、全体は幾何学的な構成に従わず、構造の上に置かれ、その各部分の利己性を押さえている。建物は敷地の地勢に関連して置かれている。（中略）ハンネス・マイヤーとハンス・ヴィットヴェルが提出した計画は、ル・コルビュジエの建築的な解決と大きな対照をなしている。この作者たちは、彼らが建築的目標を持たなかったことを自称した。彼らはその計画を、提出された問題に対する純粋の技術的解決と考えた。ここには機能主義の純粋な表現がある。」（括弧内筆者）L.ヒルベルザイマー「設計計画とその建築物」『現代建築の源流と動向』鹿島出版会SD選書七四、一九七三年、二二九―二三〇頁。

されるべきか。構成か機能か?芸術か生活か?」と書いている。グロピウスはもう出番はないと身を引いたのでしょう。彼と似た役をやっていた岸田先生もその「気分」がわかっておられた。動転しているヨーロッパのモダニズムに一歩おくれて日本でも次の主役をつくりだす。不十分ではあったが前川國男さんを引っぱりだした。とはいってもル・コルビュジエの俗流理解でしかなかった。

　僕の卒計「満州国中央火力発電所」(一九三八年度)こそがノイエザッハリッヒカイトだったのです。

浅田――やっと僕の出番になった。浜隆さんは卒計のいきおいで「大連の懸賞」に応募落選されました。注意してほしいのは「ノイエザッハリッヒカイト」は美的趣味判断であって、モダニストの美意識としてのイデオロギーではなかったのです。口封じされた岸田さんはいいものはいいという吃音者のようなトートロジーで応えておられます。浜口さんはバウハウスの本流は、ハンネス・マイヤーがロシアにもっていこうとして失敗し、トロツキーも流れていった革命メキシコに行ったことも御存知でしたでしょう。その件とはかかわりないと思われますが、モダンデザインにおいてメキシコは触媒のようでもありました。丹下研で東博本館の全部をつかう大展覧会(一九五五)のディスプレーをやり、私はこの展示につき合って興奮しましたね。イサム・ノグチも若い頃、行って、画家ディエゴ・リベラの女房フリーダ・カーロと浮き名を流したじゃないですか。戦後に日本に帰ってきたときは李香蘭をつかまえたので、はためいわくにはなりませんでした。ヒロシマ慰霊碑の提案もこの頃ですが、彼の生涯の傑作とさえいわれているこの大胆な案には、かつてのメキシコ体験の影があるに違いあるまいと思います。いずれ岡本太郎もメキシコにひっかかります。「明日の神話」(一九六九)はあの「メキシコ展」の最後に置かれていたシケイロス本人の美術館のすぐ眼の前のホテルのロビーに入れる予定だったといわれていますね。太郎も、この展覧会で興奮したひとりのはずです。直接みに行ったかどうか記録はありません[*48]。だが、後に「縄文的なもの」をいいだして、物議をかもします。五〇年代の日本の文化論的言説の大転換をやります。ここらは、私が裏で仕

[*48]メキシコ美術展(東京国立博物館一九五五年九月一〇日—十月二〇日)では「文化財保護委員会」が組織され、丹下健三、岡本太郎、柳宗悦、滝口修造らが名を連ねている。また石元泰博も図録用写真を撮影している。『メキシコ美術展』図録一九五五年。

掛けたメタボリズムとともに、今なされている架空座談会の枠外ですから、いいません。情況証拠があります。縄文論たけなわの頃、考古学者が太郎に「火焔土器の発見者のようにいわれるけど、どこで発見したのだ。学会報告はやったのか」と問うたとき、俺が発見したのは東博の陳列棚でだ。考古学者はどこかの百姓が掘りあてたものをひろってきて、棚に並べるだけじゃないか。俺は縄文土器の美を発見したんだ。その場所が東博だったということさ。メキシコ展のとき、一階だけでなく二階もまわった。それだけのことだ。興奮さめやらぬその高まりであらためて縄文土器をみた。マルセル・モースの講義をパリで聞いて、宇宙（天）と交信するためにヒトの心臓をサクリファイスとしてささげた話を思いだした。猪でも熊でもいいじゃないか。ドクドク打っている心臓が必要なんだ［＊49］。この国には考古学者のツラをしている奴らはいても、文化人類学は植民地調査と思っている。とりわけ建築家のうちモダニズムをやってる連中はほぼ欠陥商品だ。何もわかっていない。

――申しわけありません。浅田先生、岡本太郎を呼びだす前に、浅田さんの大学入学の頃にもどさせて下さい。岸田、前川、浜口、丹下とこれまで語られた方々は皆さんアーキテクトです。証拠に、まずみずから出発のときにモデルにした建築家がいます。オットー・ワーグナー、ル・コルビュジエ、グロピウス、ミース、すべてモダニズムの建築家です。日本列島において近代化する国家をつくる仕事をせねばならないことは自明の理ではあっても、その前に列島の外の建築家を学ぶことからはじめたのです。一九四一年に建築学科に入学され岸田研究室で都市計画をやろうとしたと年譜に書かれている浅田さんにはそんなモデルはいなかった。つまり建築デザインをやる気はもともとなかった、と考えられます。趣味判断、美的判定、それを日本で引き受けたのが岸田シューレなのです。繰り返しになりますが、それは、佐野、内田、高山先生方の言説をみてもわかります。勿論この先生方は日本列島の近代化を使命にされていますが、工学（構造）的な不燃・耐震の都市建設が建築だと理解されています。これが主流派なんです。堀口捨己さんはこれをわ

［＊49］「私など、おなじ東洋でも、殷、周のような中国の伝統芸術のほうに強力に撃たれるし、またエジプトとか古代メキシコ文化のすごみにはるかに強くひかれる。それらは圧倒的であり、心が動転するほどの根源的な人間的共感を呼びおこします。そのような強烈な感動、共感はいわゆる日本の伝統には比較的うすい。ものたりなくもある。」岡本太郎「伝統とは創造である」『日本の伝統』光文社一九五六年、六八頁。

かっていて日本分離派建築会をつくられる。あげくにパージされたんです。「非都市的なもの」などといって逃げをうったとみられました。だが、イデオロギーとしてのモダニズムを介して、岸田さん一派と手を組んで、日本工作文化連盟をつくって国家的事業への介入を試みた。そこは伝統的守旧派が政治的に大勢を占めていた危険な舞台だったのです。当時の列島国内事情からすると、これがリアルな場でした。浜口さんの「ノイエザッハリッヒカイト」は建築のモダニズムがその内部で臨界点にいきつく、究極のニヒリズムでもありました。ハンネス・マイヤーのマニフェストは、明確にその視点に立っておりました。自滅しました。浜口さんがコンペに落選したのは、前川さんの案がよかったのでも、岸田さんが拒否したのでもない。自滅されたのです。ラディカリズムにひそむ法則です。

そのあげくに登場した建物が、「岸記念体育会館」でした。

浜口・丹下は新しい戦略をねらったと思われます。ウィーン学派をよそおいながら、岸田さんの「過去の構成」をねらいうちにする。堀口さんが伝統（日本）と近代（西洋）を併立させようとしても「日本」をリアルにとらえきれない。鉄もコンクリートも軍事産業として統制されている。木でいいじゃないか。これが列島において、正統として使える唯一の素材じゃないか。

こんな情況にあったら、モデルにできる建築家なんかおりません。同情いたします。だがテクノロジーがこの文明をつくることに変りはない。浅田さんは呉海軍鎮守府施設部に所属、設営隊長になられます。一九四五年、八月六日はヒロシマのグラウンド・ゼロから三〇キロのところに居られました。ローテクとハイテクが、一瞬に交錯する光景を目撃されたのです。建築なんてコマかくってやってられないよ、この文明はテクノロジーがうごかしている、デカイことを考えるには旧式の美学なんて捨てちまえ、と思われたに相違ありません。テクノクラートであってもアーキテクトではもうあるまい。ヒロシマを現場として体験されたというべきでしょう。

浅田――ヒットラーが無理してスターリングラードに攻めこんだのは、そんな名前の相手に恥かかせようとしたためじゃないんだよ。もっと南に、良質の大理石の産地がある。千年王国の首都としての大ベルリン計画の構想は自分のスケッチをシュペーアに図面化させてあるからいいけど、建設に必要な大理石が不足していたんだ。アルカイダ殲滅なんていって、実はオイルの利権をおさえたいのが魂胆だぐらい今みんな見抜くけど、ヒットラーの構想は雄大だよ。偉大なるローマはトラバーチンしか使えなかったので一〇〇〇年もたずにボロボロになった。外部はグラナイト、内部はマーブル。ひけ目を感じるじゃないか。鉄もコンクリートもつかえずに、年間産出量九〇〇万石の木材。あとは手掘りのスコップとシャベル。テクノロジーは機械をつかうなんてもんじゃない。

僕は工兵隊長として、高射砲陣地とか、ダム建設の指揮をやったんだ。現場に行ってまず何をやったと思う。日本人は支那や南方に兵隊で行っているから労働者は全部半島人。しかも年寄りばかり。それを強制労働させている。能率があがらない。観察してすぐわかった。彼らは日本軍が支給するものが喰えないのだ。ぼくが最初にやったのは、土方やらせずに畑にニンニクとトウガラシを植えさせることだった。意外に早くそだつのだ。これさえあれば彼らは日本軍の食糧も喰える。やっと労働力がうまれるというわけさ。マルクスの労働価値説なんて、帝大で生産力理論に結びつけたといって評価したりされてるけど、実践した奴はいないじゃないか。ニンニクとトウガラシがないと生産力は上昇しない。こんな単純な原理のわからぬ奴が大きな顔するなっていうんだよ。

——丹下さんはこの両方が苦手だったことがわかっていたので、私は岡本太郎と一緒に御徒町の朝鮮料理店に案内して、悲鳴をあげるのをみて大喜びしたことがあります。

浅田——おい、そんなくだらない話をする場所じゃないぜ。木のことだよ。満州で多くの仕事をやっていた遠藤新さんに岸田日出刀さんがこんな質問をしている。

岸田　お話中で失礼ですが、南方に対してはどういふお考えでせうか。

遠藤　南方に対して私としては現在の所何等言ふべき点は知らないのです。

岸田　併し只今のお話からしますと南方には木が非常に沢山あるわけですから……。（『国際建築』昭和一三年（一九三八）三月号）（傍点、磯崎）

ここで木といっていることを軽くみちゃいけない。満州（東北）も支那（中国）も、煉瓦造だった。建築を木の文化として「日本」をとりだそうという魂胆にみえるけど、そこには物質的素材というテクノロジーの視点があった。「ノイエザッハリッヒカイト」は結局兵器の美学たらざるを得ない。あげくに核の「消滅」の美学になる。そこで一九四〇年頃に、ヒットラーの大理石にたいして「日本」の木という戦略がでてきた。

――というわけで、浅田さんにはもはやモデルにするアーキテクトはいなかった。文明論的テクノクラシーでいいじゃないか。実は木こそが南方進出の際の「日本国民建築様式」の鍵概念だったとおっしゃりたいわけですか。

浅田――そのときの理屈は「ミケランジェロ頌」からはでてこないんだ。立原道造が北欧的、そして古典の強いものによりかかろうとしてもここにはない。浜口隆一の卒計「満州国中央火力発電所」も鉄やコンクリートや石なんだ。ヒットラー／シュペーアを超えられない。堀口捨己だってシャム・コンストラクションで「ノイエザッハリッヒカイト」風ができたに過ぎない。一九四一年一二月八日、ぼくは建築にはいって岸田さんのところに出入りしていた。日米開戦。このときの興奮ぶりは、『近代の超克』（一九四二）という座談会の記録やその評価がたくさん研究されているからわかるだろう。丹下、浜口は両名大学院でうろうろしていた。

――緒戦の大勝利でアジア侵略が一挙に正統化できたと思ったのか、日本建築学会は、会員に今後の建築方策についてのアンケートを行います。吉田鉄郎、村野藤吾、前川國男、西山夘三、それぞれ持論をなんとか時流にあわせるべく苦心した作文をしています。丹下健三も回答しています。

「丹下健三

1．建築方策に関して、大東亜の地域に、所を得た空間を占め、確固たる意味関連の内にうち据ゑられるとき、建築はその機能を発動し、その美しさを発揚する。大東亜の建築的建設は空間を配分することから始めねばならぬ。都市計画がそれに根拠を与へる。それによって個々の建築創造は、その必然的意味と最高の自由を得、それなくしては無節操となる。新しい日本の精神を以てする所以である。その為には、実践力ある総合的都市研究機関の設置が必要である。

2．建築様式に関して、神の如く神厳にして簡勁、巨人の如く雄渾にして壮重なる新日本建築様式が創造されねばならぬ。英米文化は勿論、南方民族の既成の文化を無視するがよい。アンコール・ワットに感激することは好事家の仕事である。我々は日本民族の伝統と将来に確固たる自信を持つことから出発する。そうして新しい日本建築様式の確立は、大東亜建設の必然と至上命令に己を空しうした建築家の自由な創造の賜として与えられる。」（『建築雑誌』No.688、昭和一七年（一九四二）七月号）

浅田―戦後になって、岸田シューレ戦犯論をささやく連中が跋扈した。丹下がその代表みたいにされ、タタかれるときの原資料がこれだ。錚々たる建築家がアンケートに回答しているが、みんなモグモグしている。思想がはっきりしてないので、言葉にできない。ただそれだけのことだよ。建築方策を問われて丹下は、みずからの方法を語っている。アーキテクトとしての信念ができたんだ。ミケランジェロ、ル・コルビュジエは方便につかっていたことがみえるじゃないか。

新日本建築様式、とここでは記している。僕の卒論でつけた新日本国民建築様式の国民が抜けている。後に浜口隆一はちゃんと『日本国民建築様式』と呼んでいる。ここで型がきまったというべきかな。

――今日の丹下健三評価は「大東亜記念造営物」（一九四二）と「日泰文化会館」（一九四三）の二作に連続コンペ当選されて、新星の如くに建築界に登場したことに集約されていますが、浅田先生は、日本主義的大東亜共栄圏建設の中核的イデオローグともみえるマニフェストこそが丹下健三の真髄だとおっしゃるわけですか。

浅田—コンペ応募案なんぞは、あの思想のイラストに過ぎないんだ。絵にかいた餅だぐらいみんな知っていた。当時、たんにコンペとはいわず懸賞と呼んでいた。賞金はかなり高かった。マカロニ・ウエスタンでジュリアーノ・ジェンマが賞金かせぎで登場するじゃないか。賞金なんだよ。ねらいうちやらねばとれない。監督のセルジオ・レオーネはハリウッド・ウェスタンのパロディによって、アメリカ文化をコケにしたんだよ。賞金かせぎ、丹下健三。これをいわずに丹下健三論なんて書けるものかい。

——彫塑室の丹下研究室が引越しで移動するとき、私は後かたづけをやっておりました。そのとき、大学備品のため空にして残さねばならないデスクのなかに、戦時中満州から女性の名前で丹下健三さまに送られた手紙を発見、こっそり中味をのぞきました。お姉様からのものでした。コンペの当選のお祝いが記されていましたが、あなたが当てた懸賞金は、普通のサラリーマンでは一生かかってもかせげない額なのですから、大切に使いなさい、という一行がありました。

浅田—懸賞金は思想とは関係ない。カダフィだってかけられていた。それに比べて、ニンニクとトウガラシは思想だ。いや哲学的行為だ。生産力理論の本質とつながっている。バッキー・フラーはニンニクの人だ、コンラッド・ワックスマンはトウガラシの人だ。私は武谷三男と「原爆時代と建築」（一九五五）と題した対談をやった。ここではその後「ヒロシマからフクシマ」まで議論されてきたすべての核開発問題の所在をみとおしてある。ここでのリアルな問題提起に比較すると、丹下健三の日米開戦時のマニフェストがいかにロマンティックでモダニズムでしかなかったか、ルーズソックスみたいなゲートルを巻いていたんだから、それが限界だったことが理解できようというものだ。

——まだたくさん質問が残っているのですが、岸田先生はおやすみになり、浜口先生も姿を消され、浅田先生だけが重要問題を語られていることは承知していても、誰も聞いてないのです。司会はここでギブ・アップします。ちかく参上する予定なので、その際に……。

(師・友・弟、みんなの姿がみえない。)

〔司会進行係後記〕

藤森照信が、『丹下健三』（新建築社、二〇〇二）において、「日泰文化会館」コンペの後始末について聞きこんだ噂話を紹介しています。真偽のほどがたしかめ得なくて、質問できませんでした。

「前川國男がコンペ後に東京帝大の岸田研究室を訪ねた。驚いたことに岸田日出刀教授は同期であり、フランク・ロイド・ライトのタリアセンで学びながらライトを裏切るように〝白塗り〟のモダニズム建築を発表した土浦亀城に、前川國男案のプランをベースにして、丹下健三案のスタイルで実施図面をつくらせていた。一等必選論（当選案は必ず実施される）という論をのちに岸田日出刀がとなえたことは特記されているのに、〝日泰文化会館〟のケースはいったい如何なる訳があったのか。土浦事務所はボスの無節操でもめて、スタッフは去った。すぐに日本は敗戦し、南方建築論、日本国民建築様式論ともども闇に消えた。」という話です。

もう一つ私なりに説明できないことがあります。浜口隆一が落選した〝大連の懸賞〟の前川案は、中軸線のむこうに忠霊塔を置き、手前に三ツ組みの建物が配され、中央はピロティになっています。忠霊塔を慰霊塔にかえたら、丹下健三のヒロシマ平和記念公園のコンペ当選案の説明になります。両方ともに審査の主役は岸田日出刀でした。この三ツ組みの平行配置は、江戸期の伊勢神宮の内宮の配置で、何故か明治期に古式にもどすことになり廃された型です。〝バンコック〟の一等案も〝ヒロシマ〟の一等案も、いずれもが〝大連〟の一等案を、さらにそれは江戸期の〝イセ〟内宮の布置《パルティ》そのままです。この連鎖が岸田シューレによって演出されたことは明らかですが、若き丹下健三はわかっていたのかどうか？　丹下健三が後に『伊勢神宮』を書きますが、こんな布置にはまったくふれていません。気づかなかったのか、気にとめなかったのか、こんな連想も闇のなかです。

すべては戦争に突入した頃に物資が不足し、〝木〟しかない。木のノイエザッハリッヒカイトを生産力理論として組みたてるべきだ、とモダニストたちが、モダニズムそのものをリアルの文化へと方向転換させようとした。丹下健三さんはこの思考方式を、戦後ひたすらやりつづけた人じゃなかったかと私は思ったりしているのですが、弟子の分際がいうセリフではありません。

何しろ、〝日泰文化会館〟は総チーク材造りとなる予定、台湾桧のような柔な材料じゃない、軍艦の甲板にやっと使えるような最高の材料で、バンコックではそのチーク材が無制限で使えるのだ！と建築家たちは興奮していたのです。〝日本国民建築様式〟なんて後追いの屁理屈で、〝イセ〟なんかを超えるようなスゴイ建造物が実現する、そんなリアルな思考に舞いあがったんだ、と浅田孝先生はおっしゃりたかったと推定します。ピカドンの雲を眺められて、テクノロジーはこの世界を消滅させるほどの怪物で、こいつと真正面からつき合うしか先はない、と達観されたと思われます。

半世紀すぎて人々は、核破壊こそがトウガラシの超々極辛だったことをやっと悟りはじめております。

（この座談会は、岸田日出刀、浜口隆一、浅田孝の各氏が現在存命で座談会を行ったとしたら、ということを想定し、磯崎新氏が司会進行役となって当本のために書き下ろしたフィクションであります。時を溯り当時の風潮に合わせた表現をあえて使用している部分がありますことをご容認ください。——編集注）

広島平和公園・平和記念会館

広島平和公園・平和記念会館

香川県庁舎

東京カテドラル聖マリア大聖堂

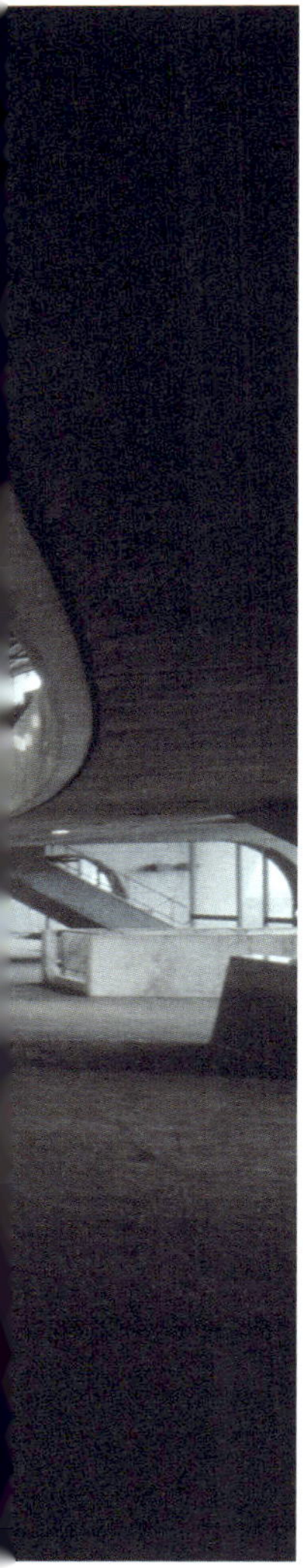

代々木国立屋内総合競技場

一九七〇年日本万国博覧会お祭り広場

II

オーラルヒストリー：丹下健三との仕事

このパートIIでは、かつて直接または間接的に仕事を共にした中で、丹下が発した言葉、語り継がれることと、周囲からの言葉を頼りに、丹下健三の交流と活動に触れる。

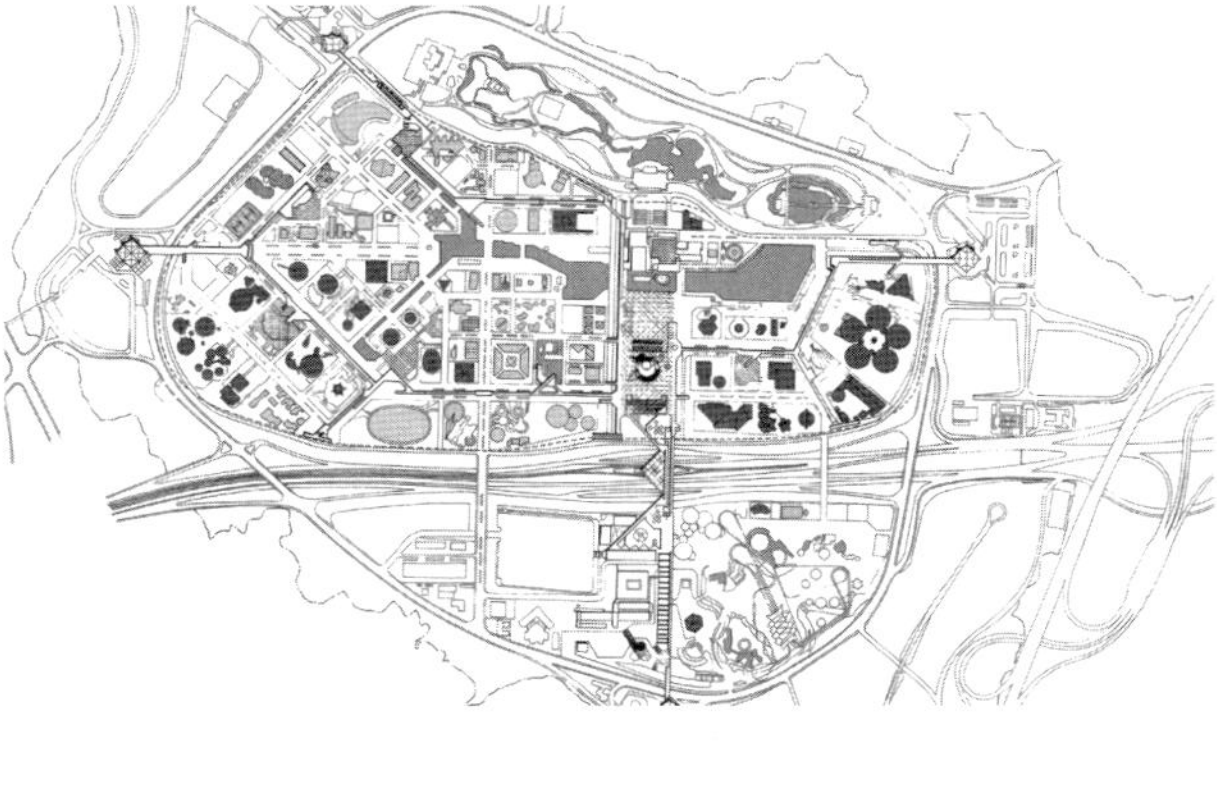

1――写真好きな丹下先生

ご自分で模型を撮影して、その中の何枚かをチラッと僕に見せるんですよ。「こういうアングルはどうですかねぇ」とかいって、自分の希望を暗にいうのです。――村井修

村井修
八束はじめ

二〇一二年六月七日／中野・スタジオ村井

村井修

八束はじめ

パブリックアートを通して

八束―村井さんが写真の仕事を始められたのは、どんなきっかけからですか。

村井―僕は実家が田舎の歯科医でしたので医者になるつもりでしたが、親戚の関係で急遽、写真をやることになり、旧制の写真工業専門学校（現東京工芸大学）に入りました。何も分からないまま卒業し、生活のために、結婚式のスタジオのアルバイトなどをしました（笑）。まったく主体性の乏しい出発でした。そこのオーナーがイースタン写真という建築の写真事務所をつくって、僕は金山清雄さんという写真家の助手に付きます。昭和二八年（一九五三年）頃ですが、当時の建築写真界は大御所の渡辺義雄さん、村沢文雄さん、平山忠治さん、関西の多比良敏雄さん、それから金山さんと、これらの人がほとんど撮っていた。僕一人が若造で、建築の写真を始めたんです。

その頃に、まったくの偶然ですがキャッチボールのボールが隣のガラスを割り、謝りに行ったらそこで流政之さんが木彫をやっていた。そこで流さんと知り合います。流さんもまだ無名でしたが、初めての個展「飛行空間―戦没学徒に捧ぐ」を美松画廊でやるから、俺の彫刻を撮ってみないか、という話で。それも、美術館で鑑賞するような単体の写真ではなくて、隅田川の畔とか、建築家の柴岡亥佐雄さんの新しいアトリエがすごくクールな空間だからそこで撮ろうとか、トラックに積んで外に運び出して撮影しました。それが僕の、パブリックアートへの興味につながっていくんですね。その写真を主として、増沢洵さん設計の新宿の風月堂で「カメラでとらえた彫刻と空間」という展覧会を開いた。それが写真家としてのスタートだと思っています。一九五七年でした。この頃また、小田仁二郎、瀬戸内晴美（寂聴）さんたちがはじめた同人誌『Z』の表紙写真を連載していました。

八束―丹下さんの建築と出会うのは、どの作品からですか。

［*1］旧東京都庁舎（設計―丹下健三、一九五七年）

村井―最初に撮ったのは〈旧東京都庁舎〉でした。それも建築ではなくて、アート絡みで。

八束―ああ、車寄せのところから撮られた岡本太郎さんの……。

村井―それはローマにいた画家の阿部展也さんからの依頼で、ユネスコが建築と芸術の綜合というテーマを取り上げた国際会議をやるから、日本のパブリックアートを撮ってほしいということでした。当時、まだ日本にはパブリックアートなどという意識はなかったのです。料亭の床の間や襖の絵とかを写したりしましたが、よかったのは、〈旧都庁舎〉の岡本太郎さんの陶板壁画と、〈丹下自邸〉の篠田桃紅さんの襖絵だったと思いますね。まだカラーフィルムが思うように写らない頃で、ガラス乾板の白黒で撮りました。〈旧都庁舎〉の夜景［＊1］を撮るときは、丹下さん、岡本太郎さん、阿部さん、それから神代雄一郎さんが立会われました。

僕はパブリックアートを撮り始めていたから、丹下さんとアートの関係はその後ずっと気になっていました。彫刻は建築の添えものではなく、協同して空間をつくると、丹下さんはお考えだったのではないか。〈新都庁舎〉や代々木の〈国立屋内総合競技場〉にもあるし、〈香川県庁舎〉の猪熊弦一郎さん、〈草月会館〉や〈ボローニア・フィエラ地区センター〉のイサム・ノグチさん、リヤドのキングファイサルの中庭に志水晴児さん、シンガポールの〈UOBプラザ〉の前には、ボテロの大きな鳥のブロンズ彫刻がいたりするのは、建築との調和を考えていたのではないかと思われます。

模型写真が伝えるもの

八束―僕が村井さんと最初にお目にかかったのは、世界文化社の作品集（『丹下健三 建築と都市』、一九七五年）のために、丹下研究室に模型写真を撮りにいらしたときなんです。僕は大学院の学生でした。

村井―それは世界文化社から相談を受けて、建築の全集をつくろうということで出版することになった本ですが、その後、白井晟一さんの本は別のカメラマンが写して途絶えました。丹下さんの模型はずいぶんたくさん撮りました。丹下さんは、模型をものすごく大事にされました。たとえば模型を撮るのには、二つの目的があるわけですよ。個の建築の解説として見せるのと、もう一つは都市の中で実際に建つイメージの確かめとして見せる。アイレベルのアングルで丹下さんは現実的なものをすごく大事にしていました。

模型を撮影するときに、ポラロイドを引いて画面を確認します。すると丹下さんはフリーハンドでそれをトリミングし

［＊2］クウェート・スポーツセンター、模型写真。空を広くとった写真

て、模型の台をできるだけ見せないように切るんです。そして空を広くする［＊2］。画面のプロポーションでみると、画面の下のほうに建物が寄ってしまうけど、丹下さんはあえてそれをやるわけ。これでいきましょうと。こちらも心得ているから、できるだけ台が入らないようにして、黒バックや空《そら》バックを用意したり、屋上へ持出して雲の浮かぶ空を背景にしたりと。

また、そのトリミングした写真のことを、きちんと覚えていらっしゃるんですね。何年か経って、焼き増しの注文を受けてうちの助手がプリントします。そうすると、本当に、2～3mmのトリミングの違いを、丹下さんはちゃんと指摘しました。

それから、これは写真の問題じゃないんだけど、あるときは夕方に模型ができたというので撮影に行った。ちょうど丹下さんは外国に行っていたから、ポラロイドを引いて、それをファックスで送りました。すると、丹下さんがちょっとこれはおかしいというので、撮影ができなくなり、また一日待つことになる。

八束―それは、写真のアングルではなくて、模型が、つまりデザインが気に入らないと。

村井―そうです。また、素人の使えるポラロイドが出たばかりのときは、ご自分で模型を撮影して、その中の何枚かをチラッと僕に見せるんですよ。「こういうアングルはどうですかねぇ」とかいって、自分の希望を暗にいうのです。そういうところもありましたね。

［＊3］築地計画（設計—丹下健三、一九六七年）

それから、丹下さんの模型を撮っていて感じるのは、個の建築デザインのうまさと、アーバンデザインとの、両面からくる良さなんです。〈築地計画〉［＊3］にしても、完成したのはひとつでしょ。〈電通本社〉は計画の中で一番小さい建物ですよね。本来はブリッジがいっぱい通った都市計画が、あの単体で評価されるのは、丹下さんが気の毒で……。〈静岡新聞本社計画〉の場合もそうですが。

八束—そうですね。建築単体は独立してなくて、もっと大きいものの一部としてデザインされていますが、〈電通本社〉の場合はデザインそのものが変わってしまいましたからね。当初の予算が四割くらいオーバーして、残念でした。

村井—模型から撮っていると、そういうところが分かります。個のデザインと都市のデザインとの調和がものすごくうまいなぁと。また模型製作も、コンクリートのときは石黒建築模型さんによるホウの木によるものが主で、石膏の植野模型さん、カーテンウォールの時代になると鈴木建築模型さんのプラスチックに変わりました。建築の材質によって模型の材質にも気を使われていたようでした。

丹下建築の光をとらえる

村井—一九六七年、『TIME』誌の依頼で、〈代々木〉のスタジアムの前で丹下さんの顔写真を撮ったことがあります。日本を代表する五人の文化人として、川端康成、三島由紀夫、黒澤明、流政之、そして丹下さんが選ばれた。実はその頃、〈代々木〉のスタジアムの写真を撮るために、カメラマンはそれぞれ、どのアングルがいいか、策を練ってたと思います。僕ももちろん撮影場所を見つけて、絶対、人には明かさないぞと思って、大事にしていたわけ。そうしたら丹下さんが、第一体育館と第二体育館が二つ入るアングルを、あのへんはどうですかって、僕が狙っている方向を指さされました。びっくりしましたね。

それはある住宅の物干し場なんです。住人は中国系の方で、なかなか許可が難しかった。そのときは曽根幸一さんが付き添って来られたんですが、三〇分くらい頼み込んだら、女中さんが同情して物干し場へ上げてくれました。だから長い時間はいられないのに、空が曇ってきちゃった。完全に曇って、これは困ったと思っていたら、わずかに雲が切れて手前に少し光が射して、それで二〜三枚、急いでシャッターを切ったんですね。僕は暗室作業に自信があったから、これでもう絶対に大丈夫と思いました。建物にちょっと光が当たっていれば、空は黒く焼き込めばいいと。そうすると、ポッと出た太陽光がすごく生きてくる。それが、いつもマスコミに使われる、あの写真になるわけです［＊4］。

八束―私の本（メタボリズム・ネクサス）にも使わせていただきました。そうですね、〈代々木〉の外観を一枚、となると、絶対にあの写真になってしまう。光のことになると、建築家は指定のしようがないので（笑）、そこは写真家の領域ですよね。いろんな日の、日々移り変わる光の状態をどこで切り取るかという、時間のトリミングみたいなものですね。丹下さんとそういう話をなさったことは……。

村井―実際に建った建物でとやかくいわれたことは、ほとんどないですね。さっきいったように、模型はまた違いましたが。

八束―なるほど。それから、僕が非常に印象的なのは、スタジオ村井のホームページのトップにある、〈香川県立体育館〉の夜景写真なんです。あれを夜に撮影したのは、丹下さんから……。

村井―いやいや、あれは丹下さんの意図はまったく入っていない。僕は画面の中でエントランス・ロビーの階段が大きく、ちょっと気になっていましたが、でも〈香川県立体育館〉は、昼間の遠景の写真を使われることが多いですね。

八束―写真とすれば、あの夜景は素晴らしい。ただ、建築家からすると、説明的な写真をどうしても選びたくなるということだと思います。また、〈代々木〉の第二体育館のストラクチャーを見上げた写真もすごく印象に残りますが、それも村井さんの見つけられたアングルなんですね。

村井―ええ、あれはちょっと彫刻的な感じがすると思います。やはりディテールの中から、造形的な美しさについ引かれる。今、挙げられたものとか、〈東京カテドラル〉の光がクロス

[＊4]国立屋内総合競技場(設計―丹下健三、一九六四年)

したところとか、ああいう写真は僕くらいしかあまり撮ってないんじゃないか。

八束―そうですね。

村井―それはキザないい方をすると、「写真家が撮っているぞ」というところで。写真家としての表現というのは大事にしなきゃいけないと思っています。建築家にとっては、面白くないかもしれないけどね。もっとも〈代々木〉のときは、輪ゴムでつくったシェルの模型から撮っていましたから、そこがキーポイントとして、そういうところに目がいくのかもしれません。

八束―でも、第二体育館の見上げ写真などは、よく使われてますよね。丹下さんも、これは参ったと思われたんじゃないですか。

地面から撮る・空から撮る

村井―〈代々木〉は、屋根がきれいになったから撮ってほしいというので、つい一昨年も取り直したんですよ。今までセスナで何回も飛びました。でも、僕はずいぶん見ていますから、新しい発見はちょっとなかったですね。逆に周辺に建った建物が邪魔になっていますね。

写真のアングルについては、ときどき、平面図に矢印をつけて指定されました。ほかの建築家もよくやるけれどね。〈サウジアラビア王国国王宮殿〉では、丹下さんが図面にすごくたくさん矢印をつけてあったんですよ。まあ、僕はアングルの指示は癪ですが、現地に着いてすぐ、ずっと見て回りました。でも、その矢印はかなり的確な視点でしたね。「これは撮っておかなきゃいけないな」という気がしました。

八束―それはグランドレベルからのイメージなのですか。平面図だから、高さ方向の情報は入らないですよね。

村井―そうです。丹下さんはグランドレベルからの写真が多いですね。あとは、バーズアイビュー（鳥瞰）です。〈東京カテドラル〉とか〈代々木〉は、何回も上から撮っていますから［＊5］。やはりアーバン的な視点を大事にしていたと思います。

八束―〈東京カテドラル〉は平面形が十字架だから、とくに上から見ないとわからないですね。

村井―僕も本当は、それを撮りたかった。クロスしているところを、ピシッとセンターを通してね。ただそれをセスナから撮るのはなかなか難しいんですよ。何度も旋回してやるんだけど、フワッと旋回した瞬間ですからね。フィルムを詰替える助手は酔ってフラフラになるし大変です。お金があればヘリコプターで撮ればいいんだけど、お金ないでしょ（笑）。

[＊5]東京カテドラル聖マリア大聖堂(設計―丹下健三、一九六四年)

〈桂〉におけるトリミング

八束―先ほど模型のトリミングの話が出ましたが、〈桂離宮〉の写真（丹下健三、石元泰博『桂　日本建築における伝統と創造』、造形社、一九六〇年）の話が有名ですね。

村井―ええ、屋根を切って……。

八束―石元泰博さんが亡くなるしばらく前に国際文化会館でお話しされたのを聞きましたけど、丹下さんによるトリミングについてはかなり怒っておられていて、あるものに関してはこれはもう俺の写真じゃあないと思った、とおっしゃっていました。実は石元さんが現地にいらっしゃる前に、丹下さんが自分で〈桂〉を撮られた写真があるんですね。それがすごく石元さんの写真と似ているんです。石元さんが丹下さんの写真を見せられて影響されたかどうかは分からないけど、少なくとも、丹下さんは石元さんの写真をトリミングすることで、ご自分の望んだアングルに近づけたということはあるんだろうと思います。

村井―石元さんはシカゴのニュー・バウハウスで勉強して日本に来られたときから、非常にクールな写真を写す方だと興味をもって見ていたんです。でも、豊川斎赫さんの本（『群像としての丹下研究室』）で丹下さんが撮った〈桂〉の写真を見たとき、僕もそんな感じがしました。

八束―〈桂〉には石元さんの写真でも有名な石畳がありますが、〈広島〉の陳列館の階段にもああいうパターンがついているんです。今見ると、もうなくなっているんですが。石元さんが〈桂〉の写真を撮られるより、〈広島〉のデザインのほうが先ですね。石元さんはそっちのほうの写真も撮られていますが、これも〈桂〉に先行している。だから、丹下さんによる〈桂〉の写真とか、それを翻案した〈広島〉のデザインとかが、前提にあったんだろうなという気はします。あまり断定的なことをいうのは失礼かもしれないですけど。

村井―僕はよく分かりませんが。

都市と建築の関係

村井―僕は『写真都市』（用美社、一九八三年）を出しましたが、それは実は建築写真を建築のカテゴリーから写真の表現の側に引き込もうとする試みをしてみたかった。その時、丹下さんが序文を書いてくれました［＊6］。

［＊6］p.278参照

八束―いい文章ですよね、丹下さんらしい美文で。

村井―冒頭に「村井修は、突然に、夕日に映えた美しい瞬間の建築のシルエットを発見する。隙間から流れ込む光にうつし出された神秘な空間をつかみとる。かと思うと、雑踏のなかに、いかにもその環境にそぐわず建っている建築を意地悪そうな目つきで撮る」とあります。カルティエ・ブレッソンまで引いて、写真家はすごく嫌な面を見ていて、同時にそういうところが必要だと思われていたようですね。
　丹下さんとしては、きれいに、美しくいきたいわけです。都市計画としてとらえるから、都市の中にどう建築を位置づけるかをつねに考えている。僕が本に載せた〈山梨文化会館〉の写真は、手前のゴチャゴチャな街並みから見ています。丹下さんはそれが気に入らないわけですね。

八束―この写真は、まわりとのコントラストがすごく面白いと僕は思いますが。

村井―そうですよね。

八束―当時の建物の写真を見ると、ときどきそれを感じます。建物自体はすごく前衛的なんだけど、まわりはこんなにみすぼらしかったのかっていう。昔の日本の都市はこんなだったんだと。だからこそ都市計画の必要性を感じられたんでしょうから、まわりとの対比は避けるべきことではないと思うのですが。

村井―〈山梨〉も、増築されてから二〜三回行きましたかね。

八束―増築されたという点ではメタボリズム系で数少ない実例ですが、ただ、あれ、増築するとだんだんシンメトリーになって……。

村井―そうそう、つまんなくなっていった。ちょっと抜けているほうが面白いのにね。

八束―構造上、均整があんまり崩れるとやっぱり具合が悪いらしくて（笑）。理屈の上では、どうにでもなるはずだけど、どうしてもシンメトリーになっていくんだそうです。

村井―それから、世界文化社の作品集では、〈広島〉でも平和記念式典が始まる直前にセスナから撮りました。「平和の灯」が燃えていて、人がたくさん集まって。ところが、丹下さんはこの写真もあまり使わないんです。なぜかというと、陳列館の屋上に報道関係の人が十数人いて、下の広場を撮っている。どうも、それが気に入らないらしいんだ（笑）。

八束―今なら、フォトショップで消せますけど（笑）。

村井―〈山梨〉の、雑踏から見るのと一緒ですよ。そういうところは、丹下さんの中にあったと思う。

八束―ですが、丹下さんには、〈広島〉の陳列館で、手前にお墓を介して妻側を撮った有名な写真がありますよね［＊7］。だから、雑物がみんなダメというわけではないと思いますが。

村井―あれはいい写真ですよね。昔は見なかったから、最近になって出てきた。

八束―そうです。すごい写真だと思います。墓はもちろん死を連想させるから雑物というのではないのでしょうけど。

丹下さんは、アングルに関してもすごく鋭敏な感性をおもちだったと思うのですが、デザインもそういうデザインですね。決め所があるといいますか。共通している。

村井—ちょっと話が変わりますが、たとえば、〈東京都新庁舎〉のコンペでは、模型を実際の街並みにモンタージュすることになった。模型を撮っていると、丹下さんが新宿区の地図をもってきたんです。定規をあてて線をピーッと引いてね、このへんから撮ったらどうでしょうって。そこは手前に新宿御苑があるので、新宿の雑物が隠れるわけですよ。ロケハンに行ったら、マンションが建っていて、その階段室の三階か四階にそういう視点があった。それが、コンペにも提出した写真になったんです。

［＊7］墓地越しに見る広島平和記念会館（撮影—丹下健三）。丹下自身によるトリミングの指示が入っている

建築写真という世界

村井—丹下さんは、もともと、写真が好きな人ですね。〈クウェート国際空港〉ができたときは、ハッセルブラッドのセットを買って、自分で撮っていたと聞いています。それから、リンホフの、僕らが使うようなビューカメラを買ってきて、神谷宏治さんが「村井さん、これどうやって使うの」って（笑）。使いきれないわけです。丹下さんは意外にメカが好きな人なんですね。

八束—それはすごく、よくわかります。建築家には、写真を撮るのが好きで、上手な方はかなりいます。磯崎新さんもお好きですね。

村井—いやー、建築写真家が頼りないから（笑）。

八束—いえいえ、それは趣味の問題だと思うけど。

村井—撮影で苦労したのはサウジアラビアですね。今でこそ観光で受け入れるというけど、基本的に撮影禁止の国なんですよ。とくにリヤドの〈在サウジアラビア日本国大使館〉

は、大使館村みたいな厳しいエリアで、絶えずパトカーが回っている。でも丹下さんが、道路から、つまり塀の外から一枚撮ってほしいというんです。それで、丹下事務所と現場の人が付いて、外へ出る前にピントを全部合わせて、パッと飛び出して道路の反対側へ行ってね、パシャッと一枚シャッターを切った。ほんとに二〜三分ですけど、パトカーが三台くらい来た。あー、これはまずいなと。でも大使館内は治外法権だから、塀の中に入っちゃえばいい。それで、やりあってるときにね、裏口からパーッと逃げ込んだんです（笑）。

僕はさっきもいったように、都市の中の彫刻を記録して『世界の広場と彫刻』（中央公論社、一九八三年）という本を出したり、他にも街の片隅のペンペン草を写したりしているから、ほんとにいわゆる建築写真家といっていいのかどうか、分からない。でも、二〇一二年日本写真協会功労賞をもらったときに、挨拶でこんなことをいいました。「建築写真というのは、建築家サイドに立った写真であることは間違いない」。一般写真界からはなかなか評価されないけど、僕が賞をもらったことで、少し建築写真に陽が当たったのはいいことだと思います。

[＊6]

序——丹下健三

村井修は、突然に、夕日に映えた美しい瞬間の建築のシルエットを発見する。隙間から流れ込む光にうつし出された神秘な空間をつかみとる。かと思うと、雑踏のなかに、いかにもその環境にそぐわず建っている建築を意地悪そうな目つきで撮る。私はふと、カルティエ・ブレッソンを思い出した。彼と会っているとき、よく突さに、古びたライカを持ち上げて撮しはじめる。次に会うときには、現像したものを一枚か、せいぜい二枚持ってきて、蝿をとるような手つきをみせて、写真をとるのも、こんなものだと、意地悪そうな口調でいう、その写真にも私の最も嫌いな瞬間がとられているのである。私は村井修にも、このようないかにも写真家らしい面があるように思えてきた。しかし村井修にはそれ以上の何かがあるように思われる。

人は前後左右に目を動かしながら、また自分の位置を移動しながら、建築を内部から、そして外部へ、そして都市空間をとらえてゆく。映画であれば、このような時間と空間を、ある程度再現させうるかもしれない。しかし、一枚の写真に、こうした連続した空間と時間を凝結させるということは、た易いことではない。この出版に収められる予定の写真を順に拝見しているうちに、私には、村井修がさまよった都市空間が映し出されてくるように思われた。その一枚、一枚の写真が、最も意味ある瞬間をとらえていると同時に、それぞれ空間と時間を凝結させているようであった。

2―建築と芸術のコラボレーション

私には、丹下さんと太郎さんは「相思相愛の仲」ではなかったか（笑）という感じがします。丹下さんとのバトル伝説というのは、どうも違うものだったのではないかという気がするんです。――千葉一彦

千葉一彦
中田捷夫
千葉学
神谷宏治
豊川斎赫

二〇一二年九月二二日／神宮前・千葉学建築計画事務所

岡本太郎と坪井善勝の存在

神谷―きょうは丹下さんと岡本太郎さんの関係者にお出でいただきました。まず大阪万博の〈大屋根〉と「太陽の塔」［＊1］を対象にして、お二人の関係を回顧していただきたいと思います。マスコミの一部には、「丹下さんは太郎さんの塔のデザインを見て最初は賛成せず、一時二人は対立したが、最終的には丹下さんも理解して『よかったよかった』とめでたく解決した」というストーリーがまことしやかに信じられています。昨年（二〇一一年）放送されたNHKテレビの「TAROの塔」（岡本太郎物語）も、この筋書きに基づいて構成されていました。僕は筋書きの段階でその番組のプロデューサーに会い、「そんな対立はなかった」と何度も説明したけど、納得しないんですね。僕が繰り返し説明して、彼は一応「分かりました」といいましたが、放映されたストーリーは元通り。筋書きとしては、最初からの相互理解よりも、対立から解決への展開のほうが面白いからね。

千葉一彦

中田捷夫

千葉学

神谷宏治

豊川斎赫

ところで最近、中田さんから坪井善勝さんと太郎さんの間に一時的な対立があったという話を聞いたので、そこからお話しいただきたいと思います。

中田―ちょっと話は遡りますが、あの〈大屋根〉のような離散系のトラス構造というのは、それ以前はうまく解析ができなかった。連続体としての解析をして、そのときにトラスで組んだものの等価剛性を出す。つまり、板《ばん》で連続体として解いて、それをまた部材に戻すようなやり方をやっていたわけですね。ちょうど昭和四〇年代の初め頃、坪井さんが、川股重也さんと二人でハワイへ講義に行かれたんです。寺崎恒正さんがハワイ大学の先生をしていたものですから。そして、『エ

ナジーセオレム（Energy Theorem）』という、飛行機の骨組みを解析する理論の書かれた本を持って帰られたんです。それで、「読んでみろ。これはこれからの世界だぞ」みたいなことをおっしゃた。東大の半谷裕彦さん、彼は僕の一年下ですが、彼がそれを読んで、ずっと攻めていき、やっとあれでいけるなぁという時代になりました。あの巨大屋根は、おそらく神谷さんや長島正充さんが、「ああいうものがあるね」と提案されたのだろうと思います。基本設計のとき、あれは板として解析していたんですね。

［＊1］大阪万博「お祭り広場」（設計―丹下健三、一九七〇年）の大屋根および「太陽の塔」（岡本太郎）

神谷―全体を一枚の板としてね。

中田―ええ、291.6m（10.8m×27）×108mの板を六本の柱で支える。穴のない状態で、差分法とかで解いていました。坪井さんは、穴のあくことが決まった後で知らされたようです。あるとき、URTECにあったでかい模型を見たら、突然、ビヨーンと「太陽の塔」が首を出している。「これはどうしたんだ」ということになった。なぜ初めに驚いたかというと、あれは108mのところに直径ほぼ70mのリングの回転歩廊がぶら下がったわけですけど、その応力を正確に解析する方法が、あの計画が出てきた昭和四〇年（一九六五年）の初めにはなかったんですよ。それでたぶん、坪井さんも泡食っちゃったんじゃないか。

神谷―うーん、そうですか。

中田―そのときのことは漠然と覚えているんですが、夕方に帰ってくるなり、「中田、岡本を呼べ」なんて話になっちゃって。あわててあっちこっちに電話をかけて、「太郎さんに来てもらえ」と。あの頃は目白台にいたと思うんですが、やっとつかまって、夜八時か八時半頃に岡本さんがヒョコヒョコといらっしゃった。それで坪井さんはああいう気質の人だから、カーッと血が上って、「岡本、そこへ座ってみろ」とかいって、後ろに並んだ坪井さんの研究成果を指して、「君はここにあるうちの、一つでも分かるのかね」と。「ここに穴をあけることがどういうことか、君には分かるのか」みたいなことをいったのを覚えています。そうしたら、岡本さんがきょとんとしちゃって、「俺はそんなの分かんねぇよ」みたいなことをいわれたと思います。そういういきさつがありました。

マトリックス法による応力解析

中田―ただ後から思えば、初めの計画は平坦でただでかい屋根があるだけで、やっぱりデザインをする人にとっては、ちょっとつまらないというか、メリハリの効かないものになったでしょうね。そのへんは神谷さんもよくご存じでしょうが、坪井さんも見てるうちに、だんだんと、「そういうものかなぁ」と思うようになったと思うんです。それでなんとなく、無理やりにあたりをつけて、既成事実としてあくことになっていたくびれた部分の残ったところで、どうやって安全であることを確かめるのか、みたいな話になって。あの場合は、スパンのちょうど真ん中に円い穴があいている。真ん中のターンテーブルのところは重くて、ジョイントからしか引っ張れないので、あっちこっちから引っ張ると、距離が違うものだから、みんな荷重が違って、けっこう乱れるんですね。でも、まぁいけるかなという話になって。

そうこうするうちに昭和四二年(一九六七年)頃に、三菱原子力にIBMの大型のコンピュータが導入されて、アメリカの、原子力用というか宇宙開発用のナサトランというソフトが入ってきた。これで大型モデルの解析ができ、それもトラスですから、原子力施設などに比べればシンプルなところもあって、それで計算しようということになったと記憶しています。当時は今と違って、データを全部データシートに書き込んで、こんな(30cm厚くらいの)データシートをもっていくと、IBMに女性パンチャーがいて、カードで数十cmにもなるデータを打ち込んでくれる。僕は計算の依頼に行ったことがありますが、その頃計算をやるときは、オペレータが「いいですか、中田さん、押しますよ、押しますよ」って、スタートボタンを押して計算を始めていいかと聞くんですよ。だいたい、一回計算機を回すと、三〇万くらいお金がかかったんじゃないかな。当時の僕の月給は、一万八千円ですからね(笑)。それでドキドキしちゃって。それでも、いろんなケースを計算機にかけて解いていただきました。坪井さんが、心から喜んでいたかどうかは分かりませんが、まぁ納得はしておられたと思いますね。坪井さんの側にいて、坪井さんと太郎さんのやりとりを見ていたのは僕しかいなかったんです。今は二人ともおられませんので、なんともいえませんけど。

坪井さんにとっては、マトリックス法という道具を手に入れて、大がかりに解いたのはこれが初めてだと思います。その前には小さなもので、東大の池辺陽さんが設計された、内之浦の〈ロケット組立工場〉があります。40m角くらいの平面トラスをその理論で解かれましたが、それがおそらく、日本の建築で、マトリックス法で応力解析をやった最初だろうと思いますね。

神谷―今のお話をうかがうと、類推ですけども、坪井―岡本のドンパチが、すり替わって、丹下―岡本の……。

中田―なんか、そういう感じはしますねぇ。

神谷―可能性が高いですね。

円い穴があいた時期

千葉一―太郎さんが円い穴をあけたという話になっているんですが、私はもともと、穴はあいていたと思うんです。

神谷―ええ、僕ももともとあいていたと思う。

千葉一―私がURTECに行って、一〇〇分の一かな、全体の巨大な模型を見せていただいたときは、すでにシンボリックに穴があいていて。その下に〈動く歩道〉が交差し、そこから空中に上るエスカレータも延びていたような気がしますね。だから、「あるべくして、あいていた穴」っていったらいいのかな。

神谷―そこらへん、丹下―坪井のディスコミュニケーションがあったような気がします。

中田―一番しょっぱなは、そういう話までいってなくて……。エスカレータは下弦材下に吊り下がったトラスユニットに引っ掛けて計画されていたようですが、高さが高くなりすぎるので、下側に「母の塔」をつくって、エスカレータを少し持ち上げて短くして、みたいなことをやっていました。あれは空中テーマ館から下りるアクセスで、上りは塔の中の階段を上った。

千葉一―それはかなり最終段階のお話じゃないでしょうか。太郎さんが展示プロデューサーを引き受けるに先立って、中南米に飛び立っているんです。

中田―メキシコに行ったんですね。

千葉一―ええ、そこで「太陽の塔らしきもの」のスケッチが現れる……。中南米旅行中のホテルの便箋を使ってスケッチしたものが、やや近い形になっているんです。そのスケッチを見ると、必ず塔の上に円が描いてある。ということは、円い穴があいている模型を見てから中南米に行かれたんじゃないか。円い穴を意識して、そこにどう造形するかということが、スケッチを見るとよく分かるんです。

中田―あの塔が、もともとは屋根下で納まっていたということはないんですか。

千葉一―「巨大な屋根を突きぬけて、さらに高く伸び上り、無限に進歩し発展していく人類の象徴」(テーマ展示の基本構想)からしても、それはなかったと思います。

神谷―うん、最初から突き破ってたね。

豊川―一つだけ補足しますと、透明なスペースフレームの屋根が架かる案と並行して、磯崎さんが屋根なしのプログラムをずっと組まれていました。磯崎さんはハードではなく、ソフトの方面から内容を詰めていて、自動制御の〈動くロボット〉を提案されました。非常に背の高いロボットを面白おかしく動かそうとされて、こちらがそのスケッチ［＊2］です。

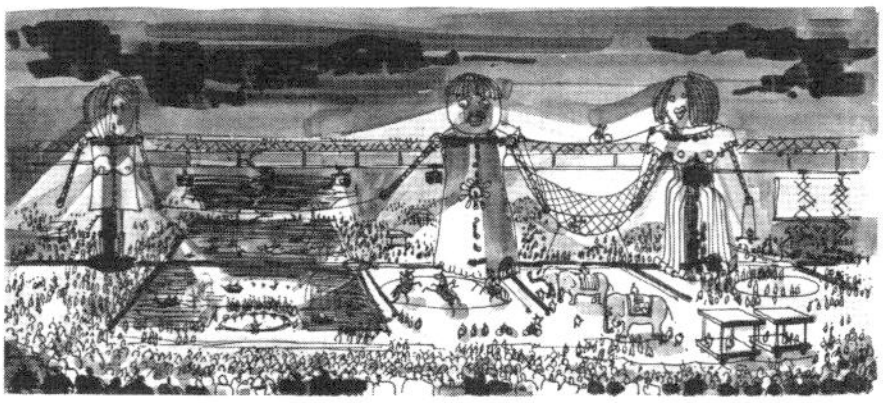

［＊2］磯崎新による「太陽の塔」以前の「お祭り広場」イメージスケッチ（一九六七年）

中田―でもそれは〈お祭り広場〉の装置で、最終的には〈大屋根〉の後ろ半分を使ってやったんですよね。

豊川―そうです。中田さんが指摘されたロボットは、高さが10m程度だったと記憶しています。一方で一九六七年当時に描かれたパースを見ると、屋根が可動式で、晴れの日はすべて退けるようになっています。また、高さ40mくらいのロボットがコスプレをしていますが、これは一九六七年の段階で報告書の資料として提出されていました。つまり、岡本太郎さんがプロデューサーになる前に、可動式の「元祖・太陽の塔」ともいうべきものが、発案されていました。

中田―その後、太郎さんが出てきて、「太陽の塔」に〈お祭り広場〉の半分の場所を押さえられた。その装置は、下からのロボットはありましたけどね。あとは屋根の下弦面に、トロリートラバースと呼ばれた装置をぶら下げて、それを動かすと。

千葉一―太郎さんは中南米に発たれる前に、プロデューサーを引き受けるとすれば、どういう構想でテーマ施設を考えたらいいかを、原稿用紙一〇枚くらいに書き綴ったものを置いていかれたんです。それを見ると、「広場に五本の塔を立てる。これは五大州も意味する」というようなことが書いてある。その五本の塔は、単なる塔ではなくて、あるものはエスカレータの機能をもち、あるものは螺旋階段と一体になって、空中展示に観客を運ぶ機能も併せもっている。留守中にそれを、たとえばこんなものというものを考えておけという、宿題を受けたのがわれわれだった。だから、私たちは必死になって五本の塔を具体化しようとしました(笑)。

中田―それがああいう形に落ち着いたのは……。

千葉一―それは、五本の塔と書き残して出かけたけれど、中南米旅行中にいろいろと考え方を整理されイメージを固められて、一本の「太陽の塔」になって帰ってこられたんじゃないかな。

中田―向こうでいろんなものを見られたのでしょうね。

千葉一―そうですね。

中田―渋谷駅に展示されている「明日の神話」という壁画も向こうで製作されていましたから。そのために日本を抜け出して行っていたみたいで。やっぱりああいうタイプの、メキシコの原始的な形をイメージされて……。変わってきたのかもしれませんね。

神谷―話は日本に戻りますが、栃木県小山市の美術館には、大昔の王様が被っていた冠があるんです。その冠の輪の正面から、塔が立っていて腕が出ている。塔の上には頭のような円板がついている。形が、基本的には「太陽の塔」にそっくり（笑）。偶然、そういうものが王冠として使われていたのを見て、不思議な感じがしました。

豊川―ええ、写真は拝見しました。

神谷―そういうのが先史時代にあった。

中田―太郎さんのものは「縄文」が中心ですから、いわゆる埴輪や土偶、ああいうものからイメージした形は多いんですね。

縄文の造形について

千葉学―岡本太郎は、万博のはるか前から、縄文のことに言及していますよね。

千葉一―そう、万博のはるか前です。縄文の美を世に知らしめたのが、岡本太郎といわれて定着してますね。太郎さんの作品に、角《つの》の生えた梵鐘（「歓喜」［＊3］）がありますが、あれなんかも万博のもっと前なんだけど、ああいう一つの物体から角《つの》が出るという、それは単純な考え方かもしれないのですが太郎さんの一つの「好み」の造形だった。「太陽の塔」も、神谷さんがおっしゃったものもイメージの一つだったのかもしれませんし、とにかく、ああいう芸術家固有の表現、形だったということですね。

［＊3］梵鐘「歓喜」（岡本太郎、天長山久国寺、一九六五年）

神谷―岡本さんが縄文に感動したことを、社会に発表したのは一九五一年。かなり古いですよね。

千葉一―縄文に感動したという年代に合わせながら、「太陽の塔」がああいう形に整っていったという分析は難しい。そのあたりの経緯や段階は、われわれは知らないんです。メキシコから帰ってこられて、すぐにはお会いしてない。一〇日くらい経ってからお会いして、その後、一カ月くらいブランクがあったんじゃないかな。アトリエに呼び出されて行ったところが、すでにああいう形の塔ができていた、ということです。それからも、細かくはいろいろと変遷はありましたけどね。

神谷―一九六七年、私と岡本太郎さんと、それから岡本敏子さんがカナダで落ち合って、三人でモントリオールの万国博覧会を見に行ったんです。感動したのは、フラー・ドームの〈アメリカ館〉［＊4］。もう一つは、フライ・オットーがやった〈西ドイツ館〉ね。この二つがカナダの万博のシンボルだった。万博というのはこんなもんだ、これくらいのスケールのものだということを、三人で確認した。

［＊5］モントリオール博での岡本太郎（左は神谷）

［＊4］p.304参照

千葉一―この写真［＊5］は神谷さんのカメラで敏子さんが撮られたんでしたね。

神谷―そうです。

中田―思えば丹下さんというのは、僕らにとっては学生の頃のプロフェッサーですから、雲の上の人でした。でも後で振返ってみると、一つの時代の変わり目に生きた方ではないかという気がするんですね。坪井さんもある意味では同じだと思います。僕も歳はずいぶん下ですが、そういう感覚がある。

というのは、それまでは、ああいう空間構造というのは、力学の使い手でなくてはできなかった時代でした。だから、理論もすべて、連続体の力学を一生懸命、ドイツからの文献を取り寄せて、難しいのを読んで勉強する。それを何年かやって初めて、設計に少し携われる。ところが、コンピュータというツールが手に入ったおかげで、それがいらなくなった。マトリックス法というのは代数ですから、数値実験でものが分かるようになって、それから世の中が急激に変わっちゃった。たぶんそのときに、丹下さんも作風がガラリと変わられたと思うんです。坪井さんと別れた後、神谷さんも新しく独立されて、昭和四七、四八年（一九七二、七三年）ですかね。あの頃以降の丹下作品は、それまでのものとは全然異質な形に変わった。横長から縦長になったというか。やはり高層の建物というのは、解析的にはコンピュータの世界ですから、時代がどんどんと連続体から離散系に移っていく。昔は、メンブレンというか、曲率の効果がうまく生かせるような設計をしないと成り立たなかったものが、今や計算できるから。膜応力も成り立たないのに、シェル構造と称するものが出てきた。丹下さんもそれ以降は、川口衞さんとのシンガポールのパンタドーム（インドアスタジアム）とか例外はあるにしても、ほとんど超高層になりましたよね。ミノル・ヤマサキがよく「超高層はデザイナーにとって面白くない。やるのは、足元と頭の上だけだ」といっていたのが、非常に印象に残っています。丹下さんの個人的な環境の変化もおありになるかもしれませんが、僕らのイメージした丹下健三からは変質されたなぁという気がします。

深まっていく建築と造形への相互理解

神谷――話をもう一回、万博の〈大屋根〉と、「太陽の塔」の関係に戻しますが。丹下さんがずっと考え続けてきたテーマの一つに、「機械と手の葛藤」というのがあるんですね。それは、ル・コルビュジエが建てた〈スイス学生会館〉［＊6］に由来している。

［＊6］スイス学生会館（設計―ル・コルビュジエ、一九三二年）

〈スイス学生会館〉というのは、学生寮の居室はきわめて機械的で幾何学的なサッシュ、パネルの割付でできている。それに対して、食堂や集会室などの突き出した部屋は、片側が大きな曲面の壁で覆われている。その壁には職人さんが石を乱貼りしています。機械的なものと人間の手づくりのものとがうまく調和している。そこから丹下さんは、「機械と手の葛藤」というのは現代建築の一つのテーマだと。

　僕が大学に入ったとき、学生は最初、インキングでトレースをする。一課題目は〈桂離宮〉で、二課題目は丹下さん出題の〈スイス学生会館〉なんです。「機械と手の葛藤」というテーマを、語ることなく描かせるわけですね。それをこの〈大屋根〉に絡めていうと、〈大屋根〉という巨大な機械製品、現代技術を駆使した架構に対して、なにかもっと人間くさい、生気あるものをそこにぶち込みたい。その対比によって、調和した環境をつくりたい。それを岡本さんに期待していたわけで、そして期待どおりのものができたと思います。

千葉一―神谷さんがさっきおっしゃった、丹下さんと岡本太郎さんとの結びつきについていうと、太郎さんが上野毛のお宅からいまの青山のアトリエに引っ越したとき、そこをいわば戦後の新しい芸術運動の拠点にしたんです。亀倉雄策さんとか、剣持勇さん、芥川也寸志さん、花田清輝さん、そういう人たちを集めて、新しい芸術運動を起こそうということですね。そのメンバーの筆頭に迎えたのが、丹下さんなんです。そして、建築とアートの融合を標榜して、日本におけるバウハウスたらん、ということだったのではと思いますが、発行することになった雑誌の第一号に丹下さんが執筆されている。そういう会合や出版を通して、幾何的な形態に対する有機的な形の協調、融合……。それから、太郎さんが生涯を貫く一つの芸術思想である「対極主義」、まったく正反対のものをぶつけることによって、そこに新しい価値をつくり出していくということが出てくる。そういう芸術活動、芸術運動の中で、太郎さんは建築に対する理解、丹下さんは造形に対する理解が、高まって成熟していったと思います。それをいよいよ実践に移していくのが、〈旧東京都庁舎〉だったのではないか。これは、丹下さんのほうから太郎さんを求めて、「一緒にやろう」ということになっていますよね。しかも太郎さんの造形は、単なる建築のオーナメントではなく、ホールの一つの壁体［＊7］を受け持っている。それほど大きな作業を、〈旧都庁舎〉でやられた。すると今度は、太郎さんのほうから丹下さんを求めているんですよ。それは、二子玉川に立っている、岡本かの子文学碑「誇り」［＊8］です。

［＊7］旧東京都庁舎（設計―丹下健三、一九五七年）、岡本太郎による壁体

神谷―あれは、多摩川の二子橋を東京から渡ると、すぐ右

手に見えますね。

千葉一——太郎さんはかねがね、「モニュメントというものは、その場所の、その土地の中から突き出たものだ。どこかからもってきて、そこに飾るものじゃない」とおっしゃっていた。岡本かの子文学碑は大変規模が小さいので、造形と台座全体を太郎さんが造形して何の不思議もない。それをわざわざ台座の部分だけ切り離して丹下さんに設計を依頼している。丹下さんを求めて一緒につくり上げようとしているんですね。その次はいよいよ神谷さんの出番ですが、代々木の〈国立屋内総合競技場〉。ここでも、今度は丹下さんから太郎さんを求めて、いくつかの岡本芸術を競技場の中にちりばめているわけですね。

［＊8］岡本かの子文学碑「誇り」（碑—岡本太郎、台座・築山—丹下健三、一九六二年）

神谷——そうですね。

千葉一——どうもお互いに、求め、求められている。

中田——交換しながらね。

千葉一——そうです。私には、丹下さんと太郎さんは「相思相愛の仲」ではなかったか（笑）という感じがします。丹下さんとのバトル伝説というのは、どうも違うものだったのではないかという気がするんです。しかも、万博がはじまって、展示プロデューサーを誰にするかというときに、丹下さんが真っ先に太郎さんを推挙されている。

神谷——一言でいえば、「和して同ぜず」なんだよね。お互いの個性を守り合って、それぞれの作品で望ましい空間をつくって。順序を逆にして、「同ぜずして、最後に和す」とかいうストーリーのほうが世の中には受けるでしょ、面白いから。だから、やりたいやつは、やってろと（笑）。ただ、真実だけは明らかにしておかないといけない。

千葉一——そうですね。丹下さんが太郎さんを展示プロデューサーに推挙したときには、すでに〈大屋根〉はちゃんとできていたわけですから、太郎さんがなにをしでかすのか、どんなものを突き出してくるのかは、丹下さんが一番よくご存じだったという気がします。

中田―それまでの伏線で、いろんなことの想像がついたはずだってことですね。

千葉―だから、「太陽の塔」であろうとは思わないにしても、「太陽の塔のようなもの」であろうという予測はあったんじゃないか。それを承知で相棒に選んだというのは、まさに相思相愛の仲から生まれてきた（笑）。

中田―そのコラボレーションというのは、その後も続いたんですか。

千葉―いや、続いていると思いますよ。

中田―ただ、作品としてはあまり、私たちの知るところには現れてこなかったですね。

芸術家・構造家とのコラボレーション

千葉―話が先に飛びますけど、〈旧都庁舎〉を解体するとき（一九九一年）に、なんとかあの陶板の大壁画を残せないものか、またぜひ残すべきだという運動が起こりました。それでいろいろと、構造的・技術的にかなり時間をかけて調べたんですね。ところが、剥がすことも、そっくり残すことも不可能だという結論になった。それではというので、一〇〇分の一だったか五〇分の一だったか、何面かをアトリエの助手が模刻したんですよ。写真ではたくさん残されているんだけど、あの凹凸の具合は、なんとしても写真では表現できないというので、一カ月かけて縮尺の模刻をしています。

中田―あれは、技術的に取りはずせないというのは嘘ではないかと思います。平野暁臣さん（財団法人岡本太郎記念現代芸術振興財団）から聞いたのですが、財団から「こちらで取りはずして保存したい」という話をしたけれど、都は最終的に「あれは都の所有物だから、勝手にはずしてもっていくこともいけない」と。都からはそういう返事しか返ってこなかった。

千葉―それで、三面がそういうかたちでミニチュアとして残っていて、それが川崎市岡本太郎美術館に寄贈されたはずです。それで結局は、丹下さんの建築と太郎さんの壁画が、同時にブルドーザーでグワーッと崩されたというのは、なにかとても劇的で象徴的だなぁという気がします。

中田―そうなんですよね。僕も、あれが丹下―岡本のコラボレーションの終わりだったのかなぁと。

千葉―そう思いましたけど、太郎さんが亡くなって、そのお別れ会をするときに、丹下さんがどうしても「〈草月会館〉でやりなさい」と。あそこはパーティをやるにしては狭いし、太郎さんのお別れ会に来られる人数を考えても、とても無理なんだけど、丹下さんからのたっての要望だということで会場になった。丹下さんにしてみれば、太郎さんを送るには、やっぱり自分の作品の中でという思いがあったんだろうと思います。そういう意味では、作品は一緒ではなかったにしても、連綿とそういう一つの思いは……。

中田―気持ちとしてのつながりはあったんでしょうね。建築家と芸術家のコラボレーションというのは、ある意味で重複するような部分もあるじゃないですか。最近の建築というのは、アートなのかアーキテクチャーなのか分からなくなって、だんだん領域が混沌としてきています。当時は手を携えて一緒にやったのが、今は建築家の世界だけでやっている。だから、建築的なアートをやる人が少ないですね。太郎財団でも、TARO賞（岡本太郎現代芸術賞）というのを出しているんですが、そういう大きな話は出なくて、みんなチマチマとしたものでで……。それは今の時代だからしょうがないのかもしれないけど。

構造のほうからいうと、やっぱり〈お祭り広場〉が、実質的な丹下さんと坪井さんのコラボレーションの最後だったような気がしますね。その後で〈スコピエの駅舎〉をやりましたけど、ほとんど坪井さんの関心もなくなっていたし……。

神谷―そう、結果としてそうなっていますね。

中田―それまでの十～十五年間、昭和三〇年代の初めからしばらくの間というのは、太郎さんと丹下さんのコラボレーションと同じように、坪井さんと丹下さんの間にはかなり密接なコラボレーションがあった。それは、さっきお話したような、連続体的なもの、メンブレンを大事にした一連の建築だったわけですね。上向きのものも、下向きのものも、捩ったものもあります。その間は、ある意味で、丹下さんは坪井さんを必要としておられたし、やはりお互いに評価しておられたと思いますね。ただ、私の感じでは、建築家と構造家のコラボレーションは、ズーッと一生、同じ組合せで続くケースは非常にまれで、だいたい十年くらい経つと離れていっちゃうんですよ。それは、構造家も新しい持ち駒がどんどん減っていく。引出しの中にアイデアがいっぱいあればいいんだけど、その引出しから出しきったときに、建築家はまた別のキャラクターの人とコラボレーションしたくなるんですね。だからさっきの話のように、坪井さんと丹下さんの別れ際は、ちょうど世の中の変遷と符合しているような気がする。それは時代がさせたのかどうか分かりませんが、丹下さんの初期の一時代については、そういう構造の使い手みたいな存在が、相当に力になったことはたしかだと思いますね。

日本の建築教育は全体を横断する

豊川―千葉学さんは今までのお話についていかがですか。

千葉学―僕はきょうは、基本的にお話を聞く側だと思っていたんですが、では一つだけ。先ほど神谷さんからうかがった、丹下さんの「機械と手の葛藤」というお話が興味深かったですね。たとえば万博では、ある意味で非常に機械的な屋根に対して、岡本太郎さんの「手」がある。〈広島〉［＊9］も、当初はイサム・ノグチさんが関わられていますね。すごくアーバンデザイン的で合理的な全体の計画の中で、イサム・ノグチさんというアーティストの「手」が介在している。でも、〈代々木〉とか〈東京カテドラル〉になると、丹下さんはむしろ「手」の側にまわっているようにも見えてくる。それがすごく不思議なところで、つまりこれらの計画においては、当然構造家が合理性を追求していくという、ある種「機械」の側に立たなきゃいけないので、丹下さんは翻って「手」の側に立ってプロジェクトを進めていたようにも感じられる。あるいはその立場をつねにスイッチしていたのかもしれません。建築をつくる上では、つねに誰かとコラボレーションをするわけですが、丹下さんは、そのプロジェクトに応じて臨機応変に自らをもプロデュースしていたのではないかと思わせるものがあります。そのあたりに僕は興味をもちました。

豊川―岡本太郎さんと坪井さんという対照的な方と、丹下さんとの三角関係ですね。坪井さんと協働するときにはアーティストであり、岡本さんと協働するときには合理主義者であるという、その使い分けといったら失礼かもしれませんが、役回りをうまくスイッチしていく能力が非常に面白い、という点ですね。

中田―巧みですからねぇ、使い分けが。

神谷―協働に関しては、日本の明治以来の学校制度が影響していると思いますよ。われわれは入学すると、歴史も構造も環境も、ともかく建築に関わるおおよそのことは、一応勉強します。ところが、海外の主流というのはそうじゃないですよね。それぞれ別々でしょ。だから、われわれが坪井さんと話をしても、坪井さんは建築の話をするし、われわれは構造の話を、というのが、ごく当り前な現象としてあったわけね。それが海外からは不思議に見える。たとえば〈代々木〉は、構造・設備を含めた三者が一体となっていて、お互いに切っても切れない。どこか設備の一部を落とすと全体がダメになるというくらい、相互に緊密な関係を保ち合った、結晶みたいなものですね。それはやはり、関係している人がみんな建築学科出身だから。まぁ設備の井上宇市さんは造船の出身だけど、建築を勉強していますから。そういう人間関係がかなりユニークだったと。それは日本の特徴として、これからも持続してもらいたいと思うね。

［＊9］p.300参照

中田—そう、昔、面白いなぁと思っていたのは、長島正充さんと川口衞さんがやり合っているときなんです。長島さんはめちゃくちゃメカニズムに強くて、数学が好きで、川口さんに向かって、「構造力学的にいうとね、これはこうでなきゃいけないんだよ」って(笑)。そうすると川口さんがね、「いや、違うよ。これ、建築的にいうと違うだろ」って(笑)。しょっちゅう、そういう議論を側で聞いていて、そういうものかなと。でも、今の時代は分業化というか、ちょっとアメリカナイズされているのかもしれない。ミノル・ヤマサキさんとかI.M.ペイさんの仕事をいくつかお手伝いしたのですが、アメリカの仕事は絶対、構造には立ち入ってこない。初めから、ここは構造のゾーンだから、そこは好きなようにしなさいと。その代わり、こっちには出てくるなよ、という感じです。それは社会制度の問題もあって、もしそこへ口を出してなにかあったとき、責任を問われるのが怖いとかね。だから、丹下—岡本—坪井の三角関係というのはきわめて日本的で、神谷さんがいわれるような、構造も建築もみんな勉強するという教育のよさだと思います。

豊川—千葉学さんは現代の建築家の視点から、丹下作品の中でこれは大事だと思われるものはありませんか。

千葉学—やはり〈代々木〉でしょうか。あの作品は、圧倒的な造形によって、今でもなお人々を感動させる普遍的な強さをもっているわけです。当然そこには、国家の期待を背負うという時代背景と、それを支える技術の変革があるわけですが、それでも丹下さんのそれまでの作品と比べても、ずいぶん違う系譜にあるようにも見えます。それがもし、先ほどお話ししたように丹下さん自身が「手」となって生み出されたものだとすると、いったいどのようなプロセスでそれが生み出されたのか、そのあたりの経緯も大変気になります。

神谷—自分でいうのもおこがましいのですが、私が先生と一緒に日本建築学会賞特別賞・建設業協会賞をいただいたことも参照してください。

中田—構造のほうからいうと、サスペンション構造というのはケーブルを張るわけですから、基本的な仕組みは一つしかない。ヤマサキの作品でも、あのインテリアと同じような雰囲気の教会(テンプルベセル)があります。僕らが設計した信楽の建物(神慈秀明会教祖殿)でも、たとえばサスペンションだった部分が梁になるとか、まっすぐパラレルだったのを横に開くとかの変化であって、基本的なシステムはそんなに変わりません。それをどう変化させていくかに、つくる人の個性というのか、個人的な発想が入ってくる。だから、構造で見ていると、そんなに大きく違わないですよね。たとえば〈東京カテドラル〉にしても、上から見るとクロスになったシェルは、台湾にある

I.M.ペイの教会（ル・ルーシー・チャペル）も同じです。まぁ、最近のデザインは、計算しようと思えばなんでもできますからね。基本システムは必要ないというか、デザインの主題にならないので、初めから自由な形で設計すればできてしまう。昔はそれができなかったから、丹下さんも坪井さんとコラボレートし、球殻やHPシェルなどの解析できる曲面によって設計されたんだろうと思いますね。

建築の保存と未来への展望

中田—静岡の〈駿府会館〉はとても美しい建物でしたけど、技術的にはいろいろありました。解体する前の調査に行ったら、建設当時はコンクリートのタイビームでも鉄筋を圧接する技術がなくて、みんな重ね継手でやってるんですね。ましてプレストレストなどないから、締められない。そのために、屋根の足場を除去したときに、外周の縁梁にせん断が走っていって、たぶん緩んだのだと思います。鉛直力を支持する折板壁の頂部にせん断が作用して、窓の上部にせん断亀裂が走った。今ならそういうことは解決する手立てがあると思いますが、当時では難しかったのが残念な気がします。

神谷—まぁ残念ながら、われわれのつくったシェル構造はほとんど現存しないいね。〈愛媛県民館〉［＊10］も、〈駿府会館〉もなくなった。

中田—去年、信楽の山の中に、I.M.ペイさん設計の小さな礼拝堂（MIHO美学院）をコンクリートシェルで、初めてつくらせてもらいました。たぶん日本のコンクリートシェルは、丹下さんの〈東京カテドラル〉以来だから、四十数年ぶりじゃないですか。

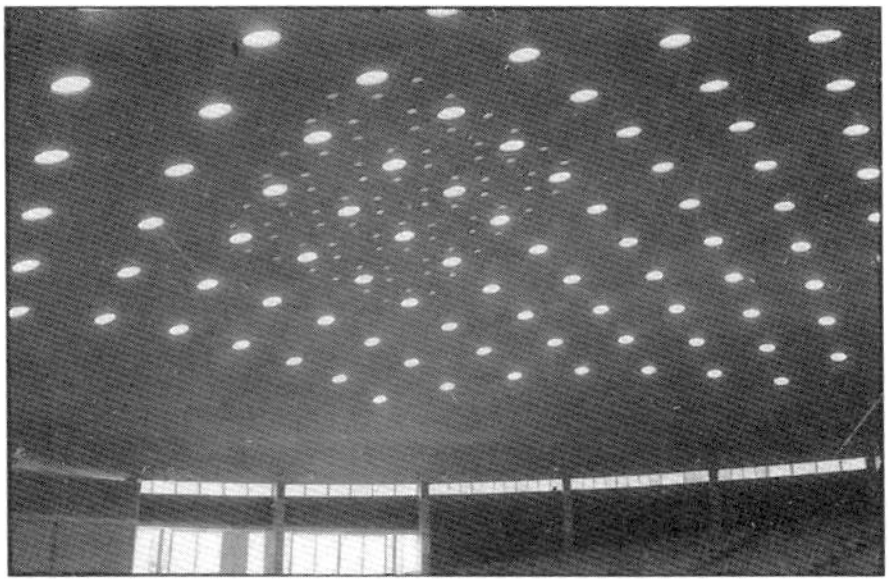

［＊10］愛媛県民館（設計—丹下健三、一九五三年）

豊川—西沢立衛さんの〈豊島美術館〉、瀬戸内海にきれいなシェルのものができたり、あるいは佐々木睦朗さんが設計されたものもありますね。建築家が再びシェルを使い始めているというのも、最近の潮流かと思います。

神谷—それが、何十年も何百年も、もってくれればいいんだけど。残念ながら、われわれがやったシェルはみんなダメになっちゃった。

中田—そうですね。やっぱり初期のもので、基本的な特性は分かっても、ディテールに対応できなかったというか。たとえば〈愛媛県民館〉の工事にしても、配筋したところに、ネコ車でコンクリートを運んで、竹竿で突いていたわけですから。設計する方法は、ドイツで発表された球殻の理論がありましたが、設計的には利用できず、直径3mもある大きな試験体をつくって実験した。試験体は針金を入れてモルタル塗り込んで製作し、そこへ上から砂を載せて実験をやっていたんですよね。それでOKだよ、みたいな。当時のコンクリートは今とは耐久性がだいぶ違いますから、仕方がないのかも知れませんね。ただシンボル的なものは残す気さえあれば、キチッと補強して保存することはできたと思うんですがね。

神谷—そうそう。たとえば〈愛媛〉にしても、欠点があったわけ。音ですよ。NHKを呼んできて、いろんな吸音材をぶら下げたけどさ。

中田—うん、いろんな、おせんべいみたいなのがぶら下がってました（笑）。

神谷—それでも、シェルそのものの反響は簡単に消えない。それで、使いにくい。要するに、あそこでスピーチをしても、明瞭度が落ちちゃう。それと同時に、ああいう多目的施設が、一時的なものなんですよね。「多目的は無目的」といわれてね。時代が変わっちゃった。それが、なくなった主因だと思いますけどね。

中田—まぁ、普通のハコモノであれば転用は簡単なんですが、ああいう空間構造というのは、その用途にバチッと合うようにつくり込んじゃうから、他用途に転用するのは難しいですね。それでも、保存すべきものはやっぱり残していかないといけない。〈代々木〉なんかは、ずいぶん手を加えて、今でも……。

神谷—〈代々木〉の場合、あれを所有する日本スポーツ振興センターに大変優秀なスタッフがいてね。最近、定年で退職しちゃったけど。竣工以来、長年の間、予算を取って、着々と、工事が短期間だったために生じたさまざまな欠点を補修して、長持ちするように直していってくれた。最大のヤマはアスベストの撤去でしたが、しっかり予算を組んで、五年くらい前に全部取っちゃった。天井を張り直したので、ずいぶんきれいになりましたよね。ケーブルの点検も全部済んだし、あと必要な維持管理費を毎年出してくれれば、これから先、何十年ももつんじゃないですか。五〇年間に費やした補修費って、けっこう大変な額で（笑）。でもそれがあったんで、今もっているわけだけど。

中田—僕らにとって丹下さんは、あの時代の、目標というか、シンボル的な存在でした。かつての丹下さんは、〈東京計画1960〉に代表される都市計画的なことに多くのエネルギーを割いておられたように記憶しています。今の時代に、海上都市というのが、地震や津波といった厳しい条件の上に成り立つのかどうか分かりません。でも、世の中が希望をもっていけるような建築のムーブメントがなくなってしまったという気がします。

神谷―去年（二〇一二年）の秋に「メタボリズムの未来都市展」というのがあって、盛況だったでしょ。やっぱり時代はああいうものを求めているということでしょうかね。

中田―丹下さんの『日本列島の将来像―21世紀への建設』（講談社現代新書、一九六六年）を読んでも、メガロポリスとか東海道ベルト地帯とか、都市の巨大化についてずいぶんいろいろと提言されていますよね。二〇〇〇年には世界の人口は六〇億、と書かれていますが、近いものになっている。

神谷―大阪万博が終わったときに、『成長の限界』というアメリカの研究論文が発表されて、地球の資源が二十一世紀になったら底をついて、コントロール不能になるという言説でしたが、その通り、今着々と進んでいます。そういう状況の中で、どのような後世に残るものをつくるかという課題がある。と同時に、もう一つ、日本は特殊な条件で、巨大都市が巨大地震に耐えられるかどうかという話がありますね。巨大な薪の山みたいな都市が、巨大な地震の火災に耐えられるか。それを問われている。むしろそっちのほうが、巨大化にこれからどう対抗するかというテーマとして大事だと。

中田―東京都心の人間の数を制限したほうがいいのではないかと思います。今の時代、なかなか都市計画的な発想が見られない。丹下さんが生きておられたら、東北にどういうまちづくりをお考えになるのだろうと、ときどき考えますけどね。

神谷―計画を集中したらそれに相当する緑地や空地を確保すべきなのに、あいたところを全部埋めているから、全然ダメですね。建築家はそれに対して、怒りの声を発しないといけない。

「機械と手の葛藤」を再考する

豊川―では最後に、お一方ずつ、お話をいただければと思います。

千葉一―太郎さんは一九一二年生まれ、丹下さんは一九一三年生まれで、一つ違い。太郎さんのほうが一つ先輩ですね。お二人がいらっしゃるところに出くわしたのは、そうたびたびはないんです。アトリエにいらっしゃったときとか、「太郎爆発」展（一九六八年）のオープニングでテーブルを囲んだときとか。そういうとき、太郎さんは丹下さんのことを「丹下君、丹下君」と呼ぶんです。それから丹下さんは太郎さんのことを「太郎ちゃん」っていうんですよね。もちろん公の場所ではそんなことはいいませんが、ちょっとプライベートな場面になると、必ず丹下さんは「太郎ちゃん、太郎ちゃん」という呼び方をする。世界的なアーティスト同士が、「ちゃん」で呼び合う関係って実に素晴らしいなぁと（笑）。

中田──大先輩の方々ばかりのお話ですが、やはり、構造家は建築家によって生かされるし、建築家も構造家によって生かされるということを強く感じます。そういう意味でのコラボレーションのあり方というのが、今の時代に反映して考えてみると、非常に大事な、貴重なことなんじゃないかと思いますね。われわれも反省しなければいけないけど、計算して確認申請さえ通せばいいという話じゃなくて、もうちょっと建築というものを勉強して、そこで積極的に提案できるような力をつけていかなければならないという気がしました。

千葉学──きょうはいろいろとお話をうかがうことができて、大変考えさせられました。とくに「機械と手の葛藤」の話は、あらためて腑に落ちる点が多かったと思います。丹下さんの〈代々木〉や〈東京カテドラル〉はきわめて造形的で、それはシンボリズムであるといってもいいくらいです。僕たちの世代は、ポストモダニズムの時代に教育を受けていて、それが虚しく散ったことも目の当たりにしてきましたから、シンボリズムは疑ってかかっているわけです。でも、丹下さんのシンボリズムは時代を超えて共感される普遍的な強さがある。このような造形が生み出された背景には、もちろん先ほどの構造との葛藤もあるのだと思いますが、もう一つ都市計画を合理的に、つまり「機械」として計画することにリアリティのあった時代背景もあったんだとあらためて思いました。その葛藤が丹下さんの中でバランスして生み出された造形なんだと。僕自身も都市計画には大変興味をもっていますが、都市を合理的に計画することにリアリティをもてない時代に生きている。構造だって、何でもできる時代です。おそらく僕も含めて多くの建築家にとって、「機械と手の葛藤」はもしかしたら共通のテーマかもしれないのですが、こんな時代において何を機械とし、何を手とするのか、そのあたりのことが見えてくるといいのかなと思いました。それはきょういただいた宿題だと思っています。

中田──決心を述べられたと（笑）。

豊川──決意表明ということで……。では、神谷さんも一言お願いします。

神谷──僕は、岡本太郎さんの人柄にとても惚れ込んでいるんです。非常に物静かな紳士なんですよね。人に優しく、気遣いも細かくて、礼儀正しくまじめな方です。マスコミに出てくるような、「ギャー」なんてにぎやかなのとは違うように見えます。だけど、どちらも岡本さんなんですね。子どもに近いような、人間としての純粋さを秘めていらした。ときには子どものようにワーッと騒ぐときもあるし、ときには静かにものを思うこともできる。そういう意味で非常に幅の広い人で、おつきあいできたのは、僕の一生の幸せだと思いますね。

豊川——本日はどうもありがとうございました。

3―バッキーとイサムとタンゲ

僕は一九五七年に、フルブライト奨学生としてアメリカからこちらに来ます。そのときに、丹下さんや奥さんの加藤敏子さんと何度もお会いし、成城の家にも行きました。――貞尾昭二

貞尾昭二
豊川斎赫

二〇一三年一月二九日／貞尾氏邸

貞尾昭二

豊川斎赫

二人の巨星の出会い

豊川―貞尾さんは、一九五四年にコーネル大学の建築科を卒業されたのですね。

貞尾―そうです。

豊川―その際、在学中にバックミンスター・フラー（以下、愛称：バッキー）と会われ、イサム・ノグチさんに紹介されたとうかがいました［＊1］。その経緯を聞かせてください。

貞尾―バッキーは五週間、コーネル大学のヴィジティング・クリティックとしてきて、地球の模型についてのプロジェクトをやりました。僕は第二次世界大戦の間、アメリカ陸軍の地形学部隊（Topographic battalion）に入っていたから、地図作製についてはよく知っていたんです。そういう部門のプロジェクトのヘッドになって、バッキーとは直接にやりとりをしました。そのときにバッキーは、新たな二十面体の地図をつくりたかった。そこでバッキーから「一緒にやらないか」と誘われ、僕も「喜んでやります」と返事をして、「ダイマキシオン・マップ」を一緒に

［＊1］バックミンスター・フラー（左）とイサム・ノグチ

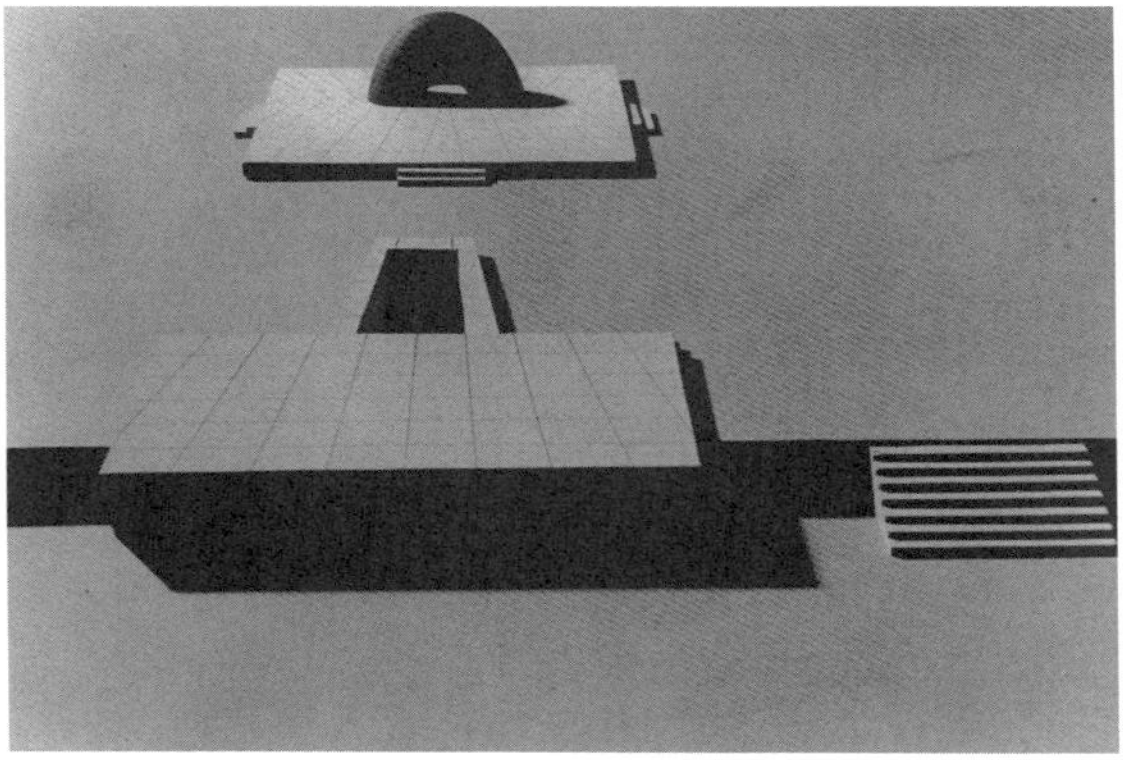
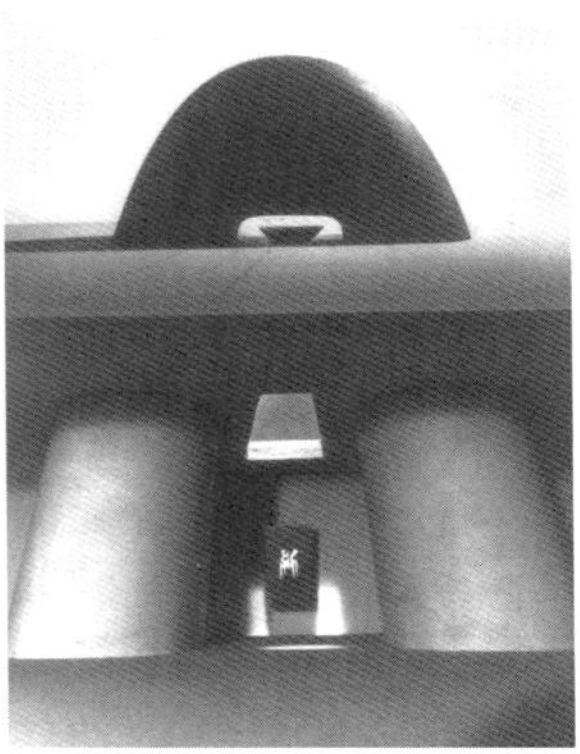

［＊2］広島平和記念公園奉安箱デザイン（石膏模型、イサム・ノグチ、一九五二年）

出版することになったんです。ちょうどその頃、バッキーはノースカロライナのローリーに事務所をつくりました。「メンバーにならないか」といわれたので、僕は一九五四年に卒業してから、そのジオデシック（Geodesic）という会社に入ったんですね。エアブラシで地図を描いたり、いろんなことをしました。

豊川──貞尾さんが地図の研究をされていたというのは、大学の建築科に入られる前から地理学や幾何学に興味をおもちだったのでしょうか。

貞尾──軍隊に入ったときに、そういう仕事をやっていました。それは飛行機から撮った写真を、複眼的に見て、それを図面に描いたりしていたので、地図というものに興味があった。だから数学的な投影の計算などはやっていない。それはもっと複雑なことです。

豊川──貞尾さんがバッキーとお会いになった頃、今日のようにバッキーはアメリカ中で有名でしたか。

貞尾──いや、その頃はまだそんなに有名ではなかった。彼が有名になるのは、一九六〇年代、一九七〇年代に、世界中の大学でレクチャーをして、飛び回っていた頃からですね。

話を戻すと、それから一九五六年に、バッキーがフィラデルフィアの航空ショーにイサムを招待します。バッキーが僕に「イサム・ノグチって知ってますか」といったので、僕は「会ったことはないけど、名前は知っている」と応えました。「じゃあ、僕と一緒にフィラデルフィアに行こう」ということになりました。そのときにイサムさんは、当時結婚していた山口淑子（李香蘭）さんと来ました。それから、イサムさんに会ったとき、「連絡を取り合いましょう。われわれは一緒に仕事ができると思う」といわれたので、連絡を取りました。最初はインフォーマルにイサムさんのプロジェクトを手伝っていたんですが、だんだんフォーマルなものになっていきます。一九六四年頃に、イサムさんと会社をつくってプロジェクトをやりました。

［＊3］平和大橋欄干（設計―イサム・ノグチ、一九五二年）

イサム・ノグチ：〈広島〉でのコラボレーションと「あかり」

豊川―なるほど。貞尾さんと会われる前、イサム・ノグチさんは〈広島平和記念公園〉で、慰霊碑［＊2］や橋［＊3］のフォルムをデザインされましたが、その当時の話はご記憶にありますか。

貞尾―僕がイサムさんを知る前ですが、橋のことは著書（Shoji Sadao『Buckminster Fuller and Isamu Noguchi:Best of Friends』, 2011）にちょっと書きました。イサムさんが非常にがっかりしたのは、慰霊碑ですね。それを断わられたのは、彼にとって一番残念だったと思います。アメリカ人として、当時の日本になにかメモリアルの設計をしたいと考えて、非常に一生懸命やったプロジェクトですからね。その話は何回も聞きました。

豊川―同じ頃、丹下さんのご自宅、内田道子さんが住まわれていた成城の家にも、イサムさんが照明をデザインされて……。

貞尾―はい、「あかり（Akari）［＊4］」ですね。

豊川―「あかり」のデザインについて、イサムさんご自身はどのように考えておられましたか。

貞尾―イサムさんはいろいろな彫刻をつくりましたが、それは割合に高価なものです。でも彼は、普通の人の生活に入り込むものをつくりたかったんですね。その点、「あかり」は軽くて安いですから、本当に環境を変えられると考えて、一生懸命に取り組んでいました。「あかり」を通して、みんなの生活に入れるという気持ちをもっていましたね。

僕が覚えているのは、イサムさんは、一九八六年のヴェネチア・ビエンナーレにアメリカ代表として参加しました。そのときに、彫刻家のマーク・デスベローがこんなことをいいました。「イサムさん、『あかり』は出さないほうがいい。みんなは商業主義だと思うだろう」と。彼はヴェネチアの人たちをよく知っていたんです。でもイサムさんは「自分にとって『あかり』は、とても重要な作品だから」といって聞かなかった。「あかり」は主要な関心の一つになっていたんですね。あとでマークから話を聞くと、「もしイサムさんが、コマーシャルでなく、みんなのいうアート的なものをつくっていたら、彼はもっとすごい地位を得ただろう」と。それほど、イサムさんは「あかり」に興味をもち、自分の大切な作品と思い、最後までその設計をして考え続けていました。

豊川──当時、内田道子さんと「あかり」の写真がありますが、撮影の際、道子さんはイサムさんが非常に恐くて、大泣きしたとうかがいました。道子さんとは昔からおつきあいがあったのでしょうか。

貞尾──僕は一九五七年に、フルブライト奨学生としてアメリカからこちらに来ます。そのときに、丹下さんや奥さんの加藤敏子さんと何度もお会いし、成城の家にも行きました。でもご家族との関係はあまりなかったですね。

一九五七年には、イサムさんは重森三玲さんといろいろな話をしていました。重森さんはいろんなランドスケープを設計し、『日本庭園史図鑑』を書かれた。イサムさんは重森さんと一緒に、徳島で石を探して、モックアップをつくったんです。そのときに、イサムさんから「徳島に来いよ」といわれて、僕も二日、三日いました。お二人が一緒に仕事をするのを見て、素晴らしいコラボレーションだと思いましたね。そのときに、写真家の三木淳さんが撮ったものが残っています。僕がフルブライトで日本に来たうちで、一つのハイライトでしたね。

豊川──丹下研究室の先生方は、イサムさんのスケッチやドローイングから、強いインスピレーションを受けたとおっしゃっていました。貞尾さんは丹下研究室にも行かれましたか。

貞尾──僕は丹下研究室には行っていないです。

［＊4］あかり（Akari、イサム・ノグチ）

豊川——その頃、イサムさんはパリの〈ユネスコの庭〉のデザインをされています。貞尾さんは一緒にコラボレーションをされたんでしょうか。

貞尾——僕はそのとき、イサムさんとはインフォーマルなコネクションで仕事をやっていましたけど、〈ユネスコの庭〉は手伝っていません。プロジェクトとして最初に手伝った仕事はニューヨークの〈リバーサイド・ドライブ・パーク・プレイグラウンド〉、それから、エルサレムの〈ビリーローズ彫刻庭園〉ですね。そのときはちょうどニューヨークに竹山実さんもいて、彼とはよく、イサムさんのスタジオにいって一緒に手伝っていました。

バックミンスター・フラー：来日における接点

豊川——そうすると、フルブライトで一年間だけ日本にいらして、アメリカにお帰りになる。そして一九六〇年にまた、バッキーと一緒に日本へ来ることになりますね。

貞尾——バッキーはいろんな大学に呼ばれて、大きなドームのプロジェクトをやっていました。プリンストン大学では、屋根付き球場の設計をしたんです。それは当時、ブルックリン・ドジャースのオーナーだったウォルター・オマリーと相談しながら、彼も巻き込んで、プリンストン大学の大学院とやったんですね。それで、読売(NTV)の正力松太郎さんの代理人がウォルター・オマリーと会ったときに、「日本でも実際に屋根付き球場をつくりたい。アメリカでは誰と話したらいいか」と聞いたら「バッキーと会ったらいい」という答えでした。そういう関係で、正力さんはバッキーを紹介されて、日本に招待したんですね。

豊川——それは野球場をつくるためでしょうか?

貞尾——ええ。バッキーと、奥さんのアンと、僕の三人が招待されて、日本に来ました。そのときに、正力さんの右腕だった柴田秀利さんがいろいろ手伝ってくれて、いろんなインタビューとか、大きな会社のエンジニアともミーティングをして、そのドームの話をしたんですね。日本に来る際には、バッキーは大きなドームの話のほかに、アスペンションドーム、アスペンディング・サスペンションというもっと新しい設計を考えていた。それは実際の計算やデザインはなかったけれど、簡単な模型を早くつくって、こっちでプロポーズしました。その最初の模型はあまりしっかりしていなくて、建設会社はできるかどうか心配してしまった。そんなわけで、なかなか実際のプロジェクトにはならなかったんですね。ただ、正力さんや柴田さんとの関係は深くなって、いろんなほかの話につながります。

豊川——来日中、NTVのテレビ番組の企画で、丹下さんとバッキーとのディスカッションがあったそうですが、どういう会話をされたのでしょうか。

貞尾—うーん、今、覚えてないですね。もう五〇年前の話だから。すみません。

豊川—ドームの話をされたのか、アートの話をされたのかはご記憶にありますか。

貞尾—もっと哲学的な話だったように思います。

イサムとバッキーの相互理解

豊川—当時の日本では、大きな屋根というと、コンラッド・ワックスマンが来日して、いろんな人にスタジオで教え、レクチャーをしたという記録がたくさん残っています。貞尾さんはワックスマンとは……。

貞尾—僕はイタリアで一度会いましたね。一九五四年、第一〇回のミラノ・トリエンナーレのときに、バッキーと一緒に設計したドームをボール紙でつくり、現地で組み合わせにいったんです。そのときに僕が泊まったホテルにワックスマンもいて、ちょっと会いました。でも彼は大先生で、僕は学生ですから、話などはあまりしなかったです。

豊川—ワックスマンとバッキーは、フレンドリーでしたか。それともライバルだったんですか。

貞尾—どうでしょうか。あまり親しくはなかったですね。バッキーがやっていることとワックスマンがやっていることは、やはりある程度、コンペティションがあったんじゃないでしょうか。バッキーの会社は二つあって、一つはノースカロライナのローリーで、もう一つはマサチューセッツのケンブリッジです。ケンブリッジのパートナーたちは、ワックスマンのことをよく知っていた。ワックスマンはシカゴで、彼らはシカゴのインスティテュート・オブ・デザイン、IDで勉強していたから、ワックスマンのアイデアや考え方もみんな知っていました。バッキーとワックスマンはたぶん実際に会ったことがあるでしょうけど、あまり話が合わなかった（笑）。

豊川—イサムさんとは仲がよかったんですね。

貞尾—そうそう、イサムさんとは本当にベストフレンドというか……。イサムさんにとっては、バッキーこそがアメリカだったんですね。テクノロジーとインダストリー、いろんなそういう新しい構法や材料、テクニックを使うこと。イサムさんはバッキーを通して、そういうインスピレーションやアイデアを得たんでしょうね。

豊川—バッキーのほうは、イサムさんのことをなんておっしゃっていたんですか。

貞尾—バッキーは、「イサムさんは航空機時代の最初のアーチストだ」と書いています。だから、非常に進歩的で、実験的

［＊5］モントリオール万博アメリカ館（設計―バックミンスター・フラー＋フラー&サダオ＋ジオメトリクス、一九六七年）

で、いろいろなことをグローバルに考えている人ということですね。バッキーはイサムさんのことを、頭がよくて、とても深い論点をもった人だといっています。

フラー・ドームからスペースフレームへ：二つの万博

豊川―その後、バッキーはモントリオール万博の〈アメリカ館〉［＊5］でフラー・ドームの制作に取りかかっています。

貞尾―ええ、一九六七年。あれは、僕はバッキーのパートナーとして関係していました。

豊川―どういう経緯で、あのような大きなものを担当されることになったのですか。

貞尾―かつてイェール大学の学生だったジャック・メーシーが、USIA（米国文化情報局）の博覧会部門で重要な地位にいたんです。モントリオール万博にアメリカの出展が決まったときに、彼が、バッキーのプロジェクトがいいのではないかと考えて、そのトップの人たちと相談した。コンペティションはあったけど、コンペの前からバッキーにすることになっていて（笑）。でもバッキーはそのとき、事務所もなかった。だから僕と二人だけのパートナーシップです。彼は南イリノイ大学カーボンデール校のユニバーシティ・プロフェッサーとして教えていましたけどね。

　そういうリクエストが入ってきて、最初に出した案は、大きなテンセグリティのスペースフレーム［＊6］です。一九七〇年の大阪万博で丹下さんがつくった［＊7］のと同じようなスペースフレームを、四つの柱で支えています。そして地面には、大きなダイマキシオン・マップを置いて、「ワールドゲーム」というゲームをコンピュータでやったらどうかというのを、USIAにプロポーザルで出しました。でもUSIAから「それはちょっと不可能」といわれて、「では、ドームにしましょう」という話になった。

［＊7］p.280参照

半球より、もう少し大きいドームの形にしましょうということで、進みました。

豊川—あれほどの大きいドームを期限内に実現しようとすれば、模型とはまったく違う、難しいことがたくさんあったと思います。バッキーは初期のアイデア出しから最後の施工まで面倒を見たのでしょうか。

貞尾—いや、彼はアイデアだけ（笑）。僕も、ジオメトリーのいろんなアングルとか、パートの図面はつくりました。どのくらいの大きさ・厚さにするかという実際の計算は、シンプソン・ガンプ・アンド・ヘイガー（Simpson Gumperts & Heger）というケンブリッジの会社のエンジニアで、MITの元教授がやりました。

豊川—モントリオール万博といえばフラー・ドームというほど、当時の日本の建築家は大きな影響を受けたと思われます。そしてその三年後に、大阪万博で丹下さんたちがスペースフレームをつくります。〈お祭り広場〉のスペースフレームについて、バッキーからなにかコメントはありましたか。

貞尾—バッキーからはなかったですね。

豊川—ライバルでもない、ということでしょうか。

貞尾—そうですね（笑）。

豊川—一方で、イサムさんは大阪万博で噴水のデザインなどをされましたが、貞尾さんは参加されましたか。

貞尾—いや、万博の噴水には関係していません。それは佐々木喬さんがいろいろとイサムさんを手伝っていました。

豊川—そうしますと、一九六〇年代はもっぱらバッキーと一緒に仕事をされていたんですね。

貞尾—そうです。それで、バッキーとつくった会社、「フラー&サダオ」にいろんな仕事が入ってくると思ったら、なかなか入ってこなくて（笑）。その代わり、今度はイサムさんのほうから

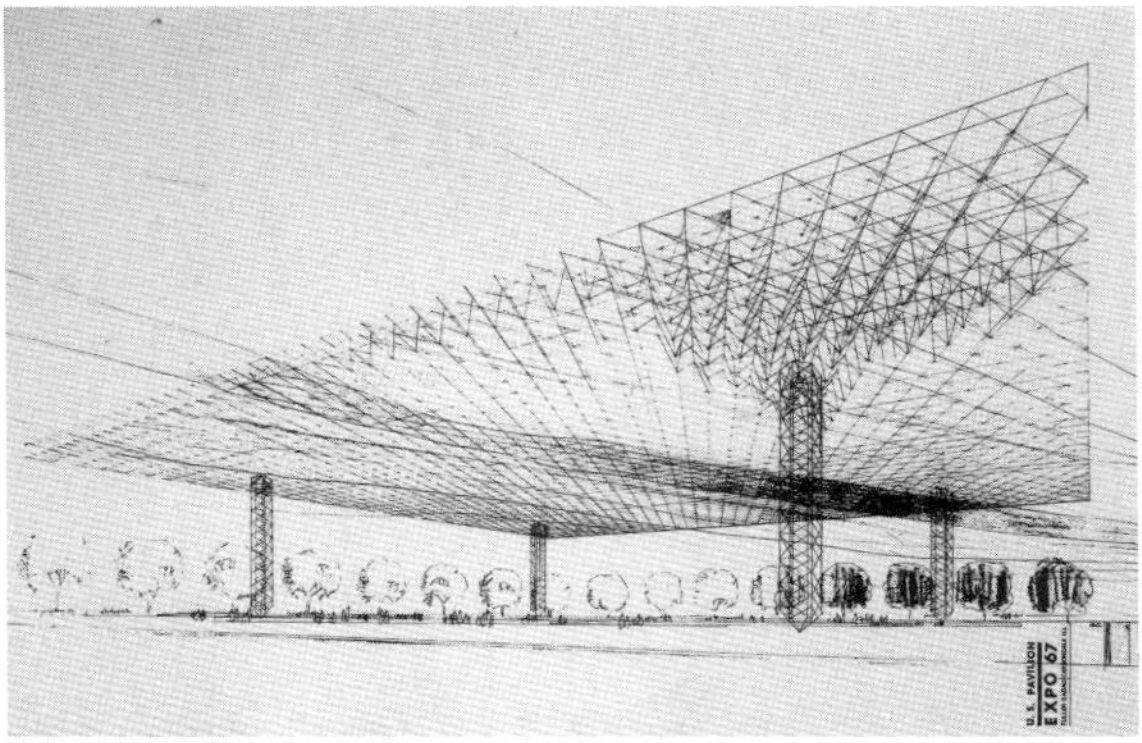

［＊6］モントリオール万博アメリカ館、テンセグリティのスペースフレーム案

どんどん仕事が入ってきて、僕はイサムさんに近くなったんです。

豊川―そのあとは、イサムさんの財団の理事もされて、ずっと関係が深くなられたわけですね。

貞尾―そう、イサムさんが最初に「あかり」を設計されたときに「あかり・ファウンデーション」をつくったんです。それはロイヤリティで基金をつくって、日本とアメリカの芸術家や学者を交換するように考えたんだけど、「あかり」のロイヤリティがそれほど出なかった。それで一九六〇年に「イサム・ノグチ・ファウンデーション」と改名して、彼の彫刻の展覧会の売上げからお金を寄付したんです。それがだんだん大きくなって、今のノグチ美術館になった。そのときに僕が最初の事務局長になったんです。

豊川―万博のあと、丹下さんとイサムさんの一番のコラボレーションは、新しい〈草月会館〉の一階エントランスですね。

貞尾―そうそう、あれです。僕はあまり関係しなくて、やはり和泉正敏さん、それに佐々木喬さんも手伝ったと思います。イサムさんは、図面より模型をよく使っていました。その模型から石をどうやって選んだかは、和泉さんが一番よく知っていますよね。

イサムと建築家との協働

豊川―話が前後しますが、イサムさんは横浜の〈こどもの国〉のランドスケープデザインをされています。大谷幸夫さんや菊竹清訓さんとの協働ですね。

貞尾―はい、石膏の模型もニューヨークにあります。

豊川―大谷事務所のスタッフの方にうかがったのですが、イサムさんがランドスケープを粘土でつくって、その上に大谷さんが建築をデザインされる。けれども、イサムさんが事務所にくるたびに、粘土をいろいろと自分の指で押して形を変えてしまった（笑）。そうすると、変更のたびに大谷事務所のスタッフが等高線を一から描き直すことになったそうです。

貞尾―そう、イサムさんのそれは有名です。イサムさんは彫刻だけでなく、空間を設計する。だから、強くて良い建築家は喜んで彼と組むけど、そうでない建築家は、どんどん動かして変えられるから、びっくりしてね（笑）。イサムさんはSOMのゴードン・バンシャフトとよく仕事をしましたが、彼と一番、合いましたね。それから、ルイス・カーンともやりました。

豊川―SOMやカーンとは、どのようなコラボレーションでしたか。

貞尾―ゴードン・バンシャフトはとても強い建築家だったので、イサムさんも彼のいうことを尊重しました。でも、〈チェース・

マンハッタン・プラザ〉のときは問題になりました。イサムさんがプラザを、それからサンクンガーデンを設計して、そのあと、プラザに置く彫刻のコンペティションがあったんです。イサムさんのほかに、コルダーやジャコメッティのプロポーザルでしたが、ゴードンとロックフェラーがなかなかOKを出さなくて、結局、デュビュッフェのものになりました。あれもイサムさんは何年間も一生懸命やっていたので、がっかりしていましたね。その石膏模型がノグチ美術館に残っています。ゴードン・バンシャフトと協力したものではほかに、「キューブ」（〈マリン・ミッドランド銀行〉のプラザ）や〈IBM本社〉の庭園とか、いいものがいろいろと残っています。

〈広島〉慰霊碑の実現へ向けて

貞尾―ルイス・カーンとのプロジェクトは、さっき話の出た〈リバーサイド・ドライブ・パーク・プレイグラウンド〉です。ニューヨークの一〇二丁目とリバーサイドドライブ、ハドソン川の横に広い公園があるんですね。それを子どものプレイグラウンドにしようというプロポーザルです。イサムさんは最初、フィリップ・ジョンソンのところにいったんです。イサムさんはニューヨーク市の仕事をよく分かっているから、彫刻家が一人でやるよりも、建築家と一緒にやったほうが力があると考えた。でもフィリップ・ジョンソンは、「イサムさんは僕と同じようなことをするから、自分でやりなさい」といって断ったらしい。次にルイス・カーンにアプローチしたら、「やりましょう」ということで、五年間かけて設計しました。カーンはデザインをいつも変えていたので有名です。イサムさんも同じですね。僕はそのときに初めて、イサムさんと模型をつくったり図面を引いたりしました。イサムさんは、「カーンは単なる建築家ではなく、哲学者だ」といって、非常に尊敬していた。カーンと一緒に勉強するといって、何回変えられても、怒っていなかったね（笑）。イサムさんのそういうのは珍しかったです。結局最後は、プロジェクトのバックだった市長が選挙で負けて、リンゼイという新市長がプロジェクトをキャンセルした。だから実施設計まで図面はちゃんと残っているんですよ。

豊川―それは何年頃のお話ですか。

貞尾―一九六一年の初めだと思います。

豊川―最後に、これは磯崎さんからうかがったのですが、先ほども話が出た〈広島〉の慰霊碑を、なんとか再建したい、というお話があるそうですね。

貞尾―ええ。だけど、イサムさんの作品全部のコピーライトをもっているノグチ財団が、今は反対しているんです。それを変えるのはパブリック・プレッシャーしかないですね。社会全体の興味関心が湧いて、「そういうものをつくったらどうでしょうか」という、いろいろな人たちからの声が届いたら、財団の理事会に議事として上がると思います。理事会の投票で多数となれば、今の状況を変えられます。〈広島〉の慰霊碑は、イサムさんの実現されていないプロジェクトのうちで一番素晴らしいものだと、僕は思います。もう一つ、ブッダ生誕の地、ルンビニのコンペティションで、面白い未完のプロジェクトがあります。でも〈広島〉の慰霊碑が一番。和泉正敏さんもちゃんと石の模型をつくっていて、広島の市立美術館にある。ニューヨークにも御影石の五分の一の模型があります。

豊川──本日はどうもありがとうございました。

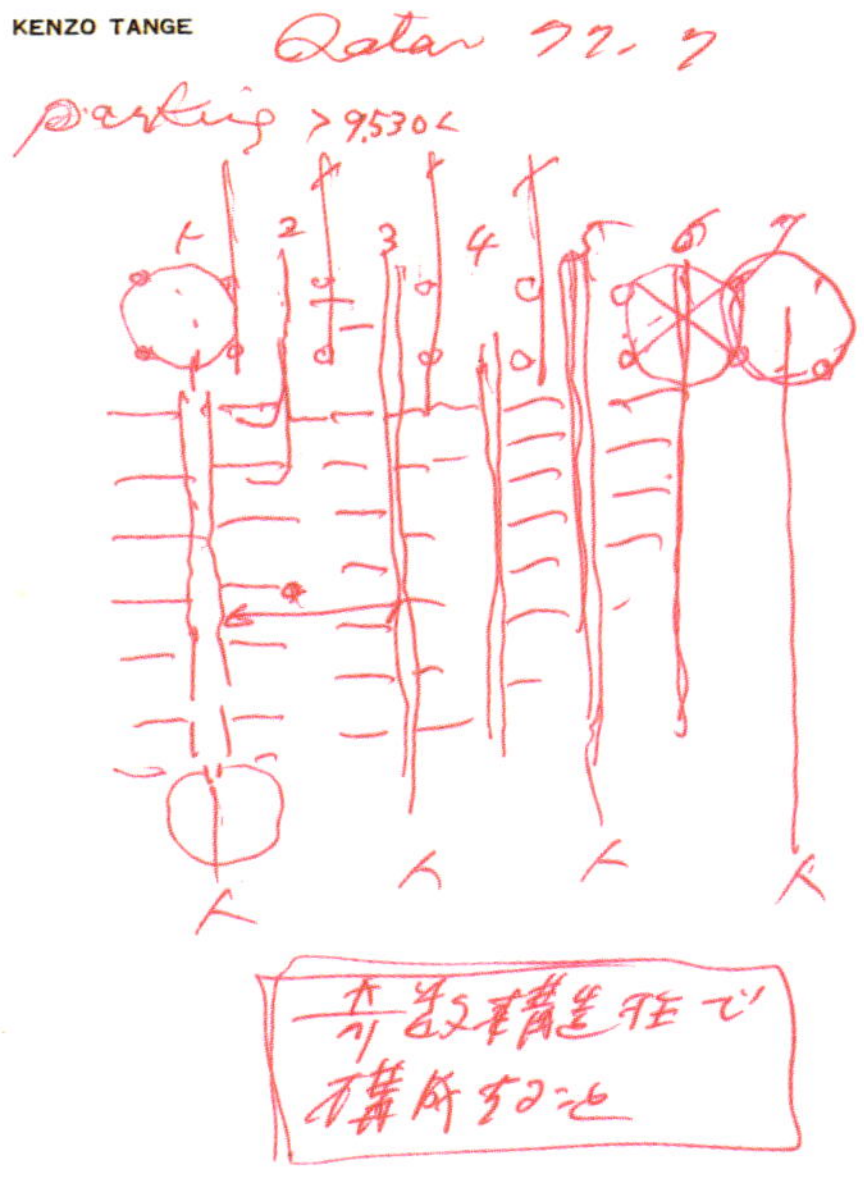

カタール・ガバメント・センター

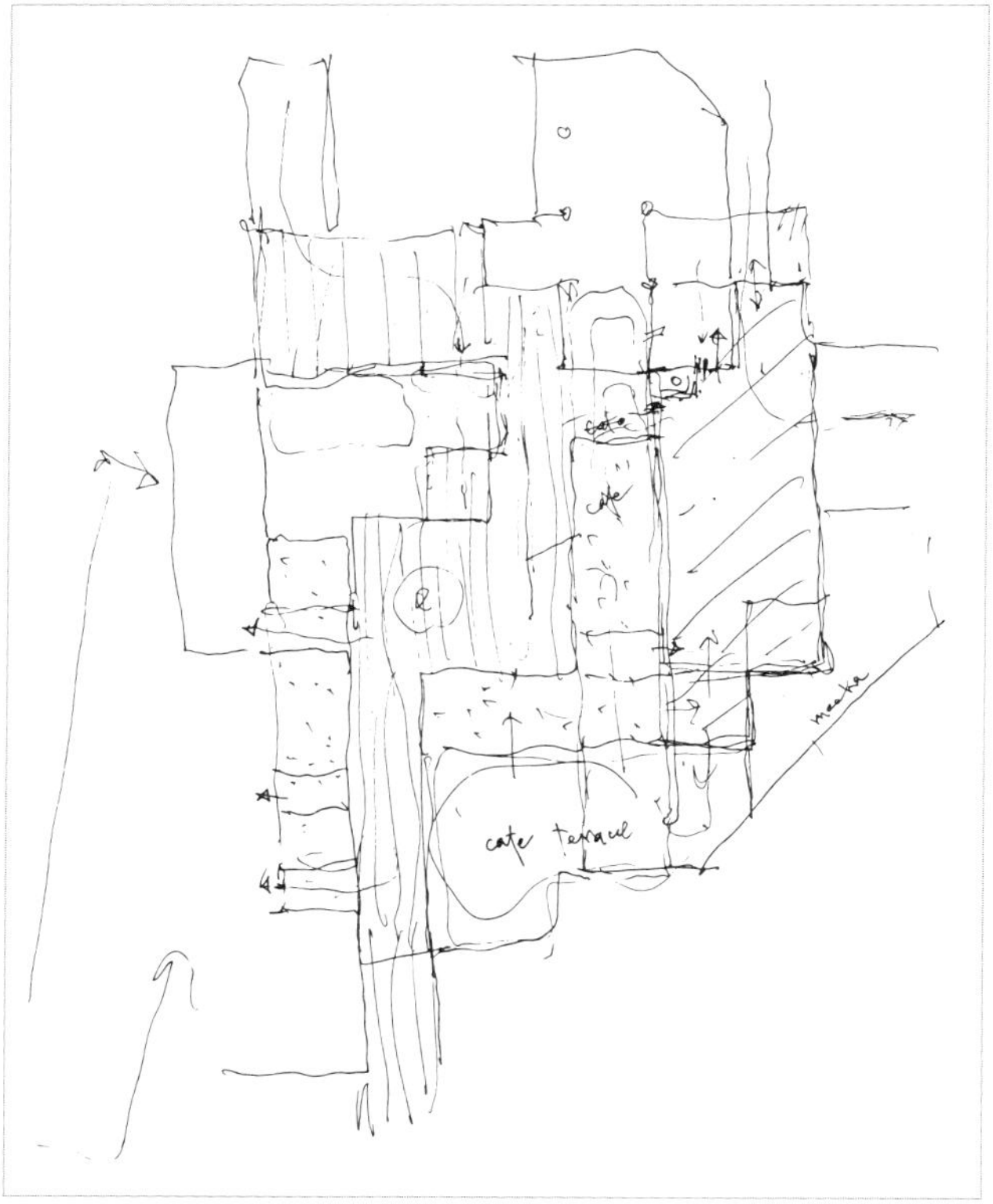

赤坂プリンスホテル

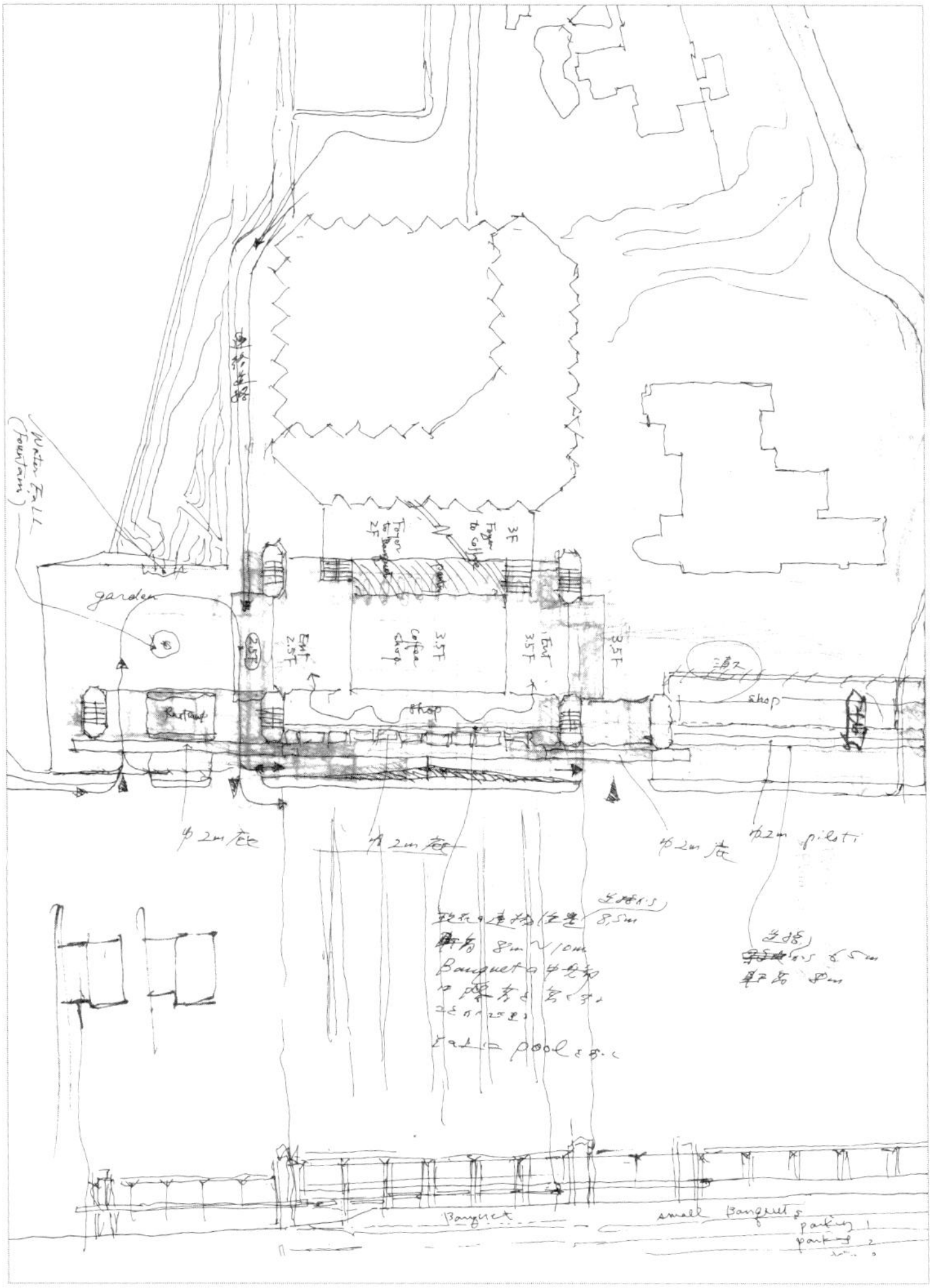
Water Fall
(fountain)
garden
coffee shop
shop
Banquet
small Banquets
parking 1
parking 2

赤坂プリンスホテル

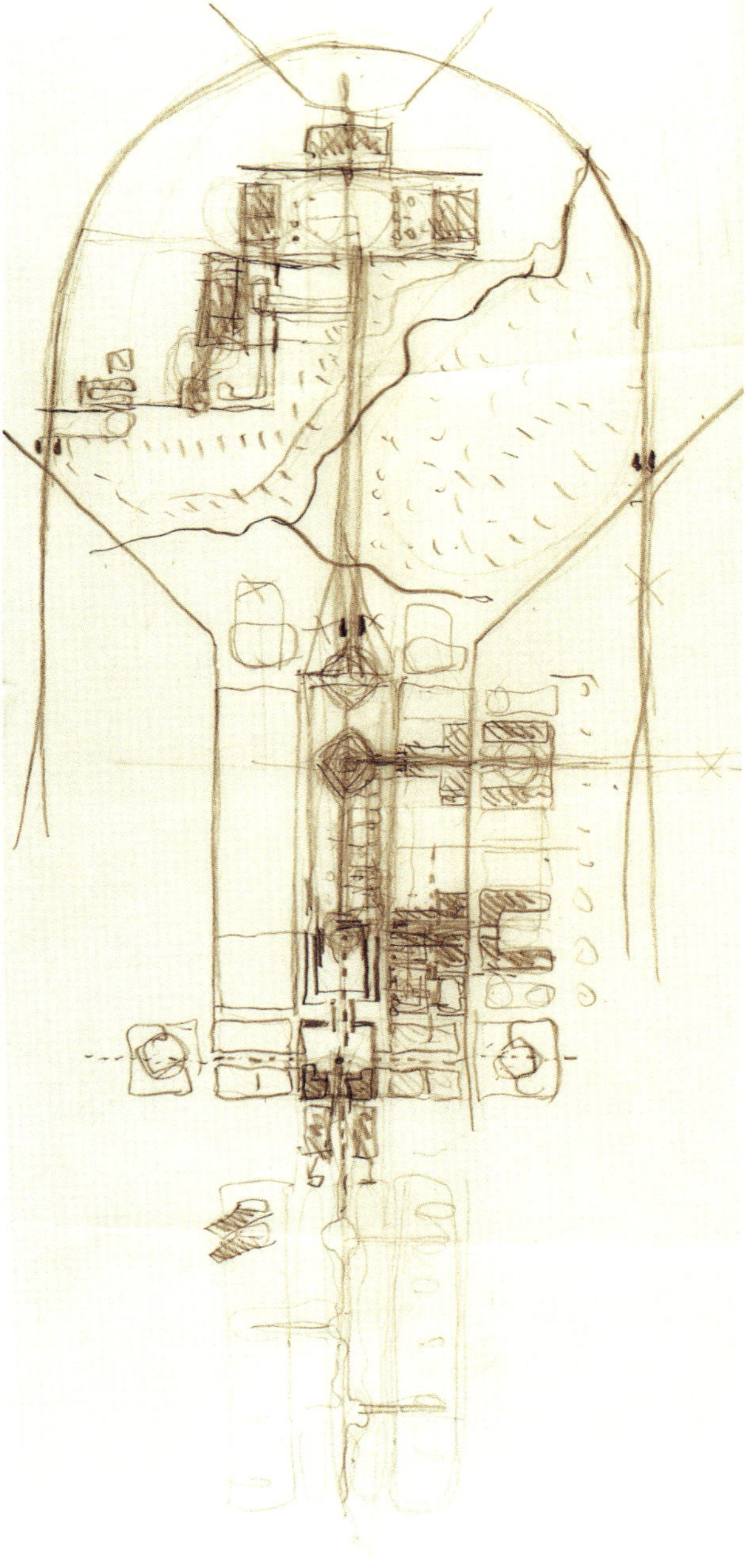

ナイジェリア新首都都心計画

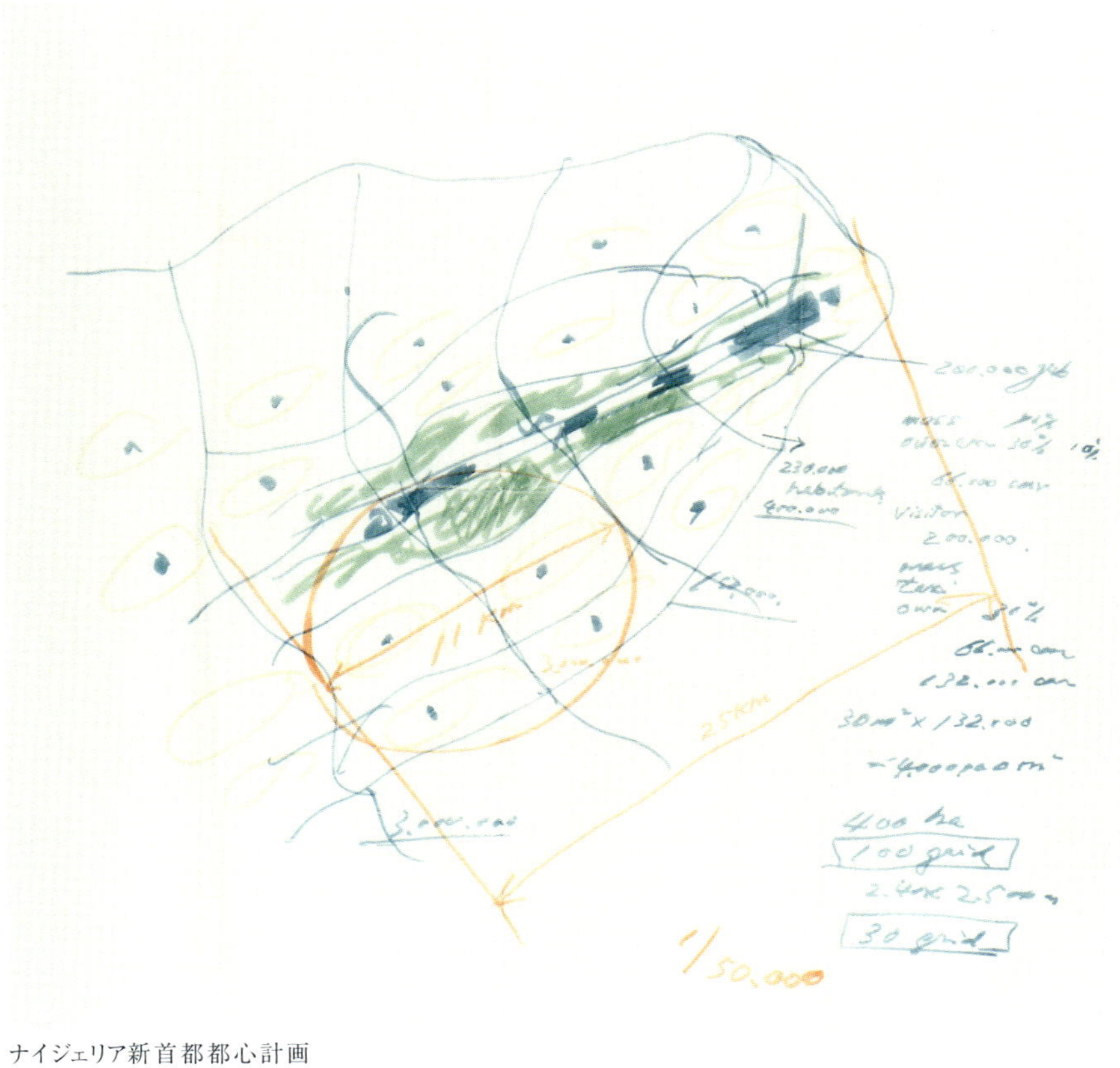

ナイジェリア新首都都心計画

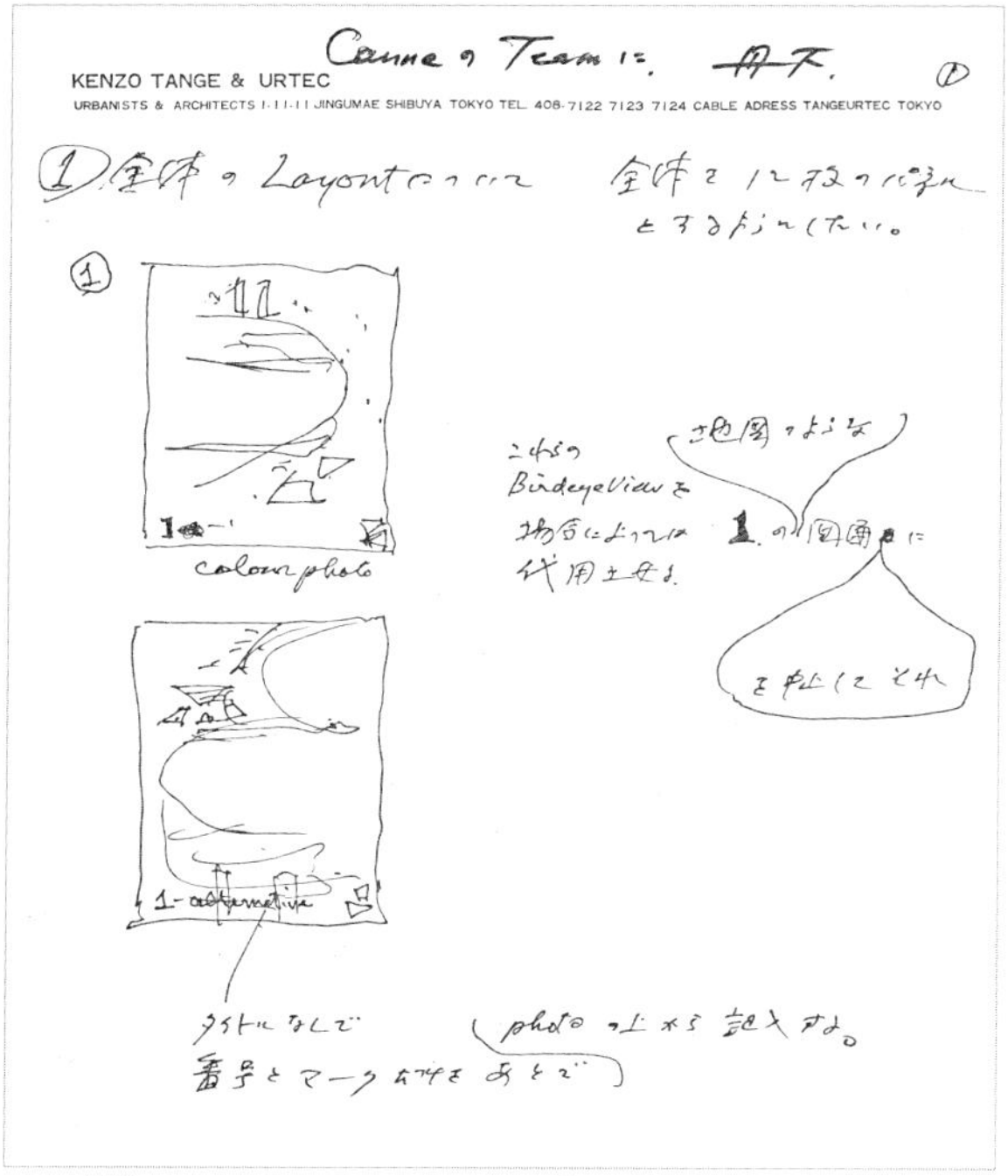
KENZO TANGE & URTEC
URBANISTS & ARCHITECTS 1-11-11 JINGUMAE SHIBUYA TOKYO TEL. 408-7122 7123 7124 CABLE ADRESS TANGEURTEC TOKYO

Canne の Team に. A.T. ①

① 全体の Layout について　全体で 12枚のパネルとする方針にしたい。

①

1—

colour photo

1- alternative

これらの Birdeye View を場合によっては 1. の図面に

地図のような

を使ってそれ

タイトルなしで
番号とマークなどをあとで（photo の上から記入する。

カンヌ国際フェスティバル・ホール、コンペ案のプレゼン指示

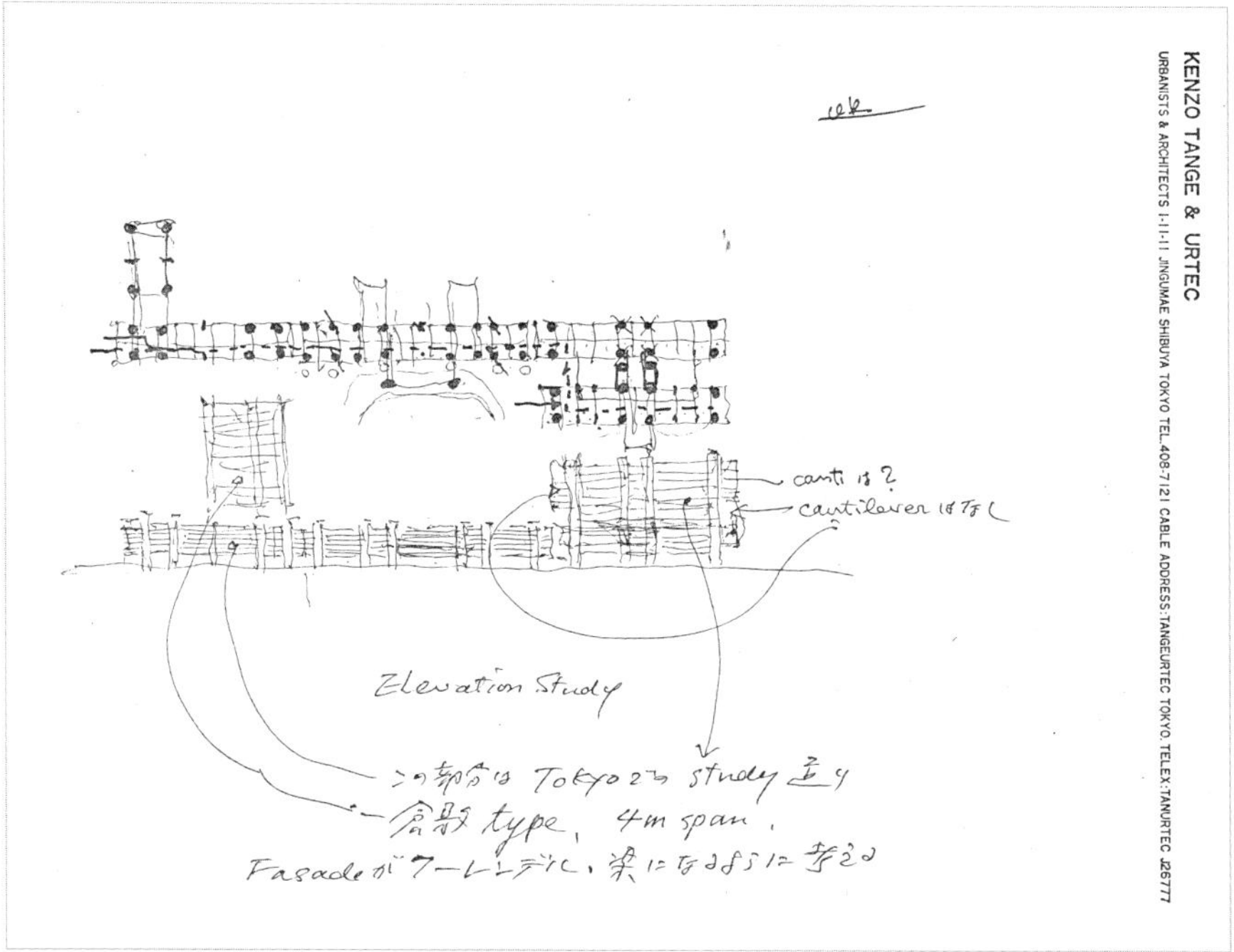

ボローニア・フィエラ地区センター

赤坂プリンスホテル

Ⅲ

往復書簡　丹下健三×ウォルター・グロピウス

このパートⅢでは、主に一九五〇年代のウォルター・グロピウスとの交流の中から、日本の伝統建築をいかに理解し、それを自らの都市・建築設計への実践にどう組み込んでいったのか、丹下健三の思考を探る。

ヒューマニズムとユルバニスムを照射する伝統論

私は、どうしてあなたがご自分の時間をこれほど巧みにコントロールして、無数の仕事を同時に処理してしまうのか不思議でなりません。私はいつもあなたの作品を拝見するのを楽しみにしております。――ウォルター・グロピウス

豊川斎赫

はじめに

丹下健三とウォルター・グロピウスという二人の世界的建築家の交流について、これまで語られることは少なかった。ここではまず、両者の関係を時系列的に整理すると、直接の接点はCIAM第八回ロンドン大会（一九五一）に遡る。丹下健三は広島平和記念公園のコンペ（一九四九）で一等を獲得し、一九五一年のCIAMに招かれたのがそもそもの契機であった。翌一九五二年二月には、渡米していた浜口隆一とロックフェラー財団ファーズ人文科学部長との交渉の末、国際文化会館を通じて、グロピウス夫妻が日本に招待されることとなった。

一九五四年に来日したグロピウスは日本の伝統建築に触れ、丹下を含む日本の建築家たちに日本の伝統建築の良さを説いた。そしてグロピウスはアメリカに戻るや否や、丹下をサンパウロビエンナーレ（一九五五）の審査員として推挙している。また一九五五年七月、写真家・石元泰博の桂離宮の写真集出版に際して、解説を依頼された丹下はグロピウスに相談を持ちかけ、四年の歳月を経て丹下、グロピウスの解説の付いた写真集〝KATSURA〟(MIT Press,1960)を出版するに至った。

さらに丹下は一九五九年秋にMIT客員教授として渡米してグロピウスと再会し、ジョージ・ケペシュやケヴィン・リンチといった情報科学の最先端に触れ、その後の「日本の都市空間」の礎を得ることとなった。

本論では、戦前戦後の日本建築を連続的に捉えるために、はじめに一九三〇年代における日本建築の動向を振り返る。そして一九五〇年代の丹下とグロピウスとの交流と往復書簡をたどりながら、丹下がいかに変容し、六〇年代に接続されたかについて考察してみたい。

1　前史としての一九三〇年代

一九三八年、丹下は東大建築学科を卒業して、前川建築事務所に勤務したが、その傍らで雑誌『現代建築』の編集に追われていた。この雑誌はそもそも岸田日出刀、堀口捨己、市浦健らが一九三六年に結成した日本工作文化聯盟の機関誌として位置付けられ、丹下自身の「ミケランジェロ頌」が寄稿された雑誌としても知られている。

堀口捨己の言葉を借りれば、この聯盟は日本の「バウハウス」を目指し、「建築に限らず、生活の上に表れているいろいろな造形文化というものを、新しい面で見直してゆこう」という趣旨で設立され、デパートに対して「市販品のうちからグッドデザインをえらんで一般の人にすすめるような試み」さえ先取りしていた。しかし、日本工作文化聯盟の最大の課題は旧来の「東洋趣味や日本趣味というものに、飽くまで反抗して」＊1、モダンデザインの延長線上で日本伝統建築を再解釈し、そこで得た新しい解釈に則ったモダンデザイン、皇紀二六〇〇年にふさわしいデザインを創出することであった。

これは当時の日本の好戦的な政治情勢に合致するものであり、忠霊塔などのデザインと密接に連動していた。そして、帝冠様式と無縁な日本伝統建築の再解釈に最も接近し得たのは堀口の他に岸田日出刀、ブルーノ・タウト、坂倉準三であったと考えられる。まず岸田日出刀は自らカメラを駆使して『過去の構成』（構成社書房、一九二九）を出版したが、丹下は岸田の写真から受けた感銘を、以下のように述懐している。

「また一方では、伊勢神宮や京都御所の建築に魅せられておりました。これには思い返せば、岸田日出刀先生の影響があったのだと思います。先生の教室の壁には、先生が撮られた京都御所の美しい写真が数十枚パネルになって飾られていました。私はむしろその写真をとおして、つまり先生の視角をとおして京都御所の優れた空間性に魅せられたのだと思います。それでは個々の建築よりも、その配置がつくり出す環境の秩序がすばらしいものに思えました。」＊2

丹下自身もカメラをこよなく愛し、たくさんの写真を撮ったが、岸田の視覚的な美意識に強く感化されていたことが伺える。特に古建築のディテールではなく、建築群の配置の妙について言及している点が興味深く、丹下はファインダーを通じて、古代の建築と現代的な感性をクロスオーバーさせ、自らの心象の中に建築の原型を焼き付けたといえよう。

ついでブルーノ・タウトは桂離宮の価値を世界に発信したモダニスト、知日家として知られ、丹下が学生時代に来日している。だが、戦後に入って丹下はタウトの情緒的な伝統建築解釈に鼓舞された日本のモダニストたちを以下のように侮蔑している。

「20年前、近代建築が興りはじめた頃、そうして日本では、それを新鮮な、何か物めづらしいスタイルとして輸入に忙しかった頃、ブルーノ・タウトは日本を訪れてきた。彼は桂を讃え、それがもっている近代建築の類似性を指摘したとき、当時の日本の近代建築家たちは、ためらうことなく彼の指摘を自らの糧として、また自らの認識としたのであった。また、日本がまだ世界の折衷主義の建築の余波をうけていた頃、ある外国の美術批評家が日光を称えた。当時の日本の折衷主義の建築家は、何のためらうことなくそれを受入れたのであった。たんにこのような西欧建築のそれぞれの時期の主潮との、類似性の指摘と、それの、ためらいのない受入れからは、何ら創造的な成果を期待することはできないのである。」＊3

そもそもルネサンスの人文主義（ヒューマニズム）自体、古典建築の再解釈を通じて、人間そのものと人間的な建築の復興を讃えていたが、タウトのような近代の建築家が過去の建築様式に近代建築の特質を読み込むこと自体はけっして珍しいことではない。実際、タウトの書き残した文献の中で、近代建築と日本の伝統建築を直結させている部分はさほど多くはないが、「近代主義と民族主義との接点のなかから方法を抽出することを強力に要請」＊3された状況下で、タウトの果たした役割は小さくなかった。しかし、こうした海外の建築家による時流に沿った伝統建築解釈に取り巻きが舞い上がる姿を、丹下は苦々しく感じていた。

最後の坂倉準三は一九三七年にコルビュジエの指導の下、パリ万国博覧会日本館でグランプリを獲得し、一躍世界的建築家の一人として注目されるようになった。坂倉は受賞作を説明するにあたって、桂離宮を引合に出し、来るべき時代にふさわしい「真の建築」のモデルと見なしている。

「我が国の語るべき建築の一つとして近来特に人の口にのぼる桂離宮もさういふ意味で一つの有機体としての魂の通った建築である。建築が一つの有機体である限りその構成要素の一つ一つではなく、それらが桂離宮といふ一つの特殊の機能を満足せしめるために総動員されて一つの有機体を為す様に結合されているところに桂離宮の建築美の積極性がある。もう一言解り易く冗言を加へるならば桂離宮を構成する各要素は何一つ取はなして他に移されないものである。軒先の形も床の構成も庭石の配置も、すべてこれらの要素が一緒になって桂離宮といふ一つの建築のすぐれたる建築美を構成しているのである。桂離宮はあくまで一つの特殊の機能をもった特殊建築である。（この事は忘れてはならない。）しかし、そのことはあくまで桂離宮が一つの真の建築であることを妨げない。もう一言冗言を繰返せば、桂離宮が数百年後常に日本建築の一つのすぐれた範例である所以はその構成の精神にあってその一つの構成要素のためではない。そのすぐれたる建築精神をこそくみとるべきである。」＊4

坂倉は桂離宮を日本建築の範例と見なし、その全体性や有機性を賞賛したが、そこから部分（ディテール）だけを抜き取り、それをもって「日本主義建築」とする建築家を「日本文化の冒瀆者」として非難している。当時、坂倉はスメラ会を主宰し、そのオフィスに、壁一面に引き伸ばされた法隆寺の写真を飾っていたことも知られている

＊5。さらに丹下は坂倉が設営した「アジア復興レオナルド・ダ・ヴィンチ展覧会」を通じて古典と現代の架橋する大胆さを教わり、また坂倉事務所の「新京南湖住宅地計画案」作成を手伝いながら、都市と建築を統合する術（ユルバニスム）を学んだと考えられる。

総じて、ここまで取り上げた岸田、タウト、坂倉は共通してモダンな発想を持ち合わせながら、それぞれ写真、日本の外部からの視点、コルビュジエの直系という位相から「建築における日本的なもの」のあり方を刷新していた。しかし、日本工作文化聯盟の活動は時局の変化に対応することができず、雑誌『現代建築』も休刊に追い込まれた＊6。

2 一九五〇年代前半：グロピウスの来日と伝統建築評価

太平洋戦争が終わり、丹下は一九五一年ロンドンでのCIAM開催に合わせて渡欧したが、ロンドンに入る前にローマに寄って、古代遺産を堪能していた。丹下を昂揚させたのは古代ローマ神殿を司る「神々の尺度」であり、この感動をロンドンでグロピウスに伝えると、逆にグロピウスから「近代建築は人間の尺度によって建てられなければならない」＊7と説教をされてしまった。グロピウスにとって「ローマの建築は巨大主義建築で人民に恐怖を与えシーザーを畏れさせる目的のもの」＊8であり、第二次大戦時のファシズム国家の都市計画やソヴィエト連邦の宮殿建築を彷彿とさせるものだったに違いない。当時、丹下は古代ローマの「神々の尺度」を現代都市の「群集の尺度、高速度交通の尺度」に読み替え、広島平和記念公園陳列館のピロティを慰霊祭に訪れる二万人のためのゲートとして位置付けていた。このため、丹下はグロピウスの実作に「人間の尺度を越えたところは見出せない」と断じている。丹下のこうした巨視的な現象把握は戦前の坂倉から教わった「都市と建築の有機的統合」に直結し、コルビュジエのユルバニスム（法規尊重のシティ・プランニングとは異なりアーキテクトの構想力に満ちたアーバン・デザイン）に通じていると考えられる。

一九五四年七月初旬、丹下はグロピウス夫妻を連れて倉敷と広島を旅し、同じ月の下旬には箱根で合同合宿に参加、八月には帰国直前のグロピウス夫妻を成城の丹下自邸に招待している。このときの印象をイゼ夫人は以下のように指摘している。

成城の丹下邸を訪れたグロピウス夫妻

「ウォルターは今日CIAMの会員である丹下氏の作られたすばらしい新築の家を見ましたが、殆どの人は新しい家を建てる事はできないのです。したがって古い家でどうにか間に合わせてやって行かなければなりませんし、日本の現代建築家はすべてが不振に喘いでいる時代に、新しい生活や建築様式を紹介しなければならないという不利を担っています。そして収入の少ない人達が新しく家を建てると充分に資金がないために見てくれだけの当座しのぎのものとなりがちであります。」＊9

イゼ夫人は丹下自邸のすばらしさについて他の書簡中でも触れているが、一方で、当時の日本の置かれた困窮極まる住宅状況について言及することも忘れていない。丹下自邸は戦後日本の小住宅（nLDK）の系譜に位置付け不可能なヴィラ（宮殿）の一つであり、全くの建築そのものであった。イゼ夫人が丹下自邸と一般庶民の住宅事情を対比的に扱ったのは極めて真っ当な評価であり、グロピウス夫妻のヒューマニズムの一端を垣間見ることができよう。

また、グロピウスは来日中のシンポジウムの席で、桂離宮と近代建築との共通性について以下のように言及している。

「日本の一般民家でも桂離宮と同じような簡素さと融通性を持っている。過去数世紀の間に次第に変化して来ているがその変化は夫々その時代なりの意義があった筈である。次第に変化してもそれは常に共通の分母を持っている。この分母というのは〝タタミ〟である。東京の木場に材木を見に行った時、付近の建具屋、家具屋等を見たが日本の手工業のbaseに於いてpre-fabの解決を見付けている。各人が大工を使って家を建てるのであるが、建具を買って来、流しを取り付ければ、家が出来上がる。これは〝タタミ〟という分母をもっているからで而もそこは種々のバラエティは盛り得るのである。」＊8

グロピウスによる伝統的建築への言及は敗戦国である日本の建築家への励ましに他ならず、桂離宮をはじめとする自国の伝統建築を誇りにし、畳に代表されるモデュールを大切にしながら、近代建築の課題に挑戦してほしかったに違いない。しかし、グロピウスが帰国した後に丹下が記した感想にはグロピウスへの違和感が記されていた。丹下はグロピウスが瞬く間に日本建築の諸特性（家屋の開放性、コンティニュイティ、畳、襖、障子などに表れるモデュラー・コーディネーション、空間のフレキシビリティ、クラフトマンシップの鮮やかさ）を指摘する姿勢を認めつつも、「わたくしは、それらのことが、認識として、分析され、整理されれば、されるほど、わたくしの内の感動が、引きさがってゆくのを感じる」＊10と吐露している。そしてタウトやグロピウスが絶賛した桂離宮を前にしても感動し得ない自分へのいら立ちを以下のように表明した。

「外にでて、細い木割と、真白い障子や深い庇のおりなす美しい比例も、強い勾配をもった、重た過ぎる屋根との明らかな不調和によって全体としては死んでいるとしか感じられなかった。そこには、絶対的な暗さと、淫蕩なほどの陽気の、みじめな混淆が、全体の覆いかぶさって、わたくしの前に打ちかちがたく立ちはばかっていた。それは、封建時代の貴族のそれをしのばせていた。わたくしには、感動とは、ほど遠いのである。」＊11

丹下の眼に映る実態としての桂離宮は打ち捨てるべき封建社会の残像でしかなかった。その一方で、自らの心象（内面）に焼き付いた桂離宮が自らの内で成長し、「何か緊張した空間と、比例が、生きもののように尚まだ生きているのを感じる」と告白している。丹下はこれを「内的リアリティ」と定義し、伝統建築の直接的な「うつし」（吉村順三によるMoMA中庭の光浄院客殿のうつし）でもなく、また可動式の畳（清家清の「森博士の家」）といったようなベタなジャポニカでもなく、内面に息づく原型としての伝統建築を拠り所にすることで、社会的な与条件（畳の流通システムをも含む「外的リアリティ」）を変革し、自らの伝統に立脚した近代建築の実現を目指すことになった。これはまさに一九三〇年代に岸田や堀口が日本工作文化聯盟結成時に追い求めたテーマ、思想として高められた日本建築の創出そのものであったと考えられる＊12。

総じて、一九五〇年代前半の丹下はグロピウスのヒューマニズムやヒューマンスケールに対抗して、広島平和記念公園において「群集の尺度、高速度交通の尺度」を打ち出しながら建築と都市を有機的に統合しようと試みていた。また、丹下は来日したグロピウスの言葉に耳を傾けたが、帰国後に記したエッセイの中で、グロピウスの指摘事項の妥当性を認めつつも、自ら心象に焼き付いた「内的リアリティ」から近代建築を創出し、社会構造全般（畳の流通システムを含む「外的リアリティ」）の改革を目指すことを決意している。

3　一九五〇年代後半：写真集〝KATSURA〟のためのコラボレーション

グロピウスが訪日を終えて帰国した翌年の一九五五年七月、丹下に再び転機が訪れる。写真家・石元泰博の撮影した桂離宮の写真集に解説執筆を打診されたのである。そもそもこの話は石元が一九五三年三月に来日し、MoMAのキュレーターであるアーサー・ドレクスラー、吉村順三とともに桂離宮を訪れたことに端を発する。当時、石元は桂離宮についての予備知識を全く持ち合わせなかったが、とにかく庭と敷石を撮影し堀口捨己に見せたところ大変賞賛されたという。石元による「桂」写真に興味を示したダビデ社は出版に際して解説の書き手を検討したが、堀口がすでに『桂離宮』（一九五二）を出版しており、若手の論者として丹下が浮上したのである。

また、丹下と石元の関係について言及すれば、一九五四年一月に国立近代美術館で石元の「桂の石」が展示され、丹下はこの頃すでに石元の「桂の石」の写真の存在を知っていたものと思われる。というのも、翌一九五五年四月には「コルビュジエ、ペリアン、レジェ展」の展評を丹下が執筆し、会場撮影を石元が行っているためである＊13。

丹下は一九五五年七月二九日付でグロピウス、シャルロット・ペリアン、ジオ・ポンティ、アンドレ・ブロック、フィリップ・ジョンソン、マックス・ビルといった世界的なモダン・アーキテクトたちに石元の「桂」写真を送付し、写真集〝KATSURA〟への投稿を依頼している。この結果、最も好意的な反応を示したのがグロピウスで、グロピウスからグラフィック・デザイナーのハーバート・バイヤーに相談した結果、石元の写真をベースに、解説を丹下とグロピウスが執筆し、レイアウトをバイヤーが担当することになった。この写真集はその後、出版社の変更等を経て、一九六〇年にMITと造型社より出版されることとなった。

この出版をめぐって、丹下とグロピウスの間で数回にわたって応答書簡が交わされたが、丹下は従来の桂離宮解釈が建築の美しさにのみ力点が置かれている点に触れ、桂離宮が上流の貴族の系譜を汲んだ書院造りと商人の系譜を汲んだ数寄屋造りとの接点から生まれ、桂離宮の建築と庭園を階級構造の反映として桂を捉えようと考えていた（一九五五年一〇月一〇日付書簡）。

こうした姿勢は出版された解説文の冒頭にも現れ、丹下は森蘊博士や和辻哲郎博士による文献史学に則った桂離宮解釈では「考証の迷路にさまよう」だけであり、桂離宮の造営に自由な創造精神をみとめ、「その創造の論理に迫る」ことだけを目的に据えている。丹下による解説文には不思議なほど堀口捨己への言及がないが、堀口にとって桂が「近代的なものと民族的なもの、西欧的なものと日本的なもの、といった相容れない要因の相互に架橋する論理が例証できる舞台であった」＊14のに対して、丹下は桂離宮を社会構造の矛盾の発露として捉え、止揚の可能性を問う場と看做した点で、堀口の日本建築思想に対する異議申し立ての意味を持っていたと考えられる。

このとき、丹下が論拠としたのが石元のファインダーを通じて現れ出た「桂」の姿であり、丹下本人は「序」の中で「この本は一人の建築家と一人の写真家の心象のなかに生きている桂の記録」と位置付けていた。つまり、石元の撮影した桂離宮こそ丹下の「内的リアリティ」を客観化しうる絶好のエビデンスであった。

特に石元の桂の写真のインパクトについては、従来の桂を映した写真が雅な雰囲気を前面に出したものであったのに対して、むくり屋根をトリミングし、軒先下の障子と縁側の幾何学を美しく抽出したこと、そして桂離宮の庭園に据えられた石に雅さとは対極の荒々しさを活写したことが挙げられる。つまり従来の桂の写真は造営者の和歌の教養と庭の造りがどのように対応しているかを説明する補足資料であったのに対して、石元の写真は丹下の「内

丹下撮影の桂離宮：むくり屋根がトリミングされている

丹下撮影の桂離宮の石組み：石元撮影の石組みに比してやや荒々しさに欠ける

的リアリティ」そのものとなり、丹下は桂離宮を社会構造の矛盾が堆積し、対立が極まっている場として捉え、桂離宮を現代建築創造の手本足りうると看做すようになった。

建築史学的に見れば丹下の論述は実証を欠き、衝撃的な写真に煽られたアフォリズムとして切り捨てることもできよう。しかしポジティブに解釈すれば、閉塞気味だった一九五〇年代前半の丹下の伝統建築理解は石元の写真によって一気に突破口を獲得し、五〇年代後半の丹下研究室による話題作の創出を先導することになった。さらに古文書以上に写真という媒体に立脚しながら伝統的建築の本質に迫ろうとする姿勢は岸田日出刀譲りの姿勢であった。

一方で、写真集〝KATSURA〟の出版が丹下、石元のみならずグロピウス、バイヤーを交えて行われたことはバウハウスの理念の結晶と位置付けられ、さらに全く新しい日本伝統建築の解釈を世界に向けて発信できたことは、図らずも日本工作文化聯盟の理想に最も近い成果であったといえよう。

4　一九五〇年代末：MIT招聘と「都市のイメージ」

丹下は一九五八年秋、MITより一九五九年度秋学期（一九五九年一〇月―一九六〇年三月）の客員教授就任の打診を受け、承諾している。旧東京都庁、香川県庁舎という大作の竣工を終え、また旧草月会館などにおいて「縄文的なもの」や諸芸術の統合という課題に取り組み、愛媛県民館や駿府会館においてエーロ・サーリネンに引けを取らないシェル構造を実現した丹下にとって、アメリカでの半年間の研究生活は新たな飛躍への契機となるものであった。

アメリカではグロピウス夫妻に歓待を受け、休日にはホワイトマウンテンの紅葉見物に出掛けるほど親密な交際を続けた。また丹下はアメリカ滞在中に様々な大学で講演や設計演習を依頼されたが、行く先々の教授たちが丹下について熟知していたという。その背景には、彼らがハーバード大学在学中にグロピウスの講義で丹下自邸が取り上げられたためであった、という。

一方でグロピウスやバウハウスに関連して、丹下がアメリカで得た論点は三つあると考えられる。第一点はジョージ・ケペシュとケヴィン・リンチからの恩恵であった。ケペシュは戦前にモホリ・ナギとともに「ニュー・バウハウス」（シカゴ）に参画し、視覚情報の専門家として活躍し、〝Language of Vision〟1944や〝The New Landscape in Art and Science〟1956を書き上げたことで知られている。この「ニュー・バウハウス」は戦後にIITに吸収されたが、先に触れた石元泰博の母校でもあった。また、リンチはケペシュとの議論の中から〝The Image of City〟1960を書き上げ、都市の情報的側面にフォーカスを当て、五つのキーワード（パス〔道〕、エッジ〔縁〕、ディストリクト〔地域〕、ノード〔結節点〕、ランドマーク〔目印〕）によって住み手の内面で統合された心理的情報（メンタルマップ）を分析しようと試みていた。丹下がリンチらと出会ったのは、まさに〝The Image of City〟が出版される直前であった。丹下がリンチの研究成果を研究室に持ち帰り、日本の伝統的な都市空間における情報処理の可能性について模索したことは広く知られており、後に『日本の都市空間』がまとめられた。これを一九五〇年代の伝統建築理解との関連で考えると、縄文・弥生の二項対立的な立論がなりを潜め、情報とエネルギーの坩堝として都市空間を把握し始めた。つまり、「伊勢」や「桂」といった伝統的建築解釈の再定義から「かいわい」といった伝統的都市空間解釈の再定義へと軸足を移したともいえよう。

　第二点は本文冒頭で触れたファーズ博士との交流である。丹下は東大に都市問題の解決を専門的に扱う学科（その後の都市工学科）の設立に向けて奔走し、ロックフェラー財団に助力を申し入れていた。しかしファーズ博士の都市問題に対する興味は丹下のそれとは異なり、丹下がインフラや移動体、都市への人口集中に関心を抱くのに対して、ファーズ博士の関心は都市景観の心理的影響（芦原義信の「街並みの美学」的な論点）に向けられていた。これは発展途上国と先進国の抱える問題の違いともいえるが、丹下のユルバニスムとファーズ博士のヒューマニズムの違いとしても説明できる。この結果、都市問題を集中的に取り扱う組織として東大都市工学科と地域開発センターがそれぞれ開設されたが、ロックフェラー財団ではなくフォード財団に援助を仰いでいる。

　第三点はMITでの設計課題がボストン湾上の「25,000人のためのコミュニティ計画」としてまとめられ、「東京計画1960」や「東海道メガロポリス」にまで発展させた点である。渡米前から丹下は海上都市の可能性を模索していたが、そのプロトタイプをボストン湾で展開し、自らのユルバニスムを更新できたのは大きな成果であった。しかし、これがニューヨークでなくボストンであったことも興味深い。というのも、資本家の欲望がむき出しになったマンハッタン島の超高層群に対抗し得る都市ビジョンとは、スケールを逸したフラードームや、ヒルベルザイマーのようなノイエザッハリッヒカイトに他ならない。しかし、丹下の都市ビジョンはメガストラクチュアではあったが、絶えずモデュロールを下敷きにし、古典的建築との連続を意識させるもので、幾分理知的なテクノ・ユートピアであり、ニューヨークの錯乱ぶりに対抗できるものではなかった。この点で丹下のユルバニスムはノイエザッハリッヒカイトの一線(レム・コールハースの指摘するBigness)を越えることはなかった。

5　まとめ：写真／ヒューマニズム／ユルバニスムをめぐる伝統建築理解の変容

本論では丹下健三とグロピウスの関係を考察するうえで、まず一九三〇年代の日本工作文化聯盟の岸田日出刀、ブルーノ・タウト、坂倉準三の伝統建築理解を俯瞰し、日本の伝統的建築への評価の枠組みの問い直しが近代建築の創出のヒントになったことを指摘した。そしてこの三者から写真、ヒューマニズム、ユルバニスムというキーワードを抽出したわけだが、これらを頼りに五〇年代以後の丹下とグロピウスの軌跡をあらためて整理してみたい。第一点の写真について、丹下は岸田の建築写真の構成に感銘を受け、戦後石元の「桂」のアングルに衝撃を受け、自らの伝統論を大きく更新することができた。さらに渡米時、丹下はケペシュやリンチの視覚情報理論に触れ、その後の伝統建築理解を伝統都市空間の理解へと変容させていった。

第二点のヒューマニズムについて、グロピウスが日本の伝統建築を評価する際のポイントはヒューマンスケールであり、丹下は自らの都市的なスケール(ユルバニスムに直結する神々のスケール)とは相容れないことを記していた。さらにファーズ博士の都市への関心はヒューマンな心理学に傾斜していたため、丹下とファーズ博士の交流は途絶えがちであった。

第三点のユルバニスムについて、戦前に丹下は坂倉の口からコルビュジエを理解し、古典と現代を結びつけながら、自らのユルバニスムを発展させていった。戦後、丹下は古代ローマの神々のスケールに共鳴して、広島において都市と建築の有機的統合を目指した。さらに渡米時、丹下はメガストラクチュアを駆使した海上都市案を提示し、自らのユルバニスムを大幅に更新したが、マンハッタンを越えるノイエザッハリッヒカイトまでには踏み込まなかった。

こうして写真、ヒューマニズム、ユルバニスムという論点から丹下とグロピウスの交流を捉えると、二〇世紀建築における丹下の立ち位置がヒューマニズムを乗り越えつつも、ノイエザッハリッヒの一線を越えないユルバニスムにあったと理解できる。また丹下がグロピウスとの交流を通じて「建築における日本的なもの」の激変ぶり(構成の美学から視覚情報理論への転換)を逐次キャッチアップし、造形と理論を先導したことも明らかにできた、と考えられる。

*1―市浦健の発言。伊藤喜三郎、浜口隆一、堀口捨己ほか「70周年座談会」『建築雑誌』1956.04, p.14

*2―丹下健三「アーバンデザインへ―序にかえて―」『都市と建築』世界文化社、1975, p.11

*3―丹下健三「グロピウスが残した余韻」『グロピウス博士の日本文化観』彰国社、1956, p.376

*4—坂倉準三「巴里万国博日本館について」『現代建築』1939.06, p.11

*5—*1、p.12

*6—「丹下：私など丁度大学を卒業した年でして、早速メンバーに入れて頂いて、大変に感激もし、また勉強心をかりたてられました。そのころ森田茂介さんもずい分やっておりましたね。戦争直前のものとしては全く驚くほどきれいな雑誌でしたね」。座談会（吉武泰水、浜口隆一、丹下健三ほか）「先生を想う（第一座談会）」『岸田日出刀・上巻』相模書房、1972, p.219

*7—丹下健三「建築の尺度について、または空間と社会」『新建築』1954.01, p.11

*8—「グロピウス博士を囲む座談会」（一九五四年七月一〇日開催）広島建築士会『ひろしまArchitects』No.4, 1954.09, p.12

*9—イゼ・グロピウス「Ⅲ日本だより グロピウス夫人よりT.A.C.メンバー宛」『グロピウスと日本文化』彰国社、1956, p.218

*10—*3と同じ

*11—*3、p.380

*12—グロピウス来日から二〇年経って、丹下はとあるインタビューの席で大阪万博以後の日本の建設技術を海外に移転することの是非を問われ、以下のように答えている。「戦後すぐのころ外人が来て、日本はそのころまだ未開発国であったですから、何となく日本の芸者がおもしろかったり、昔からあるようなチンドン屋がおもしろかったり、われわれとしてはそんなものはちょっと恥ずかしいと思うものに興味があるのですね。なぜたたみを捨てるのかなどといったものです。たたみこそお前たちは保存すべきだ。昔のお前たちの伝統的な建築は素晴らしいじゃないかといって外国の建築家は盛んに言ったものです。丁度われわれがアフリカの土人のところに行って、あのトーテンポールはいいじゃないか（笑）。お前ははだかになっているのがいいのに、なぜ洋服を着るのか（笑）といっているのと同じでして、相手を軽蔑するのもはなはだしいわけです。いまおっしゃったのは、確かにそういうことをやっているわけです。お前たちはいままでどおり寒い家に住んでいろ。それでいいじゃないか。どうもそういうことはありますね。」「丹下健三先生に聞く」『建築雑誌』1974.04, p.313

*13—丹下健三「芸術の定着と統合について：三人展を機会に」『美術手帳』1955.05, p.49–58

*14—磯崎新『建築における「日本的なもの」』新潮社、2003, p.146

往復書簡

◎一九五四年九月八日

丹下健三様

私は昨日、長旅から戻りました。これからあなたに大事な一筆をしたためます。

私が東京を去る前に、この春、私にすばらしい賞を与えてくださったアンドレア・ヴァージニア・マタラッツォ財団に手紙を書きました。財団では、つねにこの賞のために国際的なレベルの審査員を擁していますが、さらにこの審査にふさわしい人材を紹介してほしいといってきました。そこで、私は迷うことなくあなたを推薦させていただきました。

その後、財団総裁アルトゥーロ・プロフィリ氏が手紙に書いてきたのは、

「丹下さんを審査メンバーの一人に推挙してくださり感謝いたします。彼がメンバーに加わることにより、私たちの《マタラッツォ賞》の注目度はいっそう高まることでしょう。引き受けていただけるのでしたら、事務局の作業に間に合うように、丹下さんの経歴や作品歴をご送付いただければと存じます」

あなたがこの賞に関心をおもちで、総裁の希望に応えるお気持ちがおありでしたら、必要書類をお送りください。審査員就任は、あなたにとっても名誉なことでしょう。

いつの日か、サンパウロで再びあなたにお会いできることを願っています。

私の東京滞在中、あなたがたご夫妻の大変優しいお心遣いに感謝申しあげます。私はいつまでも、すば

グロピウス夫妻、丹下夫妻らによる倉敷、広島旅行

らしかった日本旅行の忘れがたい思い出を噛み締めております。

敬具

ウォルター・グロピウス

◎一九五四年九月一七日

親愛なるグロピウス博士

パリとケンブリッジよりのお手紙、ありがとうございました。あなたのご親切なお心遣いと私をサンパウロに推挙していただきましたこと、また、早々にお手紙をいただきましたことなど、深く感謝申しあげます。マタラッツォ審査員への就任は全く予期していなかったことで、私にとりましては大変名誉な出来事です。

あなたのお言葉に従いまして、早速私の作品歴と経歴書をアルトゥーロ・プロフィリ氏宛にご送付いたします。

私には、あなたの日本滞在はあまりにも短く感じられました。それでも、あなたの適切なアドバイスは直感的かつ鋭敏、含蓄に富んだ表現に満ちており、大いに私を啓蒙し、また勇気を与えていただきました。そのうえ私にとって大きな喜びになったのは、貴重なお時間をさいてまで拙宅までお訪ねいただいたことです。私はけっして、あなたとご夫人とのこの楽しいひと時を忘れることはないでしょう。

あらためて審査員推挙に感謝申しあげますとともに、あなたのご健康をお祈りいたします。

敬具

丹下健三

◎一九五五年五月二五日

丹下健三様

今朝、『日本建築の美』と作品の掲載された二冊の雑誌の入ったすてきな小包を受け取りました。あなたのお心のこもったご配慮に感謝し、これらの書物を大切に保管します。あなたは、私がいかにあなたの作品に感銘を受けてきたかをご存知でしょう。私は、あなたがご自身のお国で日ごとに認知度を高めていらっしゃることを大変嬉しく思っております。あなたの作品のいくつかをエルンスト・ロジャースに見せたところ非常に彼の関心を引き、彼はこれらの作品を〝Casa bella〟誌に掲載しました。また彼は、あなたがサンパウロの審査員メンバーになることを支持しました。ブラジルでは何事においても大変時間がかかりますが、それでも私はやがてあなたのもとにアポイントメントが届くことを期待しています。なお、来年のマタラッツォ賞の選定は先送りされました。準備のための時間が短かすぎたからです。

私は最近、私の日本建築に関する経験をイラスト付きの記事にまとめ、イェール大学の機関誌〝Perspecta〟に掲載しました。でき次第、本を一冊お届けしましょう。あなたのご夫人に、私の感謝の気持ちをお伝えください。ますますのご活躍をお祈りします。

敬具

ウォルター・グロピウス

WG：サウスウエスタン

記：雑誌と本は、清家さんにも見せましょう。彼は現在アメリカにいて、進路も決まり英語の会話にも困らないようになりました。

◎一九五五年七月二九日

親愛なるグロピウス博士

私の作品を〝Architectural Forum〟誌に紹介していただき、まことにありがとうございます。どうか、私の心からの感謝の気持ちをお受けください。

ここ数年、桂離宮について書いた本はたくさん出ていますが、最近、私は石元泰博撮影の写真をベースに、新しいスタイルの本を世に出そうと考えております。彼については、覚えておいでしょう。この本に、世界中の読者の関心を集めることができればと思い、そのために英語版、フランス語版、ドイツ語版も進めています。

現在、石元さんは六〇〇点ほどの写真を撮られていますが、私たちはその中から一五〇点を本書に使おうと考えています（サンプルとしてセレクトした写真を別冊としてまとめ、あなたのところへご送付しております）。残り四分の一の写真は、簡潔な説明を添え、私の桂離宮についての見解をまとめて構成する予定です。本のサイズは一二インチ×一二インチ、二〇〇ページのボリュームになります。

しかしながら、これはあくまでも計画段階であり、私はアメリカやスイスの出版社に、単に本を流通させるだけではなく、優れた出版物の制作にも関心をもってもらいたいと願っています。日本での出版は、この分野での実績でよく知られているダビデ社になるでしょう。

私は、これを機に、あなたに日本建築、ことに桂離宮についてあなたの視点から書いていただけるのではないかと期待しています。あなたのサポートが、私どもにとって大きな力になることはいうまでもありません。あなたの声が、海外のあなたの友人たちにいかなる影響を及ぼすか、あなたご自身がよくご存知のことと思います。大変不躾な手紙ではありますが、あなたを共著者としてお迎えしたい私どもの心からの招待状でもあるのです。

ほかの写真もご覧になりたいのでしたら、どうぞお知らせください。喜んで、一五〇点すべてをご送付いたします。私どもはあなたのコメントを楽しみにしています。そして、希望をもって承諾のご返事をお待ちしています。

敬具

丹下健三（建築家）／石元泰博（写真家）

P.S

浜口隆一と私が現代建築の視覚言語に関して書いた本の写真をご希望とのお手紙、ありがとうございました。私どもは、あなたがそれらをご覧になって、どのようなご見解を述べられるか、楽しみにしています。写真が届き次第、お知らせします。ついでながら、ダビデ社ではこのボリュームも同様に出版するでしょう。

KT

◎一九五五年八月一日

丹下健三様

私は、あるパンフレットであなたの自邸の描かれた挿絵を見つけ、このショットをことのほか気に入っております。私は今月末まで、ヨーロッパに出かける予定をしています。それまでに、レクチャーのための私のスライドコレクションに、ぜひ一枚のスライドを加えたいと思っていました。

あなたのご親切に甘んじて、できるだけ早くこの写真のコピーを送っていただきたいのです。心より感謝いたします。値段をお知らせいただければ、小切手でお支払します。

私はそのイラストを見れば見るほど、引き込まれてしまいます。

あなたの邸宅は古い様式と現代の様式とのバランスをよく保ち、古い日本家屋の荘厳で静寂な趣、印象的なたたずまいをとどめながらも、同時に現代の住居としての機能も備えています。私は、これほど私の心を打つような日本の現代住宅を見たことはありません。

新旧調和の実現を期待します。伊勢神宮の祝福を受けつつ。

敬具

ウォルター・グロピウス

◎一九五五年八月二日

丹下健三様

私はたった今、七月二九日付のあなたからの手紙を受け取りました。あなたの手紙ではまだ到着していないはずのその写真に、私は狼狽させられています。それは航空便で七月二二日に送られてきました。

宛先は、浜口隆一氏　建築学科　工学部　東京大学　日本国東京都文京区

私も同じ住所に、私の著書〝Scope of Total Architecture〟を送りましたが、出版社から浜口さんのところへは届かず戻ってきたという知らせがありました。

しかしながら、浜口さんは七月一九日に私のところへ手紙をよこしました。「私の感謝の

成城の丹下自邸

気持ちをお伝えします。グロピウス先生のご親切なお手紙と、大学当局より受け取りましたひと束の写真、ありがとうございます。いずれも、非常に感謝しています」。それらは、あなたの桂離宮の本のために使われる写真に違いないでしょう。

あなたが計画している桂離宮の本への参加ですが、返事は石元氏の写真が到着するまで待つことにします。そして、その後、参加について考えることにします。私には、そんなに大きな責任を背負って、あなたをお助けできるかどうかわかりません。森博士の桂離宮に関する本を受け取ったばかりですが、大変不幸なことに、私は日本語のテキストを読むことができません。

できるだけ早くお便りをいただけることを期待しています。

敬具

ウォルター・グロピウス

◎一九五五年八月五日

丹下健三様

『桂離宮』出版のためにセレクトされたサンプル写真届きました。私はこれらの写真を大変気に入っております。と申しますのも、この写真家は、見事に均整がとれ、モダン派の建築家にも影響を与えている建物を詳細に表現できるだけの優れたカメラアイをもっているからです。もちろん、本としての見せ方は歴史家のつくったものとは全く異なります。あなたは、最近出版された森博士の『桂離宮』をすでにご覧になっているのではないでしょうか。その中に、彼のために書いた私の短い序文が載っています。

あなたのところに、日本建築について書いた私の論説が載っているエールマガジン発行の〝Perspecta〟も届いていることでしょう。私が疑問に思うのは、あなたの本のために、私の論説を部分的にでもうまくセレクトできるかどうか、そしてその本に私の見解として掲載できるのか、ということです。あなたがセレクトを終え、私にそれらの内容を知らせていただければ、私のほうでは少々加筆したうえで、ささやかながら論説としてまとめることができるでしょう。私には文章としてまとめなければならないテーマがたくさんあり、現在、新しい問題について書く時間を見出すのははなはだ難しい状況にあります。それに加えて、自身を見つめ直す必要性も感じています。あなたの出版を実現させるためにも、この一文をご覧になることをお薦めします。ご返事お待ちしします。

Swiss publishing houseの行った再生事業の成果については、あなたと同意見です。私はあなたにヨーロッパ住宅の再生事業を行うことをお勧めします。というのも、労賃の全く高いアメリカで同様の仕事をするより、こちらのほうが間違いなく安くすむからです。

ご夫人と石元氏によろしくお伝えください。

敬具

ウォルター・グロピウス

◎一九五五年八月二五日

丹下健三様

八月二二日付の京都よりのご親切なお手紙、ありがとうございました。昨日、貴邸の美しい写真も届きました。ちょうど、ヨーロッパ旅行のスライドを整理しているときでした。私は明後日にここを立ち、一〇月のはじめまで留守にする予定です。

ハーバート・バイヤーが、あなたの『桂離宮』のレイアウトをすると聞いて興味を覚えました。

あなたは、この国でどれほどたくさんの日本の美術や建築に関する本が出版されているか、想像できないでしょう。数日前、ニューヨーク近代美術館のドレクスラーによる日本建築に関する新刊を手に入れました。序文に浜口氏のことが書かれていますので、彼はこの本を知っているでしょう。

私の日本建築に関する論説が載っている〝Perspecta〟を受け取りましたか？ 戻り次第、あなたの本のために、私の担当分に取り組みましょう。もう一度、当時のことをお聞かせください。ご夫人によろしく、家内ともども心より。

敬具

ウォルター・グロピウス

◎一九五五年一〇月一〇日

親愛なるグロピウス博士

八月二五日付のお手紙並びに『桂離宮』のための小論に関するご提案、ありがとうございます。また、深い敬意と関心をもって拝読いたしましたあなたの論説の載っている〝Perspecta〟のコピーについても、深く感謝申しあげます。誇張することなく申しあげます。我々日本の建築家は、我々の現状および日本の伝統に関して論説の中で示されたあなたの深いご理解に感謝しなければなりません。両者の関係性について与えていただいたヒントも、大変貴重なものです。いつの日か注意深く、慎重な対処を求められるであろういくつもの問題を提示していただきました。

版権に関して〝Perspecta〟の版元と調整でき、なおかつあなたの出版計画に差し障るようなことがなければ、近刊の『桂離宮』にこの論説を入れさせていただければと願っています。それが実現することを前提として、桂離宮に関して部分的な差替えの提案をお許しいただければと思います。原稿を改変し、桂離宮に関する印象やモダン建築全般において桂離宮が占める位置付けについて言及していただくことは可能でしょうか？　私は、あなたの伝統的な日本建築全般についての肯定的なお考えを高く評価し尊重しておりますが、『桂離宮』のような具体的な事例についてもし批判的なご意見をおもちであれば、どうか忌憚のないところをお聞かせください。この手紙を読まれたら、私が桂離宮に関して弱点と捉えていることがあるという、私の視点をよくおわかりになっていただけるでしょう。

出版にあたって、二月末までには準備万端にしておきたいと思っております。石元氏はすでに必要な写真はほとんど撮影済みですが、作業の完全を期し不足を補うためにもう一度京都行きを予定しています。私自身は、別の仕事から離れて得られたフリーな時間を使って、そこから何を学ぶことができるのかという問いを念頭に取り組んでおります。私の望むようにスムーズにいかないにしても、二月末までには私の考えを文章化したいと思います。二月末までに、ご提案いたしました〝Perspecta〟のリライト記事をいただければ大変ありがたいのですが、あなたはそれが可能とお考えでしょうか。

私は桂論の構想を練りながら、桂離宮が日本建築の長い歴史の中で重要な位置を占めている、と考えるようになりました。伊勢神宮に始まり、寝殿造り、書院造りに至る上流階級のための建築の系譜と、農民や商人階層のための民衆的建築の系譜、この二つの系譜がはじめてぶつかり合う過程で、桂離宮は生まれました。そして桂離宮から派生した伝統は、明治時代には農村や都市文化の中に生き続け、人々の生活スタイルや感性の中にしっかり根づきました。

このことは庭園にもあてはまります。それ以前の時代の庭園に見られる封建的な要素と、民衆的な要素が桂離宮の庭園の中で統合され、ここから民衆の生活様式や民衆の感性のすみずみにまでいきわたりました。このように、桂離宮は日本の伝統文化を考えるうえで重要な位置を占めていると私は考えます。

しかし同時に、桂離宮においていくつかの伝統的要素が重なり合っているからこそ、桂を一つの纏まりとして捉えた際に凝縮された力強さに欠け、創造性も欠いているようにも思えます。実際、こうした凝縮された力強さや創造性は伊勢神宮の建立以来、日本では失われており、その後、住宅建築の中に再び現れました（ここで追記すべきは、日本の寺社建築は全く別の歴史をたどったことです）。この首尾一貫性のなさは桂離宮の庭園にも見られます。我々自身も、桂離宮を全体的な視野からたくさんの写真を撮り、それ以前にも別の人々がたくさんの写真を撮っています。ただ、緊張感に欠けた迫力の乏しいものばかりで、単にありふれた光景になってしまっています。私は、このような遠景写真は今回の写真集から完全に除くべきだと考えています。

この本では、これらの重なり合った伝統的要素から人間の本質だけでなく、現代に生きる人々の一般的な生活様式や感性に訴えかけることのできる要素を選択するつもりでいます。桂離宮の中で我々を最も驚かせ、印象を深くさせるのは、デザイン・アプローチやその表現が深い意味をもち、感情をゆさぶるように人々の日常に深く関わっているところです。

たとえば、構造様式、柱、梁、引き戸のラインの構成などは、単なる美的構成にとどまらず、人々に「リアリティ」をもたらす点で重要な意味を担っています。

このデザイン・アプローチとは、特定の個人から発せられる恣意的な要求を凌駕するものであり、世俗的な価値を脱するものなのです。ドイツ語で表現するならば〝人生哲学〟とでも呼ぶべき知恵に由来しています。一方で、こうした建築的表現とは、物理的存在である人間とその感情のあり方が具体化されたものです。デザイン・アプローチとそれによって得られた表現は、人間の表現において完全に統合されており、この点は今日ますます失われつつあります。桂において、この統合は空間そのもの、平面配置、様々なテクスチュア、そして庭石の配置に見出すことができます。

本書の中で重要視しているのは前述のような点です。この出版企画にあなたのお力を賜われますことを切に願っています。

あなたはヨーロッパ旅行から無事アメリカにお帰りになられていることと存じます。ご夫人によろしく。

敬具

丹下健三

◎一九五五年一〇月二〇日

丹下健三様

興味深く、きれいな英語で書かれた一〇月一〇日付のお手紙、ありがとうございました。あなたの本のために、一二月末までに手紙にあったご要望をわきまえながら、日本建築についての私の論説を増補することに全力を尽くしましょう。たしかに、私は批判的意見をいくつかもっています。客観的な評価ができるようにやってみましょう。

〝Perspecta〟から著作権の了解を取る必要はありません。著作権は私に帰するもので、お手元のリライト原稿と同時に、〝KATSURA〟掲載の権利を同封してお渡しします。

石元氏の写真は本当にきれいで、精緻なディテールを理解するのに十分です。私は桂離宮のよい写真をたくさんもっています。それらは、今回のリライトに大変役立ち、さらにもっと詳細な建築的課題に導くでしょう。しかし、私の日本建築史に関する知識は大変乏しいものですので、どうか承知しておいてください。私はただ見たことから、いかに私に訴えかけてきたかというところから判断しています。

歴史的事実について、森博士が桂離宮建造者について新説を打ち出していますが、あなたはそれに関わっているのでしょうか。彼の発見により、小堀遠州がその建物に何らの影響を与えていないことが明白になったように見えます。しかしながら彼は、この建物の構想と建設に関わった表には出ない何人かの名前を知っています。

私たち二人より、あなたとご夫人に親愛の情をこめて。

敬具
ウォルター・グロピウス

◎一九五五年一月九日

親愛なるグロピウス博士

一〇月二〇日付のご親切なお手紙、ありがとうございます。快く引き受けていただき、私にとりましては大変な喜びであり、名誉です。ヨーロッパご旅行後、あなたは大変ご多忙でいらっしゃることはよく存じておりましたので、我々の出版のために費やす時間はないだろうと考えていました。それゆえお手紙をいただいて、あなたのご親切に心より感謝申しあげております。

あなたのお手紙をいただいた日の夜、私と敏子はワックスマン氏と一緒に広島旅行に出掛けました。彼は京都、奈良を旅行した後、広島に行きたがっていました。我々は奈良で彼と合流しました。私の大学時代のクラスメート大江宏夫妻も一緒でした。大江は現在、法政大学の教授で、ワックスマン氏の奈良旅行に同行しました。我々は名古屋、広島、宮島を旅しました。

返事が遅くなり、大変申しわけありません。

今、ル・コルビュジエ氏がビジネスで日本を訪れています。しかし、彼の滞在はわずか一週間しかなく、彼と話をする機会はありません。しかも、彼は今夜インドに向かうため日本を離れてしまいます。

あなたが日本に偉大な足跡を残されて以来、世界の建築家たちがあなたに

ワックスマンとの国内旅行：丹下（左）、ワックスマン（中央）、大江宏（右）

続いて日本を訪れるようになりました。このことは我々の大変な喜びで、あなたに大いに感謝しなければなりません。

私たち二人より、ご夫人によろしく。

敬具

丹下健三

◎**一九五六年一月三一日**

親愛なるグロピウス博士

お手紙のご返事と原稿受領のご報告が大変遅くなり、心よりお詫び申しあげます。私は日本建築、特に桂離宮に関してそれなりの理解や評価を得られ、そして何よりもあなたの論説が我々の本を最良のものにしてくださると信じてやみません。どのように感謝の念をお伝えすればよいか、言葉に窮しております。

一方で、私のコンセプトが明確でないゆえ、文章を構成するうえでも要領を得ず、私自身を大変恥じております。

桂離宮について考え、学ぶと、次第により広い視点から日本建築の伝統について考えずにはいられなくなります。そうすることで、我々の継承している伝統の限界に直面させられることもありますが、設計行為など日々の活動に反映できればと思います。

文中では私の意見を簡潔に表現しなければなりませんが、私は発展の可能性と同様に、伝統の限界についても率直に触れようと思っています。

編集作業では、写真関係についてはすでに終わっており、文章量もおおよそ計れる状態になっています。そこで今日、写真に詳細を記したノートを添えてバイヤー氏に送ります。彼のすばらしいレイアウトを期待しながら、来日を心待ちにしています。

妻は、ちょうどグロピウス夫人からの手紙を受け取ったところです。我々はバイヤー氏の来日が実現することを知って、大変喜んでおります。私は、ロックフェラー財団に彼の来日を申請したInternational House Japanの平野氏と話を進めます。平野氏の話では、あなたがInternational House Japanにバイヤー氏を紹介してくだされば、そこからロックフェラー財団に、彼の来日にあたって便宜を図ってもらうのに、頼みやすくなるだろうとのことです。我々のためにお力添えいただければ、大変ありがたいのですが。

本の印刷とヨーロッパでの配本については、チューリッヒのギルスベルガー博士がご親切にも我々の申込みを引き受けてくださいました。

先日、石元氏と私の設計したビルの撮影のため広島に行きました。ビルは、あなたがいらしたときはまだ建設途上でしたが、昨年完成しました。別便で、何点かの写真をご送付いたしました。ご存知のように、三つのビルのうちの一つは不安定でとても残念に思っています。

覚えていらっしゃると思いますが、この広島平和祈念堂プロジェクトは、CIAMの第八回大会に持ち込んだものです。そこで、あなたがセルト氏に私の作品を見ていただく機会をつくってくださったことは、私にとって大変な幸運でした。以来、氏には大変感謝しております。

ギーディオン氏の出発前に私の写真が届くことを願っています。あなたがたすべての人にご覧いただき、批評していただければ、大変嬉しく存じます。

この手紙を書いているとき、友人からあなたのRIBAゴールドメダル受賞を知らせる電話がありました。あなたの受賞は全く当然のことで、我々はあなたを誇りに思い、心より祝福申しあげます。

私たち二人より、ご夫人によろしく。

敬具

丹下健三

◎一九五六年二月八日

丹下健三様

一月三一日付のお手紙、およびご自宅と広島平和記念堂のすばらしい写真を二セット、どうもありがとうございます。世界にあまねく知られているあなたのすばらしい業績に、心より賛辞をお送りします。これは一流の建築です。とりわけ私を喜ばせたのは、これらにより日本の伝統文化を維持していくために最良の答えを見出したこと、そして同時に最高の近代建築をつくりあげたことです。これは儀礼的な感想ではなく、あなたの成し遂げたお仕事に対する事実に則した正直な評価です。昨夕、セルト氏にあなたの写真をすべて見せたところ、私同様、大変喜んでいました。とりわけ私が好むのは、ディテールまで徹底的につくりこんでいること、余計な要素を完全に排除しているところです。この建築は力強く、我々がみな死してもなお生き続けることでしょう。

本について、私は英文解説も入れてほしいと思います。現代に対し、あなたの語る伝統文化という大きな問題を読みこなすのに心配だからです。

あなたのご希望にしたがって、昨日シゲ・マツモトに手紙を書き、彼にハーバード・バイヤーを推薦しました。バイヤーは現在ニューヨークにいて、次の週末、私に会いに来ることになっています。そのとき、彼の日本旅行について詳細を話し合います。

ギーディオン氏はすでにあなたのご自宅の写真を見ており、その場で私にスライドをつくる許可を求めてきました。少し遅れて届いた広島の写真も、彼に見せようと思っています。それから〝Progressive Architecture〟のトーマス・クレイトン氏にもその写真を渡してよろしいでしょうか。彼に、それらの写真を編集して出版することに興味があるか聞いてみます。とてもよい写真ですので、彼はこのチャンスを喜ぶだろうと思います。

RIBAゴールドメダル受賞にあたってのご祝辞、ありがとうございます。私は四月一〇日の受賞式のために妻とともにロンドンに行き、その後ベルリンに行って委員会に出席します。

私たち二人より、あなたとご夫人に親愛の情をこめて。

敬具

ウォルター・グロピウス

◎一九五七年七月三一日

丹下健三様

近々、あなたがアメリカを訪問されると伺いました。ぜひ、マサチューセッツ州のボストンにいらして、リンカーンのわが家にご滞在いただけるよう、ご招待しなければと思っております。私は、あなたと私との間の専門的な交流こそが、この国とあなたの国における建築の将来に、最も実りある発展を促すと信じております。

あなたにもう一度申しあげたいのは、いかに私があなたの作品とゆるぎない言行一致の姿勢に感銘を受けているかということです。『国際建築』に掲載された鳥取県の倉吉市庁舎は、まさに現代建築のランドマーク足りうる作品でしょう。

あなたとこちらでお会いできることを楽しみにしています。お迎えできるのがいつ頃になるか、お知らせください。奥様にも、心からのおもてなしをさせていただきたいと思います。

敬具

ウォルター・グロピウス

丹下撮影による倉吉市庁舎外観（トリミング線は丹下による）

◎一九五七年九月一四日
清家清から丹下敏子への手紙（グロピウスからの手紙の引用）

少し前に、丹下健三さんがお見えになって、わが家（注：グロピウス邸）で大変楽しい一日を過ごしました。私は彼の仕事に最大限の賛辞を送ります。そして、彼は建築界において、世界的レベルのリーダーになる人材であると信じています。彼は完全に現代的、かつ日本的な建築家であります。

◎一九五七年一二月三〇日

親愛なるグロピウス博士
遅くなりましたが、私のボストン滞在中、ご親切におもてなしいただき、ありがとうございました。私は快適ですてきなあなたのお家と庭で過ごした楽しい日々をけっして忘れないでしょう。

アメリカを離れて後、私はサンパウロとリオデジャネイロに二週間滞在しました。そして、ブロイヤー氏とジョンソン氏との旅を存分に楽しみました。

ブラジルからヨーロッパに渡り、ベルリン、パリ、ミラノを訪れ、母国への帰途インドに寄りました。ベルリンでは、インターバウ（国際建築展）に出品されたあなたの作品に大変感銘を受けました。

サンパウロビエンナーレで審査を務めた丹下（中央）とマルセル・ブロイヤー（丹下の左）とフィリップ・ジョンソン（座っている人物）

一〇月末に帰国して以降、日本における自身の最近の作品群を訪れる旅をしました。香川県庁舎は来春竣工の予定です。

ご夫人からの私の妻宛の手紙で、あなたがイラクで新しいプロジェクトを進められていると伺いました。それは私どもにとっても、本当に喜ばしいニュースです。

家内は、あなたから美しいプレゼントとカラー写真をいただき、大変喜んでいます。心からの感謝の気持ちをお伝えするように申しております。

あなたのイラクでのお仕事の成功をお祈りし、ご夫妻に心より感謝申しあげます。

敬具

丹下健三

◎一九五九年九月二四日

親愛なるお友だちへ

マサチューセッツへようこそ！　ウォルターと一緒にお迎えすることはできませんが、私どもはこの地であなたがたとお会いできることを大変嬉しく思います。彼は先週金曜日にヨーロッパに出掛け、一〇月一〇日まで戻りません。私はあなたがたがどこのホテルに滞在されるのかわかりませんでしたので、この手紙をMITの建築学部へ送りました。そうすれば、あなたがたが到着されれば、あなたがたの手に渡るだろうと考えたのです。

サンパウロビエンナーレで談笑する丹下

北極からのお葉書、ありがとうございます。きっとエキサイティングな旅だったことでしょう。いろいろ見学されたと思いますが、お疲れの出ないように願っています。

ニューイングランドを旅されるにあたって、お勧めしたいところがあるのですが。毎年一〇月のはじめ、私どもはニューハンプシャー州のウイニペソーキ湖に秋色（紅葉）を楽しみに出掛けます。私どもはその光景に飽きたことはありません。というのも、その頃が一年中で最も美しいからです。多くの人がニューイングランドを訪れ、美しい紅葉を見て感激します。ウォルターは、今年は行くことができず残念がっていますが、あなたがたに楽しんでいただけることを願っているでしょう。私どもは、一〇月三日土曜日の朝こちらを発ち、日曜日の夜に戻る予定でいます。ウォルターの甥に運転してもらう予定で、私はすでに湖畔の小ホテルを予約しています。私どもとご一緒できるかどうか、お知らせください。

私の電話番号はCL9-8098です。どちらに滞在されているかお知らせいただければ、来週になりますが、私の運転でケンブリッジに行き、ご夫人とおしゃべりしたり、ここを出てリンカーンへご案内しましょう。

再びあなたがたとお会いできることを確信して…。

敬具

イゼ・グロピウス

◎一九六〇年四月五日

親愛なるグロピウス博士

ボストン滞在中に賜りましたご親切なおもてなしに心より感謝申しあげます。当地であなたとお会いする機会をもてましたことは、私にとって何よりの喜びであり、とても名誉な出来事でした。

帰国して以来、私は日本の若手建築家や、CIAMアジアグループのことを考えています。三月に開催予

MIT製図室の様子

定の世界デザイン会議には、アジアの他グループの建築家や、昨年オランダで会った何人かが、我々に合流してくるでしょう。私はCIAMの将来について、彼らと話し合えればと願っています。

アメリカを旅行中、たくさんの街や大学を訪ねることができてとても幸運でした。どこへ行っても、人々はあなたの文章や講演によって私の名前を知ってくれていましたので、私は大変歓迎されました。あなたのお心のこもったサポートに、とても感謝しております。

ボストンでは、ゆっくり考える時間をもてて大変よかったと思います。きっと、私自身を見つめ直すよい機会になったことでしょう。

家内ともども、あなたとご夫人に敬意と感謝の意を表します。

敬具

丹下健三

MIT製図室での丹下と学生たち

◎一九六四年五月二日

親愛なるグロピウス博士ご夫妻

二、三日前に、日本に戻りました。日常の大学での仕事やオリンピック競技場などの仕事を再開したところです。

私にとってとても嬉しかったのは、短い期間ではありましたがボストン滞在中に、あなたがたお二人にお会いできたことでした。

リンカーンのお宅での晩餐はとても楽しいひと時で、多忙なスケジュールの中で快適な思い出になりました。これを聞いて家内は、私の幸運に嫉妬しています。

すべてに行き届いたお心遣い、大変ありがとうございました。私はあなたがいかにご多忙か存じあげておりますので、ことに、私のために貴重なお時間をさいていただきましたことに、深く感謝申しあげます。

ボストン滞在後、イェール大学にポール・ルドルフ氏を訪ね、ニューヨークに二―三日滞在しました。

パンナム・ビルを拝見し、その威厳に満ちたたたずまいにたいそう感服いたしました。

帰国途上、サンフランシスコに立ち寄り、ウルスター氏とメイヤーソン氏にお会いしました。

あなたとあなたのご家族のご健康をお祈りし、家内ともどもあなたがたご家族に敬意を表します。

敬具

丹下健三

◎一九六五年八月一二日

丹下健三様

ヨーロッパへのいささか退屈な旅から戻って、とても美しい伊勢神宮の本を目にしました。このすばらしい本を贈ってくださったのは、ひとえにあなたの深いご配慮によるもので、そのお仕事を高く評価しております。伊勢神宮は優れた建築物の中でも、トップに数えられる作品の一つでしょう。過去を照射するのと同様、未来をも視野にした傑作で、感動を覚えずにいられません。これは、あなたが生命の連続性を与えた建築作品の中でも最高の物証でしょう。私は、どうしてあなたがご自分の時間をこれほど巧みにコントロールして、無数の仕事を同時に処理してしまうのか不思議でなりません。私はいつもあなたの作品を拝見するのを楽しみにしております。あなたは、私が一〇年以上前から、あなたが現役建築家の中でもトップに立つ人材と見抜いていたことをご存知でしょう。

ご夫人にくれぐれもよろしく、あわせて伊勢神宮の祝福を。

敬具

ウォルター・グロピウス

丹下健三略歴

丹下健三〔たんげ・けんぞう〕

建築家、都市計画家。一九一三年大阪府生まれ。二〇〇五年逝去。

一九三八年東京帝国大学工学部建築学科卒業後、前川國男建築事務所に就職し、岸記念体育館等を担当。退職後、東京帝国大学大学院に入学し、大東亜建設記念造営計画設計競技にて一等となる。戦後、東京大学建築学科助教授となり、丹下研究室内で独自の都市解析を進める傍ら、戦後日本の復興を象徴する数々の公共建築の設計を手がけた。この間、丹下研究室から大谷幸夫、下河辺淳、槇文彦、神谷宏治、磯崎新、黒川紀章、谷口吉生といった、多くの著名な建築家、官僚が輩出されたことでも知られる。

一九七四年東京大学を定年退職後、中近東、アフリカ、ヨーロッパ、シンガポールなどで広大な都市計画、超高層計画を実現し、「世界のタンゲ」と呼ばれるに至った。

代表作に広島平和記念公園、旧東京都庁舎、香川県庁舎、国立屋内総合競技場、東京カテドラル聖マリア大聖堂、山梨文化会館、大阪万博お祭り広場、アルジェリア・オラン総合大学、ナイジェリア新首都計画、新東京都庁舎などが挙げられる。

主著に『丹下健三：一本の鉛筆から』（日本図書センター、一九九七）など。

著書一覧

阿久井喜孝［あくい・よしたか］
建築家。一九三〇年岩手県生まれ。一九五六年東京大学工学部建築学科卒業。一九五六—一九六三年丹下研究室［大学院・URTEC所属］。一九六三—一九六五年設計事務所自営、一九六五—一九六七年滞欧［チューリヒ、ベルリン］、一九六七—二〇〇一年東京電機大学建築学科で設計、都市デザイン、近代建築史担当。軍艦島調査ほか、東地中海、西アジアなどの都市・集落・伝統民家などのデザインサーベイを重ねる。現在東京電機大学名誉教授。
主な担当作品：今治信用金庫本店、国立屋内総合競技場［小体育館］、東京カテドラル聖マリア大聖堂、日南市文化センター。

磯崎 新［いそざき・あらた］
建築家、都市計画家。一九三一年大分県生まれ。一九五四年東京大学工学部建築学科卒業。一九五四—一九六三年丹下研究室。一九六三年磯崎新アトリエ設立。
主な担当作品：今治市庁舎・公会堂、大阪万博、東京計画一九六〇など。

岡村幸一郎［おかむら・こういちろう］
建築家。一九三二年東京都生まれ。一九五五年東京大学工学部建築学科卒業。一九六二—七三年URTEC。熊本大学勤務。オフィスのアクティビティを分析。一九八五—一九九五年都市建築設計工房ヴィヴァン、代表取締役。一九九五年岡村アトリエを設立。
主な担当作品：草月会館、国立屋内総合競技場［大体育館屋根面］、東京カテドラル聖マリア大聖堂［実施設計］、山梨文化会館。

神谷宏治［かみや・こうじ］
建築家、都市計画家。一九二八年東京都生まれ。一九五二年東京大学工学部建築学科卒業。一九五二—一九六〇年丹下研究室。一九六一年URTEC［都市・建築設計研究所］設立、代表取締役。一九七一年神谷宏治計画・設計事務所設立、代表取締役。一九七二年日本大学生産工学部教授。一九七七年神谷・荘司計画設計事務所に改組、顧問。一九九九年解散。
主な担当作品：香川県庁舎、香川一の宮団地、東京計画一九六〇［住居棟計画］、国立屋内総合競技場、香川県立体育館、大阪万博［大屋根デザイン］。

川口 衞［かわぐち・まもる］
構造家。一九三二年福井県生まれ。一九五五年福井大学工学部建築学科卒業。一九五五年東京大学大学院入学。一九六六年工学博士［東京大学］。一九六〇—二〇〇二年法政大学工学部建築学科勤務。一九六四年川口衞構造設計事務所設立。
主な担当作品：国立屋内総合競技場、大阪万博・お祭り広場大屋根、同・富士グループパビリオン、シンガポール・インドア・スタジアム、サンジョルディ・スポーツ・パレスなど。

隈 研吾［くま・けんご］
建築家。一九五四年神奈川県生まれ。一九七九年東京大学大学院工学系研究科建築学専攻修士課程修了。一九八七年空間研究所設立。一九九〇年隈研吾建築都市設計事務所設立。慶應義塾大学理工学部システムデザイン工学科教授を経て、二〇〇九年より東京大学工学部建築学科教授。

倉方俊輔［くらかた・しゅんすけ］
建築史家。一九七一年東京都生まれ。一九九九年早稲田大学大学院博士課程満期退学。

二〇一二年より大阪市立大学大学院工学研究科准教授。著書に『吉阪隆正とル・コルビュジエ』［二〇〇五年、王国社］、『ドコノモン』［二〇一一年、日経BP社］、『東京建築みる・あるく・かたる』［共著、二〇一一年、京阪神エルマガジン社］、『伊東忠太建築資料集：阿修羅帖』［二〇一三年、ゆまに書房］ほか。

貞尾昭二［さだお・しょうじ］
建築家、ニューヨーク、イサム・ノグチ庭園美術館名誉理事、公益財団法人イサム・ノグチ日本財団理事。一九二七年アメリカ・ロサンゼルス生まれ。一九五四年コーネル大学建築学科卒業。バックミンスター・フラーの協力者となり、共同事務所を開設。一九六〇年代にはイサム・ノグチの庭園プロジェクトに協力し、ニューヨークの「イサム・ノグチ庭園美術館」開設を主導。イサム・ノグチの基本設計、アーキテクトファイブの設計統括による、札幌市のモエレ沼公園［一九八八―二〇〇五年］では、監修を務めた。著書に『Buckminster Fuller and Isamu Noguchi: Best of Friends』［二〇一一年、5Continents］。

荘司孝衛［しょうじ・たかえ］
建築家。一九二九年東京都生まれ。一九五六年日本大学理工学部建築学科卒業。一九五八年東京大学大学院数物系研究科建築学修士課程修了。引き続き丹下研究室研究生。一九六二―一九七三年丹下健三都市・建築設計研究所。一九七二年神谷宏治計画・設計事務所入所。一九七七年神谷・荘司計画設計事務所所長。一九九九年解散。
主な担当作品：墨記念館、国立屋内総合競技場［大体育館スタンド部］、東京カテドラル聖マリア大聖堂。

曽根幸一［そね・こういち］
建築家、都市計画家。一九三六年静岡県生まれ。一九五九年東京藝術大学美術学部建築科卒業。一九六四年東京大学大学院建築学専攻博士課程満期退学。一九五九―一九六四年丹下研究室。東京大学工学部都市工学科助手を経て、一九六八年環境設計研究所［現、曽根幸一・環境設計研究所］を設立。
主な担当作品：東京計画一九六〇、国立屋内総合競技場［外構および飛び込み台］、東京カテドラル聖マリア大聖堂［実施設計］、大阪万博［基幹施設レイアウト、動く歩道と七つの広場］。

千葉一彦［ちば・かずひこ］
空間演出家・映画美術監督。一九三二年青森県生まれ。一九五二年東京藝術大学卒業。東映・本社宣伝部、東映東京撮影所を経て、一九五五―一九七一年日活撮影所美術監督。一九六七―一九七〇年日本万国博覧会テーマ展示サブプロデューサー。丹下健三と岡本太郎の間に立って「太陽の塔」の制作に携わる。沖縄海洋博、つくば科学万博の政府テーマ館、国立民族学博物館、国立歴史民俗博物館ほかの展示設計統括指揮者、女子美術大学講師などを歴任。現在、創造工学研究所長。

千葉 学［ちば・まなぶ］
建築家。一九六〇年東京都生まれ。一九八七年東京大学大学院工学系研究科建築学専攻修士課程修了。日本設計を経て、一九九三―一九九六年東京大学工学部キャンパス計画室助手。一九九六―一九九八年ファクター エヌ アソシエイツ共同主宰。一九九八―二〇〇一年東京大学工学部建築学科安藤研究室助手。二〇〇一年千葉学建築計画事務所設立。二〇〇一年より東京大学大学院工学系研究科建築学専攻准教授。

豊川斎赫［とよかわ・さいかく］
建築家、建築史家。一九七三年宮城県生まれ。二〇〇〇年東京大学大学院工学系建築学専攻修了後、日本設計。退職後、学位論文「丹下健三研究室の理論と実践に関する建築学的研究」［東京

大学／二〇〇七」を提出。現在、国立小山工業高等専門学校建築学科准教授、芝浦工業大学大学院非常勤講師。工学博士、一級建築士。著書に『群像としての丹下研究室　戦後日本建築・都市史のメインストリーム』［二〇一二年、オーム社］。

中田捷夫［なかた・かつお］
構造家。工学博士。一九四〇年大阪府生まれ。一九六六年日本大学大学院理工学研究科修士課程修了。坪井善勝研究室。一九九一年坪井善勝研究室代表取締役［中田捷夫研究室に社名変更］。一九九八—二〇〇一年東京理科大学理工学部建築学科教授。岡本太郎記念現代芸術振興財団理事。

中村敏男［なかむら・としお］
建築史研究者、編集者。一九三二年東京都生まれ。一九五五年早稲田大学理工学部建築学科中退。近代建築社、鹿島出版会を経て、一九七一—一九九五年建築雑誌『a+u』編集長。訳書に『歪んだ建築空間　現代文化と不安の表象』［アンソニー・ヴィドラー、二〇〇六年、青土社］、『モダニズム建築　その多様な冒険と創造』［ピーター・ブランデル・ジョーンズ、二〇〇六年、建築思潮研究所］、『現代建築史』［ケネス・フランプトン、二〇〇三年、青土社］など。

西原清之［にしはら・きよゆき］
建築家、都市計画家。一九三〇年東京都生まれ。一九五三年東京大学工学部建築学科卒業、レーモンド建築設計事務所を経て、一九五七年東京大学大学院数物系研究科修了。一九五五—一九六〇年丹下研究室。環境開発センター、トロント大学建築学部講師を経て、一九六五年西原研究所設立、現名誉会長。一九八五—千葉大学建築学科客員教授兼務。
主な担当作品：倉吉市庁舎、静岡新聞社宅計画、倉敷市庁舎など。

藤村龍至［ふじむら・りゅうじ］
建築家。一九七六年東京都生まれ。
二〇〇八年東京工業大学大学院博士課程単位取得退学。二〇〇五年藤村龍至建築設計事務所設立。
二〇一〇年より東洋大学専任講師。
主な作品に「BUILDING K」、編著書に『アーキテクト2.0』［二〇一一年、彰国社］。

藤森照信［ふじもり・てるのぶ］
建築家、建築史家。一九四六年長野県生まれ。一九七一年東北大学工学部建築学科卒業。東京大学大学院修了。東京大学生産技術研究所教授。二〇一〇年工学院大学教授。二〇〇三年に『丹下健三』［丹下健三と共著、新建築社］を著す。

古市徹雄［ふるいち・てつお］
建築家、都市計画家。一九四八年福島県生まれ。一九七五年早稲田大学理工学部大学院建設工学科修了。一九七五—一九八六年丹下健三・都市建築設計研究所。一九八六年アーキテクトファイブ共同設立。一九八八年古市徹雄都市建築研究所設立。二〇〇一年—千葉工業大学工学部建築学科教授就任。
主な担当作品：ナイジェリア新首都計画［中心街区および国会議事堂・大統領府・最高裁判所］、イタリア・ボローニア・フィエラ地区センタープロジェクト、フランス・カンヌプロジェクト、東京都新都庁舎コンペプロジェクト。

槇文彦［まき・ふみひこ］
建築家、都市計画家。一九二八年東京都生まれ。一九五二年東京大学工学部建築学科卒業。一九五二年［三月—八月］、丹下研究室。一九五四年ハーバード大学大学院建築修士課程修了。一九六五年槇総合計画事務所設立。一九七九—一九八九年東京大学教授。
主な担当作品：外務省競技設計案。

松本哲夫［まつもと・てつお］
建築家、インテリアデザイナー。一九二九年東京都生まれ。
一九五三年千葉大学工学部建築学科卒業、通産省工業技術院産業工芸試験所技官。一九五七年剣持勇デザイン研究所チーフデザイナー。一九七一年同代表取締役。一九七七年社名変更により剣持デザイン研究所代表取締役。愛知県立芸術大学客員教授。
主な担当作品：ホテル熱海ガーデン、国立屋内総合競技場［貴賓室］、東京カテドラル聖マリア大聖堂［内部家具］、香川県庁舎、山梨文化会館、香川県体育館、戸塚カントリークラブ。

村井修［むらい・おさむ］
写真家。一九二八年愛知県生まれ。
一九五七年頃より、丹下健三、白井晟一らの建築作品、佐藤忠良、流政之、澄川喜一らの彫刻作品の撮影を始める。丹下健三の作品集『丹下健三　建築と都市』［一九七五年、世界文化社］を撮影。『写真都市』［一九八三年、用美社］、『世界の広場と彫刻』［一九八三年、中央公論社］、『パリ　都市の詩学』［文：海野弘、一九九六年、河出書房新社］などの写真集のほか、多くの写真展を開催。二〇一〇年日本建築学会文化賞、二〇一二年日本写真協会功労賞を受賞。

室橋正太郎［むろはし・しょうたろう］
建築家。一九三二年東京都生まれ。
一九五三年早稲田大学理工学部建築学科卒業。建設省関東地方建設局営繕部建築課にて国立屋内総合競技場を担当。建設大臣官房営繕部審議官にて退官。鉄建建設専務取締役にて退職。

八束はじめ［やつか・はじめ］
建築家、建築批評家。一九四八年山形県生まれ。
一九七九年東京大学大学院工学研究科都市工学専攻博士課程中退。磯崎新アトリエを経て、一九八四年UPM設立。芝浦工業大学工学部建築工学科教授。近著に『Hyper den-City』［二〇一一年、INAX出版］、『メタボリズム・ネクサス』［二〇一一年、オーム社］。

協力者一覧

［写真クレジット］

村井修：p.16上、p.42, p.53, p.82, p.115, p.163, p.257–264, p.267, p.269, p.270, p.272, p.274

内田道子アーカイブ提供：p.20, p.25, p.35, p.67, p.97, p.122, p.211, p.216左端、p.216左中、p.216右端、p.277, p.280上、p.283, p.293, p.300, p.317, p.321, p.324, p.325, p.329, p.341, p.345–349

岡本太郎記念館提供：p.287, p.288, p.280下

神谷宏治提供：p.132, p.285

倉方俊輔：p.150

剣持デザイン研究所提供：p.55, p.57, p.78下

貞尾昭二提供：p.298

新津保建秀：p.164

染谷正弘：p.17, p.74

大成建設提供：p.109, p.111

豊川斎赫：p.89, p.101

西原清之提供：p.56, p.76, p.78上

平山忠治：p.329

藤村龍至：p.159

古市徹雄提供：p.22

槇総合計画事務所提供：p.170

(株)YAMAGIWA提供：p.301

Erieta Attali：p.156

Image Courtesy of Estate of R. Buckminster Fuller and Stanford University Libraries, Special Collections, R. Buckminster Fuller Collection：p.304

Photo by Kevin Noble, Courtesy of Fuller and Sadao PC：p.305

Photo Courtesy of The Isamu Noguchi Foundation and Garden Museum, New York：p.299

［図版出典］

『ル・コルビュジエ　機械とメタファーの詩学』鹿島出版会、2007：p.106, p.286

『市民社会のデザイン 浜口隆一評論集』而立書房、1988：p.216右中

Willy Boesiger『Le Corbusier』, 1999：p.19

［図面+スケッチ資料提供］

丹下都市建築設計

工学院大学藤森研究室

千葉工業大学古市研究室

［翻訳・校正協力］

藤沼裕司、苅谷哲朗

［座談会+インタビュー記録・整理・編集・校正協力］

豊田正弘

［編集・資料協力］

豊川斎赫

丹下健三《たんげけんぞう》を語《かた》る

初期《しょき》から一九七〇年代《ねんだい》までの軌跡《きせき》

発行：二〇一三年七月一〇日 第一刷発行

編著者：槇《まき》文彦《ふみひこ》・神谷宏治《かみやこうじ》
発行者：坪内文生
発行所：鹿島出版会
〒一〇四-〇〇二八 東京都中央区八重洲二丁目五番一四号
電話〇三-六二〇二-五二〇〇
振替〇〇一六〇-二-一八〇八八三

ブックデザイン：矢萩喜從郎
印刷：三美印刷
製本：牧製本

ISBN978-4-306-04591-0 C3052

本書の内容に関するご意見・ご感想は下記までお寄せください。
http://www.kajima-publishing.co.jp
E-mail:info@kajima-publishing.co.jp